普 通 高 等 职 业 教 育 规 划 教 材
21世纪卓越汽车应用型人才培养专用教材

U0819397

汽车电气与电子技术

组　编　华汽教育
主　编　钱　强
主　审　夏令伟

同济大学出版社
TONGJI UNIVERSITY PRESS

内容提要

“汽车电气与电子技术”是汽车维修技术类专业的一门重要的专业核心课程，也是一门主要的实践课程。本书以“汽车电工电子基础”、“汽车构造与维修”等多门专业课程为基础，兼顾理论知识和实践技能，以“必需、够用”为主，重点培养实践操作能力为原则，借鉴国外先进的教材体系，结合国内常见车型，从企业对工作岗位的实际能力需求出发设计课程内容。

本书共18章，包括汽车电气设备概述、汽车总线路图、电源系统、起动系统、点火系统、照明与信号系统、仪表与报警系统、音响娱乐系统、电动风窗刮水器及洗涤器系统、电动车窗系统、电动天窗系统、电动座椅系统、电动后视镜系统、中控门锁和防盗系统、巡航控制系统、汽车空调系统、安全气囊系统、汽车总线系统。通过本书的学习，可使学生掌握汽车电气与电子系统基本理论知识，熟悉汽车电气系统的组成、结构与工作原理，学会汽车电路的分析方法，具备对电气系统常见故障诊断、排除的能力。

本书适合作为高等职业院校汽车及相关专业的教学用书，亦可作为其他汽车技术学校、汽车修理技术培训机构用书。

图书在版编目(CIP)数据

汽车电气与电子技术/钱强主编. —上海：同济大学出版社，2011.8(2020.1 重印)

普通高等职业教育规划教材　21世纪卓越汽车应用型人才培养专用教材

ISBN 978-7-5608-4663-7

Ⅰ. ①汽… Ⅱ. ①钱… Ⅲ. ①汽车—电气设备—高等职业教育—教材②汽车—电子技术—高等职业教育—教材 Ⅳ. ①U463.6

中国版本图书馆 CIP 数据核字(2011)第 172285 号

普通高等职业教育规划教材
21世纪卓越汽车应用型人才培养专用教材

汽车电气与电子技术

组编 华汽教育　**主编** 钱　强　**主审** 夏令伟

责任编辑 陈佳蔚　**责任校对** 徐春莲　**封面设计** 庞　波　**项目执行** 陈佳蔚　周群飞

出版发行　同济大学出版社(www.tongjipress.com.cn　地址：上海市四平路 1239 号
邮编 200092　电话 021-65985622)
经　　销　全国各地新华书店
印　　刷　常熟市大宏印刷有限公司
开　　本　889 mm×1 194 mm　1/16
印　　张　20.5
印　　数　27801-28900
字　　数　656 000
版　　次　2011 年 8 月第 1 版　2020 年 1 月第 13 次印刷
书　　号　ISBN 978-7-5608-4663-7

定　　价　43.00 元

普通高等职业教育规划教材
21世纪卓越汽车应用型人才培养专用教材

专业建设指导委员会

前　言

随着电子技术在汽车领域的广泛应用，汽车技术与电子技术日益融合，汽车电气设备也迅速发展，汽车电气设备的发展促进了汽车的发展与进步，大大提高了汽车的性能。在日常汽车售后服务及维修工作中，涉及汽车电气设备的内容最多，因此，我们组织汽车维修行业专家、企业技术骨干和院校专业教师在分析汽车电气设备维修所必需的知识和技能要求的基础上，编写了本教材，以便使汽车维修专业学生和技术人员能更全面地、系统地掌握有关汽车电气设备技术的知识。

“汽车电气与电子技术”是汽车维修技术类专业的一门重要的专业核心课程，也是一门主要的实践课程，本书以“汽车电工电子基础”、“汽车构造与维修”等多门专业课程为基础，兼顾理论知识和实践技能，以“必需、够用”为主，重点培养实践操作能力为原则，借鉴国外先进的教材体系，结合国内常见车型，从企业对工作岗位的实际能力需求出发设计课程内容。使学生在掌握必要理论知识的基础上，注重实践能力、知识应用能力和职业素养的培养，并充分考虑高职学生的学习特点和认知特点。通过本书的学习，使学生掌握汽车电气电子系统基本理论知识，能够熟悉汽车电气系统的组成、结构与工作原理，学会汽车电路的分析方法，具备对电气系统常见故障诊断、排除的能力。

本书共18章，第1章为汽车电气设备概述；第2章为汽车总线路图；第3章为电源系统；第4章为起动系统；第5章为点火系统；第6章为照明与信号系统；第7章为仪表与报警系统；第8章为音响娱乐系统；第9章为电动风窗刮水器及洗涤器系统；第10章为电动车窗系统；第11章为电动天窗系统；第12章为电动座椅系统；第13章为电动后视镜系统；第14章为中控门锁和防盗系统；第15章为巡航控制系统；第16为章汽车空调系统；第17章为安全气囊系统；第18章为汽车总线系统。各系统内容涉及作用、分类、组成结构、工作原理以及控制电路分析、常见故障分析等。每章内容包括学习目标、正文、本章小结、复习思考题4个部分。学习目标分为知识目标和能力目标，其中知识目标为理论课程所必须掌握的内容，能力目标为实训课程所必须掌握的技能；每章后附有本章小结，目的是帮助学生掌握该章重点。每章后面附有复习思考题，题型包括判断题、选择题和问答题，知识点涉及本章需要掌握的主要内容。

本书可作为高等职业院校汽车及相关专业教学用书，也可作为其他汽车技术学校、汽车修理技术培训机构用书。

本书由无锡南洋职业技术学院钱强担任主编，滕明凤、周嫣担任副主编，叶翠、赵海峰、刘利荣参与编写。钱强编写第3、7、8、9、18章；滕明凤编写2、10、14、16章；周嫣编写1、4章；赵海峰编写15、17章；叶翠编写5、6章；刘利荣编写11、12、13章。本书由华汽教育特聘专家夏令伟主审，并且得到了华汽教材编写委员会委员们的热情关怀和指导，在此一并表示衷心感谢！

特色教材的编写是一项探索性的工作，时间紧迫，不足之处在所难免，欢迎老师和学生对教材提出宝贵意见和建议，以便日后修订时补充更正。

编　者

2011年6月

目　　录

普通高等职业教育规划教材
21世纪卓越汽车应用型人才培养专用教材

1 汽车电气设备概述

学习目标

知识目标

(1) 掌握汽车电气设备的组成；
(2) 熟悉汽车电气设备的特点；
(3) 了解汽车电气设备的发展概况。

能力目标

(1) 掌握汽车电气常用维修设备、工具、量具、仪器和仪表的使用方法；
(2) 了解实车上汽车电气设备各部件的安装位置。

1.1 汽车电气设备作用和发展概况

自汽车问世100多年来，汽车的发展给整个世界和人类的生活带来了巨大的变化，汽车技术也取得了令人瞩目的进步。汽车电气设备是汽车的重要组成部分。随着汽车技术的进步，汽车电气设备的结构与性能也在不断进步，特别是电子技术、微机技术和网络技术在汽车上的广泛应用，在解决汽车节能降耗、行车安全、减少排放污染等方面起着越来越重要的作用。汽车电气设备用于汽车的发动机起动、点火、照明、灯光信号及仪表等监控装置，主要包括电源系统、起动系统、点火系统、照明装置、信号装置、仪表及各种用电设备。

自汽车问世以来，在很长一段时间内其技术发展主要表现在机械方面，随着电子技术的进步，电子技术在汽车上的应用和发展代表了汽车技术发展的主流和趋势。

20世纪50年代以前，受到电子技术发展的限制，汽车的发展以机械设备为主，电气设备在汽车上的应用较少，只是一些必要的电源和用电设备。

20世纪60年代以后，随着电子技术的进步，汽车上开始采用电子设备，主要标志是交流发电机，采用二极管整流技术，将交流电变为直流电，减少了发电机的重量和体积，提高了发电机的可靠性；之后，又用电子调节器替代了传统的触点式调节器，使发电机输出的电压更加稳定，并大大减少了维护工作量。

20世纪70年代，电子技术应用于点火系统中，出现了电子控制高能点火系统，点火提前的电子控制系统，使点火能量大大提高，点火提前的控制更加精确，提高了汽车的动力性，降低了汽车的排放污染。进一步降低汽车的排放和提高汽车的整体性能，随之又出现了电子控制燃油喷射系统(EFI)、电子控制自动变速器(ECT)、制动防抱死系统(ABS)等。

20世纪80年代以后，汽车用的电子装置越来越多，诸如驾驶辅助系统，安全警报装置，通信、娱乐装置等，特别是微机技术的发展，给汽车电子控制技术带来了一场技术革命，电子控制技术深入到汽车的各个部分，使汽车的整体性能得到了大幅度的提高。

进入21世纪后，随着电子技术、微机技术和网络技术的发展，人们对汽车的要求越来越高，汽车电子控制发展到了一个新阶段，电子控制系统已在汽车上普遍应用，并且向着网络化、智能化的方向快速发展，使得汽车的性能得到了大幅度的提高。

1.2 汽车电气设备的组成

现代汽车的电气设备种类和数量很多，大致分为电源、用电设备、全车电路及配电装置三大部分。

1. 电源

汽车上的电源有两个，蓄电池和发电机。发动机不工作时由蓄电池供电；发动机起动后，由发电机供电。发电机向用电设备供电的同时，也向蓄电池充电。

2. 用电设备

1) 起动系统

起动系统主要包括起动机及其控制电路，起动系统用来起动发动机。

2) 照明系统

照明系统包括车外和车内的照明灯具，提供车辆夜间安全行驶必要的照明。

3）信号装置

信号装置包括音响信号和灯光信号两类，提供安全行驶所必要的信号。

4）仪表和报警装置

仪表和报警装置用来检测发动机及汽车的工作情况，使驾驶人能够及时得到发动机及汽车运行的各种参数及异常情况，确保汽车正常运行。它主要包括车速里程表、发动机转速表、水温表、燃油表、电压（电流）表、机油压力表、气压表及各种报警灯和指示灯等。

5）空调系统

空调系统包括制冷、采暖、通风和空气净化等装置，保持车内适宜的温度和湿度，使车内空气清晰。

6）娱乐和信息系统

娱乐和信息系统包括汽车音响、导航、网络通信系统。

7）车辆电动系统

车辆电动系统主要包括车辆的电动车窗、电动后视镜、风窗刮水器、电动座椅、电动天窗、中控门锁等用小型电动机驱动的设备。

8）其他设备

其他设备包括防盗装置、网络、舒适、安全保障等方面的设备。车辆的豪华程度越高，这些方面的电气设备就越多。

9）汽车电子控制系统

汽车电子控制系统主要指利用微机控制的各个系统，包括电控燃油喷射系统、电控点火系统、电控自动变速器、制动防抱死系统、电控悬架系统、自动空调等。电控系统的采用可以使汽车上的各个系统均处于最佳工作状态，达到提高汽车动力性、经济性、安全性、舒适性，降低汽车排放污染等目的。

现代汽车所采用的电控系统越来越多，汽车电控系统往往都将电子控制与机械装置相结合，形成了较为典型的机电一体化系统，这也代表了汽车今后的发展方向。

3. 全车电路及配电装置

全车电路及配电装置包括中央接线盒、保险装置、继电器、电线束及插接件、电路开关等，使全车电路构成一个统一的整体。

1.3 汽车电气设备特点

汽车种类和品牌繁多，各国汽车电气设备的数量不等，其安装的位置，接线的方法等也各有差异。但无论进口汽车还是国产汽车，其电气设备的设计一般都遵循一定的规律，均具有以下特点：

1. 采用直流电

由于汽车上的电源之一是蓄电池，蓄电池为直流电源，且蓄电池放电后必须采用直流电源对其充电，因此汽车上的发电机也必须输出直流电，由于上述原因，汽车上采用直流电。

2. 采用低压电源

汽车电气系统的额定电压有 12 V 和 24 V 两种，目前汽油车普遍采用 12 V 电源，重型柴油车多采用 24 V 电源。随着汽车电气设备电子化程度的提高和设备的增多，汽车电源电压有提高的趋势，以满足不断增加的用电需求。汽车 42 V 电源系统正处于开发之中。

3. 采用单线制

普通的电器系统必须用两条导线，一条为电源线，另一条为搭铁线，这样才能构成回路，使用电设备能够正常用电。而汽车上所有的用电设备都是并联的，从理论上讲需要有一根公共的电源线和一根公共的搭铁线，而汽车的底盘及发动机是由金属制造的，具有良好的导电性能，因此用汽车的金属机体作为一条公共搭铁线，从而达到节约导线、使电器线路简单、安装维修方便的目的，因此现代汽车基本上都采用单线制。但现代汽车上也有一些部位没有与汽车金属机体相连，这些地方则必须采用双线制。

4. 负极搭铁

由于汽车采用单线制，所以电气系统的两个线路当中的一条必须用汽车的金属机体代替。在接线时，电源的一极或用电设备的一极要与金属机体相连，这样的连接称为搭铁。对直流电系统来说，系统的正极或负极均可作为搭铁极。但按照国际通行的做法和我国《汽车拖拉机用电设备技术条件》(GB2261—71)的规定，汽车电气系统一定为负极搭铁。

5. 用电设备并联

汽车上的用电设备之间都采用并联的方式，每个用电设备均由各支路的专用开关控制，互不干扰。

6. 各用电设备前均装有保险装置

保险装置有熔断丝、易熔线。

7. 汽车线路有颜色和编号

汽车所有低压线必须选用不同颜色的单色、双色甚至多色线，并在其上标有标号，编号由厂家统一编定。

1.4 本课程的性质、任务

本课程是高等职业学院汽车专业一门重要的专业课，是一门实践性很强的专业课程。通过本课程的学习，应使学生掌握汽车电气设备的结构、基本工作原理、使用和维修、检测和调试、故障判断与排除等基本知识和基本技能。在学习完本课程后应能够读懂汽车电路图，学会用电路图分析汽车电路的基本工作情况；能根据具体电路进行故障判断和排除；对常用的电气设备能够独立地完成拆装和检修；能正确使用汽车电气设备维修中常用的工具、设备、仪器和仪表。

只有掌握了上述的基本知识和基本技能后，才能比较顺利地完成汽车各个电控系统内容的学习，因此在学习过程中要予以充分重视。

本章小结

(1) 现代汽车的电气设备种类和数量都很多，大致可分为三大部分：电源、用电设备、全车电路及配电装置。

(2) 汽车电气设备特点：采用直流电、低压电源、单线制、负极搭铁、用电设备并联、各用电设备前均装有保险装置、汽车线路有颜色和编号。

(3) 本课程是高等职业学院汽车专业一门重要的专业课，是一门实践性很强的专业课程。通过本课程的学习，应使学生掌握汽车电气设备的结构、基本工作原理、使用和维修、检测和调试、故障判断与排除等基本知识和基本技能。

复习思考题

1. 填空题

(1) 汽车电气设备的特点是两个电源、________、并联单线、________。

(2) 汽车电气设备主要由电源、________和________组成。

(3) 汽车电气设备连接导线按承受电压可分为________导线和________导线两种。

(4) 目前汽油机普遍采用________ V 电源，重型柴油车多采用________ V 电源。

(5) 汽车上的电源有两个，包括________和________。

2. 选择题

(1) 以下(　　)不是汽车用的低压电源。

A. 12 V　　B. 36 V　　C. 24 V

(2) 以下(　　)不属于照明系统。

A. 前照灯　　B. 车内顶灯　　C. 机油报警灯

(3) 以下(　　)不属于保险装置。

A. 熔断丝　　B. 易熔线　　C. 附加电阻

(4) 汽车用的双色线，在电路图中标注时，主色在(　　)，辅色在(　　)。

A. 前、后　　B. 后、前　　C. 上、下

(5) 按照国际通行的做法和我国《汽车拖拉机用电设备技术条件》(GB2261—71)的规定，汽车电气系统一定为(　　)搭铁。

A. 正极　　B. 负极　　C. 两者均可

3. 判断题

(1) 汽车上的电源有 2 个，为蓄电池和发电机。(　　)

(2) 起动系统的作用就是起动发动机，发动机运转后起动机停止工作。(　　)

(3) 现代汽车基本上都采用单线制，但现代汽车上也有一些部位没有与汽车金属机体相连，这些地方则必须采用双线制。(　　)

(4) 发动机不工作时由发电机供电；发动机起动后，由蓄电池供电。(　　)

(5) 汽车电气设备用于汽车的发动机起动、点火、照明、灯光信号及仪表等监控装置，主要包括电源系统、起动系统、点火系统、照明装置、信号装置、仪表及各种用电设备。(　　)

4. 问答题

(1) 汽车电气设备由哪几部分组成？

(2) 汽车电气设备有何特点？

(3) 汽车电子控制系统包括哪些子系统？

(4) 全车电路及配电装置由哪些元件组成？

(5) 本课程的性质和任务是什么？

2 汽车总线路图

学习目标

知识目标

(1) 了解汽车电器基础元件；
(2) 掌握汽车电路图中常用符号；
(3) 熟悉丰田车系、大众车系、通用车系的线路图识读方法；
(4) 掌握汽车总线路图的组成和布线规律。

能力目标

(1) 学会万用表的正确使用方法；
(2) 学会使用万用表检测基础元件。

汽车电路，尤其是当前装有较多电子控制装置的汽车电路，其用电设备多，新技术含量高，线路更加复杂，使人感到掌握困难。

能否正确识读汽车电路图，真正看懂找出其特点和规律，并能予以分析，使其成为汽车电路故障诊断与排除以及全面进行检修的主要依据，已成为广大汽车驾驶人和维修人员迫切需要解决的问题。识读或分析汽车电路的速度快慢，可从一个侧面反映驾驶人或维修人员对专业知识的掌握程度。这对汽车的维修保养、故障诊断与排除、正确地使用以及延长汽车使用寿命都具有非常重要的意义。

2.1 汽车电器基础元件

汽车电路图是利用各种符号和线条构成的图形，电路图清楚地表示了电路中各组成元件、电源、保险、继电器、开关、继电器盒、接线盒、连接器、电线、搭铁等，有些电路图还表示了电器零件的安装位置、连接器的形式及接线情况、电线的颜色、接线盒和继电器盒中继电器及保险的位置、线束在汽车上的布置等。

汽车电器元件的结构非常复杂，电路图中用各种符号表示各种电器元件。为了使电路图具有通用性，便于进行技术交流，构成电路图的图形符号和文字符号，它有统一的企业标准、国家标准和国际标准。

1. 开关

汽车电器开关和普通电器开关的作用原理虽有相似之处，但由于汽车用开关是控制汽车上各种控制装置电路的开关，其控制对象不同，操作的方式也是多种多样，所以与普通电器开关相比具有一定的特殊性。

汽车开关按操纵方式分可旋转式、推拉式、压力式、顶杆式、翘板式及组合式等多种。

1) 旋转式

常见旋转式汽车电器开关主要是点火开关，如图 2－1 所示。点火开关是汽车电路中最重要的开关，是各条电路分支的控制枢纽。其主要功能是：锁住转向盘转轴(Lock)，接通点火仪表指示等(ON 或 IG)，起动(ST 或 Start)挡，附件挡(Acc 主要是收放机专用)，如果用于柴油车则增加(HEAT)挡。在起动、预热挡时，由于工作电流很大，开关不易接通过久，所以这两挡在操作时必须用手克服弹簧力，扳住钥匙，一松手就弹回点火挡，不能自行定位，其他挡均可自行定位。

2) 推拉式开关

一般用于控制照明灯，如图 2－2 所示。拉钮上标有开关用途的图形符号。操作时，拉动拉钮，移动内部滑块，使内部动触点与定触点位置按规定排列组合移动、变换外接线路，达到控制目的。按拉钮的控制挡位常分单挡式、两挡式、三挡式三种。

图 2－1　点火开关

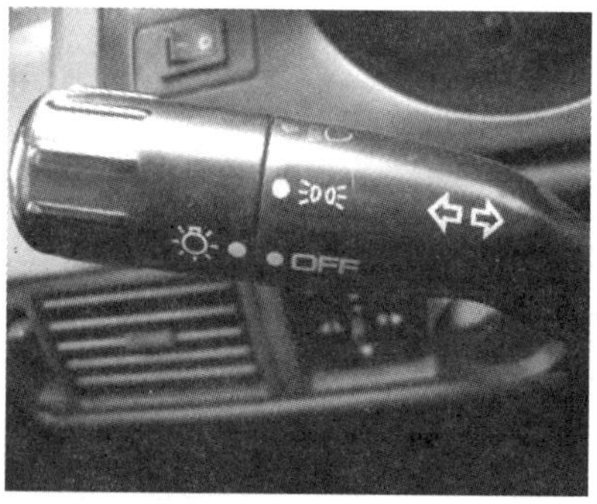

图 2－2　推拉式开关

3) 翘板式开关

翘板式开关，如图 2－3 所示，主要用来控制仪表灯、顶灯、停车灯、危急报警灯、雾灯等。

4）压力式开关

压力式开关按作用力来源分液压控制式、气压控制式及脚踏式三种。分别作为油压开关、气压制动灯开关、高低压报警灯开关等。空调压力开关如图 2－4 所示。

图 2－3　翘板式开关

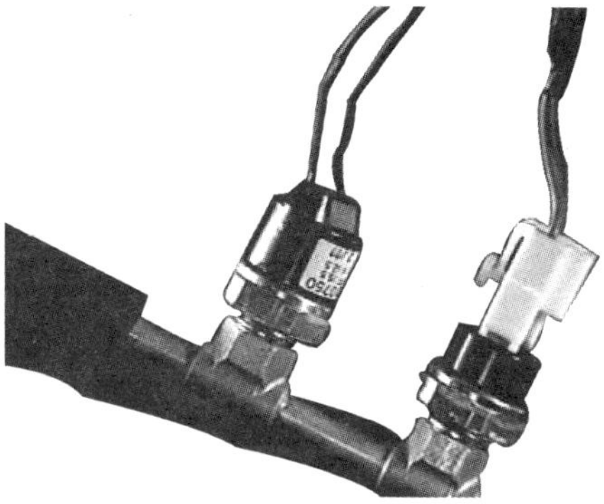

图 2－4　空调压力开关

5）组合开关

组合开关将灯光开关（示宽灯/前照灯开关、变光开光）、转向灯开关、危急报警灯开关、刮水/清洗器开关等组合为一体。它是一个多功能开关，安装在便于驾驶人操纵的转向柱上。

组合开关操纵手柄上一般标有表示用途的图形符号。

2. 继电器

继电器是利用电磁或其他方法（如热电或电子），实现自动接通或切断一对或多对触点，以完成用小电流控制大电流，以减小控制开关触点的电流负荷。

常用的继电器有进气预热继电器、空调继电器、喇叭继电器、雾灯继电器、风窗刮水器/清洗器继电器、危急报警灯与转向闪光继电器等，如图 2－5 所示。

图 2－5　继电器

汽车用继电器一般为电磁式继电器，通常由铁芯、线圈、衔铁、触点簧片等组成。

汽车用继电器可分功能继电器和电路控制继电器两种。功能继电器有闪光继电器、刮水间歇继电器等。电路控制继电器，即单纯实现电路通断与转换的继电器，在汽车上常见的有：电源继电器、中继卸荷继电器、前照灯继电器、雾灯继电器、起动继电器、扬声器继电器、鼓风机继电器、空调压缩机电磁离合器继电器等。

继电器按外形分为圆形和方形两种。按插脚多少分，有三脚、四脚、五脚、六脚多种，如图 2－6 所示。为防止线圈断电时产生的自感电动势损坏电子设备，有的继电器磁化线圈两端并联有泄放电阻或续流二极管。

根据触点的状态不同，继电器又分为常开（动合触点）型、常闭（动断触点）型和开闭混合型三类。常开型继电器平时触点是断开的，继电器动作后触点接通，接通控制电路。常闭继电器的触点平时是闭合

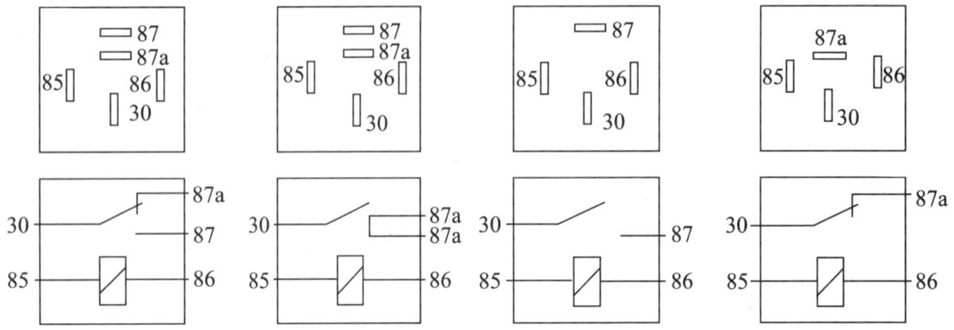

图 2-6　继电器的管脚排列

的，继电器动作后触点断开，切断控制电路。混合型继电器，平时常闭触点接通，常开触点断开，如果继电器线圈通电，则触点处于相反的状态。

继电器的工作电压分为 12 V 和 24 V 两种，分别应用于相应标称电压的汽车上。两种标称电压的继电器不能互换使用。

以开闭混合型为例说明继电器的工作原理。只要在线圈两端加上一定的电压，线圈中就会流过一定的电流，从而产生电磁效应，衔铁就会在电磁力吸引的作用下克服复位弹簧的拉力吸向铁芯，从而带动衔铁的动触点与静触点(常开触点)吸合。当线圈断电后，电磁的吸力也随之消失，衔铁就会在弹簧的拉力下返回原来的位置，使动触点与原来的静触点(常闭触点)吸合。这样吸合、释放，从而达到了在电路中的导通、切断的目的。对于继电器的“常开、常闭”触点，可以这样来区分：继电器线圈未通电时处于断开状态的静触点，称为“常开触点”；处于接通状态的静触点称为“常闭触点”，如图 2-7 所示。

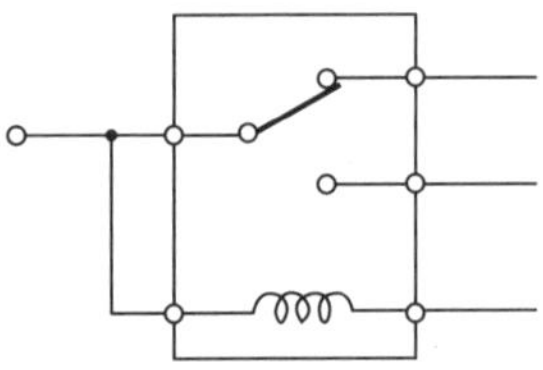

图 2-7　汽车继电器

3. 电路保护器

电路保护器用于电路或电气设备发生短路及过载时，自动切断电路，以防线束或电气设备烧坏，如图 2-8 所示。汽车上常见的电路保护器有易熔线、熔断器(片)及电路断路保护器。

1) 易熔线

易熔线(图 2-9)是一种截面积小于被保护电线截面的、可长时间通过额定电流的铜芯低压导线或合金导线。当电流超过易熔线额定电流数倍时，易熔线首先熔断，以确保线路或电气设备免遭损坏。易熔线不能绑扎于线束内，也不得被其他物品所包裹。

图 2-8　电路保护器

图 2-9　易熔线

2) 熔断器

熔断器(图 2-10)常用于保护局部电路，其限额电流值较小。熔断器的主要元件是熔断丝(片)，其材料是锌、锡、铅、铜等金属的合金。现代汽车常设有多个熔断器。常见熔断器按外形可分为熔片式、熔管式、绝缘子式、缠丝式、插片式等。

如果熔断器烧毁，说明流过电流过大或出现短路。必须检查整个电气系统，还应注意：

(1) 在更换熔断器以前必须切断所有电气部件及点火开关的电源。要更换与原熔断器的额定电流值相等的熔断丝(片)。

(2) 拔熔断器时，可采用尖嘴钳或拆卸器。在拆装熔断器时，进出时要保持平直，不要扭动。扭动动作会迫使端子卡口张开过大，以致连接不良。

图 2 - 10 熔断器

3) 电路断路保护器

电路断路保护器(图 2 - 11)简称断路器，常用于保护电动机等较大容量电气设备。电路断路保护器的基本组成是一对受热敏双金属片控制的触点。当电动机卡死造成电流过大或发生短路故障时，超过额定值数倍的电流使双金属片受热变形，触点断开，自动切断电路以保护电气设备或线路。与易熔线和熔断器相比，其特点是可重复使用。

断路器按其作用后的恢复形式不同，可分为按通式与振动式两种。在汽车上常用于刮水电动机、车窗玻璃升降电动机等的电路中。

图 2 - 11 电路断路保护器

4. 导线

汽车电气系统的导线有低压线和高压线两种。低压线中有普通线、屏蔽线、起动电缆和蓄电池搭铁电缆之分；高压线有铜芯线和阻尼线之分。

1) 线颜色

(1) 名词术语

单色导线是指绝缘表面为一种颜色的导线。双色导线是指绝缘表面为两种颜色的导线。

主色是指双色导线中面积比例大的颜色。辅助色是指双色导线中面积比例小的颜色。

(2) 导线的颜色和代号

各国导线的颜色代号都不一样，如表 2 - 1—表 2 - 3 所示。

表 2 - 1　　丰田凯美瑞汽车电路图配线颜色

缩写字母	英文	中文	缩写字母	英文	中文
B	Black	黑色	R	Red	红色
BR	Brown	棕色	V	Violet	紫色
G	Green	绿色	B	Blue	蓝色
GR	Gray	灰色	LG	Light Green	浅绿
O	Orange	橙色	W	White	白色
P	Pink	粉色	Y	Yellow	黄色

表 2-2　**本田雅阁汽车电路图配线颜色**

缩写字母	英文	中文	缩写字母	英文	中文
WHT	White	白色	PNK	Pink	粉色
YEL	Yellow	黄色	BRN	Brown	棕色
BLK	Black	黑色	GRY	Gray	灰色
BLU	Blue	蓝色	PUR	Purple	紫色
GRN	Green	绿色	LT BLU	Light Blue	浅蓝
RED	Red	红色	LT GRN	Light Green	浅绿
ORN	Orange	橙色			

表 2-3　**大众帕萨特 B5 汽车电路图配线颜色**

缩写字母	中文	缩写字母	中文
Ws	白色	Li	紫色
Br	棕色	Ro	红色
Bl	蓝色	Gr	灰色
Sw	黑色	Ge	黄色
Gn	绿色		

(3) 导线颜色的组成

单色导线的颜色由表 2-1—表 2-3 规定的一种颜色组成。双色导线的颜色由表 2-1—表 2-3 规定的两种颜色配合组成。导线颜色的选用应优先选用单色，再选用双色。

(4) 导线颜色的标注

导线颜色的标注采用颜色代号表示，如单色导线，颜色为红色，标注为“R”；

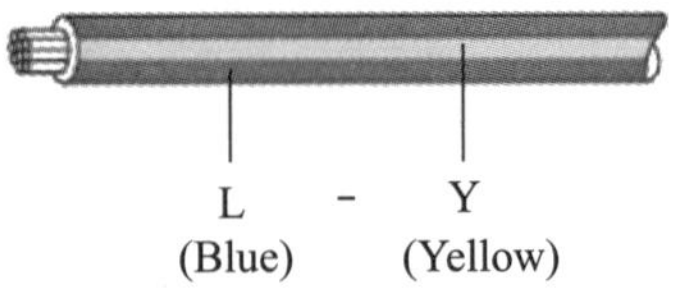

图 2-12　导线颜色图

双色导线(图 2-12)，第一色为主色，第二色为辅助色，主色为蓝色，辅助色为黄色，标注为“L/Y”。

2) 导线截面积

导线的截面积根据工作电流的大小来选取，对于一些电流特别小的电器，如指示灯电路，为了保证应有的力学强度，导线的截面积不得小于 0.5 mm^2。

导线的截面积标注在颜色代码前面，单位为 mm^2 时不标注，如 1.25R 表示导线截面积为 1.25 mm^2 的红色导线。1.0G/Y 表示导线截面积为 1.0 mm^2 的双色导线，主色为绿色，辅助色为黄色。

5. 配电系统

一般整车电气系统通常采用中央接线板方式，即大部分继电器和熔断丝都安装在中央线路板正面。主线束从中央线路板背面接插后通往各用电器。中央线路板上标有线束和导线接插位置的代号及接点的数字号。

为便于诊断故障、规范布线，现代汽车常将熔断器断路保护器、继电器等电路易损件集中布置在一块或几块配电板上，配电板背面用来连接导线，这种配电板及其盖子就组成了中央控制盒。大众帕萨特B5汽车使用的中央控制盒，如图2-13所示。

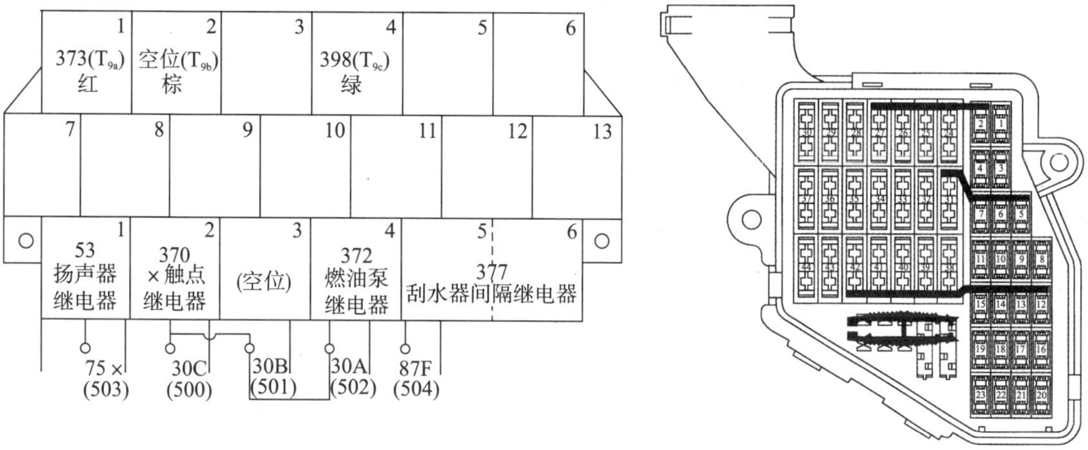

图2-13 大众帕萨特B5中央控制盒及熔断器

2.2 汽车电路图常用符号

汽车电路图是利用图形符号和文字符号，表示汽车电路构成、连接关系和工作原理，而不考虑其实际安装位置的一种简图。为了使电路图具有通用性，便于进行技术交流，构成电路图的图形符号和文字符号，不是随意的，它有统一的国家标准、国际标准或企业标准。要看懂电路图，必须了解图形符号和文字符号的含义、标注原则和使用方法。

1. 图形符号

图形符号是用于电气图或其他文件中表示项目或概念的一种图形、标记或字符，是电气技术领域中最基本的工程语言。

图形符号分为基本符号、一般符号和明细符号三种。

1) 基本符号

基本符号不能单独使用，不表示独立的电器元件，只说明电路的某些特征。例如："—"表示直流，"～"表示交流，"+"表示电源的正极，"-"表示电源的负极，"N"表示中性线。

2) 一般符号

一般符号用以表示一类产品和此类产品特征的一种简单符号。一般符号广义上代表各类元器件，另外，也可以表示没有附加信息或功能的具体元件，例如：一般电阻、电容等。

3) 明细符号

明细符号表示某一种具体的电器元件。它是由基本符号、一般符号、物理量符号、文字符号等组合派生出来的。如：Ⓐ表示电流表，Ⓥ表示电压表。

2. 文字符号

文字符号是由电气设备、装置和元器件的种类(名称)字母代码和功能(与状态、特征)字母代码组成。用于电气技术领域中技术文件的编制，也可标注在电气设备、装置和元器件上或其近旁，以表明电气设备、装置和元器件的名称、功能、状态和特征。

文字符号分为基本文字符号和辅助文字符号两大类，基本文字符号又分为单字母符号和双字母符号。

1）基本文字符号

（1）单字母符号

单字母符号是按拉丁字母将各种电气设备、装置和元器件分类，每大类用一个专用单字母符号表示，例如："C"表示电容器类，"R"表示电阻类等。

（2）双字母符号

双字母符号是由一个表示种类的单字母符号与另一字母组成，其组合型式应以单字母符号在前而另一字母在后的次序列出，例如："R"表示电阻，"RP"就表示电位器，"RT"表示热敏电阻；"G"表示电源、发电机、发生器，"GB"就表示蓄电池，"GS"表示同步发电机、发生器，"GA"表示异步发电机。

2）辅助文字符号

辅助文字符号表示电气设备、装置和元器件以及线路的功能、状态和特征。例如："SYN"表示同步，"L"表示限制左或低，"RD"表示红色，"ON"表示闭合，"OFF"表示断开等。

2.3 汽车电路分析

1. 汽车电气线路的特点

1）低压直流供电

为了简化结构和保证安全，汽车电器设备采用低压直流供电。柴油车大多采用低压 24 V 供电（也有的柴油车采用 12 V 供电，但较少见），汽油车大都采用 12 V 直流电压供电。低压供电取自蓄电池或发电机，两者的电压值保持一致。

2）安装有熔断装置

为了防止电路或元器件因搭铁或短路而烧坏电线束和用电设备，各种类型的汽车上均安装有熔断装置。这些熔断装置有的串接在元器件（或零部件）回路中，也有的串接在支路中。

3）大电流开关通常加中间继电器

汽车中大电流的用电器如起动机、电扬声器等工作时的电流很大，如果直接用开关控制它们的工作状态，往往会使控制开关早期损坏。因此，控制大电流用电设备的开关常采用加中间继电器的方法，即采用控制继电器线圈的小电流，由继电器闭合后的触点为用电设备提供大电流。

4）汽车电路上有颜色和编号特征

随着汽车用电设备的增加，导线数目也在不断增多，为便于识别和检修汽车电器设备，汽车电路中的低压线通常由不同的颜色组成，并在汽车电器线路图上用颜色的字母代号标注出来。

2. 汽车电路图类型

汽车电路有部分电路和整车电路之分。部分电路即局部电路或叫单元电路，通常有电源电路、起动电路、点火电路、照明电路、信号及仪表电路等；整车电路即汽车电器总电路，通常将汽车上各种电器设备按照它们各自的工作特点和相互联系，通过各种开关、熔断等装置，用导线把它们合理地连接起来而构成的一个整体电路。

根据汽车电路图的不同用途，主要有原理框图、电路原理图、敷线图和线束安装图。

1）原理框图

原理框图是指用符号或带注释的框，概略表示汽车电气基本组成、相互关系及其主要特征的一种简图，如图 2－14 所示。

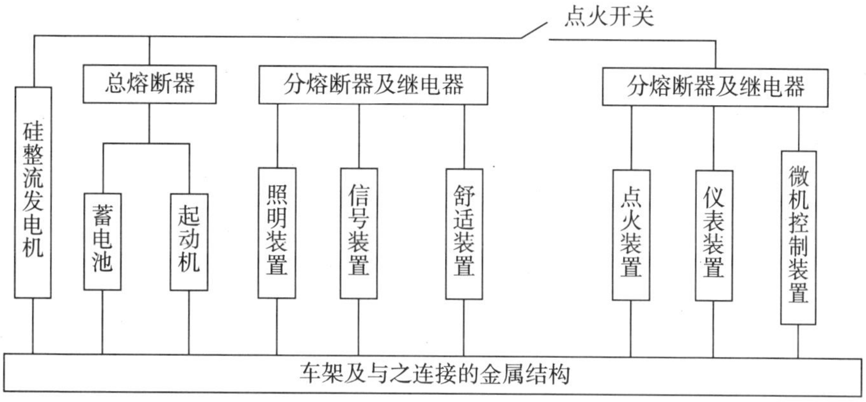

图 2－14　汽车全车电器系统的原理框图

原理框图是从总体上来描述系统或分系统的，它是系统或分系统设计初期的产物，是依据系统或分系统按功能依次分解的层次绘制的。

2）电路原理图

电路原理图是根据国家或企业颁布的有关技术标准，用图形符号、文字符号，以统一规定的方法，把电路画在图纸上，如图 2－15 所示。它是电气技术中使用最广泛的一种重要的电路简图，具有电路清晰，简单明了，便于理解电路原理的特点。

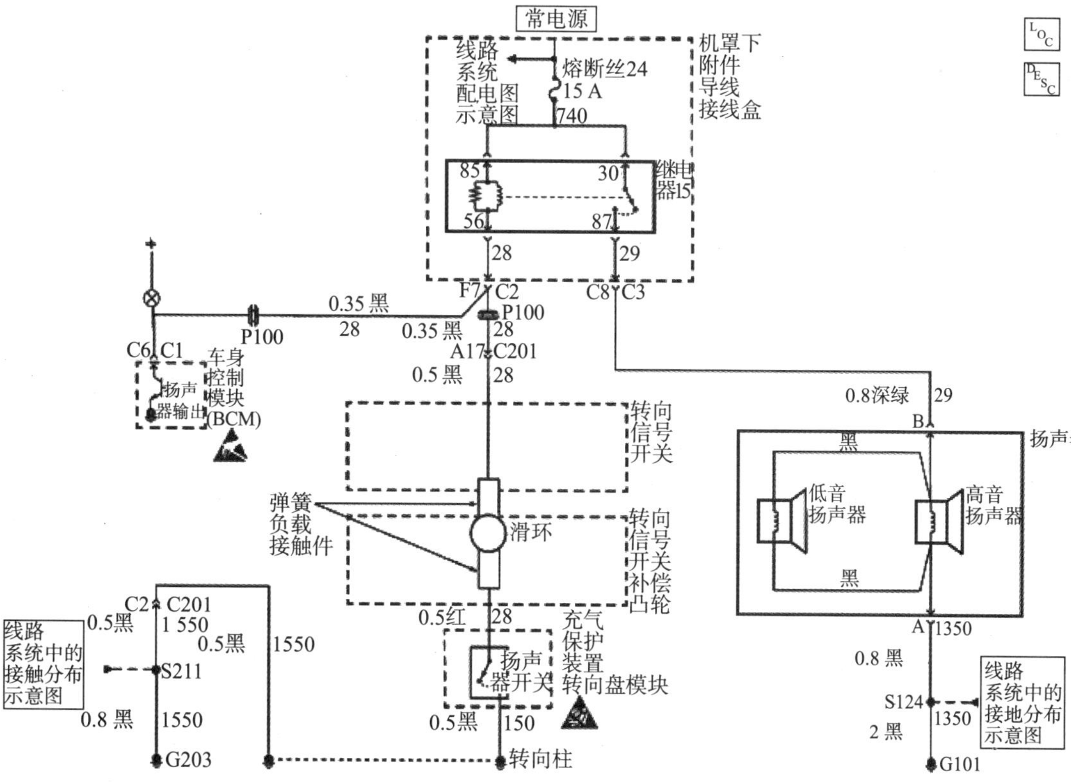

图 2－15　电路原理图

汽车电路图是用电器图形符号，按工作顺序或功能布局绘制的，详细表示汽车电路的全部组成和连接关系，不考虑实际位置的简图。

3）敷线图

敷线图是指专门用来标记电气设备的安装位置、外型、线路走向等的指示图，如图 2－16 所示。汽车敷线图较明确地反映了汽车实际的线路情况，查线时导线中间的分支、接点很容易找到，为安装和检测汽车电路提供方便。但因其线条密集，纵横交错，给读图、查找、分析故障带来不便。

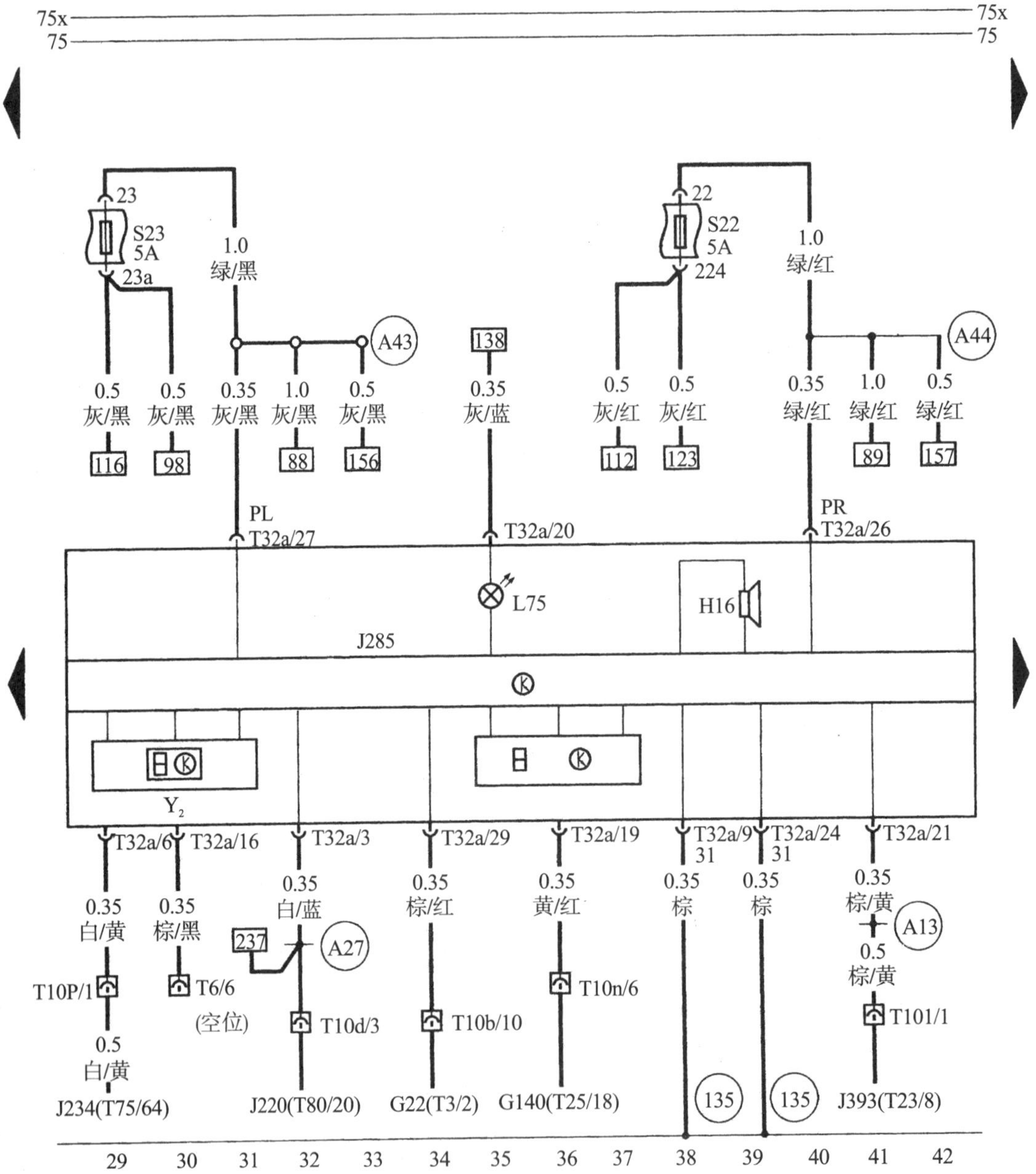

C22—里程表传感器；在变速器内；H16—灯光打开时的报警蜂鸣器；J220—电喷控制单元；J104—ABS 制动防抱死系统控制单元；J234—安全气囊控制单元；J393—舒适电子的控制单元；L75—数字针显示照明灯；S22—熔断丝 22，5A，在熔断丝架上；S23—熔断丝 23，5A，在熔断丝架上；T3—3 针插头(里程表传感器插头)；T6—6 针插头，黑色，在右 A 柱处(不接在支架上)；T10b—10 针插头，黑色，在发动机室中的控制单元防护罩中的左侧(1 号位)；T10d—10 针插头，棕色，在发动机室中的控制单元防护罩中的右侧(2 号位)；T10f—10 针插头，蓝色，在左 A 柱处(6 号位)；T10g—10 针插头，黄色，在右 A 柱处(5 号位)；T10n—10 针插头，橙色，在左 A 柱处(15 号位)；T23—23 针插头，舒适电子控制单元的连接插头；T23—23 针插头，在舒适系统控制单元上；T25—25 针插头，在 ABS 控制单元上；T32a—32 针插头，蓝

色，在仪表板内；T75—75 针插头，在安全气囊控制单元上；T80—80 针插头，在发动机控制单元上；Y2—数字钟；(A13)—连接线(车门接触开关)，在仪表板线束；(A27)—5 连接线(车速信号)，在仪表板线束内；(A43)—连接线(58L)，在仪表板线束内；(A44)—连接线(58R)，在仪表板线束内；(135)—搭铁连接点 2，在仪表板线束内

图 2－16　敷线图样图

4）线束安装图

在汽车上，为了安装方便和保护导线，将同路的许多导线用棉纱编制物或聚氯乙烯塑料带包扎线束，称为线束。

线束安装图是根据电气设备在汽车上的实际安装部位绘制的全车电路图，如图 2－17 所示。

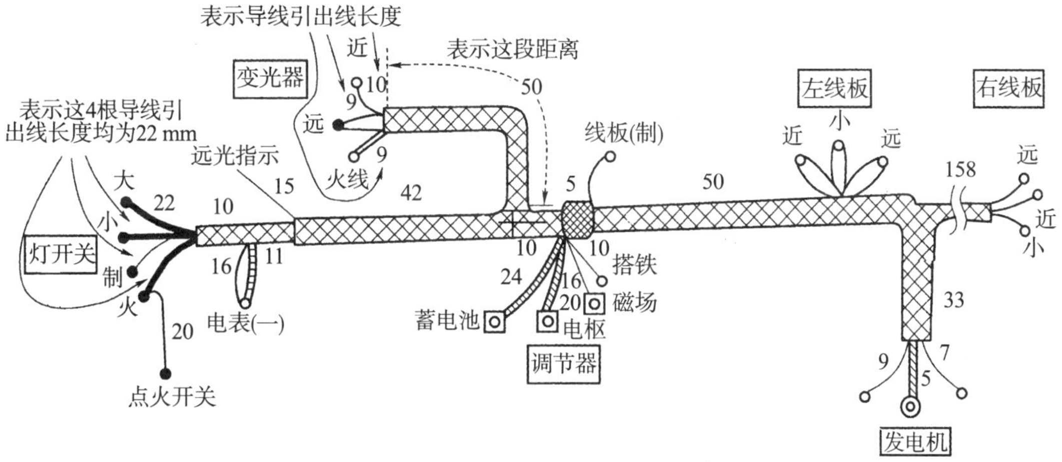

图 2－17　线束安装图

在线束安装图上，部件与部件间的导线以线束形式出现，线束图与敷线图相似，但图面比敷线图简单明了，接近实际，对使用、维修人员适用性较强。

3. 读图原则

1）认真读图注

图注说明了该汽车所有电气设备的名称及其数码代号，通过读图注可以初步了解该汽车都装配了哪些电气设备。然后通过电气设备的数码代号在电路图中找出该电气设备，再进一步找出相互连线、控制关系。

2）牢记电气图形符号

汽车电路图是利用电气图形符号来表示其构成和工作原理的。因此，必须牢记电路图形符号的含义，才能看懂电路原理图。

3）熟记电路标记符号

为了便于绘制和识读汽车电器电路图，有些电器装置或其接线柱等上面都赋予不同的标志代号。

4）牢记回路原则

任何一个完整的电路都是由电源、熔断器、开关、控制装置、用电设备、导线等组成。电流流向必须从电源正极出发，经过熔断器、开关、控制装置、导线等到达用电设备，再经过导线(或搭铁)回到电源负极，才能构成回路。因此电路读图时，有三种思路：

思路一：沿着电路电流的流向，由电源正极出发，顺藤摸瓜查到用电设备、开关、控制装置等，回到电源负极。

思路二：逆着电路电流的方向，由电源负极（搭铁）开始，经过用电设备、开关、控制装置等回到电源正极。

思路三：从用电设备开始，依次查找其控制开关、连线、控制单元，到达电源正极和搭铁（或电源负极）。

实际应用时，可视具体电路选择不同思路，但有一点值得注意：随着电子控制技术在汽车上的广泛应用，大多数电气设备电路同时具有主回路和控制回路，读图时要兼顾两回路。

5）浏览全图，分割各个单元系统

要读懂汽车电路图，首先必须掌握组成电路的各个电器元件的基本功能和电器特性。在大概掌握全图的基本原理的基础上，再把一个个单元系统电路分割开来，这样就容易抓住每一部分的主要功能及特性。

在框划各个系统时，一定要遵守回路原则，注意既不能漏掉各个系统中的组件，也不能多框划其他系统的组件，一般规律是：各电气系统只有电源和总开关是公共的，其他任何一个系统都应是一个完整的、独立的电器回路，即包括电源、开关（保险）、电器（或电子线路）、导线等。从电源的正极经导线、开关、熔断丝至电器后搭铁，最后回到电源负极。

6）熟记各局部电路之间的内在联系和相互关系

从整车电路来讲，各局部电路除电源电路公用外，其他单元电路都是相对独立的，但它们之间也存在着内在联系（如信号共享）。因此，识图时，不但要熟悉各局部电路的组成、特点、工作过程和电流流经的路径，还要了解各局部电路之间的联系和相互影响。这是迅速找出故障部位、排除故障的必要条件。

7）掌握各种开关在电路中的作用

对多层多挡接线柱的开关，要按层、按挡位、按接线柱逐级分析其各层各挡的功能。有的用电设备受两个以上单挡开关（或继电器）的控制，有的受两个以上多挡开关的控制，其工作状态比较复杂。当开关接线柱较多时，首先抓住从电源来的一两个接线柱，再逐个分析与其他各接线柱相连的用电设备处于何种挡位，从而找出控制关系。

对于组合开关，实际线路是在一起的，而在电路图中又按其功能画在各自的局部电路中，遇到这种情况必须仔细研究识读。

8）全面分析开关、继电器的初始状态和工作状态

在电路图中，各种开关、继电器都是按初始状态画出的。即按钮未按下、开关未接通，继电器线圈未通电，其触点未闭合（指常开触点），这种状态称为原始状态。在识图时，不能完全按原始状态分析，否则很难理解电路的工作原理，因为大多数用电设备都是通过开关、按钮、继电器触点的变化而改变回路的，进而实现不同的电路功能。所以，必须进行工作状态的分析。

9）先易后难

有些汽车电路图的某些局部电路可能比较复杂，一时难以看懂，可以暂时将其放一放，待其他局部电路都看懂后，结合看懂图中与该电路有联系的有关信息，再来进一步识读这部分电路。

10）注意搜集资料和经验积累

对于看不懂的电路要善于请教有关人员，同时还要善于查找收集相关资料；注意深入研究典型汽车电路，做到触类旁通；特别注意实际工作经验的积累，新技术、新工艺的应用和创新。

2.4 典型车型电路图

2.4.1 丰田车系电路图(图 2 - 18)

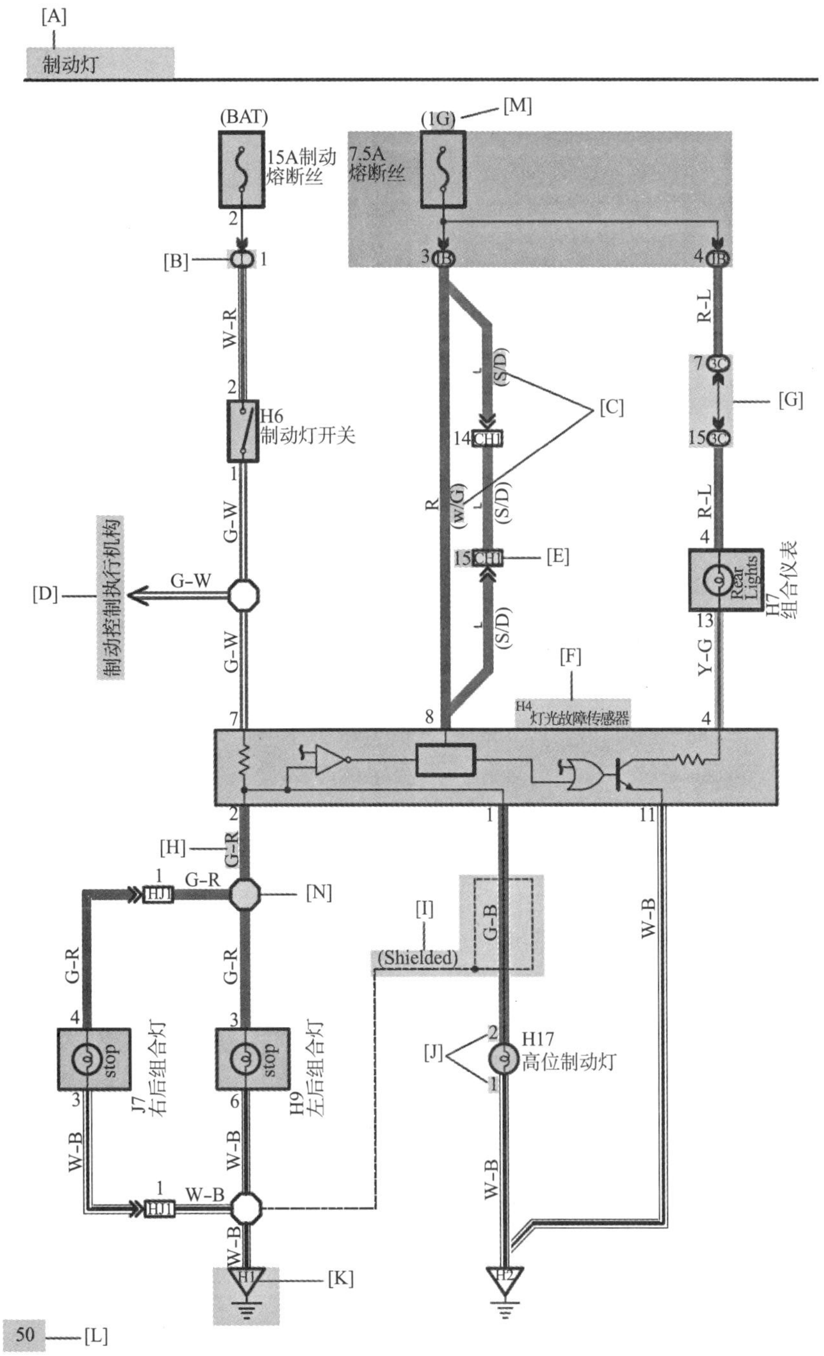

图 2 - 18 丰田车系电路图

注：此车系原图为彩色

1. 电路图标识说明

[A]——系统标题。

[B]——继电器模块，一般没有阴影，且继电器模块上的数字是为了区分它是连接器内哪一个。

[C]——当车型、发动机型号或规格不同时，括号里的内容用来说明不同的导线和连接器等。

[D]——指连到相关系统。

[E]——指连接两根导线的连接器的编号，这个编号包含二个字母和一个数字。第一个字母表示在阴头上的线束；第二个字母表示在阳头上的线束；第三个数字表示序列号，当线束中有多个相同的连接器时以便区别(如：CH1 和 CH2)。

[F]——指一个部件(在原彩图中，所有的都用天蓝色表示)。这个编号与部件位置图上的标号一致。

[G]——接线块(圆圈里的数字是接线块的编号，旁边的数字是连接器编号)。接线块通常加粗以区别于其他部件。

[H]——指导线颜色。导线颜色通常用字母表示，如表 2－1 所示。导线上第一个字母指导线的底色，第二个字母指条纹的颜色，如 L/Y 导线表示是一根以蓝色为底色，黄色为条纹的导线。

[I]——指屏蔽的配线，如图 2－19 如示。

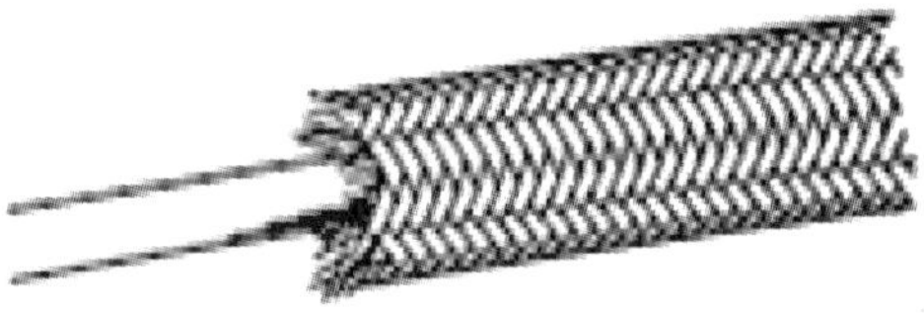

图 2－19　屏蔽线

[J]——指连接器的引脚号，阴头和阳头上这组数字是不同的。

[K]——指搭铁点。编码包含一个字母和一个数字两个部分。字母表示线束，数字表示序号，在同一个搭铁点处有很多导线时以便区分。

[L]——页码。

[M]——指当电源供电给熔断丝时，点火钥匙所在位置。

[N]——指导线接合点，如图 2－20 所示。

图 2－20　导线接合点

2. 部件符号说明(表 2－4)

表 2－4　　部件符号说明

符　　号	含　　义	符　　号	含　　义
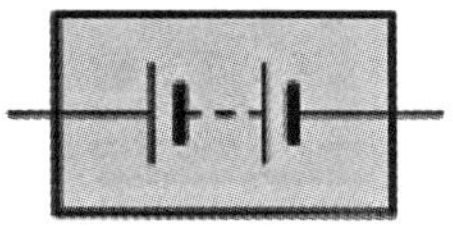	电源： 储存化学能并将其转化成电能。为汽车上的众多电路供直流电		搭铁： 车身上一点，为电流提供回路，没有搭铁电流就不能回流
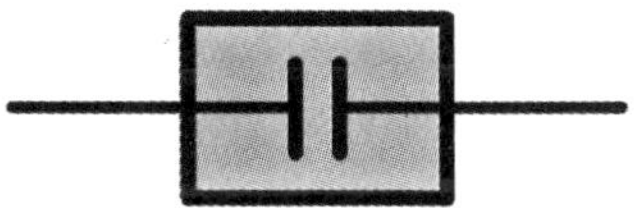	电容： 储存临时电压的元件	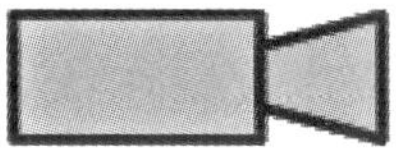	点烟器： 加热装置
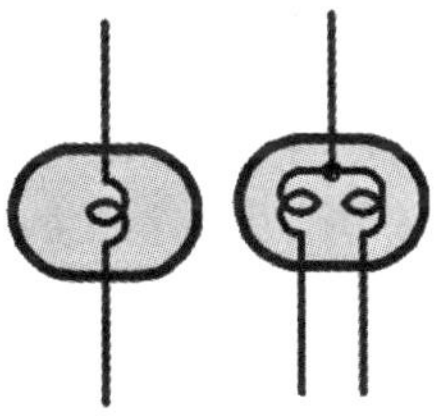	车灯： 电流通过灯丝加热发光。车灯一般分单灯丝和双灯丝		喇叭： 发出声音信号的电器元件
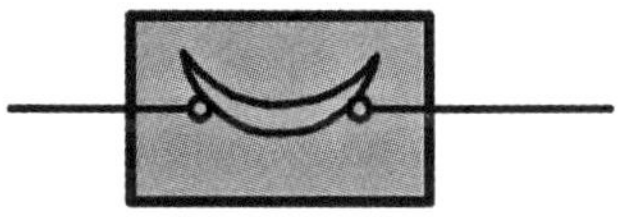	断电器： 当有过电流通过时，它会加热熔断。冷却后有些会自动接合	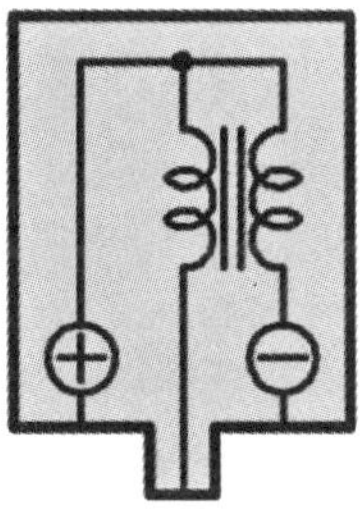	点火线圈： 将低压电转变成高压电供给火花塞
	二极管： 它只允许电流往一个方向流动	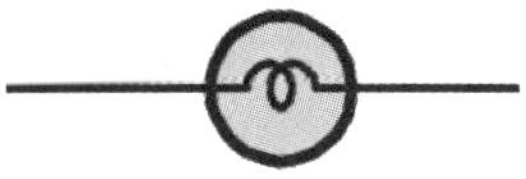	灯： 电流通过灯丝加热发光
	稳压二极管： 一种直到临界反向击穿电压前都具有很高电阻的半导体器件，它就像一个简单的电压调节器		发光二极管： 根据电流，能把电能转化成光能的二极管
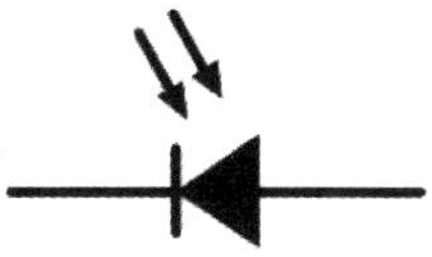	光电二极管： 根据光量控制电流大小的半导体		仪表： 电流驱动磁场线圈使指针转动，并显示在刻度表上

（续表）

符　　号	含　　义	符　　号	含　　义
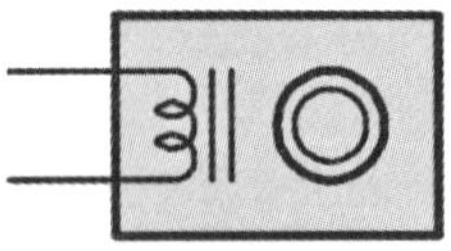	分电器： 将点火线圈里的高电压输送给每个火花塞		数字仪表： 在二极管、液晶、荧光面板上，显示数字形式的仪表
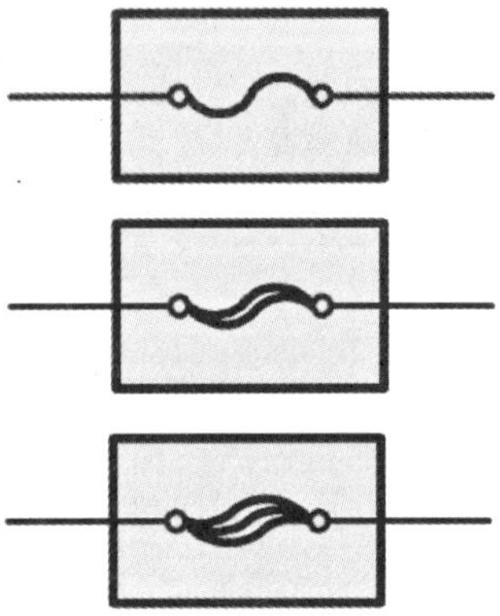	熔断丝： 在电流异常升高时，自身熔断切断电流，从而起到保护电路安全运行的作用。它的数量表示其横截面积的大小		电动机： 将电能转换成机械能的动力元件
			扬声器： 通电后产生声音的电器元件
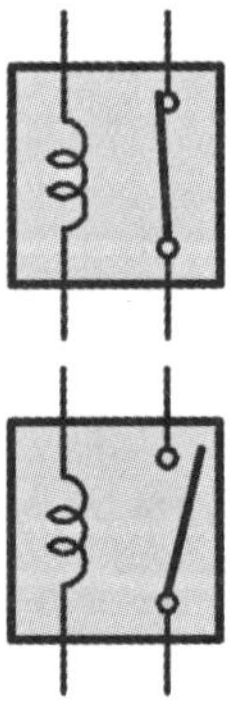	继电器： 一般就是指电控开关，分常开式和常闭式。当电流通过线圈产生磁场使开关吸合或关闭开关	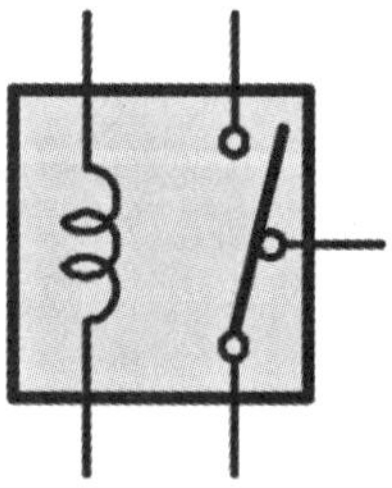	双头继电器： 电流可以从 2 个接头流过的继电器
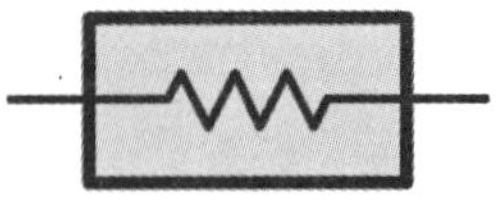	电阻： 在电路中通常起分压分流的作用	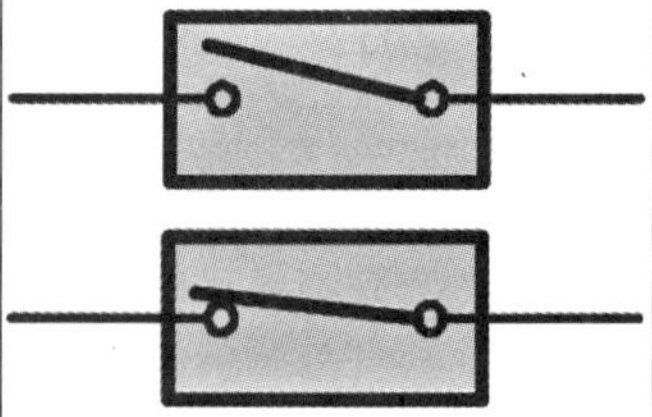	手动开关： 接通或断开电路
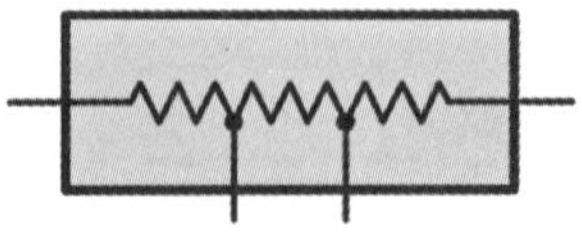	分支电阻： 2 个或 2 个以上接头，以提供不同的电阻值	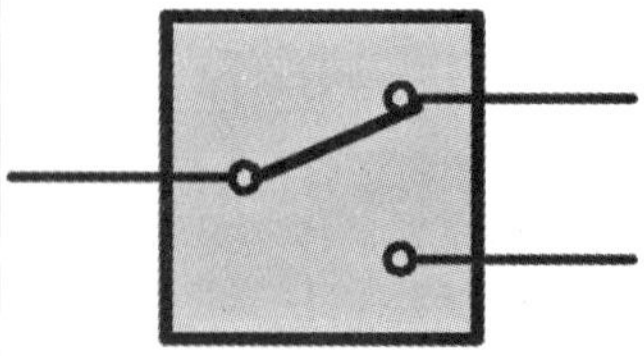	双向开关： 使电流可以从 2 个接头流过的开关

（续表）

符　号	含　义	符　号	含　义
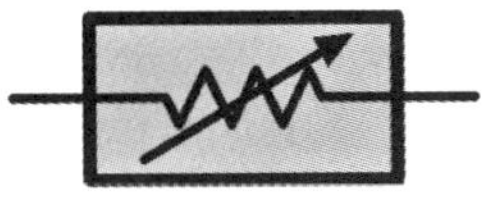	可变电阻： 具有不同电阻率的可控电阻	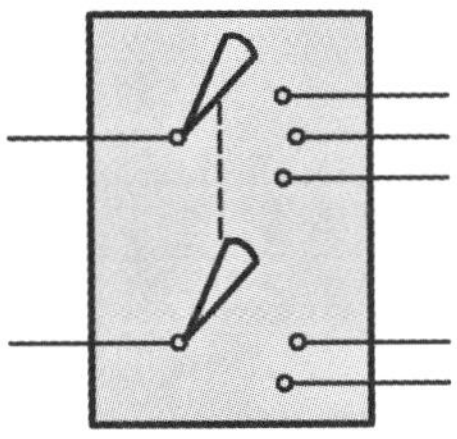	点火开关： 通常要使用钥匙，具有几个位置的开关，可自由开启或关闭电路
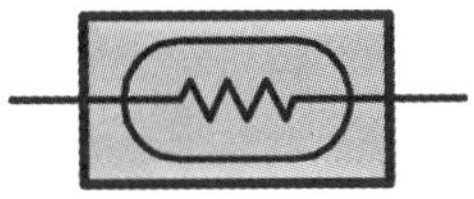	传感器(热敏式)： 随着温度的变化而改变阻值大小的电阻器	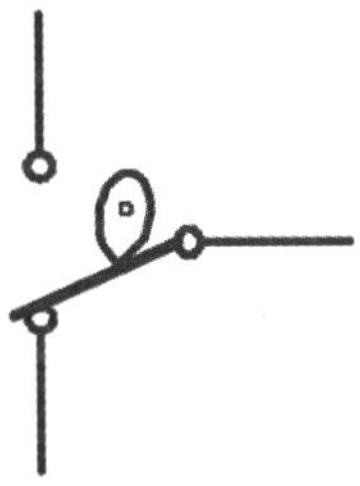	刮水器复位开关： 当刮水器开关打到关闭挡时，使刮水器自动复位
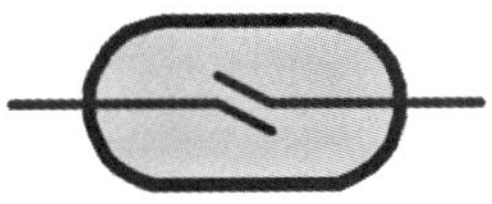	传感器： 通过磁场控制开关的闭合，进而控制元件的动作	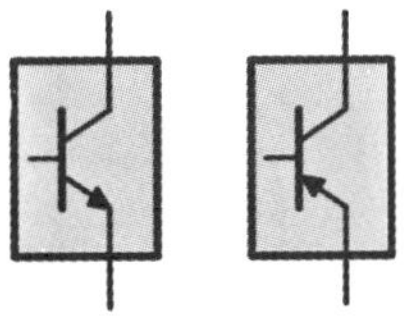	三极管： 一种控制电流的半导体器件，电流的导通取决于基极电压
	短接头： 用于连接	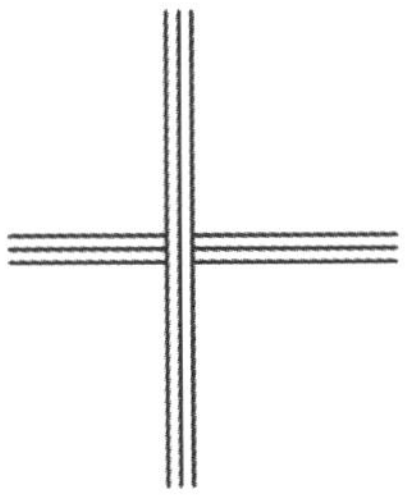 (1) 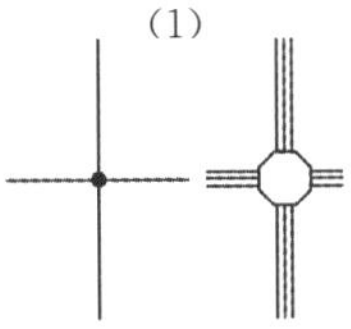 (2)	导线： 在线路图上把导线画成直线。 (1) 不相交：在相交处不用黑点表示； (2) 相交：在相交处用黑点或(◯)表示
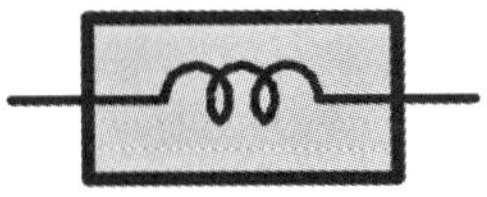	线圈： 当电流流过时产生磁场		

3. 电路图说明

电源电压通过 7.5 A 仪表熔断丝，1 号接线盒插头 B 端子 3，线束插头 CH1 端子 14，线束插头 CH1 端子 15 到灯光故障传感器 H4 端子 8，向灯光故障传感器 H4 提供工作电压。灯光故障传感器 H4 通过端子 11 于 H2 搭铁。电源电压通过 1 号继电器盒内的 15A STOP 熔断丝，停车灯开关 H6，绞接线到灯光故障传感器 H4 的端子 7。灯光故障传感器 H4 通过端子 2 向制动灯 J7/H9 供电并于 H1 搭铁；通过端子 1 向高位制动灯 H17 供电并于 H2 搭铁。在灯光故障传感器 H4 与高位制动灯之间的导线外带有屏蔽电缆。灯光故障传感器 H4 通过端子 4 控制仪表中灯光故障指示灯 H7。

2.4.2　大众车系电路图

大众车系电路如图 2－21 所示。大众车系电路如图 2－22 所示。

电路图结构

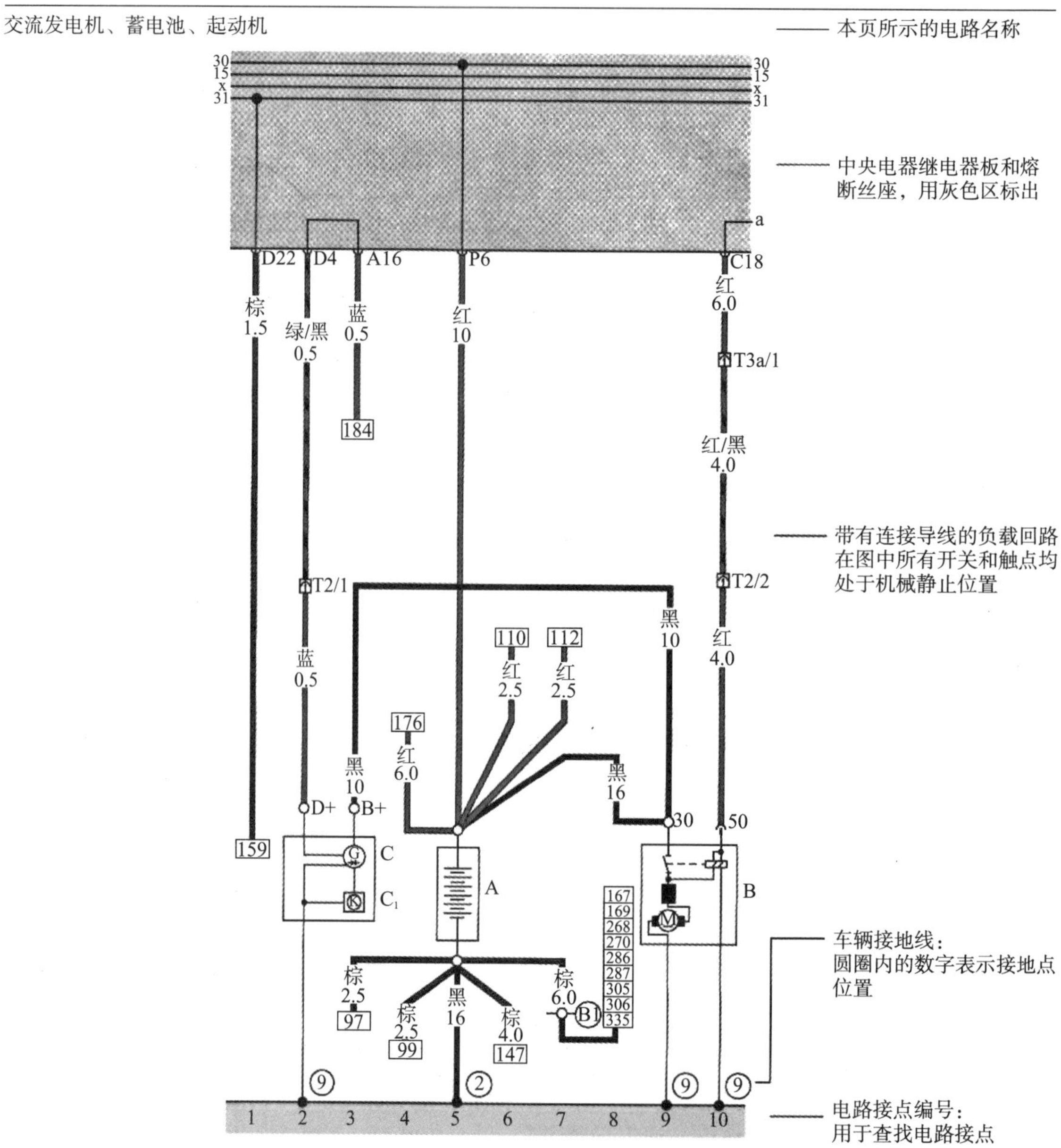

A—蓄电池；
B—起动机；
C—交流发电机；
C1—调压器；
D—点火开关；　　　　——元件代号及名称
T2—发动机线束与发电机线束插头连接，2 针，在发动机舱中间支架上；
T3a—发动机线束与前照灯线束插头连接，3 针，在中央电器后面；
②—接地点，在蓄电池支架上；
⑨—自身接地；
(B1)—接地连接线，在前照灯线束内

图 2－21　大众车系电路图

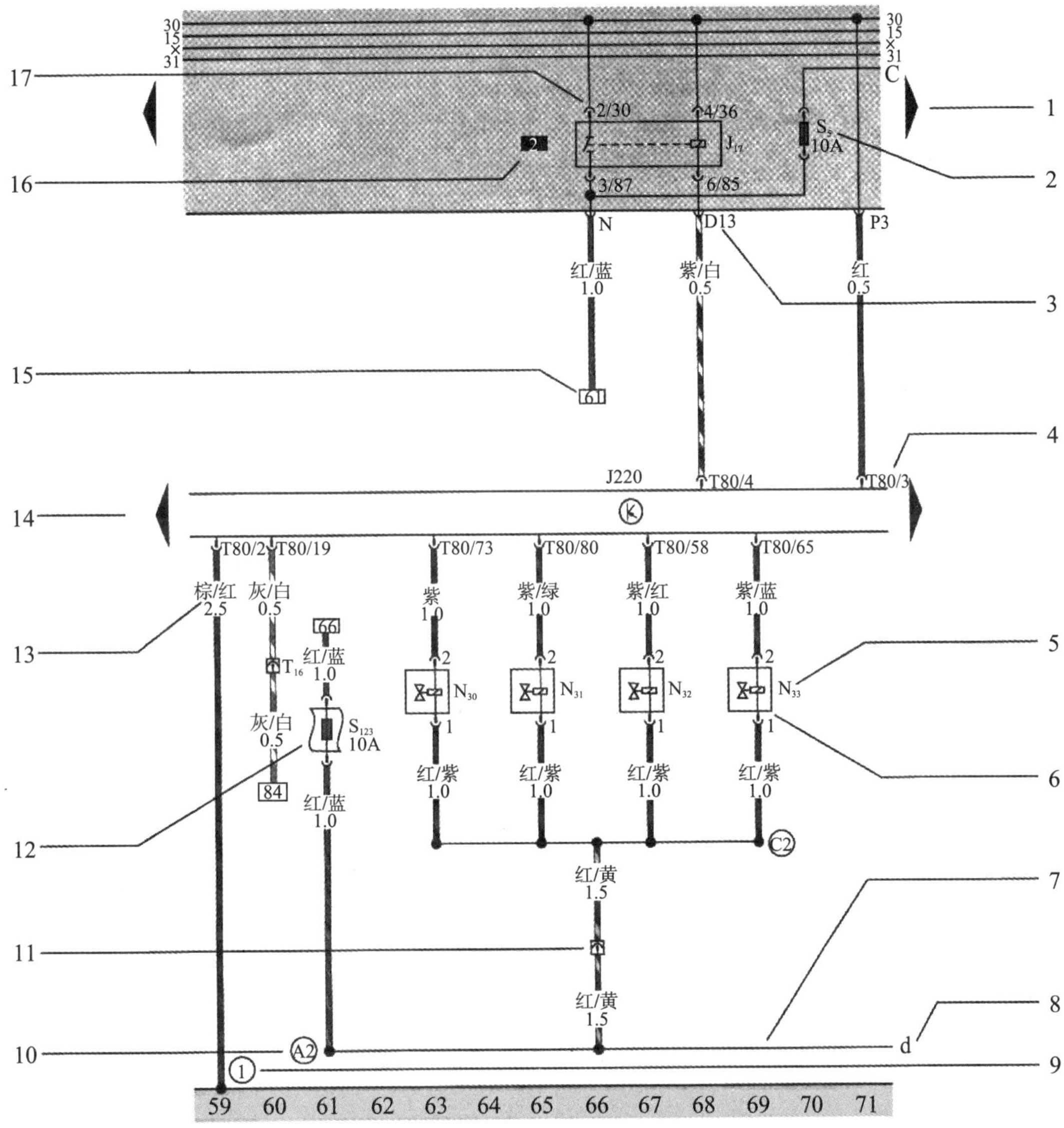

图 2-22　大众车系电路图

大众车系列汽车整车电气系统采用中央线路板方式，即大部分继电器和熔丝都安装在中央线路板正面。主线束从中央线路板反面接插后通往各用电器。中央线路板上标有线束和导线接插位置的代号及接点的数字号。

主要线束的插件代号有 A、B、C、D、G、H、L、K、M、N、P、R。其中 P 插座插入常电源线，R、K、M 为空位插孔。

查找时只要根据电路图中导线与中央线路板区域中下框线交点处的代号，就能了解其导线在某个线束中的第几个插头上。

整车电气系统正极电源分为三路：标有“30”的为常电源线，即与蓄电池直接相连，中间不经过任何开关，无论是停车时或发动机处于熄火状态均有电，可供发动机熄火时也需要用电的电器使用；标有“15”的为小容量电器电源线，是在点火开关接通后才能有电的电源线；标有“X”的为车辆大容量电源线，给大功率用电设备供电，当车辆起动时，该电源被切断。

1. 电路图标识说明

1——三角箭头。表示下接下一页电路图。

2——S代表熔断丝，下脚标号代表该熔断器在中央线路板上的位置。例如，S19表示该熔断器处于中央线路板上第19位，熔断丝的容量可通过它的颜色判断：紫色为3 A，红色为10A，蓝色为15A，黄色为20A，绿色为30A。

3——继电器板上插头连接代号。表示多针或单针插头连接和导线位置；例如，D13表示多针插头连接，D位置触点13。

4——接线端子代号。表示电器元件上接线端子数/多针插头连接触点号码。

5——元件代号。在电路图下方可以查到元件名称。

6——元件的符号。可参见部件符号说明。

7——内部接线。该接线并不是作为导线设置，而是表示元件或导线束内部的电路。

8——指示内部接线的去向。字母表示内部接线在下一页电路图中与标有相同字母的内部接线相连。

9——搭铁点的代号。在电路图下方可查到该代号搭铁点在汽车上的位置。

10——线束内连接线的代号。在电路图下方可查到该不可拆式连接位于哪个导线束内。

11——连接插头。例如，T8a/6表示8针a插头触点6。

12——附加熔断丝符号。例如，S123表示在中央继电器附加继电器板上第23号位熔断丝，10 A。

13——导线的颜色和截面积(单位：mm^2)。

14——三角箭头。指示元件接续上一页电路图。

15——指示导线的去向。框内的数字指示导线连接到哪个接点编号。

16——继电器位置编号。表示继电器板上的继电器位置编号。

17——继电器板上的继电器或控制器接线代号。该代号表示继电器多针插头的各个触点。例如，2/30表示：2表示继电器板上2号位插口的触点2，30表示继电器/控制器上的触点30。

2. 部件符号说明(表2-5)

表2-5　部件符号说明

符　号	含　义	符　号	含　义
	熔断丝		内部照明
	蓄电池		显示仪表

（续表）

符　　号	含　　义	符　　号	含　　义
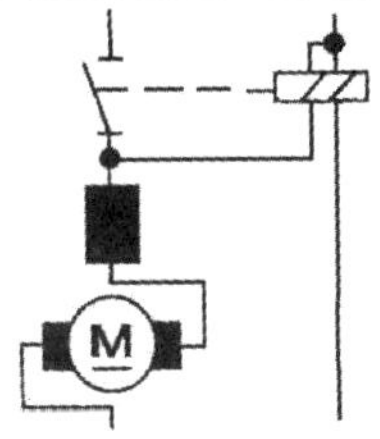	起动机	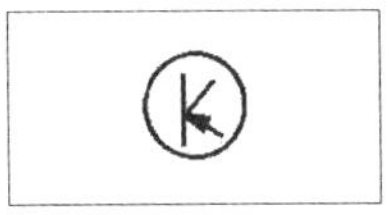	电子控制器
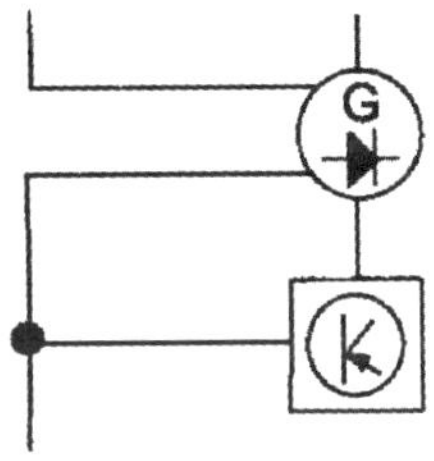	发电机	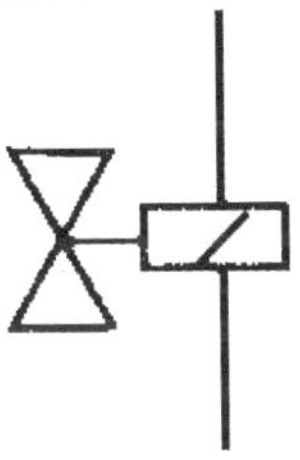	电磁阀
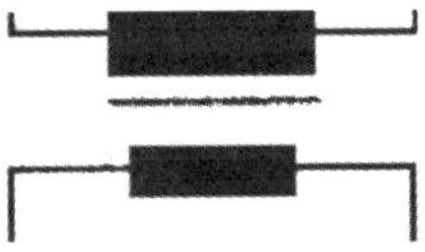	点火线圈	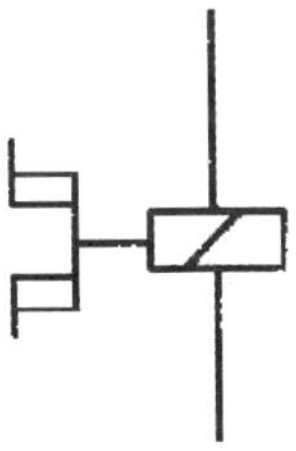	电磁离合器
	火花塞和火花塞插头	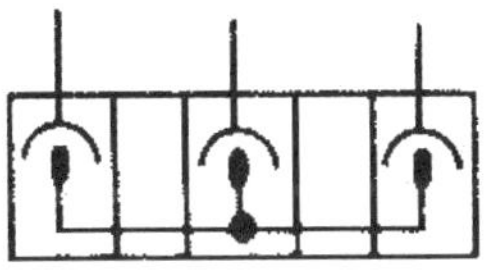	接线插座
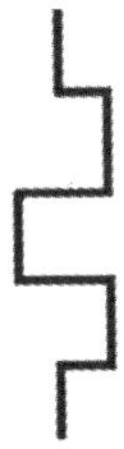	电热丝		插头连接
	电阻		元件上多针插头连接
	发光二极管		可拆式导线接点

（续表）

符　号	含　义	符　号	含　义
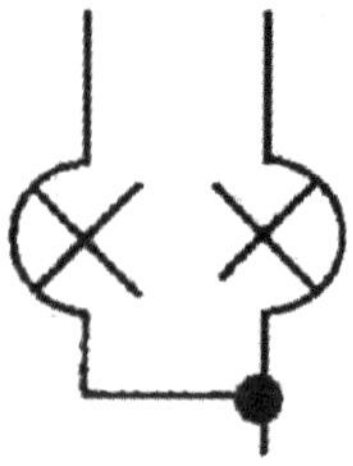	双丝灯泡	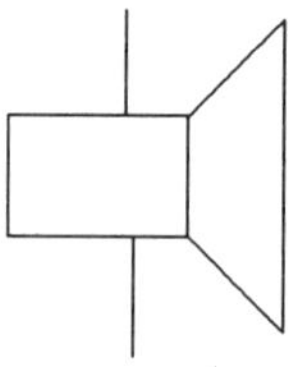	扬声器
	灯泡	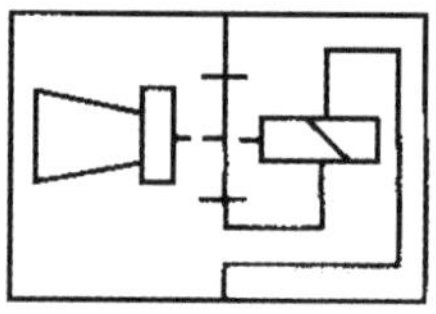	喇叭
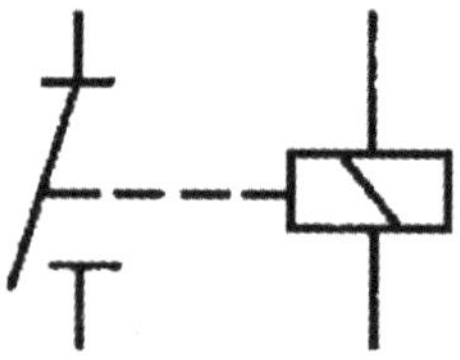	继电器	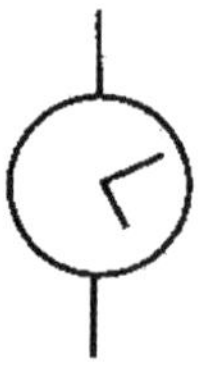	数字钟
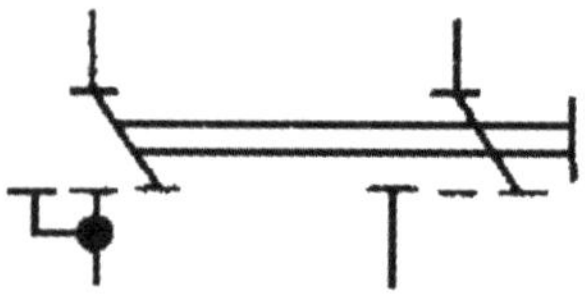	多挡手动开关	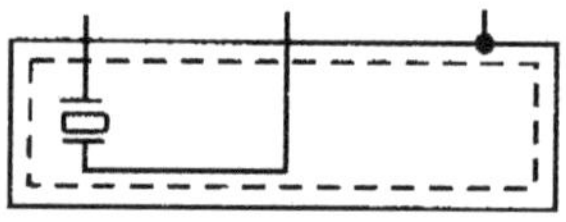	爆震传感器
	压力开关	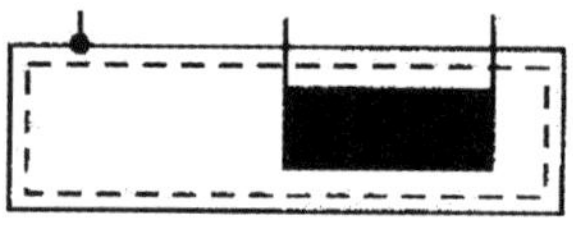	感应式传感器
	按键开关	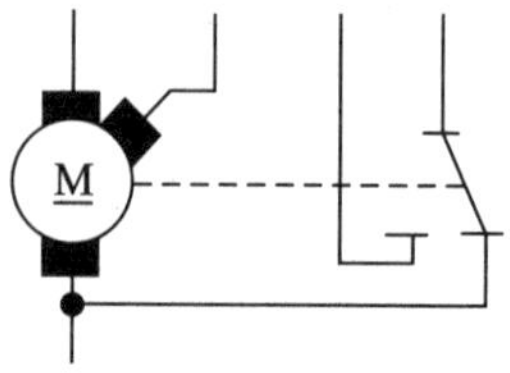	双速电动机

（续表）

符　　号	含　　义	符　　号	含　　义
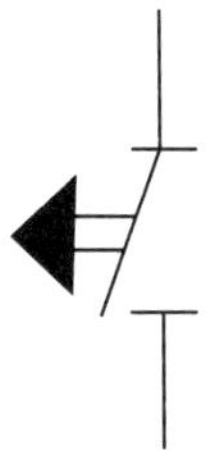	温控开关	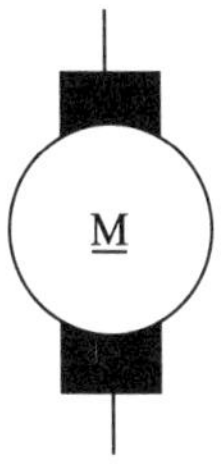	电动机
	手动开关	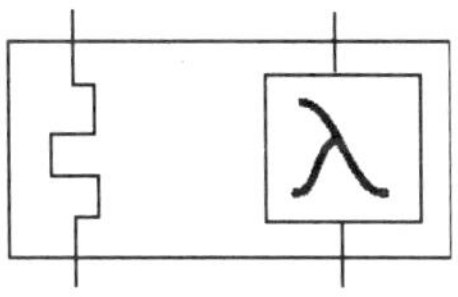	氧传感器
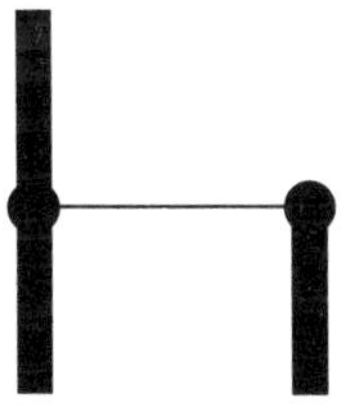	线束内导线连接		不可拆式导线接点
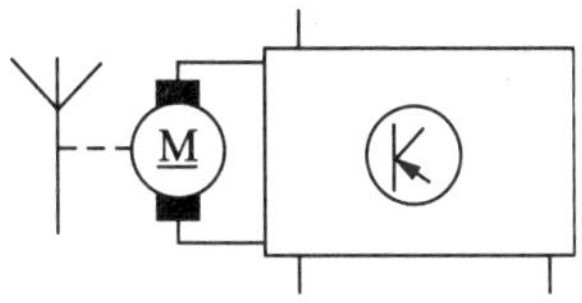	自动天线		点烟器
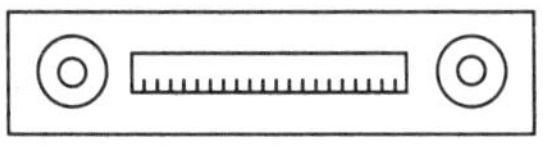	收放机	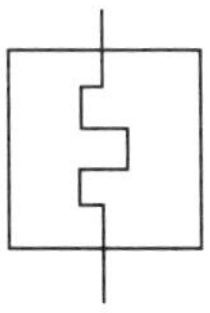	后窗除雾器

3. 电路图说明

电源电压通过红 10 导线，中央接线盒内 P 插座端子 6 至中央接线盒内部连接 30 号线，为全车用电设备供电。电源电压由中央接线盒内部连接 30 号线通过燃油继电器 J17，中央接线盒插座 N，经附加熔断丝 S123，分别向喷油器 N30、N31、N32、N33 供电，并通过发动机控制器 J220 端子 73、端子 80、端子 58、端子 65 由发动机控制器 J220 控制搭铁。

2.4.3 通用车系电路图(图 2－23)

雾灯示意图(前雾灯，雾灯继电器，前雾灯开关和车身控制模块）

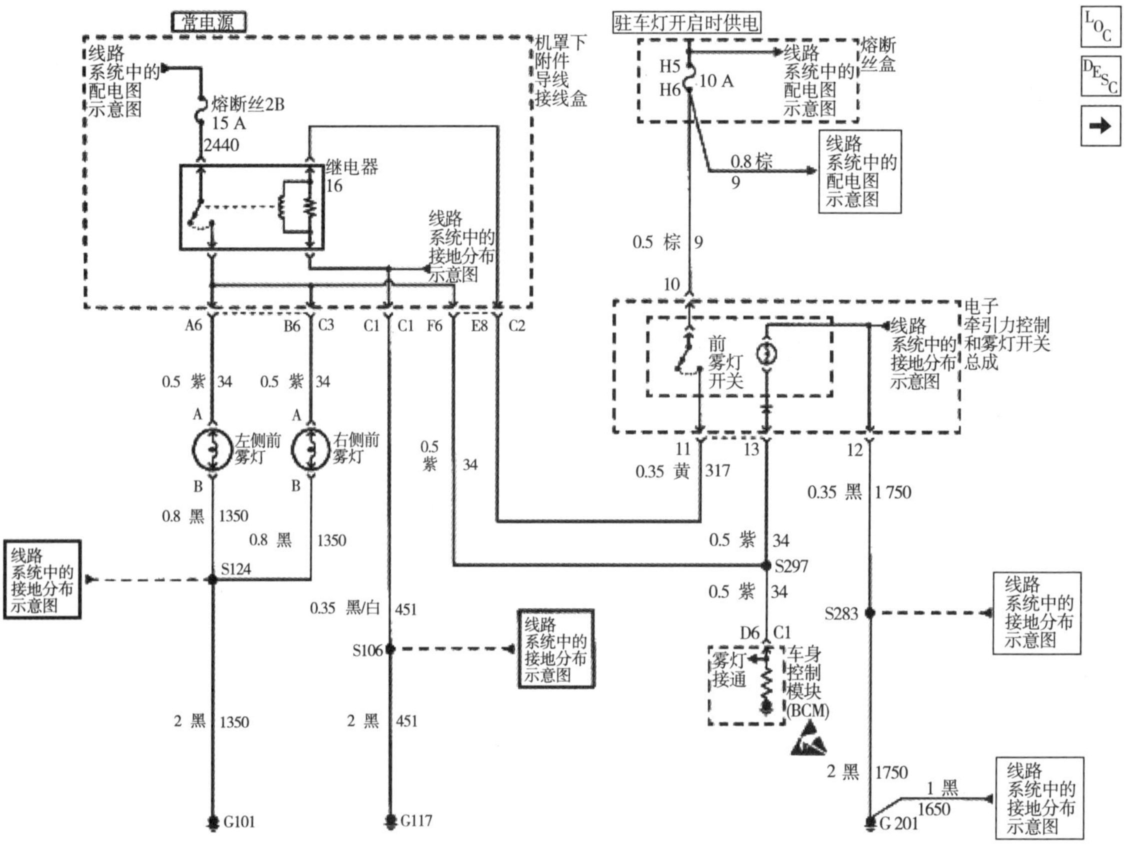

图 2－23　通用车系电路图

1．部件符号说明(表 2－6)

表 2－6　　部件符号说明

符　号	说　明	符　号	说　明
	对静电放电敏感(ESD)图标：用于提醒技术人员，该系统含有对静电放电敏感的部件，在维修前需要特别注意。参见“告诫和备注”中的“静电放电备注”		车载诊断(OBD Ⅱ)图标：用于提醒技术人员，该电路对 OBD Ⅱ 排放控制电路的操作十分重要。任一电路如果出现故障将导致故障指示灯(MIL)启亮，该电路就属于 OBD Ⅱ 电路
	附加保护系统(SRS)图标：用于提醒技术人员，该系统含有附加保护系统(SRS)部件，在维修前需要特别注意。参见“告诫和备注”的“辅助充气保护装置维修注意事项”		重要注意事项图标：用于提醒技术人员还有其他附加系统维修的信息

（续表）

符　　号	说　　明	符　　号	说　　明
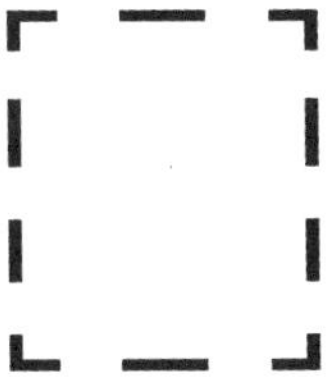	局部部件： 当部件采用虚线框表示时，部件或导线未完全表示		完整部件： 当部件采用实线框表示时，所有部件或导线表示完整
	熔断丝		断路器
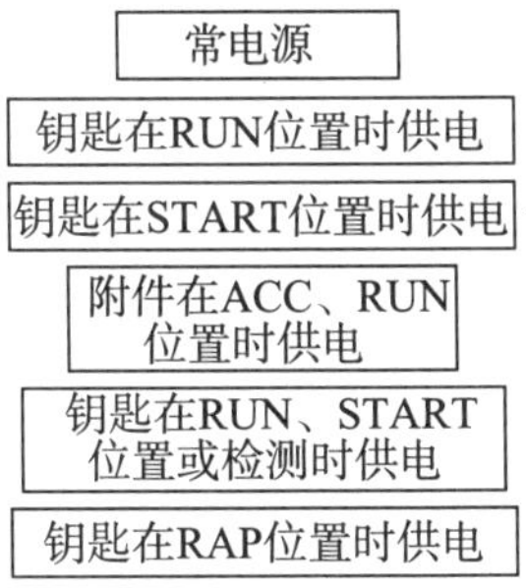	电压指示器： 这些框图用于指示何时熔断丝上有电压		可熔断连接
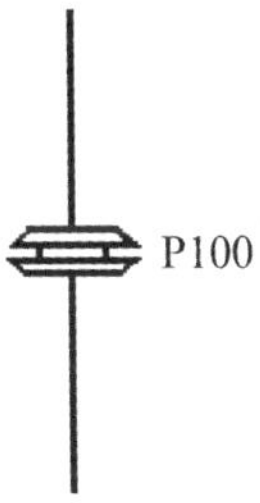	贯穿式密封圈	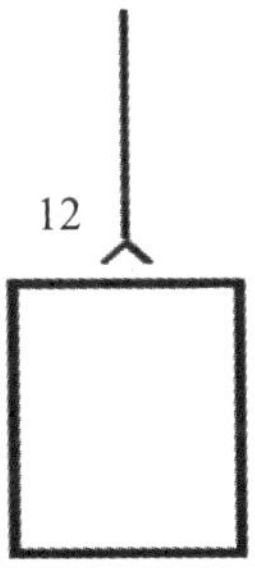	部件上连接的连接器
	底盘搭铁	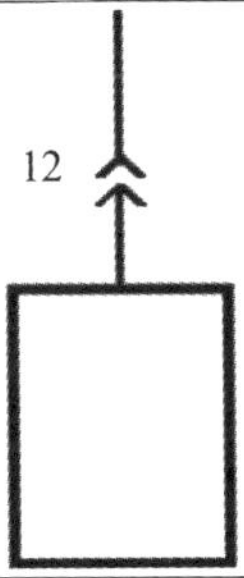	带引出线的连接器
	壳体搭铁	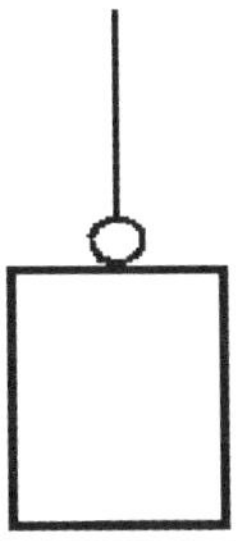	带螺栓或螺钉连接孔的端子

（续表）

符　　号	说　　明	符　　号	说　　明
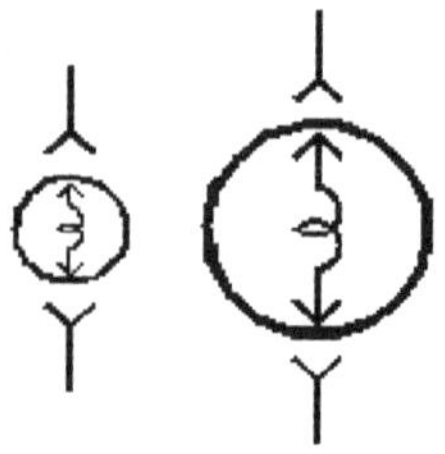	单丝灯泡	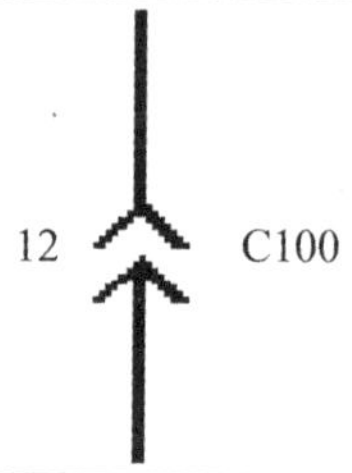	直列线束连接器
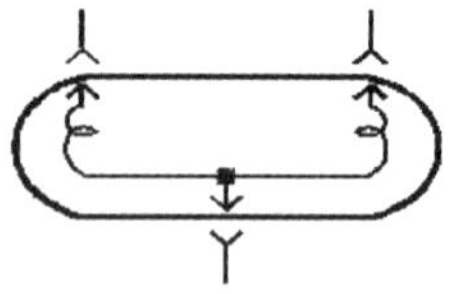	双丝灯泡	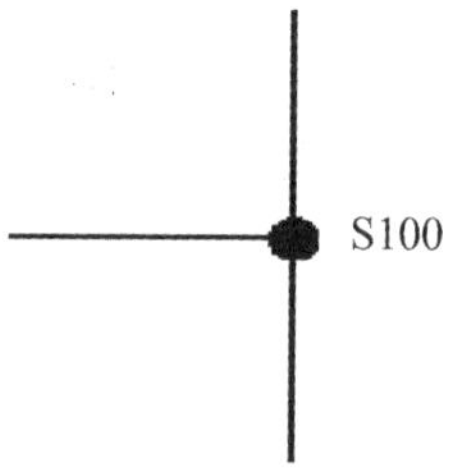	接头
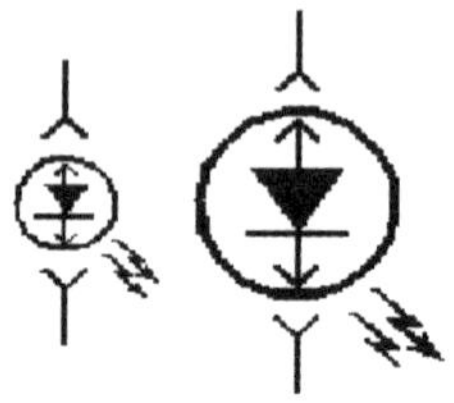	发光二极管		可变电阻器
	电容器	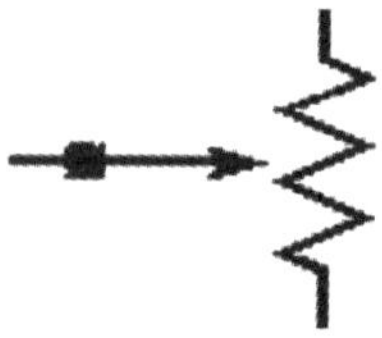	位置传感器
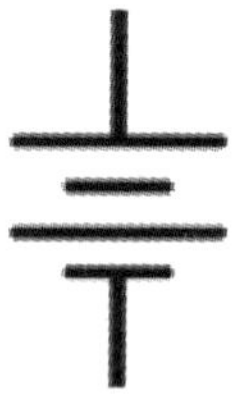	蓄电池	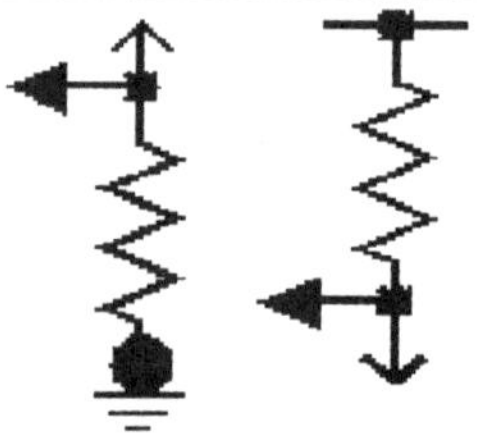	输入/输出电阻器
	可变蓄电池	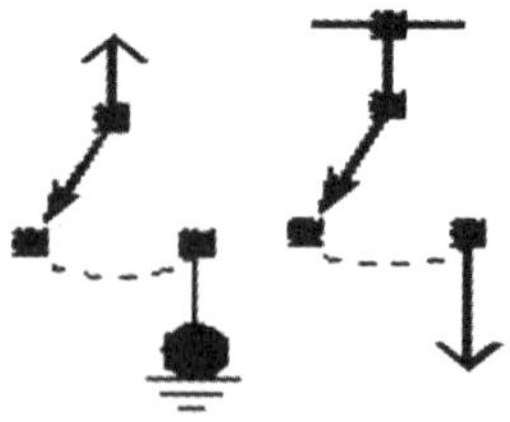	输入/输出开关
	电阻器		二极管

（续表）

符　　号	说　　明	符　　号	说　　明
	晶体	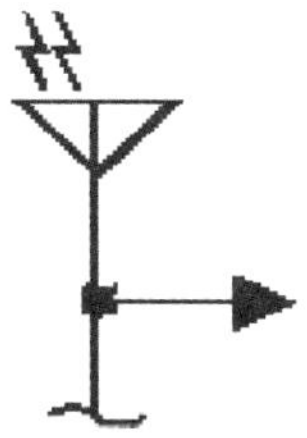	天线
	加热器		屏蔽
	电动机		开关
	电磁阀	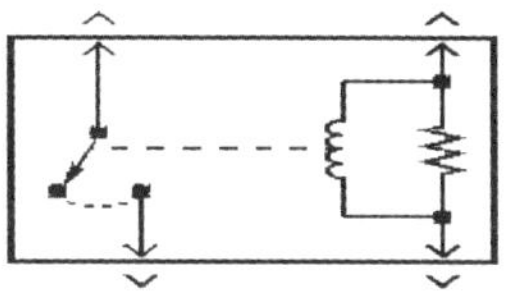	单极单掷继电器
	线圈	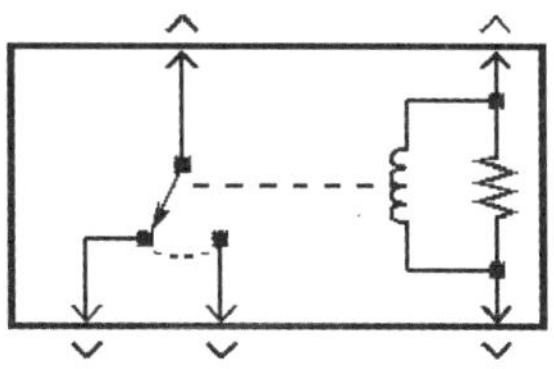	单极双掷继电器

2. 电路图说明

电源电压由熔断丝 H5—H6 通过电路 9 施加于电子牵引力控制和雾灯开关总成端子 10，为电子牵引力控制和雾灯开关总成提供电压。电子牵引力控制和雾灯开关总成通过电路 1750 经 G201 搭铁。

电子牵引力控制和雾灯开关总成通过电路 317 向机罩下附件导线接线盒内部继电器 16 供电，并通过电路 451 于 G117 搭铁。机罩下附件导线接线盒内部继电器 16 通过电路 34 向左、右侧前雾灯提供电源，并通过电路 1350 于 G101 搭铁。

本 章 小 结

(1) 汽车开关按操纵方式分可旋转式、推拉式、压力式、顶杆式、翘板式及组合式等多种。

(2) 继电器是利用电磁或其他方法(如热电或电子),实现自动接通或切断一对或多对触点,以完成用小电流控制大电流以减小控制开关触点的电流负荷。

(3) 汽车用继电器可分功能继电器和电路控制继电器两种。

(4) 根据触点的状态不同,继电器又分为常开(动合触点)型、常闭(动断触点)型和开闭混合型三类。

(5) 汽车上常见的电路保护器有易熔线、熔断器(片)及电路断路保护器。

(6) 如果熔断器烧毁,说明出现短路,必须检查整个电气系统。

(7) 汽车电系的导线有低压线和高压线两种。低压线中又有普通线、屏蔽线、起动电缆和蓄电池搭铁电缆之分;高压线又有铜芯线和阻尼线之分。

(8) 汽车电气线路的特点:低压直流供电、安装有保险装置、大电流开关通常加中间继电器、汽车电路上有颜色和编号特征。

(9) 根据汽车电路图的不同用途,主要有原理框图、电路原理图、敷线图和线束安装图。

复习思考题

1. 填空题

(1) 汽车电器基础元件有________、________、________和________等。

(2) 根据汽车电路图的不同用途,主要有________、________、________和________。

(3) 汽车用继电器可分________和________两种。

(4) 点火开关是汽车电路中最重要的开关,其挡位一般有________、________、________和________。

(5) 汽车电路有部分电路和整车电路之分。部分电路即局部电路或叫单元电路,通常有________、________、________、________和________等。

2. 选择题

(1) 熔断丝的外表分别涂有不同的颜色代表不同的额定电流,其中红色表示额定电流是(   )。

A. 30 A　　B. 20 A　　C. 15 A　　D. 10 A

(2) 大众桑塔纳2000汽车电路图中标有"×"的是(   )。

A. 常电源线　　B. 大容量线　　C. 小容量线　　D. 搭铁线

(3) 电路图中表示黑白导线的符号是(   )。

A. B/R　　B. R/B　　C. B/W　　D. W/B

(4) 在检查电磁阀类零件时,甲说只检查线圈的通断即可,乙说还要检查电磁阀动作效果,那么下面的说法正确的是(   )。

A. 甲对　　B. 乙对　　C. 甲乙都对　　D. 甲乙都不对

(5) 利用电路图检查故障时首先要(   )。

A. 对故障的部件进行更换

B. 在电路图中找出故障系统电路,并仔细阅读,找出可能的故障原因

C. 查出故障部件所在的位置

D. 根据电路图检查线路短路或断路

(6) 大众桑塔纳 2000 汽车电路图中标有“30”的是(　　)。

A. 常电源线　　B. 大容量线　　C. 小容量线　　D. 搭铁线

(7) 大众桑塔纳 2000 汽车电路图中 A13 表示(　　)。

A. 线束在中央接线盒的位置是 13　　B. 继电器 A

C. 与 A 线束的第 13 针连接　　D. 没什么意义

(8) 大众桑塔纳 2000 汽车电路图中搭铁点表示(　　)。

A. 圆圈中加一个数字　　B. 圆圈中加一个字母

C. 方框中加一个数字　　D. 方框中加一个字母

(9) 汽车总线路一般都要遵循下列哪项原则(　　)。

A. 各用电设备串联　　B. 多线制

C. 单线制　　D. 只要一个总开关就可以了

3. 判断题

(1) 在中央接线盒插座中“P”插入常电源线。　(　　)

(2) 线路图中标有“30”的为常电源线,经过点火开关才可以有电的。　(　　)

(3) 全车线路中个用电设备均并联由各自的开关控制。　(　　)

(4) 检测继电器时只要检测继电器电磁线圈是否断路、短路就可以了。　(　　)

(5) 线路图中标有“×”的为常电源线。　(　　)

(6) 熔断丝的熔断时间是随着电路中电流过载情况而变化的,当电流过载一倍的情况下,3 min 即可熔断。　(　　)

(7) 熔断器熔断后只要更换新的就可以了。　(　　)

(8) 汽车电器线束连接的三大中心是中央接线盒、仪表接线盒和开关。　(　　)

(9) 汽车电路图是利用各种符号和线条构成的图形。　(　　)

4. 简答题

(1) 汽车全车电路由哪几部分组成?

(2) 大众车系电路图有哪些特点?

(3) 丰田车系电路图有哪些特点?

(4) 通用车系电路图有哪些特点?

(5) 汽车电气线路的特点是什么?

3 电源系统

学习目标

知识目标

(1) 了解汽车蓄电池、发电机及电压调节器的功能；
(2) 熟悉汽车蓄电池、发电机及电压调节器的结构组成和工作原理；
(3) 熟悉汽车电源系统的工作原理；
(4) 掌握汽车电源系统常见故障诊断和排除方法。

能力目标

(1) 能检查和维护蓄电池技术状况；
(2) 能对蓄电池进行补充充电；
(3) 能按规范解体发电机并对其组成元件进行检测；
(4) 能排除汽车电源系统常见故障。

3.1 概述

为了能安全和舒适地驾驶,汽车装有许多电气装置。汽车不但在行驶时要用电,停车时也用电。所以汽车上采用两种电源设备:一种是蓄电池(图 3-1),另一种是交流发电机(图 3-2)。其中蓄电池是汽车的辅助电源,交流发电机是汽车的主要电源。发电机与蓄电池并联工作,发动机不工作时由蓄电池供电,发动机起动后,转为发电机供电,在发电机给用电设备供电的同时,也给蓄电池供电。发电机配有电压调节器,主要作用是在发电机转速变化时,调节发电机输出电压的稳定。同时电源系统中用充电指示灯来指示蓄电池的充放电状况。汽车电源系统主要由蓄电池、交流发电机及电压调节器、充电指示灯、点火开关等几部分组成。

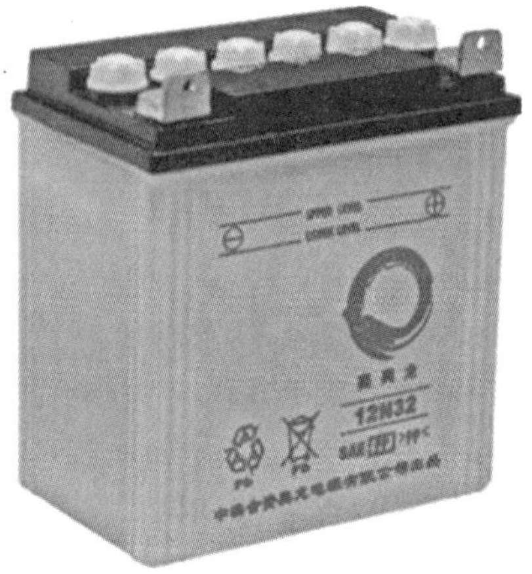

图 3-1 蓄电池

图 3-2 交流发电机

3.1.1 蓄电池的作用与类型

1. 蓄电池的作用

汽车上装用的蓄电池,主要用于起动发动机,给起动机提供强大的电流,一般可达 200～600 A,所以常称之为起动型蓄电池。

汽车用蓄电池的具体功用为:

(1) 发动机起动时,向起动系统、点火系统、电子燃油喷射系统等其他电气设备供电,同时还向交流发电机提供励磁电流。

(2) 发动机处于低速运转,发电机电压低于蓄电池电压时,由蓄电池向用电设备供电。

(3) 发动机中、高速运转,发电机电压高于蓄电池电压,发电机向蓄电池充电,蓄电池将多余的电能存储起来。

(4) 当用电设备使用过多,发电机超载时,蓄电池协助发电机供电。

(5) 发电机转速和负载变化时,保持汽车电系电压稳定、缓和电系中的冲击电压,保护汽车上的电子设备。

2. 蓄电池的种类

目前汽车上使用的蓄电池基本以铅酸蓄电池为主,铅酸蓄电池技术比较成熟,成本较低,而且能够高倍率放电。铅酸蓄电池主要分为三类,分别为普通铅酸蓄电池、干荷电铅酸蓄电池、免维护铅酸蓄电池。

普通铅酸蓄电池的极板由铅和铅的氧化物构成，电解液是硫酸的水溶液。它的主要优点是电压稳定、价格便宜；缺点是比能(每千克蓄电池存储的电能)低、使用寿命短和日常维护频繁。

干荷电铅酸蓄电池的负极板有较高的储电能力，在完全干燥状态下，能在两年内保存所得到的电量。使用时，只需加入电解液，等过 20～30 min 就可使用。

免维护铅酸蓄电池由于自身结构上的优势，电解液的消耗量非常小，在使用寿命内不需要补充蒸馏水。它还具有耐震、耐高温、体积小、自放电小的特点。使用寿命一般为普通铅酸蓄电池的两倍。

3. 蓄电池的型号

按原机械部《起动型铅蓄电池标准》(JB 2599—85)规定，国产铅酸蓄电池的型号(图 3－3)分为三段，其排列及其含义如下：

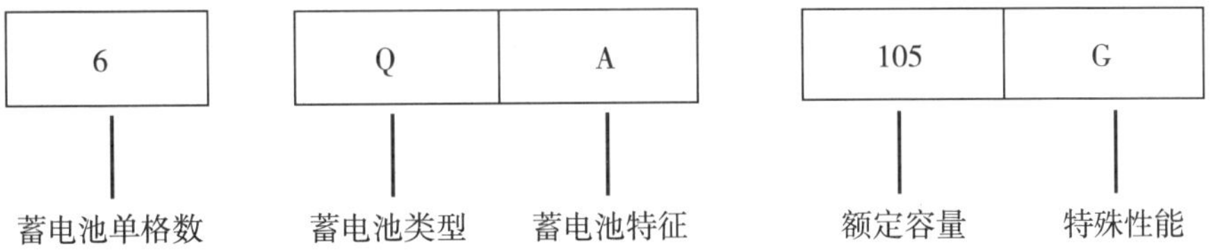

图 3－3　铅酸蓄电池的型号

第 1 部分表示串联的单格电池数，用阿拉伯数字组成，其标称电压是这个数字的 2 倍。

第 2 部分表示蓄电池的类型和特征，用汉语拼音字母表示。其中前一部分字母表示蓄电池的类型，如“Q”表示起动用铅酸蓄电池；后一部分为蓄电池的特征代号，如表 3－1 所示，如“A”表示干电荷。

表 3－1　　蓄电池的特征

特征代号	蓄电池特征	特征代号	蓄电池特征	特征代号	蓄电池特征
A	干电荷	J	胶体电解液	D	带液式
H	湿电荷	M	密闭式	Y	液密式
W	免维护	B	半密闭式	Q	气密式
S	少维护	F	防酸式	I	激活式

第 3 部分表示蓄电池的额定容量，单位为 A·h。

此外，部分蓄电池在额定容量后面用一个字母表示其具有的特殊性能，例如：Q 为高起动率；S 为塑料槽；D 为低温起动性能好；G 为薄型极板的高起动率电池。

例如，6－QAW－100，表示由 6 个单格电池组成，额定电压为 12 V，额定容量为 100 A·h 的起动用干荷电免维护蓄电池。

3.1.2　交流发电机的作用与类型

1. 交流发电机的作用

交流发电机的主要任务是对除起动机以外的所有用电设备供电，并向蓄电池充电。

2. 交流发电机的种类

目前汽车上均采用交流发电机，主要是硅整流交流发电机。按照交流发电机结构，交流发电机可分为普通型交流发电机、整体式交流发电机、带泵交流发电机、无刷交流发电机和永磁交流发电机等类型。

交流发电机的结构类型如表 3 - 2 所示。

表 3 - 2　　发电机的类型特点

基本结构类型	结　构　特　点
普通交流发电机	三相交流发电机；6 只硅整流二极管组成全波整流器；外置式电压调节器
整体式交流发电机	三相交流发电机；带中性点输出；6 只硅整流二极管组成全波整流器；或增加 2 只中性点二极管；或增加 3 只磁场二极管；内装电子调节器
带泵交流发电机	带真空制动助力泵的交流发电机
无刷交流发电机	无发电机电刷
永磁交流发电机	采用永磁材料转子磁极

3. 交流发电机的型号

根据《汽车电气设备产品型号编制方法》(QC/T73—93)的规定，汽车交流发电机的型号排列及其含义如图 3 - 4 所示。

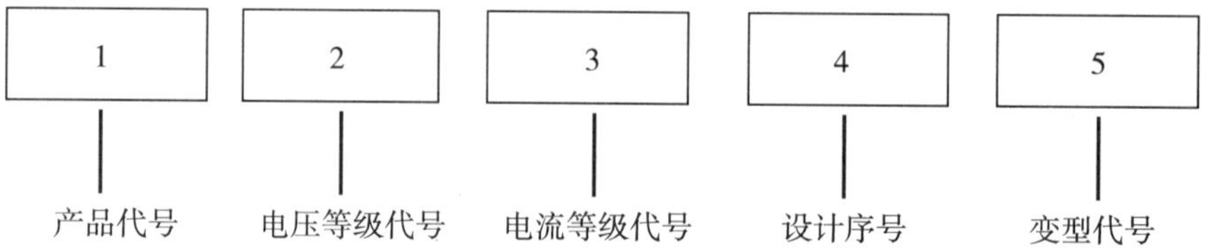

图 3 - 4　交流发电机的型号

第 1 部分为产品代号，交流发电机的产品代号有 JF、JFZ、JFB、JFW 四种，分别表示交流发电机、整体式交流发电机、带泵交流发电机和无刷交流发电机。

第 2 部分为电压等级代号，用 1 位阿拉伯数字表示。1 代表 12 V；2 代表 24 V；6 代表 6 V。

第 3 部分为电流等级代号，用 1 位阿拉伯数字表示，其含义如表 3 - 3 所示。

表 3 - 3　　电流等级代号

电流等级代号	1	2	3	4	5	6	7	8	9
电流值/A	～19	≥20 ～29	≥30 ～39	≥40 ～49	≥50 ～59	≥60 ～69	≥70 ～79	≥80 ～89	≥90

第 4 部分为设计序号，按产品的先后顺序，用阿拉伯数字表示。

第 5 部分为变型代号，交流发电机是以调整臂的位置作为变型代号，从驱动端看，Y 表示右边；Z 表示左边；无字母则表示在中间位置。

例如，大众桑塔纳、奥迪 100 型汽车用 JFZ1913Z 型交流发电机，其含义为：电压等级为 12 V、输出电流大于 90 A、第 13 次设计、调整臂位于左边的整体式交流发电机。

3.1.3　电压调节器的作用与类型

1. 电压调节器的作用

电压调节器主要作用是在发电机转速变化时，控制发电机的输出电压保持恒定。发电机的输出电压经过调节之后稳定在 13.8～14.5 V。发电机的输出电压的调节是通过调节发电机的励磁电流实现的。

2. 电压调节器的种类

电压调节器按工作原理的不同可分为触点式电压调节器、晶体管调节器、集成电路调节器和电控单元控制调节器。

1）触点式电压调节器

触点式电压调节器触点振动频率慢，存在机械惯性和电磁惯性，电压调节精度低，触点易产生火花，对无线电干扰大，可靠性差，寿命短，现已被淘汰。

2）晶体管调节器

随着半导体技术的发展，采用了晶体管调节器。其优点是：三极管的开关频率高，且不产生火花，调节精度高，还具有重量轻、体积小、寿命长、可靠性高、电波干扰小等特点，现一般应用于东风、解放及多种中低档车型。

3）集成电路调节器

集成电路调节器除具有晶体管调节器的优点外，还具有超小型，安装于发电机的内部（又称内装式调节器），减少了外接线，并且冷却效果得到了改善，目前汽车大都采用集成电路调节器。

4）电控单元控制调节器

电控单元控制调节器是现在汽车采用的一种新型调节器，由电负载检测仪测量系统总负载后，向发动机电控单元发送信号，然后由发动机电控单元控制发电机电压调节器，适时地接通和断开磁场电路，既能可靠地保证电器系统正常工作，又能减轻发动机负荷，提高燃料经济性，如上海通用别克汽车发电机上使用了该种调节器。

3. 电压调节器的型号

根据《汽车电气设备产品型号编制方法》（QC/T 73—93）规定，发电机电压调节器型号编制方法如图 3－5 所示。

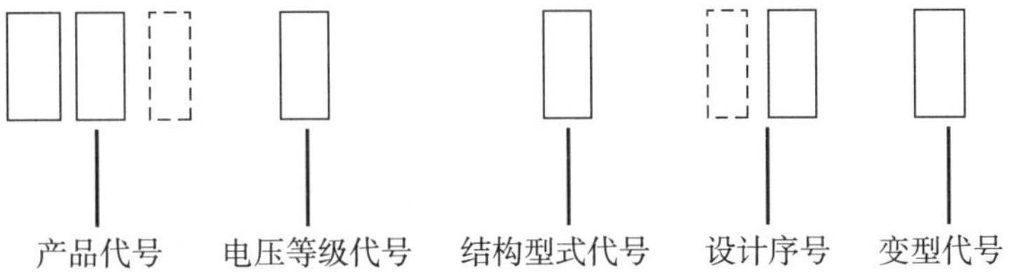

图 3－5　电压调节器的型号

第 1 部分为产品代号：交流发电机调节器的产品代号有“FT”和“FTD”两种，分别表示发电机调节器和电子发电机调节器。

第 2 部分为电压等级代号：电压等级代号与交流发电机相同。

第 3 部分为结构型式代号：结构型式代号用 1 位阿拉伯数字表示，如表 3－4 所示。

表 3－4　发电机调节器结构型式代号

结构型式代号	1	2	3	4	5
发电机调节器	单联	双联	三联		
电子调节器				晶体管式	集成电路式

第 4 部分为设计序号：以产品设计先后次序，用 1～2 位阿拉伯数字表示。

第 5 部分为变型代号：以汉语拼音大写字母 A、B、C…顺序表示（不使用字母 O 和 I）。

例如，FT126C 表示 12 V 的双联电磁振动式调节器，第 6 次设计，第 3 次变型；FTD152 表示 12 V 集成电路调节器，第 2 次设计。

3.2 电源系统的组成

3.2.1 蓄电池的组成结构

1. 普通铅酸蓄电池

普通铅酸蓄电池主要由极板、电解液、隔板和外壳等组成，如图 3－6 所示。蓄电池是在盛有稀硫酸的单格容器中插入两组极板而构成的电能储存器。容器装有电解液，正负极板组浸入电解液中成为单格电池。一般由 3 个或 6 个单格电池串联而成。每个单格蓄电池的标称电压为 2 V，3 个单格蓄电池串联起来成为 6V 蓄电池，6 个单格蓄电池串联起来成为 12 V 蓄电池。

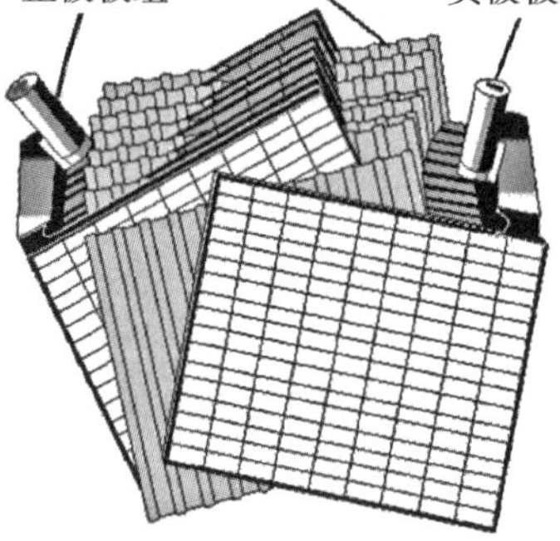

图 3－6　蓄电池结构图

1）极板

极板是蓄电池的核心，由它接受充入的电能和向外释放电能。极板分正极板和负极板两种。正极板上的活性物质是二氧化铅，棕红色；负极板上的活性物质是海绵状纯铅，青灰色。正、负极板上的活性物质分别填充在铅锑合金铸成的栅架上。

通过极板上活性物质与电解液中硫酸的化学反应实现蓄电池在充电与放电过程中电能和化学能之间的相互转换。

2）隔板

为了避免正负极板相互接触而短路，正负极板之间采用绝缘的隔板隔开。隔板材料具有多孔性结构，以使电解液自由渗透，而且它的化学性能稳定，具有良好的耐酸性和抗氧化性。常见的隔板材料有木材、微孔橡胶、微孔塑料、玻璃纤维纸浆和玻璃丝棉等几类。

成形隔板的一面有特制的沟槽。安装时，应将带沟槽的一面竖直朝向正极板，因为正极板在充放电过程中化学反应激烈，沟槽能使电解液较顺利地上下流通，同时使正极板上脱落的活性物质顺利地掉入壳底槽中。

3）电解液

铅酸蓄电池的电解液在电能和化学能的转换过程，即充电和放电的电化学反应中起离子间的导电作用，由密度为 1.84 g/cm³ 的纯硫酸和蒸馏水配制而成，密度一般在 1.24～1.31 g/cm³，使用时根据当地最低气温或制造厂的要求进行选择。

4）外壳

蓄电池外壳为一整体式结构的容器，极板、隔板和电解液均装入外壳内。外壳应耐酸，耐热，耐寒，耐震。外壳的材料有硬质橡胶和聚丙烯塑料两种，由于聚丙烯材料的外壳轻，美观透明，且综合性能好，现已取代了传统的硬橡胶外壳。外壳被间壁分为 3 个或 6 个互相分离的小格子，底部有凸起的肋条支撑极板组，肋条之间的空间用来盛放极板脱落的活性物质，以防极板短路。

5）铅连接条

连接条的作用是将各单格电池串联起来，如图 3－7 所示。传统蓄电池的连接条是外露式的，用铅锑合金铸造而成，耗材较多、电阻较大，已逐渐被穿壁式或跨接式取代。和传统的连接方式相比，具有连接短，省材料，电阻小，起动性能好等优点（连接条损耗减少 80%，材料节约 50%以上，蓄电池的端电压提高 0.15～0.40 V），因而获得广泛应用。

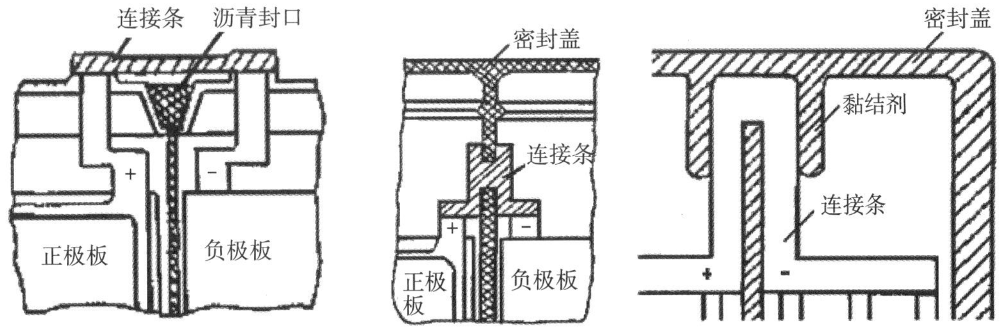

(a) 外露式 (b) 穿壁式 (c) 跨接式

图 3－7 单格电池的连接方式

6）加注孔盖

加注孔盖采用橡胶或塑料制成，旋在蓄电池盖的加注孔内。加注孔盖上设有通气孔，下端有特制的隔板，其作用是将通气孔与单格上面的空间部分地隔开，以防汽车颠簸时，电解液从通气孔溅出。

加注孔盖上的通气孔应经常保持畅通，使蓄电池内部的 H_2 与 O_2 排出以防蓄电池过早损坏或爆炸。若在孔盖上安装一个过滤器，还可以避免水蒸气逸出，减少水的消耗。

2. 新型铅酸蓄电池

1）干荷电铅酸蓄电池

干荷电铅酸蓄电池与普通铅酸蓄电池的区别是：极板组在干燥状态下，能够较长时期保存在制造过程中所得到的电荷，在规定的保存期内（一般为两年）如需使用，只要灌入符合规定密度的电解液，放置半小时，调整液面高度至规定值，不需进行初充电即可使用。

干荷电铅酸蓄电池其负极板的制造工艺与普通铅酸蓄电池不同，因负极板上的活性物质是海绵状铅，由于表面积大，化学活性高，容易氧化，所以要在负极板的铅膏中加入松香、油酸、硬脂酸等防氧化剂，并且在化成过程中有一次深放电循环，使活性物质达到深化。化成后的负极板，先用清水冲洗后，再放入防氧化剂溶液（硼酸、水杨酸混合液）中进行浸渍处理，让负极板表面生成一层保护膜，并采用特殊干燥工艺，干燥罐中充入惰性气体。正极板的活性物质 PbO_2 化学活性比较稳定，其电荷可以较长期地保持。

对贮存期超过两年的干荷电铅酸蓄电池，因极板上有部分氧化，使用前应进行补充充电。

2）免维护蓄电池

免维护蓄电池，又称 MF 蓄电池，在汽车正常使用过程中，不需添加蒸馏水，如市区内短途行驶时可行驶 80 000 km，长途行驶时可行驶 400 000～480 000 km，正常使用时一般不需进行维护。

免维护蓄电池的结构如图 3－8 所示，其具有以下结构特点：

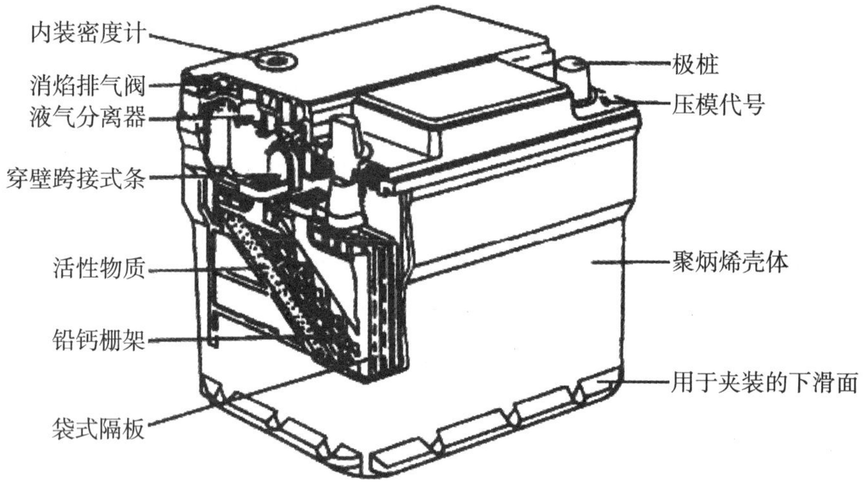

图 3－8　免维护蓄电池结构

(1) 栅架采用铅钙合金或低锑合金，避免了蓄电池经常发生的自行放电、过度充电、水分蒸发和热破坏等故障。热破坏是指蓄电池工作温度高或充电时电解液温度升高所造成的栅架腐蚀、活性物质脱落等现象。

(2) 隔板采用袋式聚氯乙烯隔板，此隔板可将极板整个包住，避免活性物质脱落，可防止极板间短路。

(3) 通气孔采用新型安全通气装置，可避免蓄电池内的气体与外部的火花直接接触，以防爆炸。通气塞中还装入催化剂钯，可将排出的氢离子、氧离子结合生成水再回到电池中去。

(4) 顶部装有充电状态指示器，其结构如图 3－9 所示。指示器用塑料制成，其下部的直管从蓄电池顶部插入电解液中，指示器内有一绿色小球，当电解液密度高于 1.265 g/cm^3 时，或蓄电池充电到额定容量的 65%以上时小球浮起，指示为绿色；当蓄电池容量低于额定容量的 65%时小球下沉，指示器变为黑色，表示蓄电池需要充电；若电解液面过低，指示器变为无色透明。

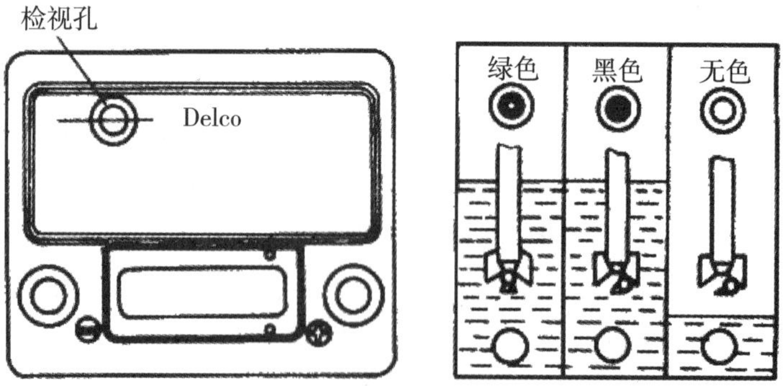

图 3－9　充电状态指示器

(5) 单格电池间的连接条采用穿壁式贯通连接，可减少内阻，改善起动性能。

(6) 外壳为聚丙烯塑料热压而成，槽底没有凸棱，极板组直接座落在蓄电池底部，增大了极板上部的空间，增加了蓄电池容量。

3）胶体电解质铅酸蓄电池

普通蓄电池中的电解质为硫酸水溶液，而在胶体电解质蓄电池中，电解质用经过净化的硅酸钠溶液和硫酸水溶液混合后，凝结成稠厚的胶状物质。使用中只需加蒸馏水，不需调整电解液密度，使用、维护、保管和转运都安全方便。同时，可以保护极板活性物质不易脱落，其使用寿命可延长约 20%。其缺点是内阻增大，容量有所降低，自放电现象也有所增加。

3.2.2　交流发电机的组成结构

1. 有电刷的交流发电机

有电刷的交流发电机（以下简称交流发电机）主要由定子总成、转子总成、电刷、整流二极管、前后端盖、调节器、风扇及带轮等组成，如图 3－10 所示。

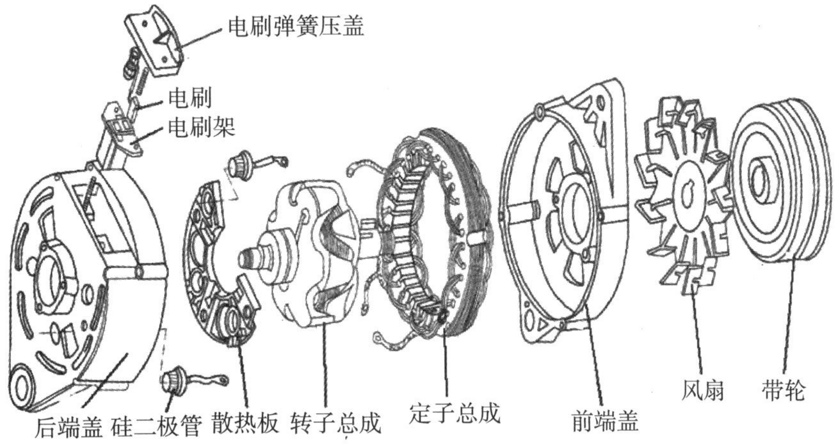

图 3－10　JF132 型交流发电机的结构

1）转子总成

交流发电机的转子总成是发电机的磁场部分，主要由两块磁爪、励磁绕组、滑环及转子轴等组成，如图 3－11 所示。

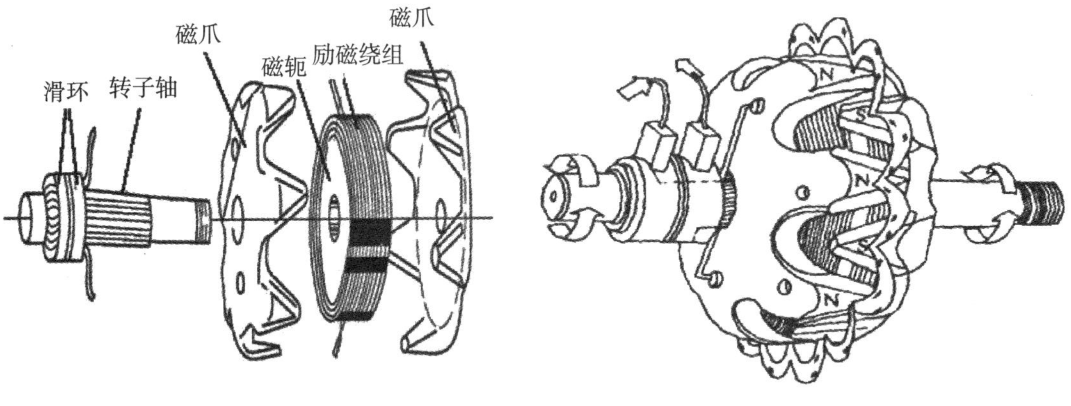

图 3－11　转子总成的结构

两块磁爪被压装在转子轴上，且内腔装有磁轭，其上绕有励磁绕组。绕组两端的引线分别焊在与轴绝缘的两个滑环上。两个电刷装在与端盖绝缘的电刷架内，通过弹簧力使其与滑环保持接触。

当发电机工作时，两电刷与直流电源连通，可为励磁绕组提供定向电流并产生轴向磁通，使两块磁爪被分别磁化为N极和S极，从而形成犬牙交错的磁极对并沿圆周方向均匀分布。磁爪凸线的外形像鸟嘴，这种形状可以使定子感应的交流电动势近似于正弦波形，转子每转一周，定子的每条电路上就能产生周波个数等于磁极对数的交流电动势。磁极对数一般为4～7对，国产发电机大多采用6对磁极。

2）定子总成

定子总成是产生和输出交流电的部件，又称为电枢，由定子铁芯和定子绕组组成，如图3－12所示。定子铁芯由相互绝缘的内圆带槽的环状硅钢片叠成。定子槽内置有三相对称绕组，三相绕组连接方式有Y形（星形）连接和△形（三角形）连接两种。

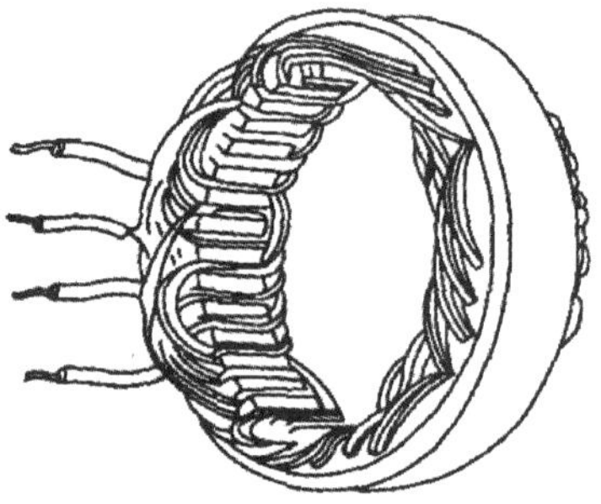

图3－12　定子总成

交流发电机三相绕组大多数采用星形连接，如图3－13所示，将每相绕组的末端接在一起形成一个中性点，再从每相的始端引出端线的连接方式是星形连接。

将电源的三相绕组的始、末端依次相连接，再从三个连接点引出三根端线的连接方式是三角形连接，如图3－14所示。交流发电机采用三角形连接法，带三相不平衡的负载能力低，事实上实际应用中的很多负载存在三相不平衡的。另外采用三角形连接法容易出现环流，将导致降低发电机效率指标。基于这样的原因，交流发电机较少采用三角形连接法。

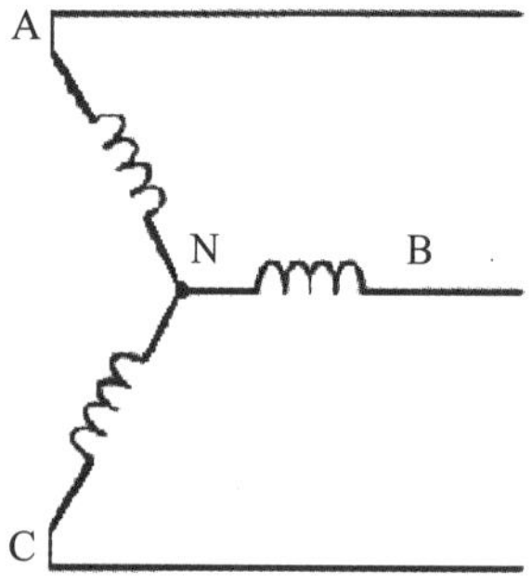

图3－13　星形连接

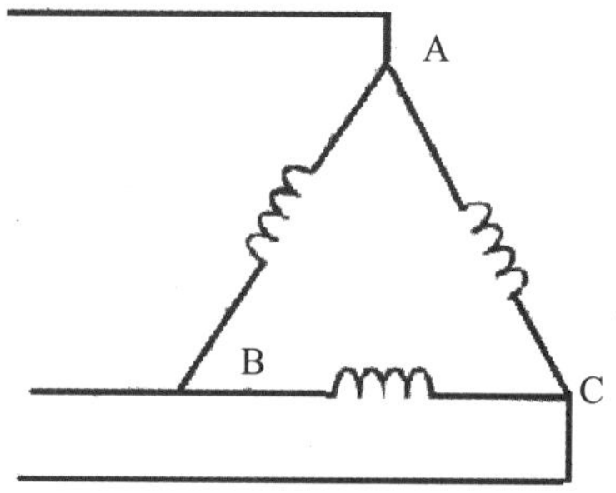

图3－14　三角形连接

3）整流器

交流发电机的整流器一般由6只硅二极管组成，随着技术发展，又生产了9管发电机，增加了3个小功率的磁场二极管。外壳为正极、中心引线为负极的二极管，称为负极管；外壳为负极、中心引线为正极的二极管，称为正极管。

安装二极管的散热板称为整流板，如图3－15所示，通常用合金制成以利散热。现代汽车用交流发电机都有两块整流板，安装三只正极管的整流板（装在外侧）称为正整流板，安装三只负极管的整流板（装在内侧）称为负整流板，两块板绝缘地安装在一起，它与后端盖用尼龙或其他绝缘材料制成的垫片隔开且固定在后端盖上。

安装在正整流板上并与之绝缘的三个接线柱分别固定正、负极管子的引线和来自三相绕组某一相

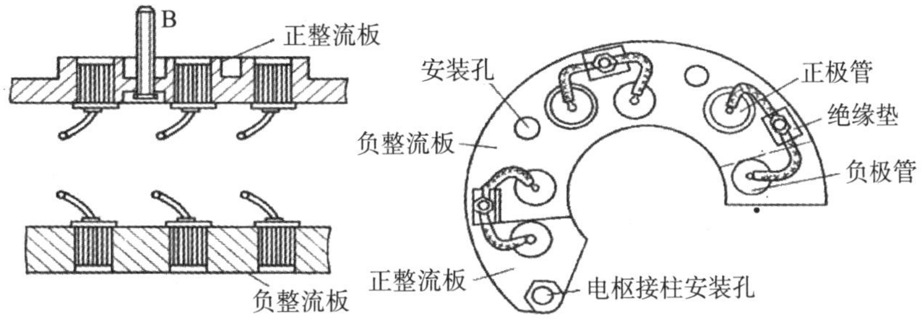

(a) 二极管安装图　　(b) 整流电板总成

图 3-15　整流板及二极管的安装

的端头，与正整流板连接在一起的螺栓引至后端盖外部作为发电机的电源输出端，并标记为“B”。

4）端盖与电刷总成

端盖包括驱动端盖、整流端盖以及安装在其上的轴承、轴承盖等零部件。由于铝合金为非导磁材料，可减少漏磁并具有轻便、散热性能良好等优点，所以端盖由铝合金制成。为了提高轴承孔的机械强度，增加其耐磨性，在部分发电机端盖的轴承座内镶有铜套。

后端盖装有电刷架，两个电刷分别装在电刷架的孔内，借弹簧压力与滑环保持接触。国产交流发电机的电刷架有两种结构形式：一种电刷架可直接从发电机外部进行拆装，如图 3-16(a)所示；另一种则不能直接在发电机外部进行拆装，如图 3-16(b)所示，若需要更换电刷，必须将发电机拆开。

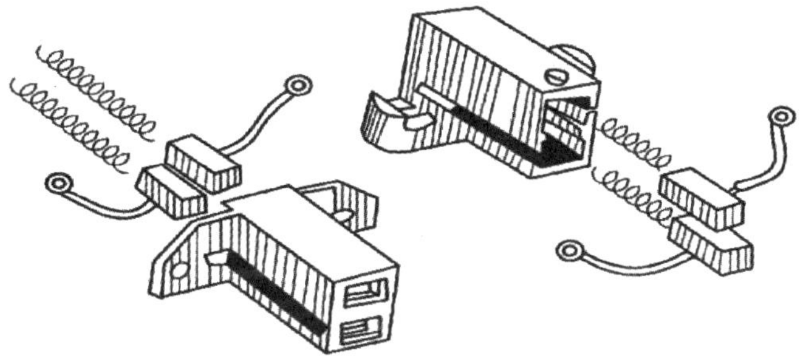

(a) 能从外部拆除　　(b) 不能从外部拆除

图 3-16　电刷架的结构

2. 无电刷的交流发电机

汽车用无电刷的交流发电机是指无电刷无滑环的交流发电机。

无刷交流发电机有爪极式、励磁机式、永磁式和感应子式四种，其中爪极式和感应子式比较常见。

1）爪极式无刷交流发电机

爪极式无刷交流发电机的结构与一般交流发电机大致相同，其不同之处在于励磁绕组是静止的，不随转子转动，所以绕组两端可直接引出，不需要滑环和电刷。

(1) 爪极式无刷交流发电机的优点

① 没有电刷和滑环，不会由于电刷和滑环的磨损而接触不良造成励磁不稳定或发电机不发电等故障；

② 工作时不会产生火花，减少了无线电干扰。

(2) 爪极式无刷交流发电机的缺点

① 两块磁极间的连接工艺困难；

② 主磁路中增加了两个附加气隙 g_1 和 g_2，要想获得同样大小(与有刷发电机相比)的输出功率，就必须加大励磁绕组的励磁能力；

③ 两个爪极之间连接的制造工艺比较困难。

如图 3-17 所示，励磁绕组装在发电机中部的磁轭托架上，磁轭托架用螺栓固定在端盖上。尽管爪型磁极转动，励磁绕组并不转动。两爪型磁极中，只有右侧爪型磁极固定在转子轴上，左侧爪型磁极则用非导磁材料将其与右侧爪型磁极固定在一起。当带轮带动转子轴旋转时，右侧爪型磁极就带动左侧爪型磁极一同在定子内转动。固定两爪型磁极的常用方法有非导磁连接环固定法和铜焊接法。在左侧爪型磁极的轴向制有大圆孔，磁轭托架由此圆孔伸入左侧爪型磁极和右侧爪型磁极的腔室内，磁轭托架与左侧爪型磁极以及转子轴之间均需留出附加间隙 g_1 和 g_2 以便转子转动。

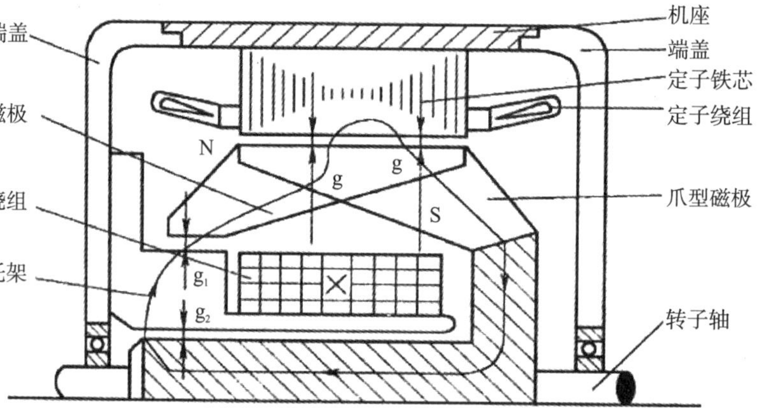

图 3-17　爪极式无刷交流发电机的结构

2）感应子式交流发电机

感应子式交流发电机由定子、转子、整流器和机壳组成，如图 3-18 所示。它的转子由齿轮状硅钢片铆成，其上设有若干个沿圆周均匀分布的齿形凸极。励磁绕组和电枢绕组均安放在定子槽内，发电机内没有滑环和电刷。

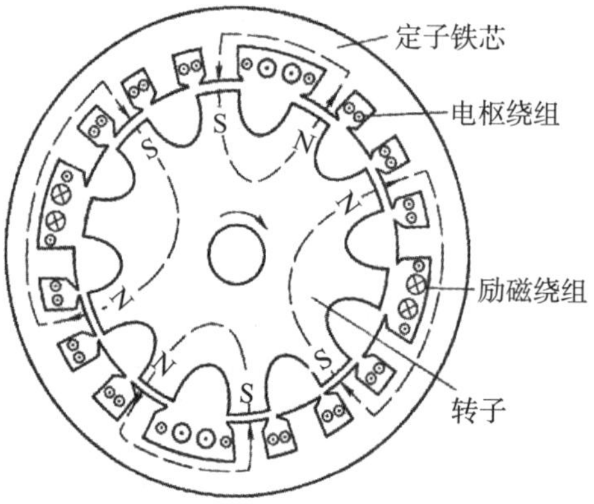

图 3-18　感应子式交流发电机的结构

3.3　电源系统工作原理

3.3.1　铅酸蓄电池的工作原理

1. 铅酸蓄电池的工作原理

1）蓄电池电动势的建立

极板浸入电解液后，由于少量的活性物质溶解于电解液，产生了电极电位，并且由于正负极板的电极电位不同而形成了蓄电池的电动势。在正极板处，少量的 PbO_2 溶入电解液中，与水生成 $Pb(OH)_4$，再分离成四价铅离子和氢氧根离子，即

$$PbO_2+2H_2O \to Pb(OH)_4$$
$$Pb(OH)_4 \to Pb^{4+}+4OH^-$$

其中，溶液中的 Pb^{4+} 有沉附于极板的倾向，使极板呈正电位，同时由于正、负电荷的吸引，极板上 Pb^{4+} 有与溶液中 OH^- 结合生成 $Pb(OH)_4$ 的倾向；当两者达到动态平衡时，正极板的电极电位约为 +2.0 V。

同理，在负极板处，金属铅受两方面的作用，一方面它有溶解于电解液的倾向，因而极板表面上有少量 Pb^{2+} 进入电解液，使极板带负电；另一方面，由于正、负电行的吸引，Pb^{2+} 有沉附于极板表面的倾向；当两者达到动态平衡时，极板的电极电位约为 0.1 V。

因此，一个充足电的蓄电池，在静止状态下的单格电动势约为 2.1 V。

2) 蓄电池的放电过程

若将蓄电池与外电路接通，例如接亮汽车前照灯，蓄电池与前照灯便组成了完整的电路。

当电路中形成电流时，电子 e 从负极板经过外电路的负荷流往正极板，使正极板的电位下降，从而破坏了原有的平衡状态。流到正极板的电子 e 与 Pb^{4+} 结合，变成二价离子 Pb^{2+}，Pb^{2+} 与 SO_4^{2-} 化合，生成 $PbSO_4$ 而沉附在正极板上，即

$$Pb^{4+}+2e \to Pb^{2+}$$
$$Pb^{2+}+SO_4^{2-} \to PbSO_4$$

在负极板处，Pb^{2+} 与电解液中的 SO_4^{2-} 化合也生成 $PbSO_4$，沉附在负极板上，而极板上的金属铅继续溶解，生成 Pb^{2+}，留下电子 2e。

在外部电路的电流继续流通时，蓄电池正极板上的 PbO_2 和负极板上的 Pb 将不断转变为 $PbSO_4$，电解液中的 H_2SO_4 成分逐渐减少，而 H_2O 成分逐渐增多，电解液密度下降。

从理论上说，蓄电池的这种放电过程将进行到极板上的所有活性物质全部转变为 $PbSO_4$ 为止，而实际上不可能达到这种情况，因为电解液不能渗透到极板活性物质最内层中去。在使用中所谓放完电的蓄电池，极板上的活性物质材料实际上只有 20%～30%转变成了 $PbSO_4$。因此，采用薄型极板，增加多孔性，提高极板活性物质的利用率是蓄电池工业的发展方向。

3) 蓄电池的充电过程

充电时蓄电池的正负两极接通直流电源。当电源电压高于蓄电池的电动势时，在电源力的作用下，电流将以相反的方向通过蓄电池，即由蓄电池的正极流入，从蓄电池的负极流出，也就是电子由正极板经外电路流往负极板。此时正负极板发生的化学反应正好与放电过程相反。

在正极板处，有少量的 $PbSO_4$ 溶于电解液中，产生 Pb^{2+} 和 SO_4^{2-}，Pb^{2+} 在电源力作用下失去两个电子变成 Pb^{4+}，它又和电解液中解析出来的 OH^- 结合，生成 $Pb(OH)_4$，$Pb(OH)_4$ 再分解成为 PbO_2 和 H_2O，而 SO_4^{2-} 与电解液中的 H^+ 化合生成 H_2SO_4。正极板上的总反应为

$$PbSO_4-2e+2H_2O+SO_4^{2-} \to PbO_2+2H_2SO_4$$

在负极板处，也有少量的 $PbSO_4$ 溶于电解液中，产生 Pb^{2+} 和 SO_4^{2-}，Pb^{2+} 在电源力的作用下获得两个电子变成金属 Pb，沉附在极板上，而 SO_4^{2-} 与电解液中的 H^+ 化合生成 H_2SO_4。负极板上的总反应为

$$PbSO_4+2e+2H^+ \to Pb+H_2SO_4$$

由此可见，在充电过程中，正负极板上的 $PbSO_4$ 将逐渐恢复为 PbO_2 和 Pb，电解液中的硫酸(H_2SO_4)成分逐渐增多，水(H_2O)逐渐减少。充电期间，电解液密度将升到最大值，并且引起水的分解。

2. 铅酸蓄电池的工作特性

1）充电特性

铅酸蓄电池的充电特性是指在恒流充电过程中，单格电池的电解液的相对密度和端电压随时间变化而变化的规律。

(1) 电解液密度的变化规律

如图 3－19 所示，由于恒流充电，在有效充电范围内，单位时间内电解液中产生硫酸的数量是一定的。因此，电解液密度在 1.11～1.27 g/cm^3 的范围内按直线规律上升。

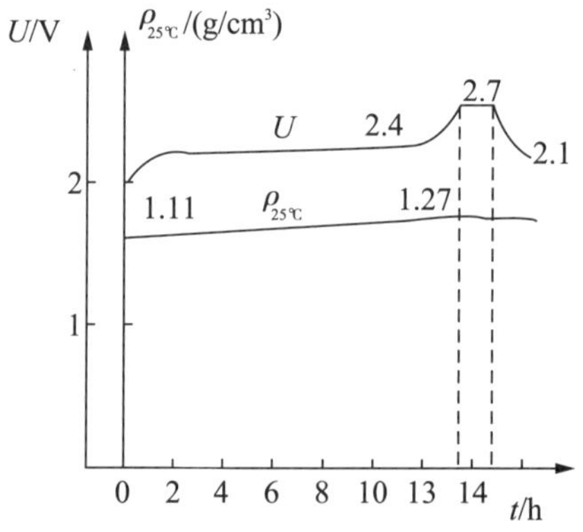

图 3－19　蓄电池充电特性曲线

(2) 端电压的变化规律

在整个充电过程中，端电压 Uc 的变化可以划分为 4 个阶段：

① 快速上升阶段：充电开始时端电压快速上升。这是因为充电时产生的硫酸来不及向极板外扩散，使极板孔内电解液密度快速升高，造成瞬时电动势及端电压快速升高。

② 缓慢上升阶段：在快速上升阶段完成后，极板孔隙内外的电解液浓度产生了一定的差值，使硫酸的生成的数量与向外扩散的数量相等，极板孔内外的电解液密度同步升高，故瞬时电动势和端电压同步缓慢上升。

③ 接近终了迅速上升阶段：在端电压达到 2.3～2.4 V 后，开始出现气泡，且端电压会急剧上升到 2.7 V 左右。这是因为极板上的活性物质几乎全部恢复，电解液中的水开始电解，产生氢气和氧气，并以气泡的形式放出。由于氢离子在负极板附近的电解液中积存，然后再与电子结合形成氢气，使得负极板与电解液之间产生约 0.33 V 的附加电位。

④ 过充电阶段：该阶段端电压不再上升，蓄电池内产生大量气泡，出现沸腾现象。为了保证蓄电池充分充电，往往需要进行 2～3 h 的过充电。

蓄电池充电终了的标志：

a. 电解液呈沸腾状；

b. 电解液相对密度上升至最大值，且 2～3 h 内不再上升；

c. 单格电池电压上升至最大值(2.7 V)，且 2～3 h 内不再上升。

2）放电特性

铅酸蓄电池的放电特性是指充足电的蓄电池在恒电流放电过程中，蓄电池的端电压与电解液相对密度随放电时间变化的规律。

(1) 电解液密度的变化规律

如图 3－20 所示，由于恒流放电，单位时间内消耗硫酸的数量是相同的，因此电解液相对密度从 1.27 g/cm^{3}下降到 1.11 g/cm^3 是按直线规律下降。

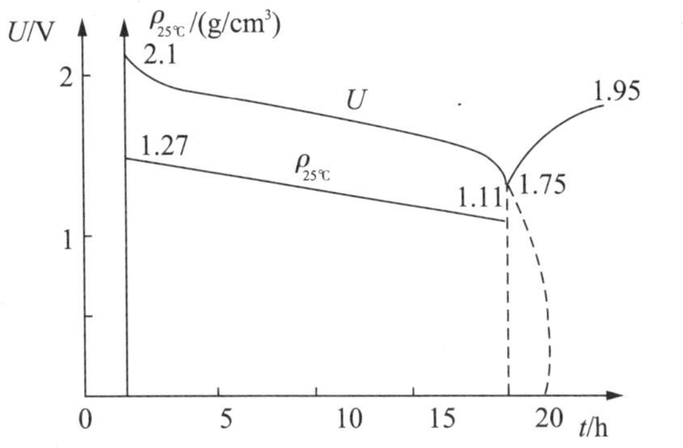

图 3－20　20 h 放电率的放电特性曲线

由于蓄电池在恒流放电过程中，其电解液相对密度和容量与放电时间都是线性关系。所以，可以通过检测电解液相对密度的变化来判断其放电程度。

(2) 端电压的变化规律

在整个放电过程中，端电压的变化可以划分为三个阶段：

① 迅速下降阶段：放电开始时，端电压由 2.1 V 迅速下降到 2.0 V 左右。这是因为放电开始时，极板活性物质孔隙内的硫酸迅速减少，而外部的硫酸还来不及向孔隙内渗透，故该处的电解浓密度迅速下降，使端电压也迅速下降。

② 缓慢下降阶段：经第一阶段后，外部的硫酸向孔隙内扩散的速度与孔隙内硫酸消耗的速度相等。极板孔隙内的电解液密度与外部同步缓慢下降，故蓄电池端电压也缓慢下降，由 2.0 V 按直线规律缓慢下降至 1.85 V 左右。

③ 迅速下降阶段：在放电后期，极板表面已形成大量硫酸铅，它的体积大于二氧化铅和海绵状纯铅，堵塞了孔隙，使电解液渗入量减少，而孔隙内硫酸的消耗量大于渗入量，使孔隙内电解液密度迅速下降，瞬时电动势和端电压也迅速下降。此时应停止放电，否则端电压将在短时间内急剧下降到零，导致电池过度放电。停止放电后，外部的电解液向孔隙内渗透，达到平衡时，蓄电池的端电压可上升到 1.95 V左右。

蓄电池放电终了的标志：

a. 单格电池电压下降到 1.75 V；

b. 电解液相对密度下降到 1.11 g/cm^3。

放电终止电压与放电电流的大小有关。放电电流越大，连续放电的时间就超短，允许的放电终止电压也越低。

3) 铅酸蓄电池的容量

(1) 额定容量

额定容量是指完全充足电的蓄电池，在电解液平均温度为 25℃的情况下，以 20 A·h 放电的电流，连续放电至单格电压降为 1.75 V 时所输出的电量。

例如，3－Q－90 型蓄电池，在电解液平均温度为 25℃的情况下，以 4.5 A·h 放电电流连续放电20 h 后，单格电压降为 1.75 V，它的额定容量 $Q=4.5\times20=90$(A·h)。

(2) 起动容量

起动容量表示蓄电池接起动机时的供电能力，有常温和低温两种起动容量。

① 常温起动容量

常温起动容量是指当电解液温度为25℃时，以5 A·min率放电的电流(3倍额定容量电流)放电，放电持续时间5 min以上，连续放电至规定的终止电压时输出的电量。

例如，3－Q－90型蓄电池，在电解液平均温度为25℃的情况下，以270 A放电电流放电5 min后，电池的端电压降为4.5 V，其起动容量$Q=270\times5/60=22.5$(A·h)。

② 低温起动容量

低温起动容量是指电解液温度为－18℃时，以3倍额定容量电流放电，持续时间2.5 min以上，连续放电至规定的终止电压时输出的电量。

(3) 影响容量的因素

① 放电电流

如图3－21所示，放电电流过大时，化学反应作用于极板表面，电解液来不及渗入极板内部，就已被表面生成的硫酸铅堵塞，致使极板内部大量的活性物质不能参加化学反应，从而蓄电池的容量就降低。

② 电解液的温度

如图3－22所示，电解液温度较低时，电解液的黏度增大，致使渗透能力下降，造成容量降低。此外，温度越低，电解液的溶解度与电离度也越低，加剧了容量的下降。

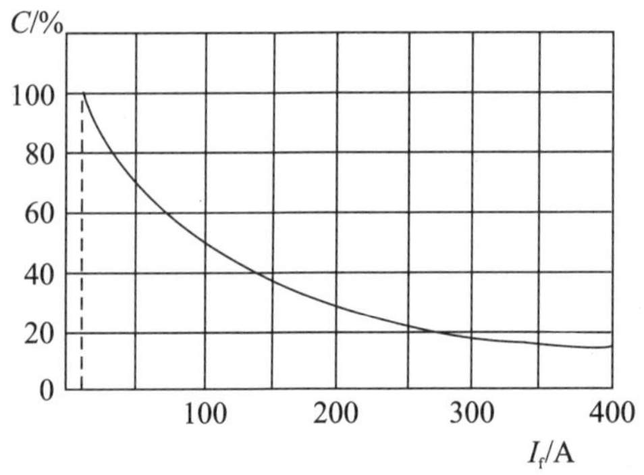

图3－21　放电电流对蓄电池容量的影响

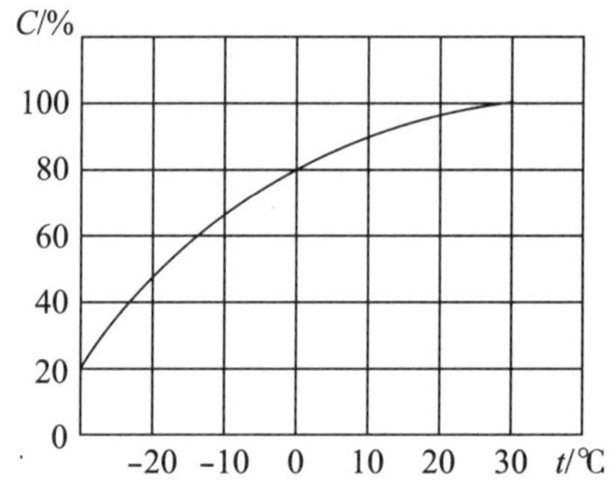

图3－22　电解液温度对蓄电池容量的影响

③ 电解液的密度

如图3－23所示，适当增加电解液的密度，可减小内阻，有利于提高电解液的渗透能力，使蓄电池的容量增加。但密度较高时，由于电解液的黏度增加使内阻增加，引起渗透能力降低从而导致容量下降。此外，电解液密度较高时，易造成极板硫化而导致容量下降。

④ 极板的构造

极板的面积大，能参与电化学反应的活性物质就多，故其容量也就大；采用薄型极板、增加极板的片数以及提高活性物质的孔率，都有利于提高蓄电池的容量。

3.3.2　交流发电机的工作原理

1. 交流发电机的工作原理

交流发电机发电原理如图3－24所示。

交流发电机定子的三相绕组按一定规律排列在发电机的定子槽内，依次相差120°的角度。

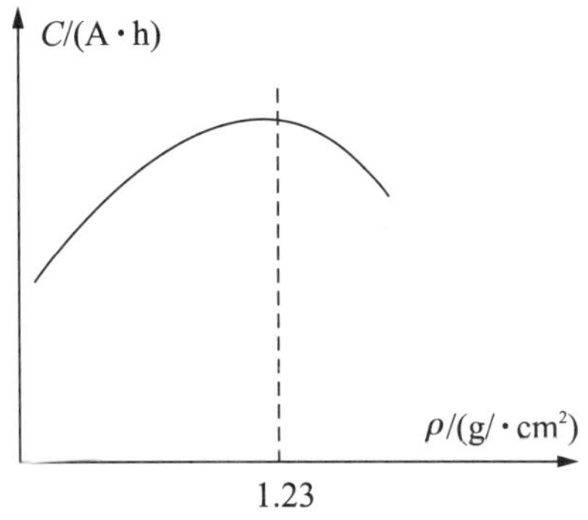

图 3-23 电解液密度对蓄电池容量的影响

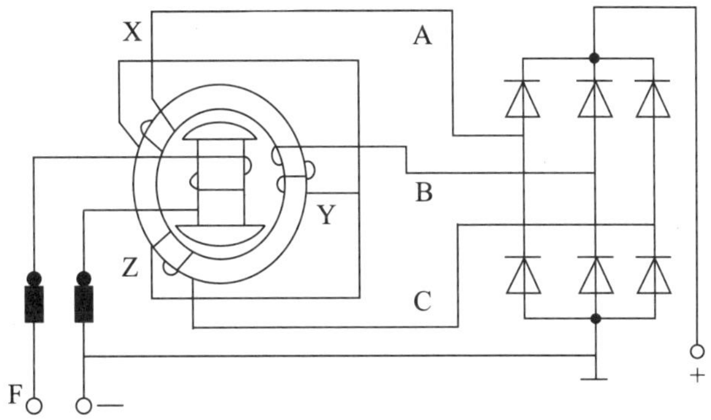

图 3-24 交流发电机发电原理图

当励磁绕组接通直流电源时即被激励，转子的磁爪被磁化为 N 极和 S 极。其磁力线由 N 极出发，穿过转子与定子之间很小的气隙进入定子铁芯，最后又通过气隙回到相邻的 S 极。

当转子旋转时，由于定子绕组与磁力线有相对的切割运动，所以在三相绕组中产生频率相同、幅值相等、相位相差 120°的正弦电动势 e_A、e_B、e_C，如图 3-25 所示。使用中的交流发电机，其交变电动势的有效值取决于转速和转子的磁通量，这一性质将直接决定着交流发电机的输出电压值。

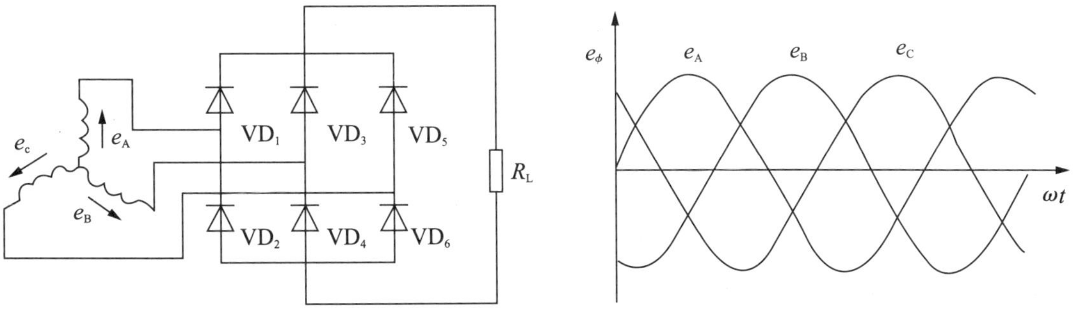

图 3-25 交流发电机电路及波形图

1）六管交流发电机的工作原理

六管交流发电机的整流装置实际是一个由 6 个硅整流二极管组成的三相桥式整流电路，如图 3-26(a)所示。3 个二极管 VD_2、VD_4、VD_6 组成共阳极组接法，3 个二极管 VD_1、VD_3、VD_5 组成共阴极组接法。每个时刻有 2 个二极管同时导通，其中一个在共阴极组，一个在共阳极组，同时导通的两个管子总是将发电机的电压加在负荷两端，如图 3-26(c)所示。

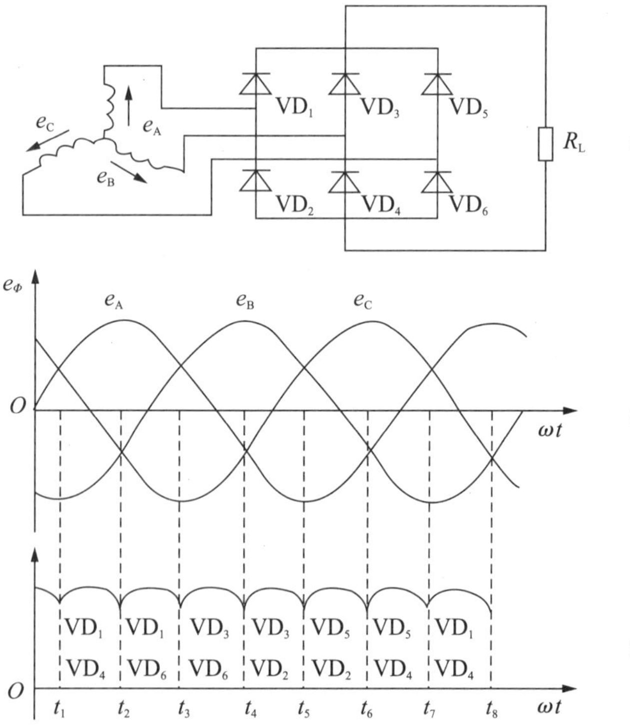

图 3-26　整流电路的电压、电流波形

当 t_0—t_1 时，C 相电位最高，而 B 相电位最低，所对应的二极管 VD_5、VD4 均处于正向导通。电流从绕组 C 出发，经 VD_5→负载 R_L→VD_4→绕组 B 构成回路。由于二极管的内阻很小，所以此时发电机的输出电压可视为 B、C 绕组之间的线电压。

在 t_1—t_2 时间内，A 相的电位最高，而 B 相电位最低，故对应 VD_1、VD_4 处于正向导通。同理，交流发动机的输出电压可视为 A、B 绕组之间的线电压。

在 t_2—t_3 时间内，A 相电位最高，而 C 相电位最低，故 VD_1、VD_6 处于正向导通。同理，交流发动机的输出电压可视为 A、C 绕组之间的线电压。以此类推，周而复始，在负载上便可获得一个比较平稳的直流脉动电压。

2）八管交流发电机的工作原理

部分交流发电机除了具有组成三相桥式整流电路的 6 个二极管外，还具有 2 个中性点二极管，其接线柱的记号为“N”。中性点对发电机外壳（即搭铁）之间的电压 U_N 是通过 3 个负极管三相半波整流得到的直流电压，所以 $U_N=(1/2)U_B$。中性点电压一般用来控制各种继电器（如起动机起动保护继电器）、充电指示灯等。

如图 3-27(a)所示，发电机高速时，当中性点电压的瞬时值（图 3-28）高于输出电压（平均电压 14 V）时，从中性点输出的电流路径为：定子绕组→中性点二极管 VD_7→负载（包括蓄电池）→负极管→定子绕组。

如图 3-27(b)所示，当中性点电压瞬时值（图 3-28）低于搭铁电位时，流过中性点二极管 VD_8 的电流路径为：定子绕组→正极管→B 接线柱→负载（包括蓄电池）→中性点二极管 VD_8→定子绕组。八管交流发电机利用中性点的输出提高发电机的输出功率。实验证明，加装中性点二极管后，在发电机转速超过 2 000 r/min 时，其输出功率可提高 11%～15%。

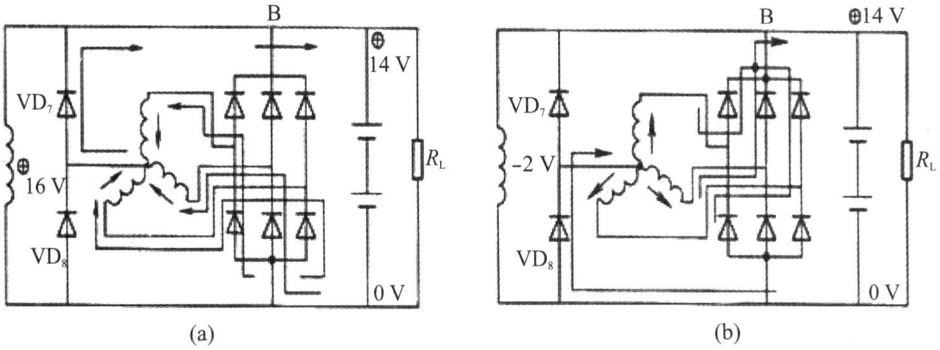

图 3－27　高速时中性点谐波电压

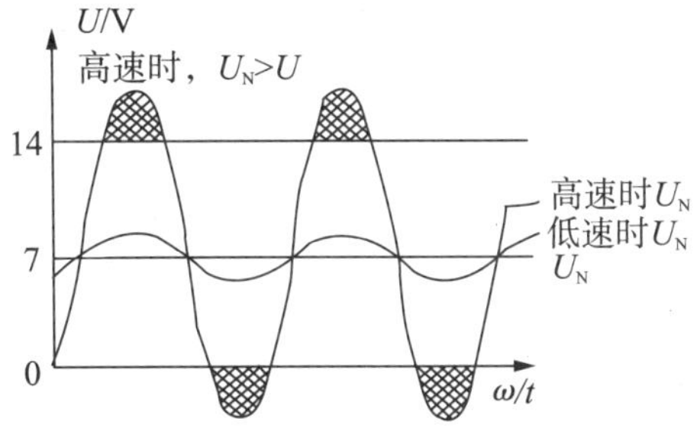

图 3－28　高速时中性点谐波电压

3）九管交流发电机的工作原理

九管交流发电机的特点是除了常用的 6 个二极管外，又增加了 3 个二极管(通常称为磁场二极管)，专门用来供给磁场电流，如图 3－29 所示。

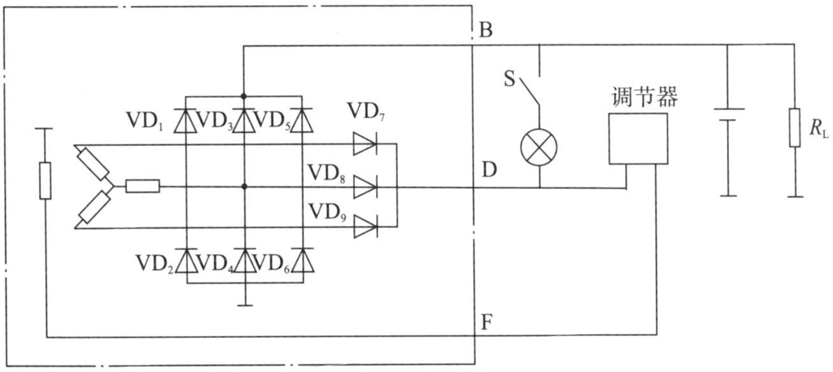

图 3－29　九管交流发电机工作原理图

发电机工作时，定子三相绕组产生的三相交流电动势，经 VD_1—VD_6 共 6 个二极管组成的三相桥式整流电路整流后，输出直流电压 U_B 向蓄电池充电和向用电设备供电。发电机的磁场电流由 3 个磁场二极管 VD_7、VD_8、VD_9 和 3 个共阳极组二极管 VD_2、VD_4、VD_6 组成的三相桥式整流电路整流，经电压调节器后直接供给。

发电机工作时，充电指示灯由蓄电池端电压与磁场二极管输出端 D 的电压 U_D 的差值控制。随着发电机转速升高，U_D 增高，指示灯亮度减弱。当发电机电压达到蓄电池充电电压时，发电机开始自励，此时指示灯因两端的电位相等而熄灭，表示发电机已经正常工作。当发电机转速降低或发电机有故障时，U_D 降低，指示灯发亮。由此利用充电指示灯不仅可以在停车后发亮提醒驾驶人及时关断电源开关，还可以指示发电机的工作情况。

4）十一管交流发电机的工作原理

十一管交流发电机的整流器总成由 6 个整流二极管、3 个磁场二极管和 2 个中性点二极管组成，如图 3－30 所示。十一管交流发电机兼有八管与九管交流发动机的特点和作用，故其工作原理不再赘述。

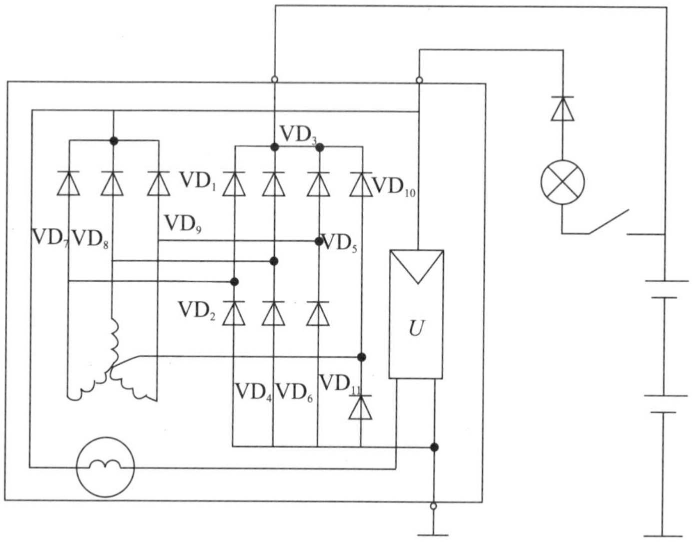

图 3－30　十一管交流发电机工作原理图

5）爪极式无刷交流发电机的工作原理

如图 3－17 所示，当励磁绕组通过电流时，主磁通由转子磁轭出发，经附加间隙 g_2→磁轭托架→附加间隙 g_1→左侧爪型磁极→主气隙 g →定子铁芯→主气隙 g →右边磁爪→转子磁轭，形成闭合回路。当转子旋转时，磁力线切割定子绕组，在三相绕组中产生三相交变电动势。

2. 交流发电机的工作特性

交流发电机的工作特性主要包括输出特性、空载特性和外特性，其中以输出特性最为重要。

1）输出特性

输出特性是指在发电机端电压 U 不变（对 12 V 系列的交流发电机规定为 14 V，对 24 V 系列的交流发电机规定为 28 V），其输出电流与转速之间的关系，即 U＝常数时，$I=f(n)$ 的函数关系。交流发电机的输出特性曲线，如图 3－31 所示。

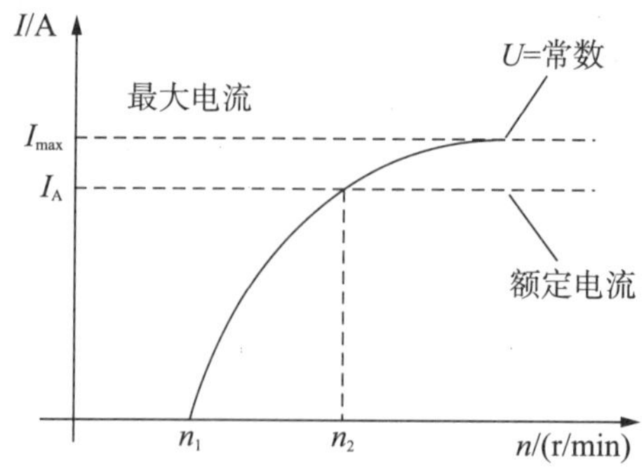

图 3－31　交流发电机输出特性图

（1）空载转速 n_1

当发电机达到额定电压并能对外输出电流时的最小转速为 n_1，称为空载转速。发电机转速小于一

定值 n_1 时，对外输出电流为零。空载转速常用来作为测试发电机性能的参数之一。

(2) 最大电流 I_{max}

发电机输出电流能力随转速的升高而增大，但曲线越来越平坦，当转速达到一定值时，无论转速增加多少电流都不再增加，即一定结构的发电机输出最大电流 I_{max} 有一定限制。由此可见，交流发电机自身具有限制输出电流防止过载的能力。

(3) 额定转速 n_2 和额定电流 I_A

发电机达到额定电流 I_A 时的转速定为额定转速，图 3－31 中用 n_2 表示，额定电流一般定为最大输出电流的 2/3。

空载转速与额定转速是测试交流发电机性能的重要依据。交流发电机出厂时，通过试验，规定了空载转速与额定转速，并列入产品说明书。在使用过程中，可通过检测这两个数据来判断发电机性能的好坏。

2) 空载特性

空载特性是研究发电机在空载运行时，其端电压随转速变化的关系，即 $I=0$ 时，$U=f(n)$ 的曲线，如图 3－32 所示。

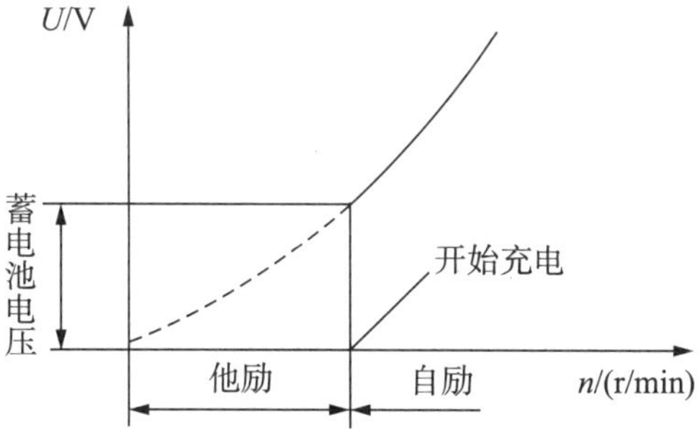

图 3－32　交流发电机空载特性图

3) 外特性

外特性是研究当发电机转速一定时，其端电压与输出电流的关系，即 $n=$ 常数时，$U=f(I)$ 的曲线，如图 3－33 所示。

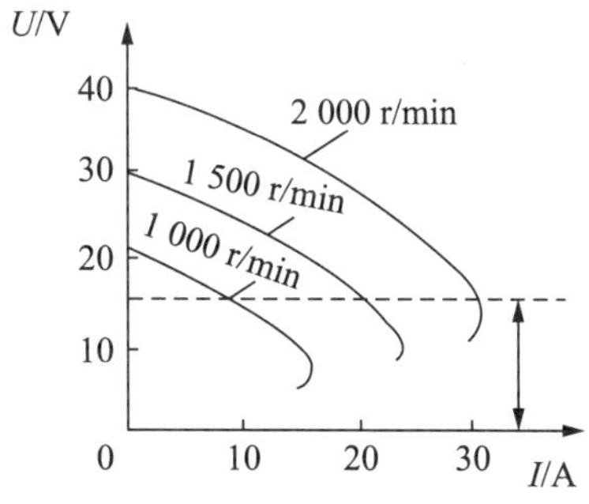

图 3－33　交流发电机外特性图

外特性曲线表明，在一定的转速下，输出电流增加时，发电机端电压有较大幅度的下降，因此，要使输出电压稳定，必须配备电压调节器。另外，在发电机高速运转时，如果突然失去负载，端电压会急剧升高，电气设备中的电子元件将有被击穿的危险。

3. 交流发电机的励磁方式

为了使交流发电机在低速运转时的输出电压满足汽车上用电的要求，在发电机开始发电时，采用他励方式，即由蓄电池提供励磁电流，增强磁场，使电压随发电机转速很快上升。这就是交流发电机低速充电性能好的主要原因。当发电机输出电压高于蓄电池电压，一般发电机的转速达到 1 000 r/min 左右时，励磁电流便由发电机自身供给，这种励磁方式称为自励。

由此可见，汽车交流发电机在输出电压建立前后分别采用他励和自励两种不同的励磁方式。

4. 交流发电机的搭铁方式

交流发电机有内、外搭铁之分，故电刷引线的接法也有所不同，如图 3－34 所示。对于内搭铁的交流发电机，励磁绕组直接通过交流发电机的外壳搭铁，故其中一根引线接至后端盖上的磁场接线柱“F”(或“磁场”)，另一根则直接与发电机外壳上的搭铁接线柱“－”(或“搭铁”)连接。而外搭铁交流发电机的励磁绕组必须通过电压调节器后(交流发电机的外部)再搭铁，故电刷引线必须分别与发电机后端盖“F_+”和“F_-”接线柱相连。

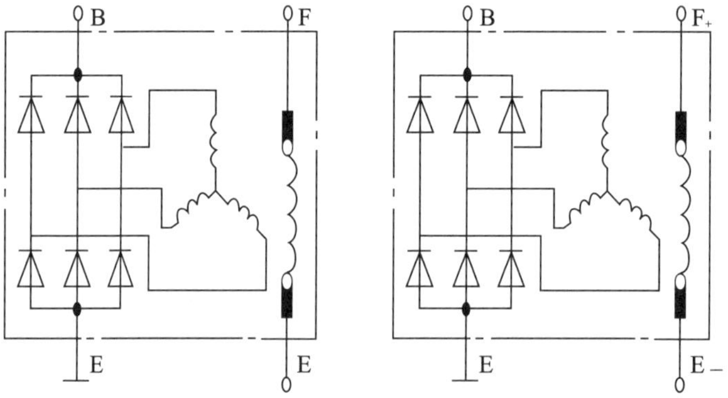

(a) 内搭铁交流发电机　　(b) 外搭铁交流发电机

图 3－34　交流发电机的搭铁形式

3.3.2　电压调节器的工作原理

交流发电机是由发动机按一定的传动比驱动的，转速变化范围很大。当发电机转速变化时，要保持发电机电压稳定在某一限定值不变，只能相应地改变发电机的磁通，而磁通的强弱又取决于励磁电流的大小。也就是说，当发电机转速变化时，只要使励磁电流有相应的变化，就可保持发电机输出电压不变。

1. 晶体管电压调节器的工作原理

如图 3－35 所示，当发电机转速变化时，通过控制三极管 VT_7、VT_8 的导通和截止来实现发电机励磁电路的通断，从而保持发电机输出电压的稳定。通过稳压器 VD_1 感知发电机输出电压的高低来控制三极管 VT_6 的导通和截止。若三极管 VT_6 导通，则 VT_7、VT_8 截止；若三极管 VT_6 截止，则 VT_7、VT_8 导通。

当 $VD_1 < 14.5$ V 时，VD_1 截止，使 VT_6 截止，VT_7、VT_8 导通，这时 VT_8 供给励磁电流，他励。

当 $B+ < VD_1 < 14.5$ V 时，VD_1 截止，仍由 VT_8 供给励磁电流，但变为自励。

当 $VD_1 \geqslant 14.5$ V 时，VD_1 反向击穿导通，使 VT_6 导通，VT_7、VT_8 截止，励磁电路被切断，发电机端电压迅速下降。当 $VD_1 < 14.5$ V 时，又重复上述过程。

2. 集成电路电压调节器的工作原理

以夏利汽车为例，夏利汽车发电机内装集成电路调节器及充电系统电路如图 3－36 所示。该发电机调节器是由一块单片集成电路和晶体管等元件组成的混合集成电路调节器，装于发电机内部，构成整体式交流发电机。

点火开关接通且发电机未转动时，蓄电池端电压经接线柱 IG 输入单片集成电路，使三极管 VT_1、VT_2 均有基极电流流过，于是 VT_1、VT_2 同时导通。VT_1 导通，发电机由蓄电池提供励磁电流进行他

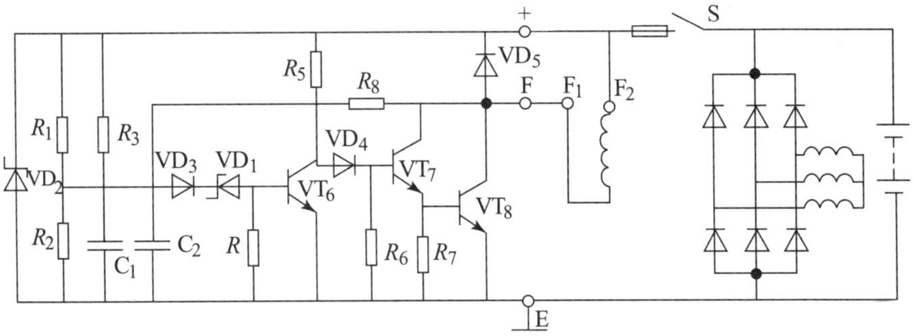

图 3-35　CA1091 型汽车用 JFT106 型调节器工作原理

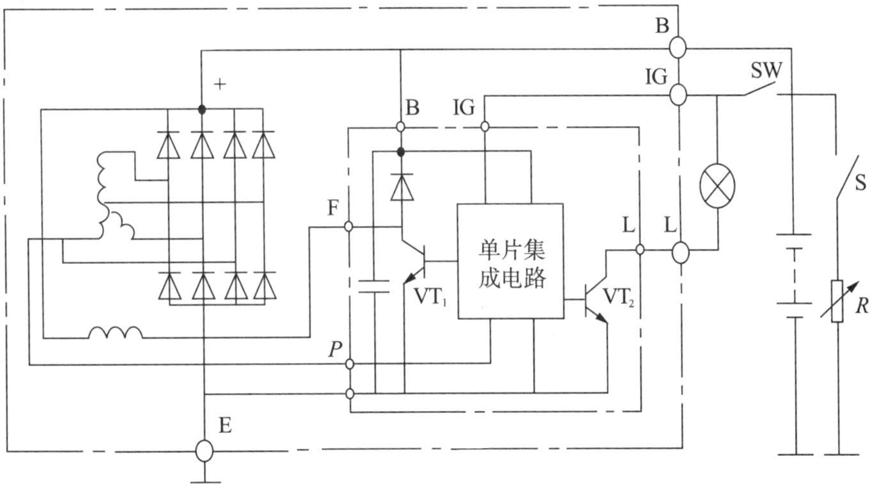

图 3-36　夏利汽车整体式交流发电机调节器工作原理

励,励磁绕组中有电流流过,电流路径为:蓄电池正极→接线柱 B→励磁绕组→VT_1→搭铁→蓄电池负极;VT_2 导通时,充电指示灯亮,表示发电机不发电。

发电机运转后,其端电压高于蓄电池电动势而小于调节电压时,VT_1 仍导通,但发电机由他励转为自励,并向蓄电池充电。同时,由于 P 点电压输入单片集成电路使 VT_2 截止,故充电指示灯会熄灭,表示发电机工作正常。

当发电机电压随转速升高到调节电压时,单片集成电路检测出该电压,于是 VT_1 由导通变为截止,励磁绕组中电流中断,发电机电压下降。当电压下降到略低于调节电压时,单片集成电路使 VT_1 又导通,如此反复,发电机输出电压将被控制在调节电压范围内。

磁场电路断路时,P 点电压信号异常,单片集成电路检测到后,控制 VT_2 导通,点亮充电指示灯,以示异常。

3. 电控单元控制调节器

以通用别克君威汽车为例,如图 3-37 所示,当点火开关位于 RUN 位置,动力系统控制模块 PCM 通过端子 L 向发电机提供电压,开启发电机内的数字电压调节器,在转子线圈绕组中产生初始励磁电流。转子经发动机驱动使磁场转动,在定子绕组中产生交流电。交流电由桥式整流器转换为直流电,并通过蓄电池端子向汽车电气系统供电和给蓄电池充电。

发电机正常工作后,通过其 S 端子感知蓄电池充电电压,内部数字电压调节器通过控制脉冲宽度来调节转子线圈绕组中励磁的电流,从而实现对发电机输出电压的调节。动力系统控制模块 PCM 通过发电机F端子检测发电机的运行负荷，并通过L端子检测发电机的工作状态。动力系统控制模块PCM通过CLASS Ⅱ二级数据总线将发电机的工作信息传输至组合仪表，用以控制充电警告指示灯。

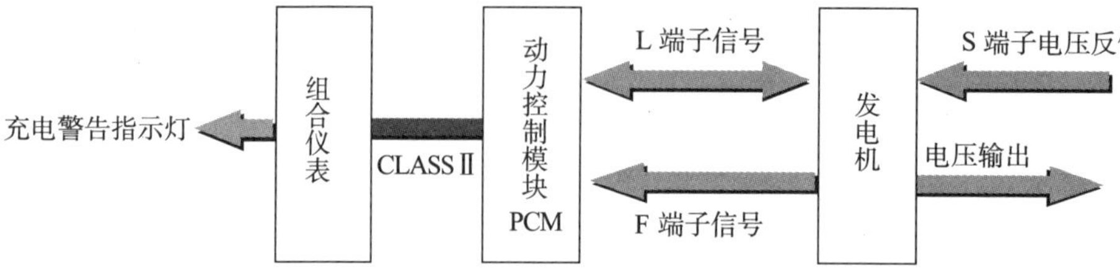

图3-37　别克君威汽车电源系统工作原理图

3.4　电源系统控制电路

下文以通用别克君威汽车为例分析电源系统控制电路。

通用别克君威电源系统电路图，如图3-38、图3-39所示。电源系统电路主要由蓄电池、发电机、仪表中央组件、接头组SP205和动力系统控制模块PCM等组成。

发电机数字电压调节器采用数字技术，供给转子电流，从而控制发电机的输出电压。当点火开关位于RUN或起动位置，发动机起动并带动发电机运转，动力系统控制模块PCM经电路225由端子L向发电机提供5V电压，开启发电机内的数字电压调节器，在转子线圈绕组中产生初始励磁电流。发电机运转后，转子经发电机皮带轮驱动使磁场转动，在定子绕组中产生交流电，交流电由桥式整流器转换为直流电；当发电机正常工作之后，发电机通过蓄电池端子经电路2向汽车电气系统供电并给蓄电池充电。

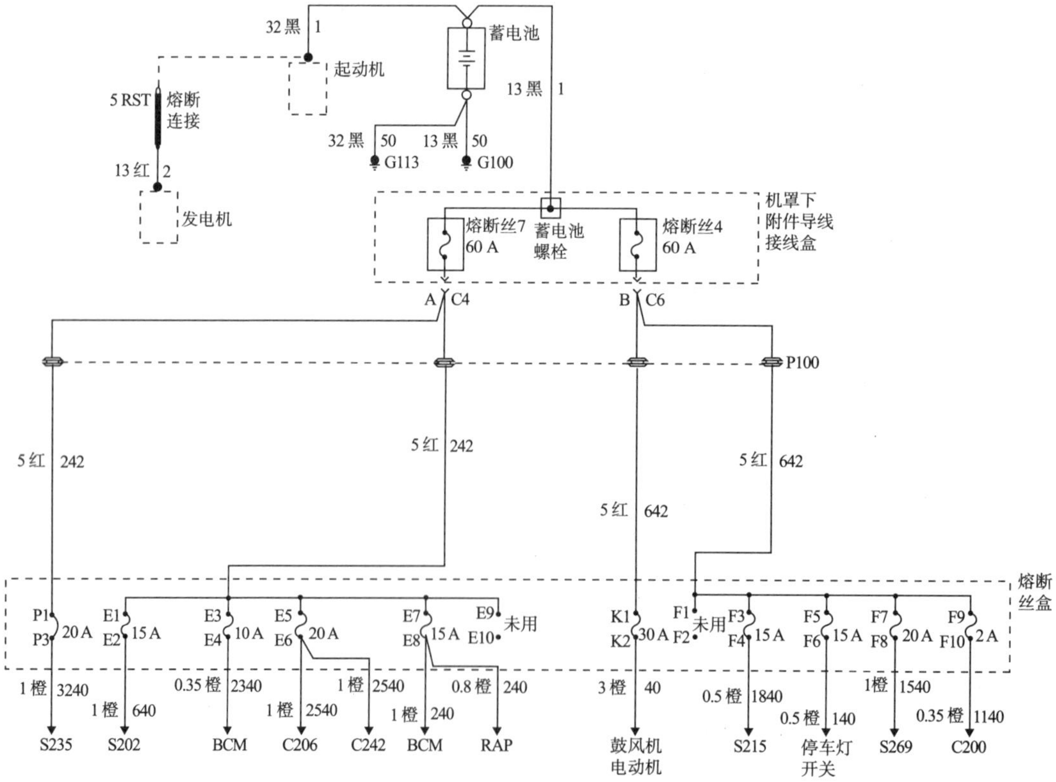

图3-38　通用别克君威电源系统电路图(一)

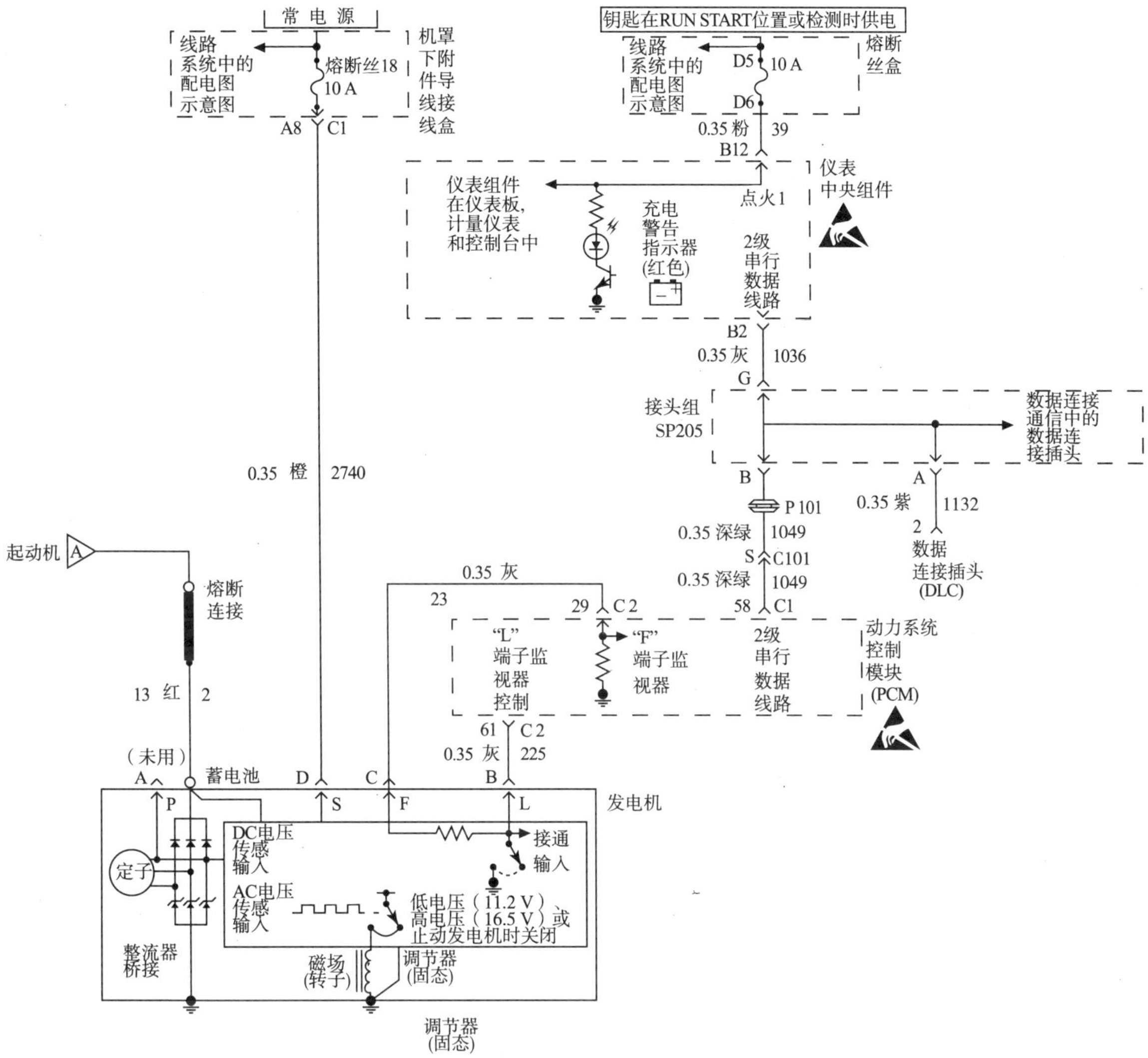

图 3-39 别克君威电源系统电路图(二)

数字电压调节器通过发电机内部 AC 电压传感输入感知发电机的工作,并通过控制脉冲宽度来改变磁场电流,从而实现调节发电机的输出电压;动力系统控制模块 PCM 经电路 23 由发电机端子 F 检测发电机的载荷周期。当发电机负载上升时,动力系统控制模块 PCM 将据此调节发动机怠速速度;动力系统控制模块 PCM 通过发电机端子 L 检测发电机的工作状况,经过 CLASS Ⅱ控制组合仪表内的充电警告指示灯;当发电机出现欠电压、过电压或者停止工作时,充电指示灯点亮。

此外,发电机通过熔断丝 18,经电路 2740 由端子 S 接收蓄电池充电电压的反馈。

3.5 电源系统常见故障分析

发动机运转时,由发电机、调节器、蓄电池等组成的电源系统的工作情况,可通过充电指示灯或电流表来判断。当充电系统出现不充电、充电电流过大或过小、充电电流不稳定等故障时,应及时进行检查并排除。电源系统故障的现象、原因如表 3-5 所示。

表 3-5　　电源系统的故障部位、故障原因

序号	故障现象	故障部位	故障原因
1	不充电(充电指示灯亮)	接线	接线断开或脱落
		发电机不发电	①二极管烧坏;②电刷卡死与滑环不接触;③定子或转子绕组断路、短路绝缘不良
		调节器	调节电压过低
2	充电电流过小(起动性能变差,灯光变暗)	接线	接头松动
		发电机发电不足	①发电机皮带过松;②个别二极管损坏;③电刷接触不良,滑环油污;④转子绕组局部短路,定子绕组局部短路或接头松开
		调节器	调节电压偏低
3	充电电流过大(灯丝易烧坏、蓄电池电解液消耗过快)	调节器	调节电压偏高
4	充电电流不稳定	接线	各连接处松动,接触不良
		发电机	①皮带过松;②转子或定子绕组有故障;③电刷压力不足,接触不良;④接线柱松动,接触不良
		调节器	①连接部分松动;②电子元件性能变坏
5	发电机有异响(机械故障)	发电机	①发电机安装不当,连接松动;②发电机轴承损坏,转子与定子相碰撞;③二极管短路、断路、定子绕组断路

本 章 小 结

(1) 汽车上采用两种电源设备：一种是蓄电池,另一种是交流发电机。其中蓄电池是汽车的辅助电源,交流发电机是汽车的主要电源。

(2) 汽车电源系统主要由蓄电池、交流发电机及电压调节器、充电指示灯、点火开关等几部分组成。

(3) 汽车上装用的蓄电池,主要用于起动发动机,给起动机提供强大的电流,一般可达 200～600 A,所以常称之为起动型蓄电池。目前汽车上使用的蓄电池主要为铅酸蓄电池,一些车辆上使用新型铅酸蓄电池：主要有干荷电铅酸蓄电池、湿荷电铅酸蓄电池、少维护和免维护铅酸蓄电池等。

(4) 交流发电机的主要任务是对除起动机以外的所有用电设备供电,并向蓄电池充电。按照交流发电机总体结构,交流发电机可分为普通型交流发电机、整体式交流发电机、带泵交流发电机、无刷交流发电机和永磁交流发电机等类型。

(5) 电压调节器主要是用在发电机转速变化时,控制发电机的输出电压使其保持恒定。发电机的输出电压经过调节之后稳定在 13.8～14.5 V。发电机的输出电压的调节是通过调节发电机的励磁电流实现的。电压调节器按工作原理的不同可分为触点式电压调节器、晶体管调节器、集成电路调节器和电控单元控制调节器。

复习思考题

1. 填空题

(1) 蓄电池的正极板总是比负极板________一片。

(2) 铅酸蓄电池正极板上的活性物质是________，呈________颜色；负极板上的活性物质是______，呈________颜色。

(3) 汽车用交流发电机由________和________两大部分组成。

(4) 汽车发电机电压调节器是通过调节发电机的________的方法，来达到使发电机输出的电压稳定的目的。

(5) 汽车交流发电机在输出电压建立前后分别采用________和________两种不同的励磁方式。

2. 选择题

(1) 6个二极管的整流器在整流过程中，同时导通的二极管有(　　)个。

A. 2　　B. 4　　C. 6

(2) 发电机运转时，始终指示大电流充电，此故障出现的原因是(　　)。

A. 发电机　　B. 整流器　　C. 电压调节器

(3) 蓄电池在充电过程中，其电解液的密度是(　　)。

A. 逐渐上升　　B. 逐渐下降　　C. 保持不变

(4) 交流发电机所采用的励磁方式是(　　)。

A. 自励　　B. 他励　　C. 先他励后自励

(5) 发电机能量转化的方式为(　　)。

A. 电能转化为机械能　　B. 化学能转化为电能　　C. 机械能转化为电能

3. 判断题

(1) 汽车上采用两种电源设备，其中蓄电池是辅助电源，交流发电机是主要电源。(　　)

(2) 在每个单格蓄电池中，正极板的片数比负极板多一片。(　　)

(3) 交流发电机和蓄电池组成汽车电源系统，两者之间是串联关系。(　　)

(4) 用万用表测量蓄电池的启动电压时，若电压低于9.6 V，表明蓄电池性能良好。(　　)

(5) 在发电机高速运转时，如果突然失去负载，端电压会急剧升高，电气设备中的电子元件将有击穿的危险。(　　)

4. 简答题

(1) 蓄电池主要组成部分有哪些，功用是什么？

(2) 简述蓄电池的充电特性和放电特性。

(3) 什么是蓄电池的额定容量？其影响因素有哪些？

(4) 交流发电机的主要组成部分有哪些？功用是什么？

(5) 汽车高速行驶时，发电机电源线突然脱落，会产生什么故障现象？为什么？

(6) 汽车在夜间高速行驶时，蓄电池正极桩线突然脱落，会产生什么故障现象？为什么？

4 起动系统

学习目标

知识目标

(1) 了解汽车起动系统的功能；
(2) 熟悉汽车起动系统的结构、组成及各组成部分的工作原理；
(3) 了解汽车起动系统的工作原理；
(4) 掌握汽车起动系统常见故障的分析方法。

能力目标

(1) 熟悉维修手册的使用方法；
(2) 掌握使用万用表对系统部件的检测方法；
(3) 掌握汽车起动系统检测方法；
(4) 掌握汽车起动系统常见故障的诊断和排除方法。

4.1 概述

汽车起动系统的作用是将蓄电池的电能转化为机械能，驱动发动机飞轮旋转，实现发动机能在自身动力作用下继续运转，如图 4－1、图 4－2 所示。

图 4－1 起动机

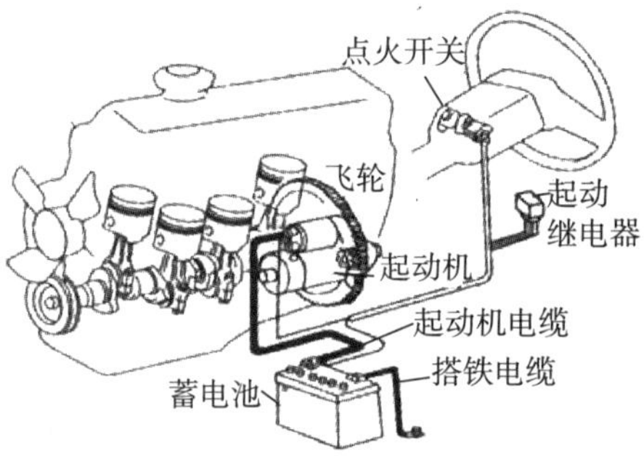

图 4－2 起动机在发动机上的安装

根据《汽车电气设备产品型号编号方法》(QC/T 73—93)规定，起动机型号分为以下五个部分，如图 4－3 所示：

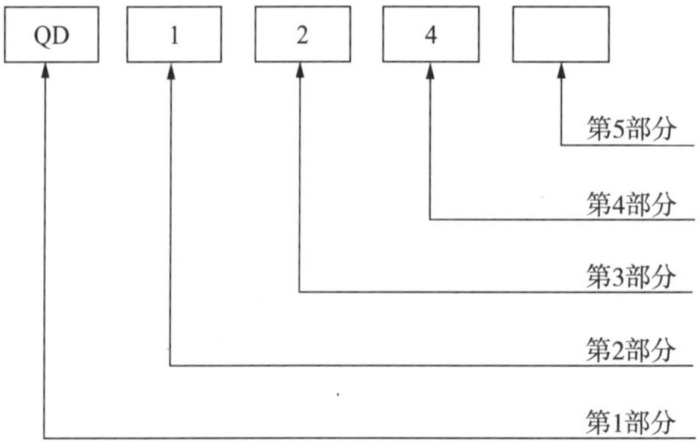

图 4－3 起动机型号表示

第 1 部分为产品代号：起动机的产品代号 QD、QDJ、QDY 分别表示起动机、减速起动机及永磁起动机；

第 2 部分为电压等级代号：1～12 V；2～24 V；3～6 V；

第 3 部分为功率等级代号；

第 4 部分为设计序号；

第 5 部分为变形代号。

例如，QD124 表示额定电压为 12 V、功率为 1～2 kW、第 4 次设计的起动机。

4.2 起动系统的组成

起动系统一般由蓄电池、点火开关和起动机三部分组成。蓄电池、点火开关在第 3 章中已作介绍，故此处不再赘述；起动机主要由直流串励电动机、传动机构和操纵机构三个部分组成。

4.2.1 直流串励电动机

直流串励电动机主要是将蓄电池输入的电能转换为机械能，产生电磁转矩。它主要由电枢、磁极等部件构成。

1. 电枢

电枢是直流串励电动机的旋转部分，包括电枢轴、换向器、电枢铁芯、电枢绕组等部分，如图 4－4 所示。

图 4－4　电枢

2. 磁极

磁极有永磁铁和电磁铁两种，数量一般为 4 个，两对磁极相对交错安装在电动机定子内壳上。对于电磁铁来说，四个励磁绕组可互相串联后再与电枢绕组串联，也可两两串联后并联再与电枢绕组串联，如图 4－5 所示。

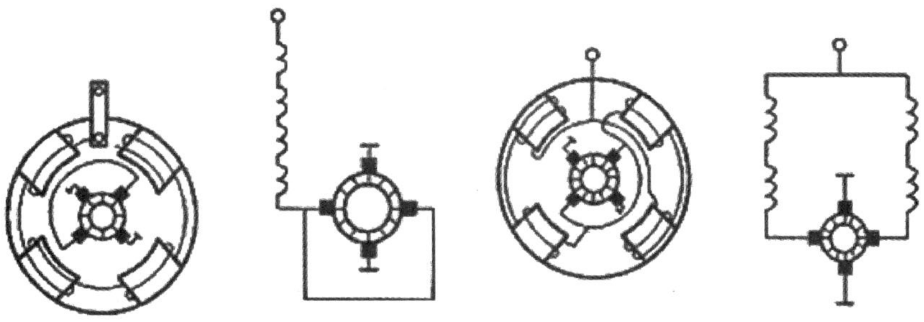

(a) 励磁绕组串联　　(b) 励磁绕组量两两串联后并联

图 4－5　励磁绕组的连接方式

起动机内部接线，如图 4－6 所示，励磁绕组一端接在外壳的绝缘接线柱上，另一端与两个非搭铁电刷相连。当点火开关接通时，起动机的电路为：电流从蓄电池正极到接线柱，进入励磁绕组，经非搭铁电刷到换向器(电枢绕组)，再到搭铁电刷进行搭铁，最后到蓄电池负极。

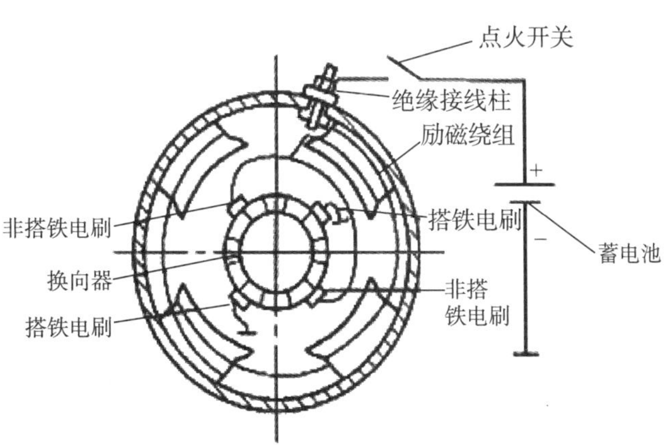

图 4－6　起动机内部接线

3. 电刷架与机壳

电刷架一般为框式结构，其中正极电刷架与端盖绝缘地固定在一起，负极电刷架直接搭铁。电刷置于电刷架中，电刷由铜粉与石墨粉压制而成，呈棕红色。刷架上装有弹性较好的盘形弹簧，如图 4-7 所示。

图 4-7　电刷架和机壳

起动机机壳中部只有一个电流输入接线柱，并在内部与励磁绕组的一端相连。端盖分为前、后两个，前端盖由钢板压制而成，后端盖由铸铁浇制而成。前后端盖的中心均压装着青铜石墨轴承套或铁基含油轴承套，外围有两个或四个组装螺孔。电刷架及电刷装在前端盖内，后端盖上装有拨叉座。

4.2.2　传动机构

传动机构又称起动机离合器，当发动机起动时，它使起动机轴上的驱动小齿轮啮入飞轮齿圈，将起动机的转矩传递给发动机曲轴；当发动机起动后又能使起动机驱动小齿轮与飞轮齿圈自动脱开，如图4-8 所示。

图 4-8　传动机构

传动机构是起动机的主要组成部件，它主要包括离合器和拨叉两个部分。离合器将电动机的电磁转矩传递给发动机使之起动，同时又能在发动机起动后自动打滑，保护起动机不致飞轮损坏。传动机构中的离合器分为滚柱式离合器、摩擦片式离合器、弹簧式离合器几种。而拨叉的作用则是使离合器作轴向移动，将驱动齿轮啮入和脱离飞轮齿圈。

4.2.3　操纵机构

操纵机构一般为电磁开关，它是用来接通和断开直流串励电动机与蓄电池之间的电路，如图 4-9 所示。

图 4-9　操纵机构

4.3 起动系统工作原理

4.3.1 起动机主要部件工作原理

1. 直流电动机工作原理

通电导体在磁场中会受到电磁力的作用,电磁力的方向遵循左手原则,如图4-10所示,两片换向片分别与环状线圈的两端连接,电刷一端与两片换向片相接触,另一端分别接蓄电池的正极和负极。在环状线圈中,电流的方向交替变化。用左手定则判断可知,环状线圈在电磁力矩作用下按顺时针方向连续转动,这样在电源连续对电动机供电时,其线圈就不停地按同一方向转动。

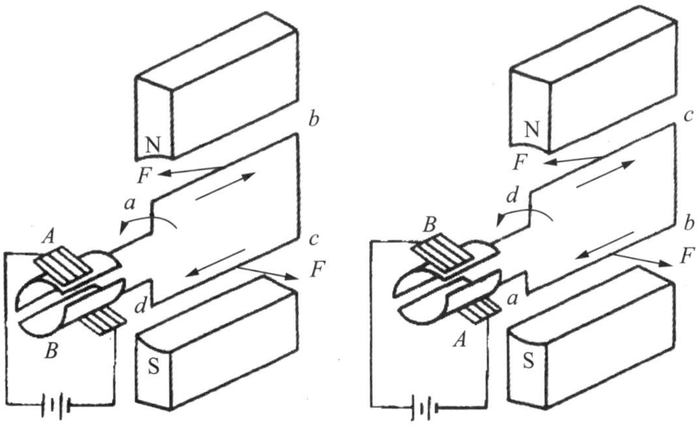

图4-10 直流电动机的原理图

2. 传动机构工作原理

传动机构中的离合器分为滚柱式离合器、摩擦片式离合器、弹簧式离合器等几种类型,其中,滚柱式单向离合器是最常用的,下面以滚柱式单向离合器为例叙述其工作原理。

驱动齿轮与外壳连成一体;外壳内装有十字块和四套滚柱及弹簧,十字块与花键套筒固定连接;花键套筒的外面装有缓冲弹簧及衬圈,末端固定安装着拨环和卡圈;整个离合器总成利用花键套筒套装在起动机轴的花键部位上,可以作轴向移动和随轴移动,如图4-11所示。

发动机起动时,经拨叉将离合器沿花键推出,驱动齿轮啮入发动机飞轮齿圈。由于十字块处于主动状态,随直流串励电动机电枢一起旋转,促使四套滚柱进入槽的窄端,将花键套筒与外壳挤紧,于是直流串励电动机电枢的转矩就由十字块经滚柱式离合器外壳传给驱动齿轮,从而达到驱动发动机飞轮齿圈旋转、起动发动机运转的目的,如图4-12所示。

发动机起动后,飞轮齿圈的转速高于驱动齿轮,十字块处于被动状态,促使滚柱进入槽的宽端而自由滚动,只有驱动齿轮随飞轮齿圈作高速旋转,起动机转速并不升高。这种离合器的打滑功能,防止了电枢超速飞散的危险。起动完毕,由于拨叉在复位弹簧的作用下,使离合器退回,驱动齿轮完全脱离飞轮齿圈。

3. 操纵机构工作原理

1) 直接控制式电磁开关工作原理

在各种控制电路中,电磁开关的作用和工作原理都是基本相同的,下面以最基本的电磁控制电路为

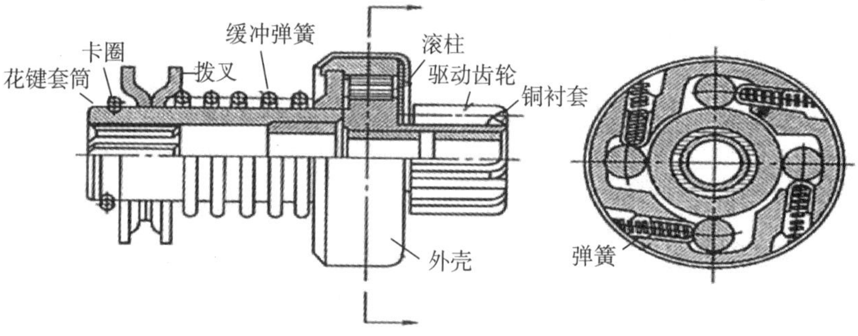

(a) 滚柱式单向离合器总成

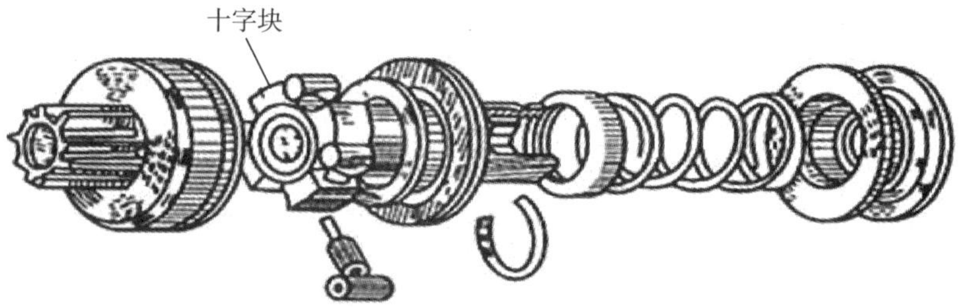

(b) 滚柱式单向离合器构件

图 4－11　滚柱式单向离合器结构

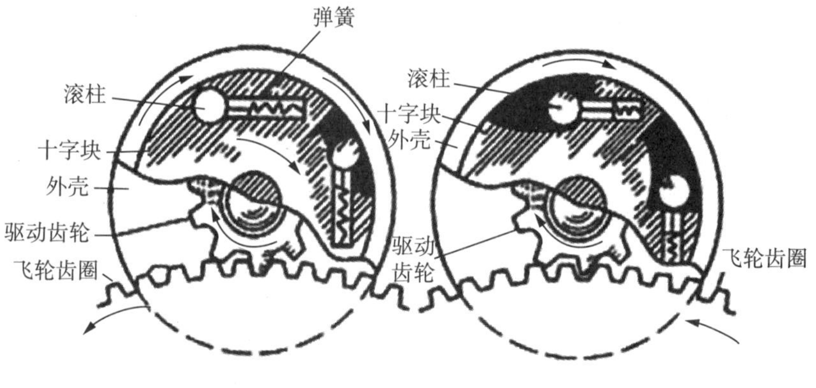

(a) 发动机起动时　　(b) 发动机起动后

图 4－12　滚柱式单向离合器工作原理

例介绍直接控制式起动机的工作原理，如图 4－13 所示。

起动时，点火开关拨至 START 位置，一条电流路径为：电流从蓄电池正极到电磁开关 50 接线柱，经过吸引线圈，到电磁开关 C 接线柱，之后进入起动机励磁绕组，经过电枢绕组后搭铁，回到蓄电池负极构成回路，起动机慢慢转动；与此同时，另一条电流路径为：电流从蓄电池正极到电磁开关 50 接线柱，经过保持线圈，到蓄电池负极构成回路；吸引线圈与保持线圈通电后产生同方向的电磁力。在电磁力作用下，电磁开关中铁芯压缩复位弹簧，向左移动，带动拨叉使驱动齿轮与发动机飞轮齿圈啮合。

此时，铁芯移动带动电磁开关内的接触盘将 C 接线柱与 30 接线柱接通，形成电流路径：电流从蓄电池正极到电磁开关 30 接线柱，经过接触盘到电磁开关 C 接线柱，之后进入起动机励磁绕组，经过电枢绕组后搭铁，回到蓄电池负极构成回路，起动机主电路接通，起动机电枢产生电磁转矩，起动发动

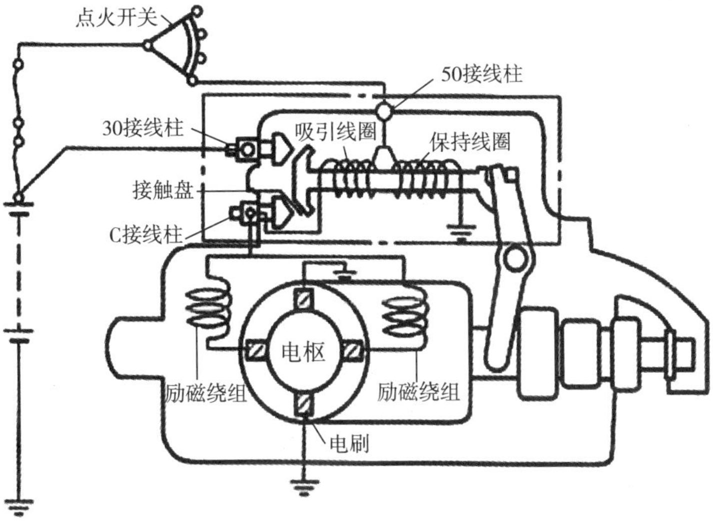

图 4-13　直接控制式起动机的工作原理

机。而吸引线圈此时被短路，保持线圈的电磁力使驱动小齿轮与飞轮保持啮合，保证发动机正常起动。

起动后，发动机飞轮转速超过起动机电枢时，单向离合器切断飞轮齿圈与驱动齿轮之间的动力传递，保护起动机。

点火开关回位至 ON 位置，电磁开关 50 接线柱断电。由于机械惯性，短时间内接触盘仍将 30 接线柱与 C 接线柱接通，蓄电池电流经接触盘到吸引线圈，再到保持线圈后搭铁，回到蓄电池负极构成回路，吸引线圈与保持线圈产生相反方向的电磁力，接触盘在复位弹簧的作用下迅速回位，接触盘与 C 接线柱、30 接线柱分开，起动主电路被断开，起动完毕。

2）带继电器控制的电磁开关工作原理

（1）带起动继电器控制的电磁开关工作原理

QD124 型起动机采用带起动继电器控制的电磁开关，其接线如图 4-14 所示。

发动机起动时，点火开关拨至 START 位置，起动继电器通电后，吸下可动臂使触点闭合，接通了电磁开关线圈电路，起动机投入工作。发动机起动后，只需松开点火开关钥匙，点火开关自动回位至 ON 位置，起动继电器线圈断电，触点打开，起动机电磁开关也随即断电，起动机停止工作。

利用起动继电器控制电磁开关的通电与断电，可以减小通过点火开关起动触点的电流，避免烧蚀触点，延长使用寿命。

（2）带保护继电器控制的电磁开关工作原理

如图 4-15 所示，点火开关拨至 START 位置，起动继电器线圈 L_1 通电，其电流路径为：电流从蓄电池正极到熔断丝，再到电流表，之后从点火开关“1”接线柱进入，从点火开关“4”接线柱流出至组合继电器“S”接线柱，之后再到起动继电器线圈 L_1，通过保护继电器常闭触点 K_2 搭铁，回到蓄电池负极，构成回路。

因起动继电器线圈 L_1 线圈通电，起动继电器触点 K_1 闭合，形成两条回路。一条回路为：电流从蓄电池流出至组合继电器“B”接线柱，经起动继电器触点 K_1，到组合继电器“C”接线柱，然后进入起动机保持线圈，之后搭铁，回到蓄电池负极。另一条回路为：电流从蓄电池正极流出至组合继电器“B”接线柱，经起动继电器触点 K_1，到组合继电器“C”接线柱，然后流经起动机吸引线圈，进入直流电动机后搭铁，回到蓄电池负极。

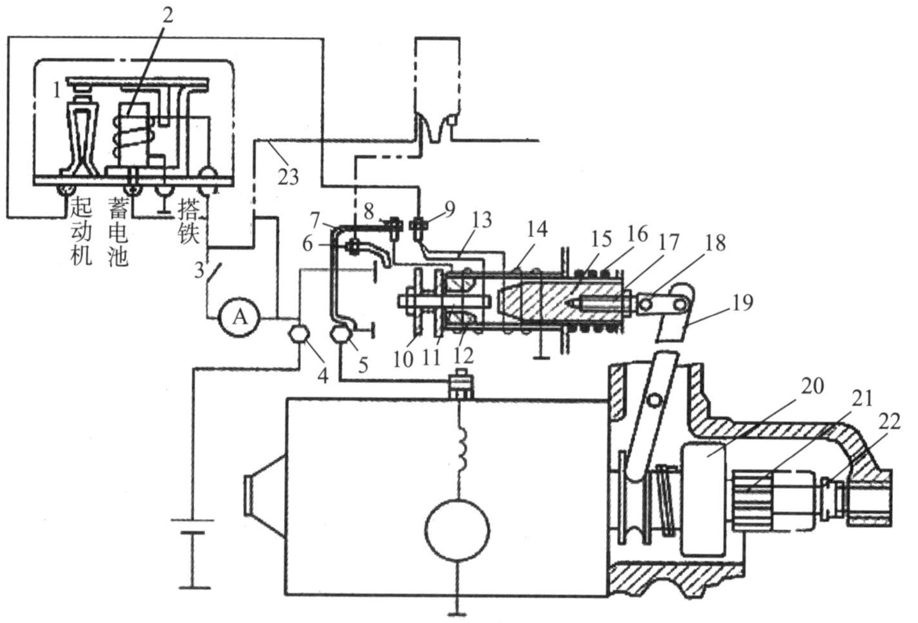

1—起动继电器触点；2—起动继电器线圈；3—点火开关；5—主接线柱；6—铺助接线柱；7—导电片；8—吸引线圈接线柱；9—电磁开关接线柱；10—接触盘；11—活动杆；12—固定铁芯；13—吸引线圈；14—保持线圈；15—电磁铁芯；16—复位弹簧；17—螺杆；18—连接头；19—拨叉；20—滚柱式离合器；21—驱动齿轮；22—止推螺母；23—点火线圈附加电阻线

图 4-14 QD124 型起动机电磁开关的控制电路

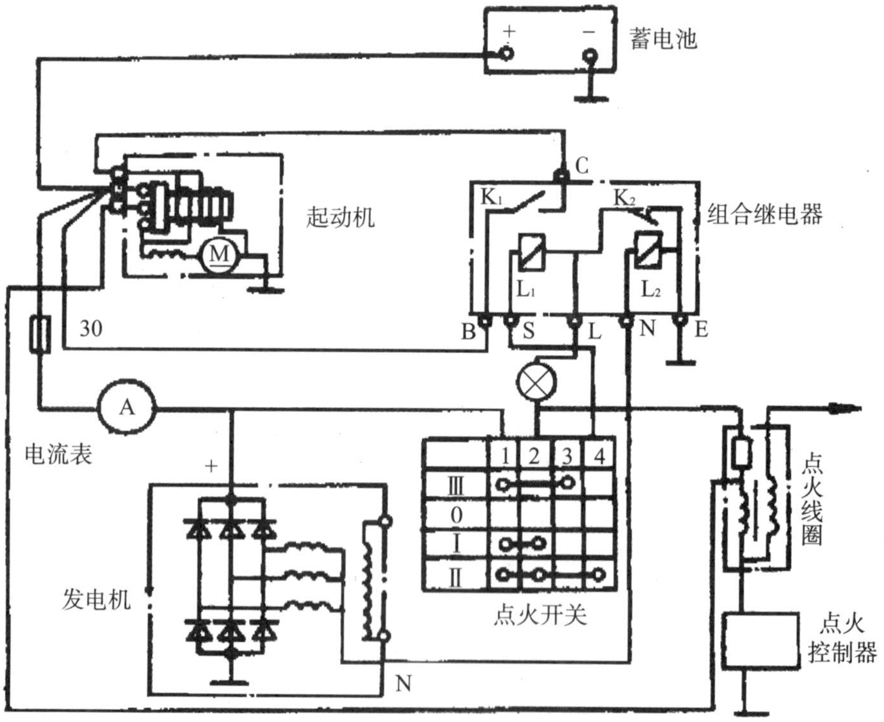

图 4-15 解放 CA1092 汽车起动机电磁开关的控制电路

此时，起动机以低速运转，并缓慢与飞轮齿圈啮合。

吸引线圈和保持线圈中产生的电磁力吸引铁芯移动，推动拨叉使驱动齿轮与发动机的飞轮齿圈啮合，并使接触盘将电磁开关的端子 30 和端子 C 接通，通过起动机的电流增大，直流电动机的转速升高。此时的电流路径为：电流从蓄电池正极到起动机端子 30，再到起动机端子 C，进入直流电动机后搭铁，回到蓄电池负极。

吸引线圈此时被接触片短路，保持线圈仍有电。电动机以高速运转，通过驱动齿轮带动发动机飞轮旋转。当发动机正常运转后，点火开关回位，起动继电器触点断开，起动机停止工作。

发动机起动后，如果点火开关没有及时返回，此时组合继电器中的保护继电器线圈 L_2 由于承受发电机中性点的电压，使常闭触点断开，自动切断起动继电器线圈 L_1 的电路，触点 K_1 断开，使起动机电磁开关断电，起动机停止工作。发动机起动后，由于触点 K_2 的断开，也切断了充电指示灯的搭铁电路，充电指示灯熄灭。

在发动机运行过程中，如果误将点火开关置于 START 位置，由于在此控制电路中，保护继电器的线圈总是有发电机中性点电压，常闭触点 K_2 处于断开状态，起动继电器线圈 L_1 不能通电，起动机电磁开关不起作用，避免了发动机在运行中使起动机驱动齿轮进入与飞轮齿圈的啮合而产生的冲击，起到保护作用。

4.3.2 起动系统的维护

(1) 每次起动时，起动时间不能超过 5 s，若重复起动应停息 15 s，连续三次起动不着火，应停歇 15 min，并检查不能起动的原因，排除故障后再进行发动机起动。

(2) 在冬季及低温地区起动发动机时应对发动机预热。

(3) 自动挡汽车：起动时将变速杆置于空挡或驻车挡；手动挡汽车：起动前踩下离合器踏板。

(4) 发动机运转时，严禁再起动发动机。

(5) 若起动时，起动机转速低，应检查蓄电池储电情况。

(6) 经常检查起动机电路和电源电路各连接线是否连接可靠。

(7) 经常保持起动机和各部件清洁、干燥。

4.4 起动系统控制电路

4.4.1 大众桑塔纳 2000GSI 起动系统电路图

大众桑塔纳 2000GSI 起动系统电路如图 4-16 所示。

1. 起动机电磁开关工作

点火开关拨到第三位，其端子 30 与端子 50 接通，使起动机的电磁开关通电，使起动机进入工作状态。

电流从蓄电池正极进入中央线路板 P6 端子，流经中央线路板内部电路后，从中央线路板 P2 端子流出至点火开关 D30 端子，之后流经点火开关，从点火开关端子 50 流出至中央线路板 B8 端子，之后进入中央线路板内部电路，从中央线路板 C18 端子流出至起动机 50 接线柱，进入电磁开关(吸拉线圈、保持线圈)，之后搭铁，流回蓄电池负极。

2. 直流电动机工作

电流从蓄电池正极到起动机电磁开关 30 接线柱，之后进入直流电动机，最后回到蓄电池负极。

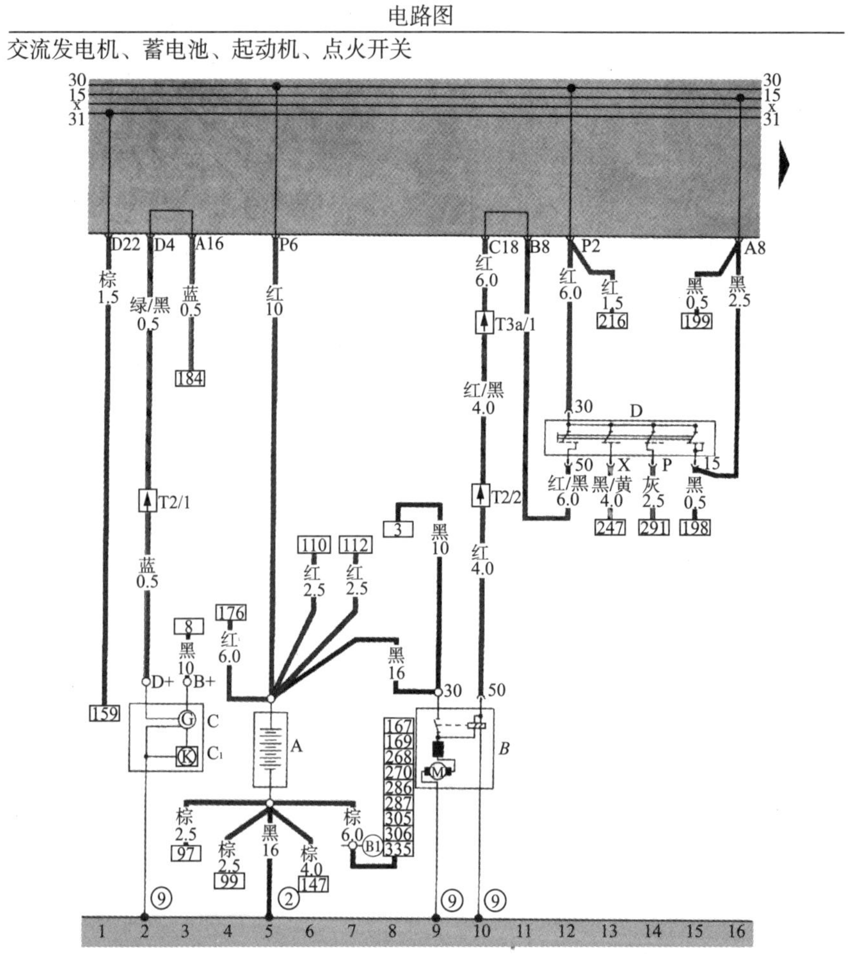

A—蓄电池
B—起动机
C—交流发电机
C1—调压器
D—点火开关
T2—发动机线束与发电机线束插头连接，2针，在发电机舱中间支架上
T3a —发动机线束与前大灯线束插头连接，3针，在中央电器后面
②—接地点，在蓄电池支架上
⑨—自身接地
Ⓑ1—接地连接线，在前照灯束线内

图 4－16　大众桑塔纳 2000GSI 起动系统电路图

4.4.2　通用别克君威汽车起动系统电路图

通用别克君威汽车起动系统电路如图 4－17、4－18 所示。该起动系统主要由蓄电池、点火开关、动力系统控制模块 PCM、车身控制模块 BCM 以及起动机等组成。

当点火开关位于 START(起动)位置时，蓄电池电压通过电路 1、点火主熔断丝 A—B 和电路 42 施加于点火开关后再分别通过电路 5、电路 3 经熔断丝 A3—A4、D9—D10 和电路 806、电路 439(曲轴继电器、电路 625)至动力控制模块 PCM 插接器 C2 上的端子 23 和端子 76。动力系统控制模块 PCM 插接器 C2 上的端子 23 检测点火开关发出起动信号；同时动力系统控制模块 PCM 通过车身控制模块 BCM 核实 PASSKEY 防盗系统是否允许发动机起动。若 PASSKEY 防盗系统允许发动机起动并且变速器处于驻车 PARK 或者空挡位置，则动力系统控制模块 PCM 通过端子 76 使曲轴继电器线圈电路搭铁，曲轴继

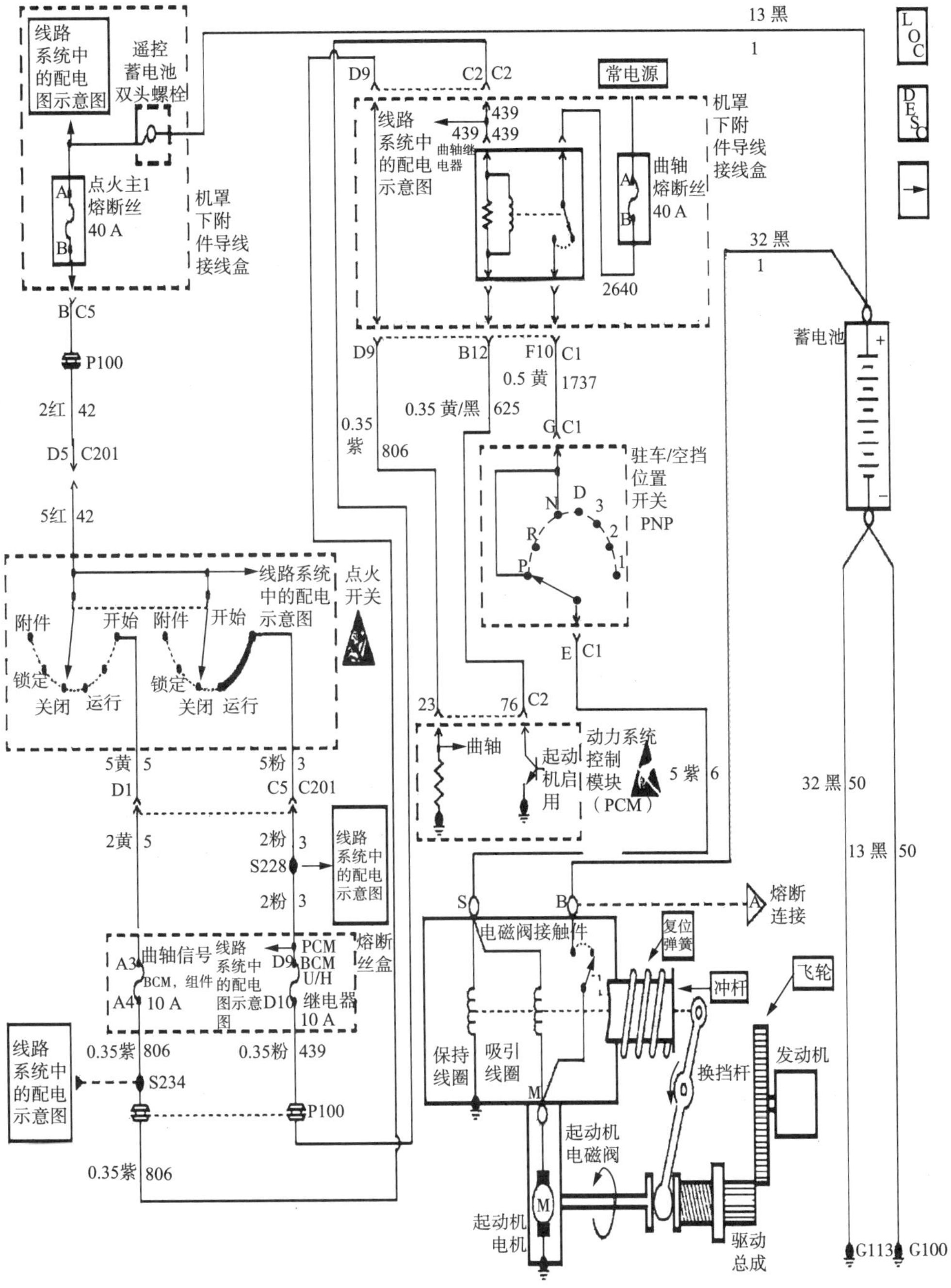

图 4-17　通用别克君威汽车起动系统电路图(一)

电器开关接通。电源电压通过曲轴熔断丝 A—B、电路 2640、曲轴继电器闭合开关、电路 1737、驻车/空挡位置(PNP)开关后经电路 6 施加于起动机端子 S。

当电源电压作用在起动机电磁线圈上时，吸引线圈和保持线圈均接通。通过吸引线圈的电路经起动机的直流串励电动机(起动机电机)搭铁；通过保持线圈的电路通过电磁开关本体搭铁。吸引线圈和保持线圈通电后产生方向相同的电磁力，电磁力的合力大于复位弹簧的弹力，致使冲杆移动并带动换挡杆移动，起动机驱动齿轮(起动机驱动总成)与发动机飞轮齿圈啮合。同时，冲杆移动的过程中使起动机电磁开关的触点闭合，蓄电池电压直接施加于起动机的直流串励电动机(起动机电机)上，直

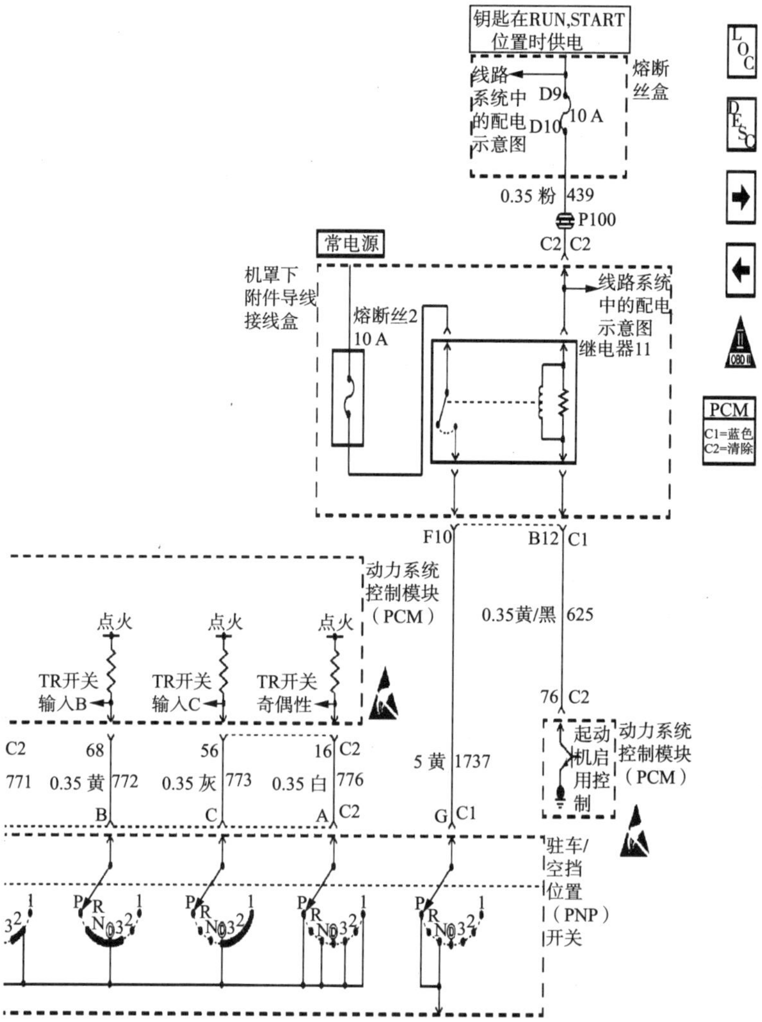

图 4-18　通用别克君威汽车起动系统电路图(二)

流串励电动机(起动机电机)起动发动机。当起动机电磁开关触点闭合时,吸引线圈被短路,保持线圈依然通电,其产生的电磁力足以保持冲杆、换挡杆、起动机总成以及使电磁开关触点处于继续起动发动机的位置。

当点火开关从 START 位置松开,曲轴继电器断电,起动机端子 S 断电。在保持线圈的末端电流从直流串励电动机(起动机电机)触点通过吸引线圈和保持线圈后搭铁。然而通过吸引线圈的电流方向与该线圈第一次接通时的电流方向相反。吸引线圈和保持线圈产生方向相反的电磁力,此时电磁力的合力不足以克服复位弹簧的弹力。在复位弹簧的作用下,起动机驱动齿轮(起动机驱动总成)退出与发动机飞轮齿圈的啮合,起动机电磁开关触点断开,起动机工作结束。

4.5　起动系统常见故障分析

起动系统的常见故障有起动机不转、起动机转动无力、起动机空转等,如表 4-1 所示。

表 4-1　　起动系统故障诊断表

序号	故障现象	故障原因
1	起动机不转	(1) 蓄电池无电； (2) 起动机控制线路断路或插接器松脱； (3) 点火开关损坏； (4) 起动机电磁开关损坏； (5) 起动机电枢绕组损坏
2	起动机转动无力	(1) 蓄电池亏电； (2) 电源导线连接松脱； (3) 起动机电磁开关内主触点或接触盘不良； (4) 电磁开关保持线圈断路或短路； (5) 电动机电刷和换向器之间电阻过大或接触不良； (6) 起动机单向离合器打滑
3	起动机空转	(1) 主回路的接触盘行程过短； (2) 飞轮轮齿或起动机驱动齿轮磨损严重； (3) 单向离合器打滑

本章小结

(1) 汽车起动系统的作用是将蓄电池的电能转化为机械能，驱动发动机飞轮旋转，实现发动机能在自身动力作用下继续运转。

(2) 起动系统一般由蓄电池、点火开关和起动机三部分组成。

(3) 起动机主要由直流串励电动机、传动机构和操纵机构三部分组成。

(4) 传动机构又称起动机离合器，它是当发动机起动时使起动机轴上的驱动小齿轮啮入飞轮齿圈，将起动机的转矩传递给发动机曲轴；当发动机起动后又能使起动机驱动小齿轮与飞轮齿圈自动脱开。

(5) 操纵机构一般为电磁开关，它是用来接通和断开直流串励电动机与蓄电池之间的电路。

复习思考题

1. 填空题

(1) 起动机一般由________、________和________三部分组成。

(2) QD125 表示额定电压为________V，功率为________kW，第________次设计的起动机。

(3) 起动机每次起动时间不超过________s，再次起动应间歇________s。

(4) 现代汽车多使用________控制________式起动机。

(5) 起动系统一般由________、点火开关和________三部分组成。

2. 选择题

(1) 起动机中共有(　　)个电刷，其中(　　)个为绝缘电刷。

A. 4，2　　B. 2，4　　C. 2，1

(2) 每次起动时，起动时间不能超过(　　)s，若重复起动应停息 15 s，连续三次起动不着火，应停歇 15 min。

A. 8　　B. 7　　C. 5

(3) 起动机空载试验，如发现电流、转速都低于标准，则说明起动机内部电路有(　　)。

A. 短路故障　　B. 搭铁故障　　C. 接触不良故障

(4) 起动机电流在接近制动电流一半时，其(　　)最大。

A. 转矩　　B. 功率　　C. 转速

(5) 起动机中磁极有永磁铁和电磁铁两种，数量一般为(　　)个。

A. 5　　B. 4　　C. 6

3. 判断题

(1) 起动机可以在轻载或空载时，长时间运转。(　　)

(2) 全制动时，起动机的电流、转矩都将达到最大。(　　)

(3) 电磁开关中吸引线圈在起动机主电路接通时失去作用。(　　)

(4) 柴油机的起动机功率比汽油机大。(　　)

(5) 每相邻换向片间的电阻应该为无穷大。(　　)

4. 问答题

(1) 简述起动机的组成和工作原理。

(2) 分析大众桑塔纳 2000GSI 汽车起动系统的电路图，并写出相关的电路。

(3) 车用起动机为什么多采用直流串励式电动机？

(4) 起动机传动机构为什么要采用单向离合器？如使用中出现“飞车”是何原因？

(5) 起动时汽车起动机运转无力，故障原因是什么？

(6) 起动时起动机不转，故障原因是什么？如何检查？

5 点火系统

学习目标

知识目标

(1) 了解点火系统的组成及分类；

(2) 熟悉点火系统的各部件工作原理及点火系统的工作原理；

(3) 熟悉点火系统的控制电路；

(4) 掌握点火系统的故障分析方法。

能力目标

(1) 能熟练使用维修手册；

(2) 学会使用万用表对系统部件的检测方法；

(3) 学会点火系统常见故障的检测方法。

5.1 概述

在汽油机中,能够按时在火花塞电极间产生火花的全部设备称为点火系统。点火系统的基本功用是在发动机各种工况和使用条件下,在气缸内适时、准确、可靠地产生电火花,以点燃可燃混合气,使发动机做功。

1. 点火系统的分类

发动机的点火系统,按其组成和产生高压电方式的不同可分为传统点火系统,电子点火系统,微机控制点火系统,如表5-1所示。

传统点火系统是通过点火线圈和断电器将电源提供的低压电转变为高压电,再由分电器分配到各缸的火花塞,使火花塞两电极间产生电火花,点燃可燃混合气。传统点火系统由于存在高速时工作不可靠、产生的高压电比较低、使用过程中需要经常检查和维护等缺点,目前已经被电子点火系统和微机控制点火系统所取代。

电子点火系统则通过点火线圈和由半导体器件(晶体三极管)组成的点火控制器将电源提供的低压电转变为高压电,再通过分电器分配到各缸的火花塞,使火花塞两电极之间产生电火花,点燃可燃混合气,与传统点火系统相比,具有电子点火系统点火可靠、使用方便等特点。

微机控制点火系统由微机控制系统根据各种传感器提供的发动机工况信息,发出点火控制信号,控制点火时刻,点燃可燃混合气。它取消了分电器,采用多个点火线圈,由微机控制系统直接控制各点火线圈一次产生高压电,分别对应各缸火花塞实现点火控制。微机控制点火系统是目前较普遍的点火系统,已广泛应用于各种中、高级汽车中。

表5-1　点火系统分类及组成

点火系统分类	点火系统组成					
传统点火系统	电源(蓄电池和发电机)	点火线圈(带附件电阻)	分电器(带断电器)	火花塞	点火开关	—
电子点火系统	电源(蓄电池和发电机)	点火线圈	分电器(带有信号发生器)	火花塞	点火开关	点火控制器
微机控制点火系统	电源(蓄电池和发电机)	点火线圈	各种传感器、控制开关控制单元	火花塞	点火开关	点火控制模块

2. 点火系统的基本要求

点火系统应在发动机各种工况和使用条件下保证可靠而准确地点火,为此点火系统应满足以下基本条件:

1) 能产生足以击穿火花塞两电极间隙的电压

使火花塞两电极之间的间隙击穿并产生电火花所需要的电压,称为火花塞击穿电压。火花塞击穿电压的大小与电极之间的距离(火花塞间隙)、气缸内的压力和温度、电极的温度、发动机工作状况等因素有关。实验表明,发动机正常运转时,火花塞的击穿电压为7～8 kV,发动机冷启动时达19 kV。为了使发动机在各种不同的工况下均能可靠地点火,一般要求火花塞击穿电压应在15～20 kV。

2) 电火花应具有足够的点火能量

为了使混合气可靠点燃，火花塞产生的火花应具备一定的能量。发动机工作时，由于混合气压缩时的温度接近自然温度，因此所需要的火花能量较小(1～5 mJ)，但在起动、怠速以及突然加速时需要较高的点火能量。为保证可靠的点火，一般应保证 50～80 mJ 的点火能量，起动时应能产生大于 100 mJ 的点火能量。

3) 点火时刻应与发动机的工作状况相适应

首先，发动机的点火时刻应满足发动机工作循环的要求；其次，可燃混合气在气缸内从开始点火到完全燃烧需要一定的时间(千分之几秒)，所以要使发动机产生最大的功率，则要求在压缩行程终了(上止点)时适当地提前一个角度点火。当活塞到达上止点时，混合气已经接近充分燃烧，发动机才能发出最大功率。

5.2 点火系统的组成

5.2.1 传统点火系统的组成

传统点火系统主要由电源(蓄电池和发电机)、点火线圈、分电器、火花塞、点火开关和附件电阻等部件组成，如图 5-1 所示。

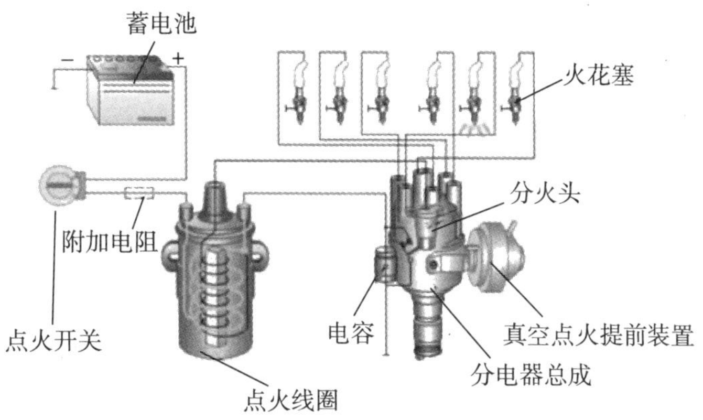

图 5-1 传统点火系统的组成

1. 电源

供给点火系统所需要的电能，由蓄电池和发电机提供。

2. 点火线圈

将直流电源 12 V 的低压电变成 15 000～20 000 V 高压电。其构造是在薄钢片叠成的铁芯上绕有两个绕组：初级绕组由较粗的漆包线绕成 230～370 匝；次级绕组由细漆包线绕成 11 000～23 000 匝。

点火线圈按磁路的结构形式不同，可分为开磁路式和闭磁路式，开磁路式点火线圈常用于传统点火系统，现在车上多用于闭磁路式点火线圈，它漏磁少、磁路的磁阻小，因而能量损失小，能量变换率高，体积小，绝缘性、密封性均优于开磁路式点火线圈。

3. 分电器

分电器主要由断电器、配电器、电容器、点火提前机构等部分组成。

断电器用于接通与切断点火线圈初级电路。

配电器由分电器盖和装在分电器轴顶端的分火头组成，其作用是将点火线圈产生的高压按点火的顺序送至各缸的火花塞。点火线圈产生的高压通过中央高压线引入分电器中央插孔，并通过插孔内部的接触电刷(小炭柱)送至分火头导电片。分电器盖周围的旁电极则通过高压分线与各缸的火花塞相连。工作时，随分电器轴一起转动的分火头总是与需要点火的火花塞相连的旁电极相对，将点火线圈的高压送至该缸的火花塞电极，使之跳火，点燃缸内混合气。

电容器用于减小断电器触点火花，延长触点使用寿命并提高次级点火电压。

点火提前机构有离心提前机构和真空提前机构两种，他们是随发动机转速、负荷和汽油辛烷值变化改变点火提前角。

4. 火花塞

火花塞是将高压电引入气缸燃烧室产生电火花，点燃混合气，结构如图 5－2 所示。火花塞的工作条件极为恶劣，它受到高温、高压以及燃烧产物的强烈腐蚀，因此对它提出了较高的要求。

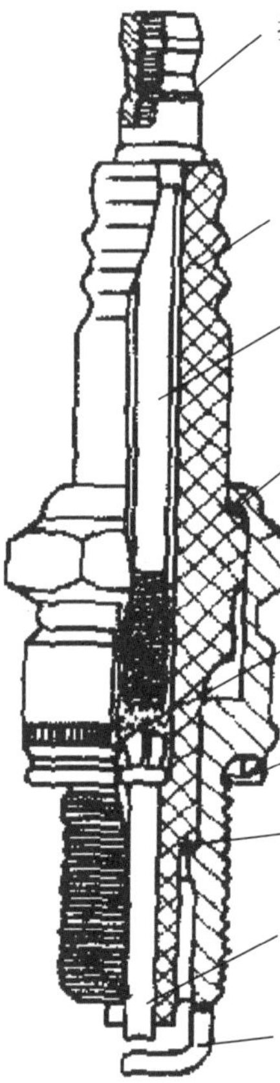

图 5－2　火花塞的构造

(1) 火花塞承受冲击性高电压的作用，因此要求它的绝缘体应有足够的绝缘强度，能承受 30 kV 的高压。

(2) 火花塞应能承受温度的剧烈变化，且要求火花塞有适当的热特性，使其裙部保持一定的温度，不可有局部过热也不可温度过低。实践证明，火花塞绝缘体裙部保持在 500℃～600℃温度时，落在绝缘体上的油滴能立即烧去，这个不形成积炭的温度被称为火花塞的自净温度。低于这个温度时，火花塞因积炭而漏电，导致不点火；高于这个温度时，则当混合气与炙热的绝缘体接触时，可能早燃引起爆燃。

火花塞的热特性主要取决于绝缘体裙部的长度。绝缘体裙部长的火花塞，其受热面积大，而传热距离长，散热困难，因此裙部的温度高，称为“热型”火花塞；反之，吸热面积小，传热距离短，散热容易，裙部温度低，称为“冷型”火花塞。热型火花塞用于低压缩比、低转速、小功率的发动机中；冷型火花塞用于高压缩比、高转速、大功率的发动机。

(3) 火花塞的主要零件应有足够的机械强度，能承受冲击和火花塞壳边缘时所受的负荷。

(4) 发动机工作时，火花塞裙部会受到高温燃烧产物的作用，使电极腐蚀，因此火花塞应采用难熔、耐蚀的材料制成。

5. 点火开关

点火开关是控制点火系统的初级电路。

6. 附加电阻

附加电阻能改善点火性能和起动性能。

5.2.2 电子点火系统的组成

电子点火系统主要由电源(蓄电池和发电机)、点火线圈、带有信号发生器的分电器、火花塞、点火开关和点火控制器等部件组成,如图 5-3 所示。

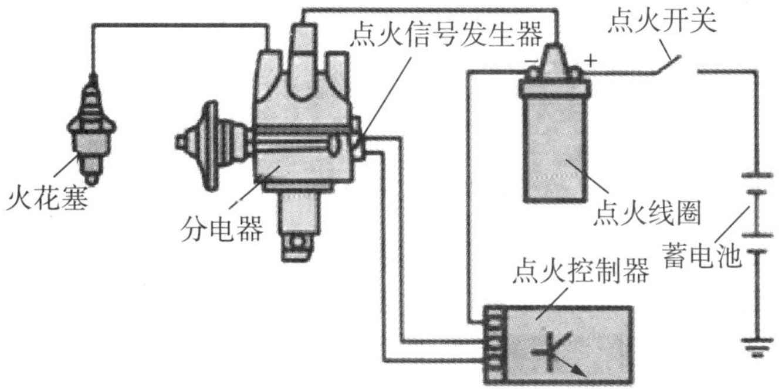

图 5-3 电子点火系统的组成

1. 分电器

电子点火系统分电器中装有点火信号发生器、配电器、真空和离心点火提前装置等。

1) 点火信号发生器

点火信号发生器的作用是产生与发动机曲轴位置相对应的电压脉冲信号。

2) 配电器

配电器将点火线圈产生的高压电按气缸的工作顺序送至各缸火花塞。

3) 真空点火提前装置

真空点火提前调节装置的作用是在发动机负荷变化时自动地调整点火提前角。

4) 离心点火提前装置

离心点火提前调节装置的作用是在发动机转速变化时自动地调整点火提前角。

2. 点火控制器

点火控制器(图 5-4)的作用是根据点火信号发生器输入的电压脉冲信号,及时地接通和切断点火线圈的初级回路,使点火线圈的次级产生高压。

图 5-4 点火控制器

5.2.3 微机控制点火系统的组成

微机控制点火系统主要由电源(蓄电池和发电机)、点火开关、传感器和各种控制开关、电控单元ECU、点火控制器、点火线圈以及火花塞等部件组成。电源、点火开关、点火线圈以及火花塞的功用在传统点火系统中已作阐述,故不再赘述。

1. 传感器和控制开关

传感器信号主要是用来检测与点火有关的发动机工作状况信息,并将检测结果输入电控单元ECU,作为计算和控制点火时刻的依据;而各种控制开关信号则用于修正点火提前角。传感器和各种控制开关主要包括空气流量计、曲轴位置传感器、冷却液温度传感器、节气门位置传感器、车速传感器、空调开关和空挡起动开关等。

2. 电控单元ECU

微机控制点火系统是发动机集中控制系统的一个子系统,电控单元ECU既是燃油喷射控制系统的核心,也是点火控制系统的核心。

在电控单元ECU的只读存储器中,除存储有监控和自检等程序外,还存储有该型发动机在各种工况下的最佳点火提前角。电控单元ECU不断接收各种传感器和开关发送的信号,并按预先编制的程序进行计算和判断后,向点火控制器发出控制信号,实现最佳点火提前角和点火时刻的最佳控制。

3. 点火控制器

点火控制器又称点火电子组件、点火器或功率放大器,是微机控制点火系统的功率输出极,它接受电控单元ECU输出的点火控制信号并进行功率放大,以便驱动点火线圈工作。

5.3 点火系统工作原理

5.3.1 点火系统组成部件工作原理

1. 点火信号发生器的工作原理

信号发生器根据信号触发方式的不同可分为磁脉冲式、霍尔效应式等类型。

1)磁脉冲式信号发生器

磁脉冲式信号发生器主要是用来产生点火信号的部件。它安装在分电器内,由分电器轴带动的信号转子、永久磁铁和绕在支架上的传感线圈等组成,如图5-5(a)、(b)所示。

磁脉冲式信号发生器信号转子上的凸齿数与发动机的气缸数相同。永久磁铁的磁通经信号转子凸齿、线圈铁芯构成回路。当信号转子由分电器轴带动旋转时,转子凸齿与线圈铁芯间的空气间隙将发生变化,磁路的磁阻随之改变,使通过传感线圈的磁通量发生变化,因而在传感线圈内感应出交变电动势,如图5-5(c)所示。

该点火信号发生器具有点火信号电压的大小随发动机转速的变化而变化的特点。发动机转速升高时,点火信号发生器磁路的磁阻变化率提高,相应磁通量的变化率也提高,传感线圈产生的信号电压也就随之增大。

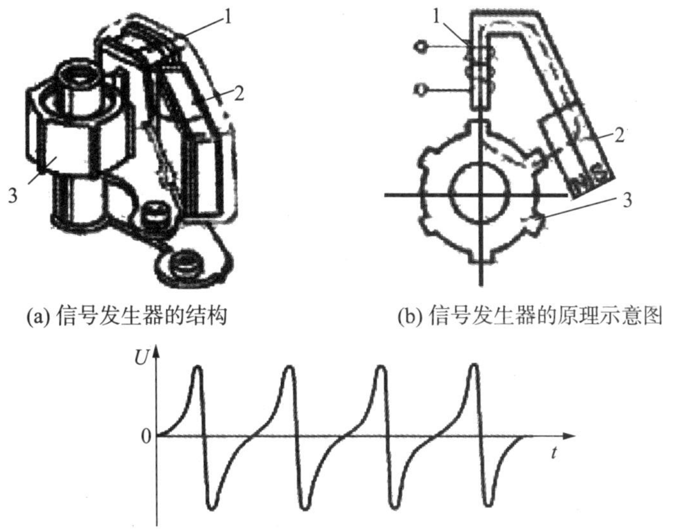

(a) 信号发生器的结构　　(b) 信号发生器的原理示意图

(c) 信号发生器输出信号

1—传感线圈；2—永久磁铁；3—信号转子

图 5－5　磁脉冲式信号发生器的工作原理

2）霍尔效应式信号发生器

霍尔效应是指当电流 I 通过放在磁场中的半导体基片（即霍尔元件）且电流方向和磁场方向垂直时，在垂直于电流和磁场的半导体基片的横向侧面上会产生一个电压，这个电压称为霍尔电压 U_H，如图 5－6 所示。

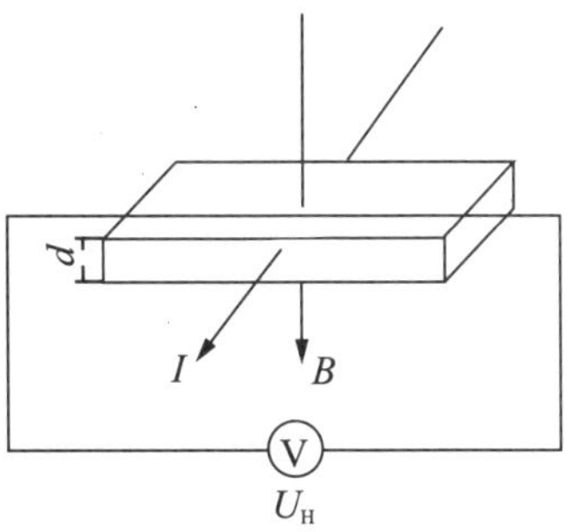

图 5－6　霍尔效应原理

霍尔效应式点火信号发生器是根据霍尔效应原理制成的。它装在分电器内，其基本结构如图 5－7(a)所示，由触发叶轮和信号触发开关等组成。

触发叶轮与分火头制成一体由分电器轴带动，其叶片数与气缸数相等。信号触发开关由霍尔集成块和带导磁板的永久磁铁组成。霍尔集成块的外层为霍尔元件，同一基板的其他部分制成集成电路。由于霍尔信号发生器工作时，霍尔元件产生的霍尔电压 U_H 是毫安级，信号很微弱，还需要进行信号处理，这一任务由集成电路完成。这样霍尔元件产生的霍尔电压 U_H 信号，经过放大、脉冲整形，最后以整齐的矩形脉冲（方波）信号输出。

当触发叶轮的叶片在霍尔集成块和永久磁铁之间转动，叶片进入永久磁铁与霍尔元件之间的空气隙时，磁场即被叶片旁路，霍尔元件上不产生霍尔电压。当触发叶轮的叶片离开空气隙时，永久磁铁的磁通便通过霍尔元件经导磁板构成回路，霍尔元件产生霍尔电压。电子点火器就是依靠信号发生器输出的方波信号进行触发并控制点火系统工作的。其工作原理如图 5－7(b)、(c)所示。

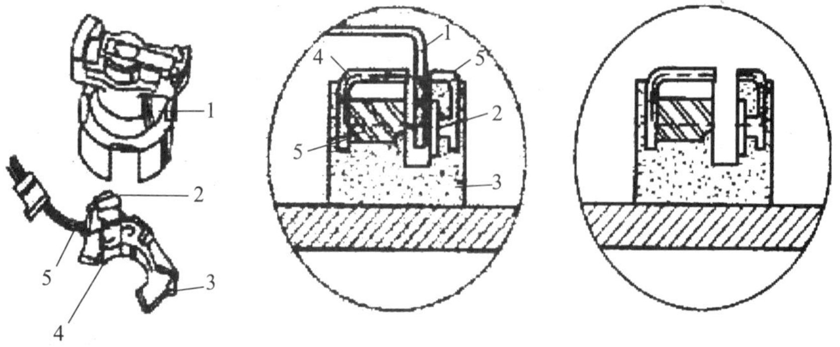

(a) 信号发生器的结构 (b) 触发叶轮的叶片进入空气隙 (c) 触发叶轮的叶片离开空气隙

1—触发叶轮;2—霍尔集成块;3—信号触发开关;4—永久磁铁;5—导磁板;6—导线

图 5-7 霍尔效应式点火信号发生器的结构和原理

5.3.2 点火系统工作原理

1. 传统点火系统工作原理

为了减少汽车排放污染物,保护大气环境,采用传统点火方式的发动机已停止生产。但为了讲述原理方便,下面仍以此发动机的点火方式讲述工作原理(图 5-8)。

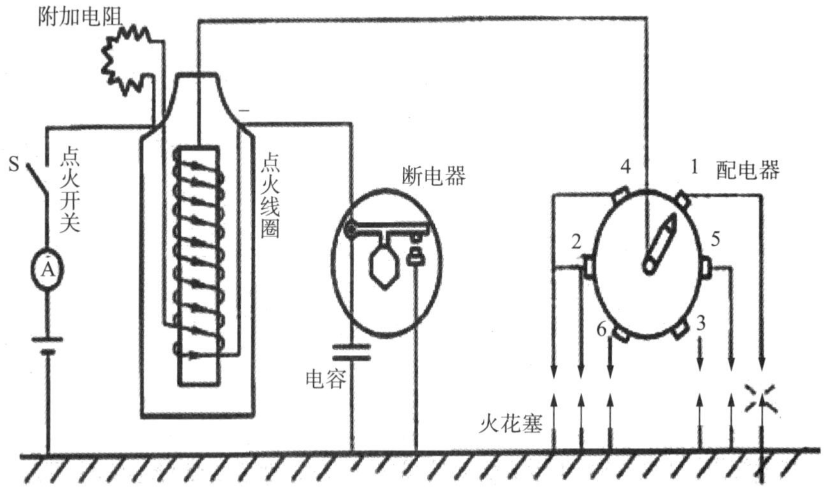

图 5-8 传统点火系统工作原理图

发动机工作时,断电器轴连同凸轮一起在发动机凸轮轴的驱动下旋转。凸轮转动时,断电器触点交替地闭合和打开。当触点闭合时,接通点火线圈初级绕组的电路;当触点分开时,切断初级绕组的电路,使点火线圈的次级绕组中产生高压电;当火花塞的电极间隙被击穿时,产生电火花,点燃混合气。

其工作过程可分为三个阶段:

1) 触点闭合,产生初级电流

在点火开关接通的情况下,当触点闭合时,点火线圈初级绕组中有电流通过,流过初级绕组的电流称为初级电流,其电流从蓄电池正极出发,经过电流表、点火开关、点火线圈"+"接线柱、附加电阻、点火线圈"-"接线柱、断电器触点,最后搭铁,回到蓄电池负极。

2) 触点分开,次级绕组中产生高压电

当断电器凸轮转过一定角度后,将触点顶开,初级电路被切断,初级电流迅速下降到零,它所形成的磁场也迅速消失,在初级绕组和次级绕组中都产生感应电动势。初级绕组匝数少,产生 200~300 V 的自感电动势，次级绕组由于匝数多，产生的互感电动势高达 15～20 kV。

3）火花塞电极间隙被击穿，产生电火花，点燃混合气

发动机工作期间，断电器凸轮每转一圈各缸按点火顺序轮流点火一次。若要停止发动机的工作，只要断开点火开关，切断初级电路即可。

目前，传统点火系统已经被淘汰。

2. 电子点火系统工作原理

1）磁脉冲式电子点火系统

磁脉冲式电子点火系统工作原理如图 5－9 所示。

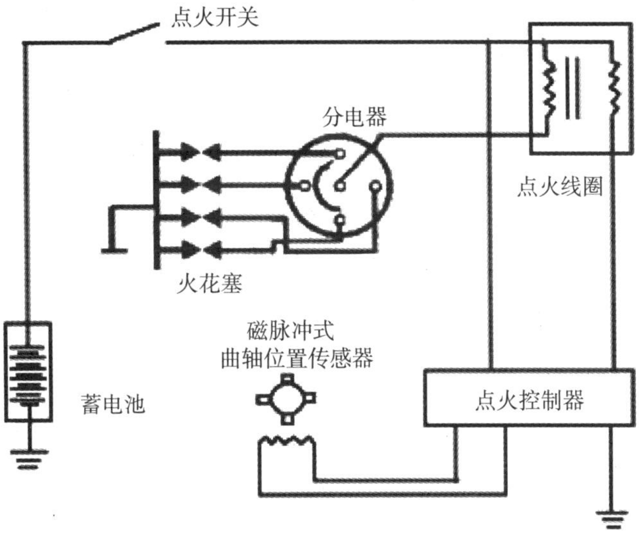

图 5－9　磁脉冲式电子点火系统工作原理图

转动分电器使点火信号发生器产生脉冲电压信号，此脉冲电压信号经电子点火器大功率晶体管前置电路的放大、整形处理后，控制串联于点火线圈初级回路的大功率晶体管的导通和截止。大功率晶体管导通时，点火线圈初级通路，点火线圈储能；当输入电子点火器的点火信号脉冲使大功率晶体管截止时，点火线圈初级断路，次级绕组便产生高压电，点燃混合气。

2）霍尔式电子点火系统

霍尔式电子点火系统工作原理如图 5－10 所示。

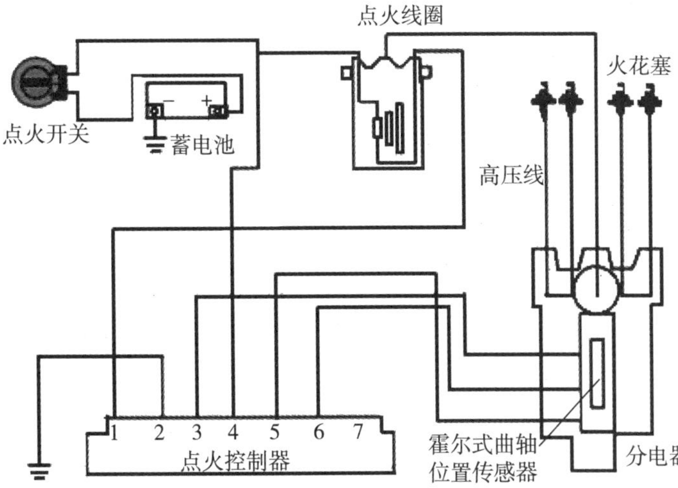

图 5－10　霍尔式电子点火系统工作原理图

3. 微机控制点火系统工作原理

1）双缸同时点火系统工作原理

如图 5－11 所示，双缸同时点火系统中，每两个缸合用一个点火线圈，点火线圈的个数是该发动机气缸数的一半。点火线圈的次级绕组有两个高压输出端，次级绕组利用高压线将两个气缸的火花塞通过它们的接地点串联成一个闭合回路。一个点火线圈产生的高压电同时向配对的两个气缸的火花塞提供，使得两个气缸的火花塞同时点火，点火的两个气缸分别处于压缩行程上止点和排气上止点。例如，发动机的点火顺序为 1－3－4－2，1、4 缸分成一组同时点火，2、3 缸分成一组同时点火。如果 1、4 缸进行同时点火，第 1 缸处于压缩上止点时，第 4 缸则是处于排气上止点。此时第 1 缸进行有效点火，点燃混合气作功，第 4 缸则是无效点火，但它为有效点火构成放电电流的回路。由于 4 缸在排气时火花塞间隙之间有很小的电阻，火花塞要求很小的电压就可以跳火，因此 1 缸处于压缩行程中的火花塞可以得到足够的电压。当曲轴转过 360°后，情况正好相反，第 4 缸进行有效点火，第 1 缸为无效点火。

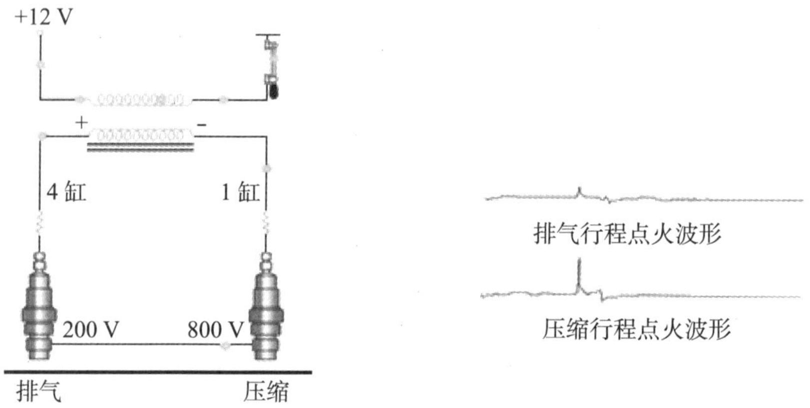

图 5－11　微机控制双缸同时点火系统工作原理图

2）单缸独立点火系统的工作原理

单缸独立点火系统中，点火控制器、点火线圈和火花塞组合在一起，每缸一个，数目与气缸数一致，不需使用中央高压线与分缸高压线，如图 5－12 所示。这种点火方式，每个缸的点火控制器按照各缸作功顺序，分别受发动机控制单元控制，在合适的点火时刻控制点火线圈产生高压电，点火线圈产生的高压电单独地直接向每一个气缸点火。

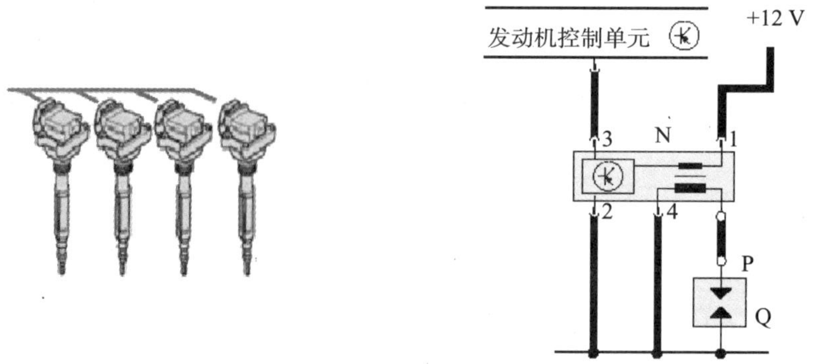

图 5－12　微机控制单缸独立点火系统工作原理图

5.4 点火系统控制电路

通用别克君威点火系统电路图，如图 5-13 所示。点火系统电路主要由点火控制模块 ICM、动力系统控制模块 PCM、曲轴位置传感器 CKP(24X)、曲轴位置传感器 CKP(7X)、凸轮轴位置传感器 CMP、爆震传感器 KS 和点火线圈等组成。电源电压经电路 239 施加于点火控制模块 ICM C2 插座的端子 B 上，为点火控制模块 ICM 提供电源。点火控制模块 ICM 由 C2 插座的端子 A 通过电路 51 于 G113 处搭铁。

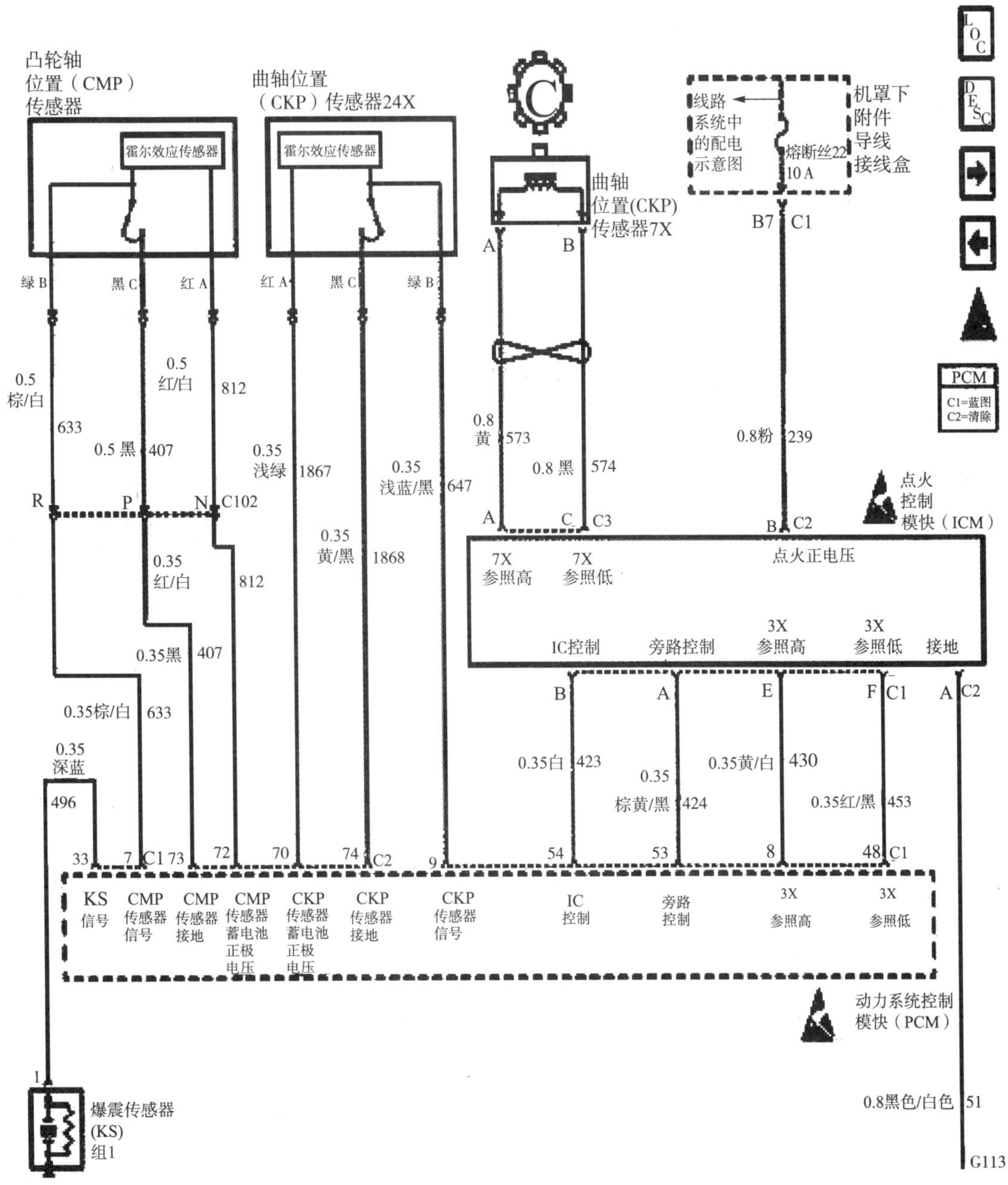

图 5-13　通用别克君威点火系统电路图

曲轴位置传感器 CKP(24X)为霍尔效应式传感器，曲轴每转一圈，该传感器产生 24 个通断的脉冲信号。该传感器用于检测低于 1 600 r/min 时的发动机转速并将信号通过端子 B 经电路 647 输入动力系统控制模块 PCM，动力系统控制模块 PCM 根据该信号对点火正时进行控制，改善怠速时点火正时控制和怠速火花控制；同时通过接收曲轴位置传感器 CKP(24X)信号后，改善标定转速下的分辨率，来提高怠速质量和低速驱动性能。

如图 5－14 所示，该传感器的输出波形为频率调制方波信号(高电平 12 V，低电平 0 V)。该传感器输出信号的频率随发动机转速成正比变化，即发动机转速越高，输出信号的频率越高。

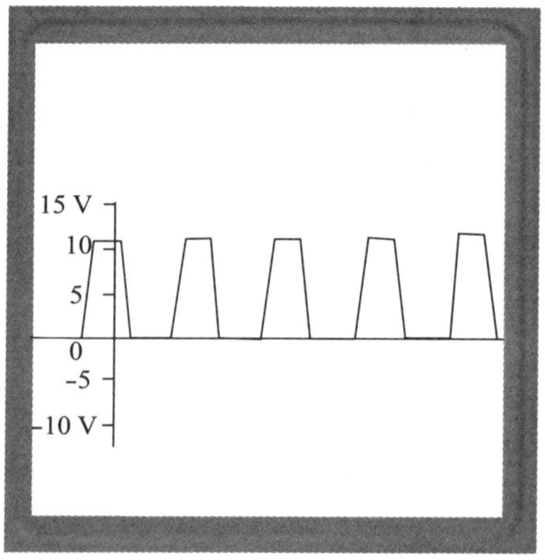

图 5－14　曲轴位置传感器(24X)波形图

曲轴位置传感器 CKP(7X)为磁脉冲式传感器。该传感器用于检测高于 1 600 r/min 时的发动机转速并将信号通过端子 A 和端子 B 分别经电路 573 和电路 574 输入点火控制模块 ICM，点火控制模块 ICM 根据该信号对点火正时进行控制。

如图 5－15 所示，该传感器输出电压波形类似于正弦波的交流信号。信号电压的频率和幅值随发动机转速成正比变化，即发动机转速越高，输出信号的频率和幅值越大。

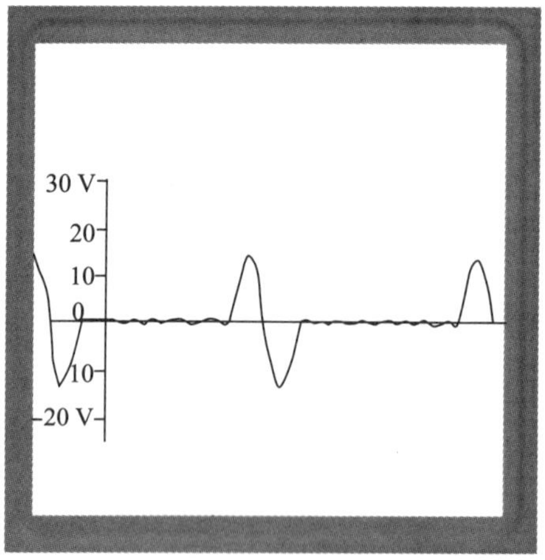

图 5－15　曲轴位置传感器(7X)波形图

凸轮轴位置传感器 CMP 用于采集凸轮轴的位置信号并通过端子 B 经电路 633 输入动力控制模块 PCM，动力控制模块 PCM 根据此信号识别第一缸和其他缸的压缩上止点位置，从而实现对各缸点火正时的控制。

如图 5－16 所示，该传感器的输出波形为频率调制方波信号(高电平 12V，低电平 0V)。该传感器输出信号的频率随发动机转速成正比变化，即发动机转速越高，输出信号的频率越高。凸轮轴位置传感器输出信号的频率比曲轴位置传感器的信号频率低。

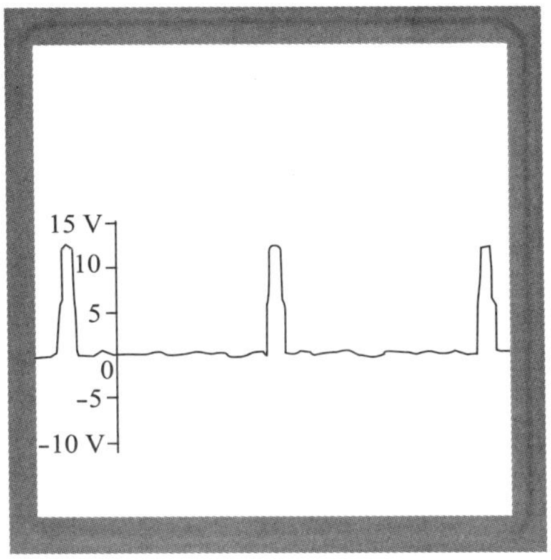

图 5－16　凸轮轴位置传感器波形图

点火控制模块 ICM 接收曲轴位置传感器 CKP(7X)信号，用于确定正确的点火线圈的工作顺序。当发动机连续运行后，点火控制模块 ICM 以正确的顺序继续触发点火线圈工作。而且，点火控制模块 ICM 利用曲轴位置传感器 CKP(7X)产生 3X 参照脉冲信号，曲轴每转一圈，则产生 3 个通断的脉冲信号。

动力控制模块 PCM 通过电路 647 接收曲轴位置传感器 CKP(24X)产生的 24X 参照信号，以计算发动机转速和转速在 1 600 r/min 之下曲轴的位置。在标定的转速范围内 24X 参考信号的分辨率更高，从而提高怠速质量和低速驾驶性能。若发动机转速超过 1 600 r/min 时，动力系统控制模块开始用 3X 参照脉冲信号控制点火正时。

动力控制模块 PCM 通过电路 430 接收 3X 参照高脉冲信号来计算发动机转速和转速超过 1 600 r/min时曲轴的位置；若动力系统控制模块 PCM 未接到该电路上脉冲信号，将利用曲轴位置传感器 CKP(24X)的 24X 参考脉冲计算车速和曲轴位置。一旦动力系统控制模块 PCM 接收到曲轴位置传感器 CKP(7X)脉冲信号(7X 脉冲信号可产生 3X 参照脉冲信号)，发动机将正常起动并连续运行；动力系统控制模块 PCM 通过电路 453 与点火控制模块 ICM 进行连接，降低了动力系统控制模块 PCM 和点火控制模块 ICM 之间电气搭铁差别，以便清楚地识别 3X 参考高脉冲信号。

当发动机连续运行时，动力系统控制模块 PCM 未收到 24X 参照信号，将设置故障码，同时 3X 参照信号将用于控制低于 1 600 r/min 时的点火提前量。当转速低于 400 r/min 时，旁路模式生效。

动力系统控制模块 PCM 通过电路 423 向点火控制电路上的点火控制模块 ICM 发送正时脉冲。当点火系统在旁路模式下时，点火控制模块 ICM 将此脉冲搭铁，由点火控制模块 ICM 控制点火正时，点火系统不受动力控制模块 PCM 控制。当动力系统控制模块 PCM 通过电路 424 向点火控制模块 ICM 发送 5V 旁路信号后，点火控制模式生效。动力系统控制模块 PCM 向点火控制模块 ICM 发送正时脉冲被点火控制模块 ICM 接收，并用于控制点火正时(由动力控制模块 PCM 控制点火正时)。若发动机起动时点火控制电路已搭铁，点火系统将保持在旁路模式下工作。当点火系统在点火控制模式工作时，电路 423 开路或搭铁，此时发动机将停止运行但可以重新起动。重新起动后点火系统将在旁路模式下工作。

5.5 点火系统常见故障分析

点火系统常见故障主要表现为无火、缺火、火花弱和点火不正时，点火系统故障将会造成发动机不能起动或运转不正常，其常见故障分析如表 5－2 所示。

表 5－2　　点火系统常见故障现象及原因分析

序号	故障现象		故障原因
1	发动机不能起动	火花强	(1) 点火正时； (2) 火花塞
		火花弱	(1) 点火线圈； (2) 火花塞
		各缸都无火花	(1) 控制系统(发动机 ECU、点火控制器、曲轴位置传感器、凸轮轴位置传感器等)； (2) 点火低压电路； (3) 点火高压电路
2	发动机运转不正常	有一缸或几缸缺火	(1) 高压线漏电或脱落； (2) 火花塞工作不良或不工作
		点火时间不当	点火正时
		高速不良	(1) 点火线圈； (2) 火花塞

本章小结

(1) 发动机的点火系统，按其组成不同可分为传统点火系统，电子点火系统，微机控制点火系统。

(2) 微机控制点火系统又可分为单缸独立点火系统和双缸同时点火系统。

(3) 电子点火系统主要由电源(蓄电池和发电机)、点火线圈、带有信号发生器的分电器、火花塞、点火开关和点火控制器等部件组成。

(4) 信号发生器根据信号触发方式的不同可分为磁脉冲式、霍尔效应式和光电效应式等类型。

复习思考题

1. 填空题

(1) 微机控制点火系统又可分为________系统和________系统。

(2) 传统点火系统中的分电器由________、________、________、点火提前机构等组成。

(3) 根据火花塞的热特性，火花塞分为________火花塞和________火花塞。

(4) 点火系统中点火控制器的作用是____。

(5) 霍尔效应式点火信号发生器是根据________原理制成的。

(6) 桑塔纳双缸点火系统中，当一缸处于压缩行程末期时，四缸处于________。

2. 选择题

(1) 火花塞裙部的自净温度为(　　)。

A. 500℃～600℃　　B. 750℃～850℃　　C. 1 000℃以上

(2) 讨论点火系统高压电，甲认为在低压电断开的瞬间产生，乙认为在低压电接通时产生，你认为(　　)。

A. 甲对　　B. 乙对　　C. 甲乙都对　　D. 甲乙都不对

(3) 发动机发抖、爆震、过热、急加速产生金属敲击声，故障的主要原因是(　　)。

A. 点火时间过晚　　B. 点火时间过早　　C. 高压火花过弱

(4) 对于双缸同时点火系统，若某缸高压线开路，对应缸高压火将(　　)。

A. 无火　　B. 仍有火　　C. 变弱　　D. 电压升高

(5) 讨论点火器好坏判别：甲认为高压线无高压电，就是点火器损坏，乙认为，在点火器的信号端输入模拟信号，再检测点火器功率管的通断情况来确定，你认为(　　)。

A. 甲对　　B. 乙对　　C. 甲乙都对　　D. 甲乙都不对

3. 判断题

(1) 发动机对外输出动力不足主要原因是点火时间过迟。　(　　)

(2) 为了保证可靠点火，传统点火系统中火花塞电极间隙一般为0.6～0.8 mm。　(　　)

(3) 无分电器电控点火系统中，点火线圈仅可以产生点火高压，不能配送点火高压。　(　　)

(4) 对于大功率、高压缩比和高转速的发动机来说，应采用“冷型”火花塞。　(　　)

(5) 蓄电池点火系统次级电压在火花塞积炭时将显著下降。　(　　)

4. 简答题

(1) 简述电子点火系统的组成与工作原理。

(2) 简述微机控制点火系统的组成与工作原理。

(3) 简述点火信号发生器分类及霍尔信号发生器的工作原理。

(4) 发动机各缸无火，如何检修？

(5) 发动机个别缸不能点火，其表现症状是什么？如何进行检修？

6 照明与信号系统

学习目标

知识目标

(1) 了解汽车照明和信号系统的组成及工作原理；
(2) 熟悉典型汽车照明与信号系统的控制电路；
(3) 掌握汽车照明和信号系统的故障分析方法。

能力目标

(1) 能熟练使用维修手册；
(2) 学会使用万用表对系统部件的检测方法；
(3) 学会汽车照明和信号系统的常见故障诊断方法。

6.1 概述

为了保证汽车行驶的安全性,减少交通事故的发生,汽车上都装有多种照明系统和灯光信号系统,一般称为汽车灯系,如图 6-1 所示。这个系统主要包括照明与标识信号两大部分。

图 6-1 汽车灯系

6.2 照明与信号系统的组成

汽车照明系统可以分为车外照明和车内照明两部分。车外照明主要包括前照灯、雾灯、牌照灯等;车内照明一般包括组合仪表灯、顶灯和开关照明灯等。

汽车信号系统主要包括转向信号灯、危险警告灯、制动灯、倒车灯、尾灯、示宽灯等。

6.2.1 汽车照明系统

1. 前照灯

前照灯(图 6-2)装于汽车头部两侧,用于夜间车前有明亮而均匀的照明,使驾驶人能辨明 100 m 以内道路上的任何障碍物;前照灯具有防眩目功能,以免夜间两车交会时造成对方驾驶人眩目而发生事故。前照灯有两灯制和四灯制之分,功率一般为 40～60 W。

图 6-2 前照灯

1) 前照灯的结构

前照灯主要由灯泡、反射镜和配光镜三部分组成。

(1) 灯泡

前照灯灯泡一般有白炽灯泡、卤钨灯泡和新型高压(20 kV)放电氙灯等类型。普通前照灯的灯泡结构如图 6-3 所示。

白炽灯泡是从玻璃泡中抽出空气,再充以 86%的氩和 14%的氮的混合惰性气体制成的。灯泡通电后,灯丝发热,惰性气体受热膨胀而产生较大的压力,可以减少钨的蒸发,延长灯泡的使用寿命。卤钨灯泡是在充入的惰性气体中渗入某种卤族元素,如碘、溴等,利用卤钨再生循环作用防止钨丝蒸发。

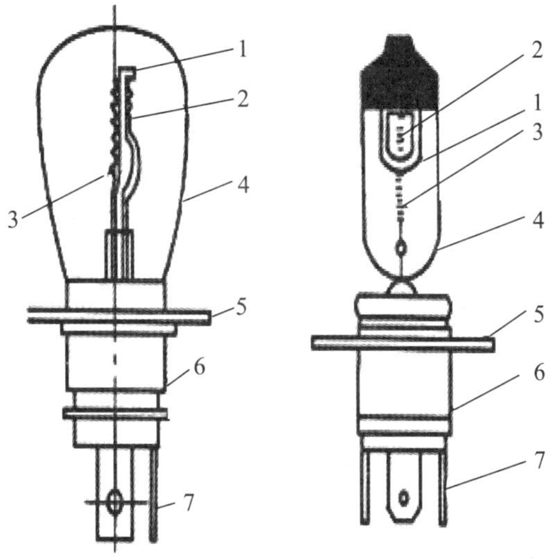

(a) 白炽灯泡　　(b) 卤钨灯泡

1—配光屏;2—近光灯丝;3—远光灯丝;4—玻璃护罩;5—定焦盘;6—灯头;7—插片

图 6-3　普通前照灯的灯泡

一般白炽灯泡虽然充入混合惰性气体,仍然不能避免钨丝受热后蒸发,蒸发出来的钨沉积在灯泡上,使灯泡变黑,光线变暗。而卤钨灯泡灯泡通电后,灯丝由于发热蒸发出气态钨与卤素发生反应形成一种具有挥发性的卤化钨。当卤化钨扩散到灯丝附近的高温区时,受热分解使钨重新回到钨丝上,而释放出的卤素又参与下次的循环反应。该种灯泡尺寸较小,外壳用耐高温且机械强度较高的石英玻璃或硬玻璃制成,可以充入较高压力的气体。灯泡内工作气压高,亦可抑制钨的蒸发。

新型高压放电氙灯的组件系统由弧光灯组件、电子控制器和升压器三大部件组成,如图 6-4 所示。该类灯泡发出的光色和日光灯非常相似,几万伏的高压使得其光亮强度增加,亮度是目前卤钨灯泡的 3 倍左右,完全满足汽车夜间高速行驶的需要。这种灯的灯泡里没有传统灯泡的灯丝,取而代之的是装在石英管内的两个电极,管内充有氮气及微量金属(或金属卤化物)。在电极上加上数万伏的引弧电压后,气体开始电离而导电,气体原子即处于激发状态,使电子发生能级跃迁而开始发光,电极间蒸发少量水银蒸气,光源立即引起水银蒸气弧光放电,待温度上升后再转入卤化物弧光灯工作。

(2) 反射镜

前照灯灯泡的光度不大,如果没有反射镜,驾驶人只能辨清车前 6 m 处有无障碍物。反射镜的作用是将灯泡的光线聚合并导向远方。反射镜材料有薄钢板、玻璃、塑料等,其表面形状是旋转抛物面,内表面镀银、铝或铬,再进行抛光,如图 6-5(a)所示。

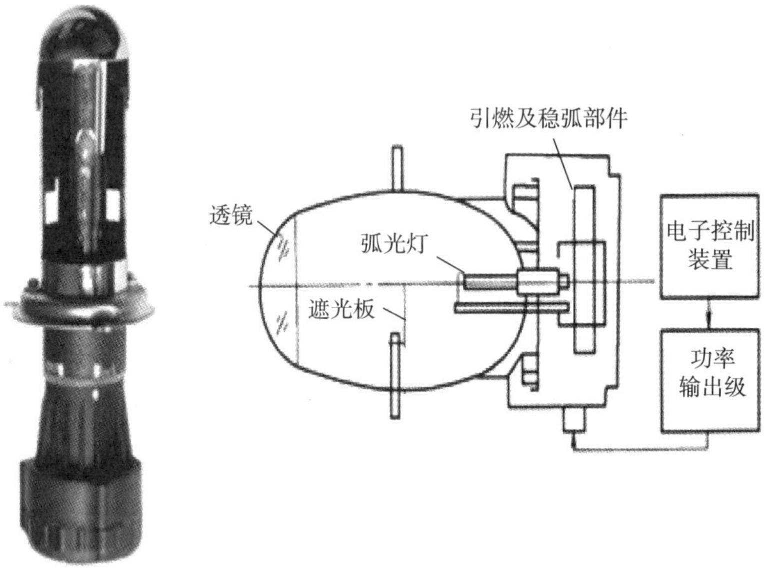

(a) 高压放电氙灯　　(b) 氙灯原理示意图

图 6-4　高压放电氙灯实物和原理示意图

如图 6-5(b)所示，灯丝位于焦点 F 上，灯丝的绝大部分光线向后射在立体角 ω 范围内，经反射镜反射后变成平行光束射向远方，使光度增强几百倍，从而使车前 100～150 m 处的路面照得足够清楚。从灯丝射出的位于 $4\pi\sim\omega$ 范围内的光线则向各方散射，可照亮车前 5～10 m 的路面和路缘。

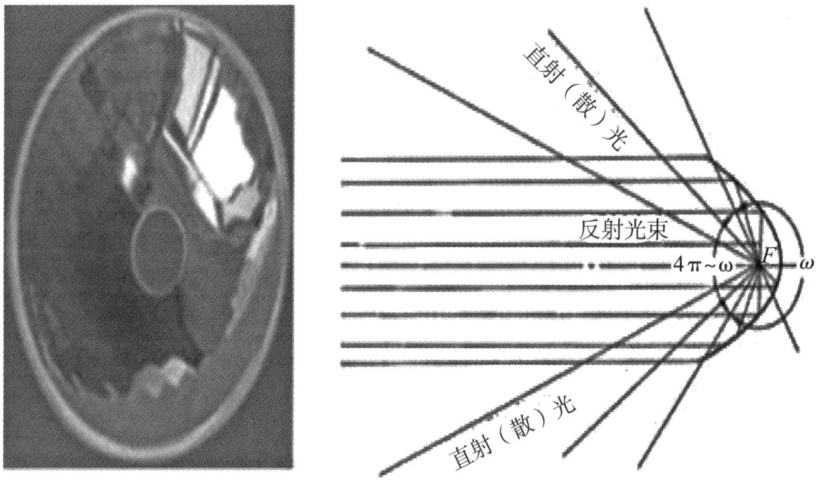

(a) 反射镜　　(b) 反射镜聚光示意图

图 6-5　反射镜

(3) 配光镜

配光镜是由透镜和棱镜组合而成的散光塑料，其外形一般为圆形或方形，如图 6-6、6-7 所示。配光镜的作用是将反射镜反射出的平行光束折射，使车前路面和路线均有很好的照明效果。

2) 前照灯的分类

前照灯按照反射镜的结构形式不同可分为可拆卸式、半封闭式、封闭式三种。

可拆卸式前照灯因气密性不良，反射镜易受潮气和灰尘污染而低降反射能力，现已被淘汰不用。

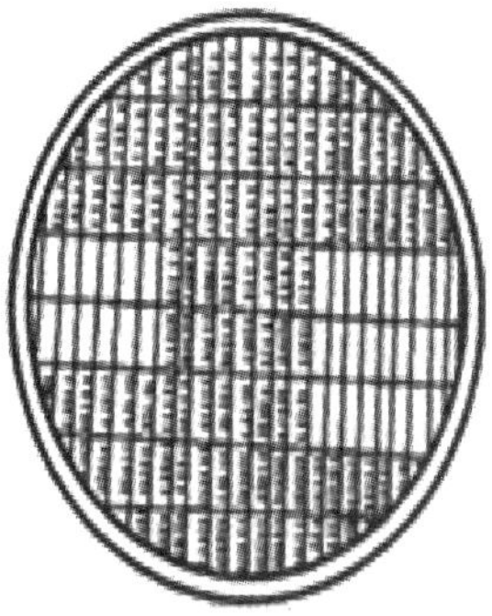
图 6-6 圆形透镜

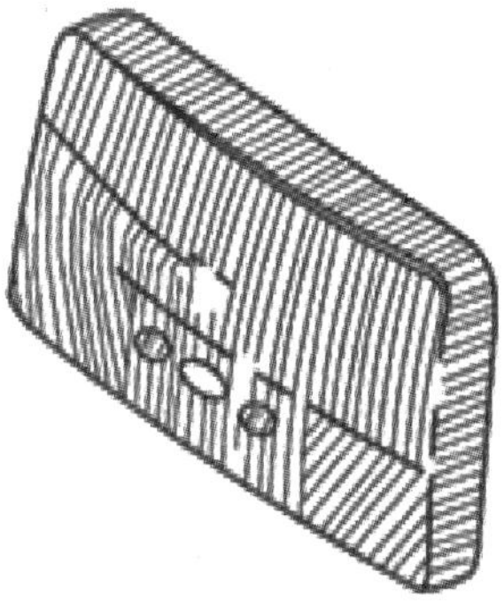
图 6-7 方形透镜

半封闭式前照灯将前透镜和反射镜密封，可从反射镜的后端拆装灯泡，其优点是维修方便，但反射镜易被污染。

封闭式前照灯将反射镜和前透镜熔焊为一个整体，灯丝直接焊在反射镜的底座上，其优点是可完全避免反射镜被污染，但灯丝烧坏后需更换整个总成，维修成本高。

3）前照灯防眩目的措施

（1）采用双丝灯泡

为了避免前照灯的炫目作用，保证汽车夜间行车安全，一般在汽车上都采用双丝灯泡的前照灯。灯泡的一根灯丝为“远光”，另一根为“近光”，远光灯丝功率较大，位于反射镜的焦点；近光灯丝功率较小，位于焦点上方，如图 6-8 所示。当夜间形式无迎面来车时，可接用远光灯丝，使前照灯光束射向远方，便于提高车速。当两车相遇时，采用近光灯丝，使光束斜向路面，从而避免迎面来车驾驶人的炫目，并使车前有很好的照明。

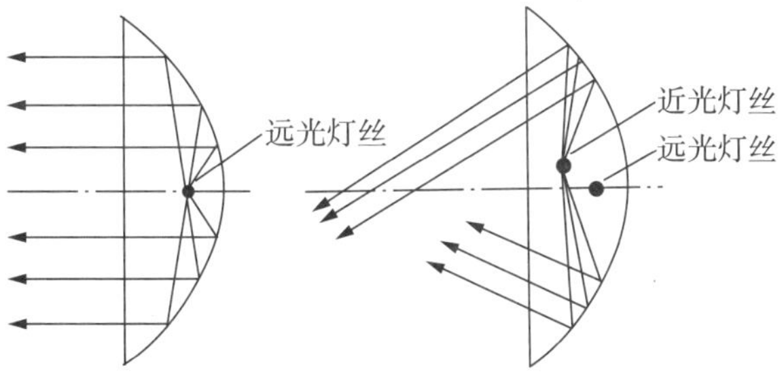

图 6-8 双丝灯泡的远、近光束

（2）采用带遮光罩的双丝灯泡

远光灯位于反射镜的焦点；近光灯则位于焦点前方且稍高出光学轴线，其下方装有金属配光屏（即屏蔽罩），其工作原理如图 6-9 所示。由于近光灯丝射向反射镜上部的光线，反射后倾向路面，而配光屏挡住了灯丝射向反射镜下部的光线，故没有向上反射能引起炫目的光线。

（3）采用非对称式配光

非对称式配光是指配光屏安装时偏转一定的角度，使近光的光形有一条明显的明暗截止线，若明暗截止线呈 Z 形，故也称为 Z 形配光，不仅可以避免迎面来车驾驶人的炫目，还可以防止迎面而来的行人和非机动车辆使用者的炫目，更加保证了汽车夜间行驶的安全。

4）前照灯的自动控制系统

前照灯是汽车夜间行驶必不可少的照明设备，为了提高汽车夜间行驶的速度，确保行车安全，不少

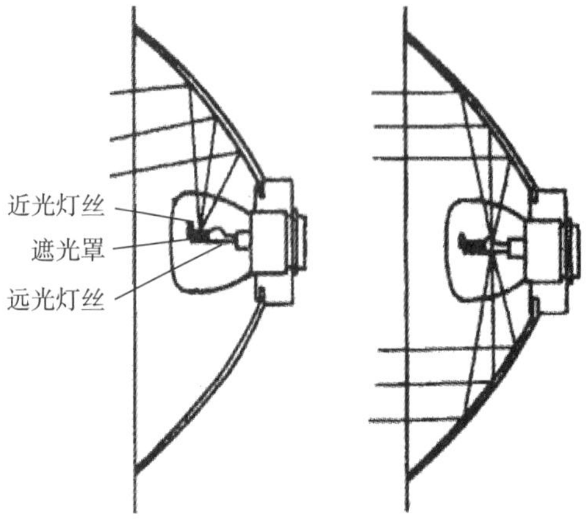

图 6-9　带遮光罩的前照灯灯泡

汽车上采用了前照灯电子控制装置，对前照灯进行自动控制。常用的控制装置有：前照灯自动变光器、前照灯状态控制装置、前照灯昏暗自动发光器、前照灯关闭自动延时器等。

(1) 采用前照灯自动变光器

汽车前照灯自动变光器是一种根据对方车辆灯光的亮度自动变远光为近光或变近光为远光的自动控制装置。它的优点是实现了自动控制，不需要驾驶人操纵，其次是它的体积小，性能稳定可靠，且灵敏度高。

在夜间两车相对行驶，当相距 150～200 m 时，对方的灯光照射到自动变光器上，就立即自动变远光为近光，从而有效地避免了远光给对方驾驶人带来的眩目，待两车相会后，变光器又自动变近光为远光，汽车即可恢复原来的行驶速度。

(2) 前照灯状态自动调整系统

前照灯的照明范围随汽车的负荷变化而变化，当汽车的负荷较大时，前灯距地面变近，使照明范围变小，反之，虽使照明范围增大，但会造成对面来车驾驶人的眩目，这样都会造成安全事故。为了克服负荷对照明的影响，有些先进的车上装设有前照灯状态自动调整系统。根据汽车负荷的不同，自动调整前照灯前倾的角度，使照明范围保持不变。

(3) 昏暗自动发光控制系统

在行驶中，当车前的自然光的强度减低到一定程度时，自动将前照灯的电路接通，以确保行车安全，同时还有延时关灯的作用。

(4) 前照灯关闭自动延时控制装置

当汽车夜间停入车库后，为驾驶人下车离开车库提供一段时间的照明，以免驾驶人摸黑走出车库时造成事故。

2. 雾灯

雾灯分为前雾灯和后雾灯两种。前雾灯装于汽车前部，比前照灯稍低的位置，用于在雨雾天气行车时道路的照明，如图 6-10 所示。

为保证雾天高速行驶的汽车向后方车辆或行人提供本车位置信息，交通管理部门规定，运行车辆应在车辆后部加装功率较大的后雾灯，以降低交通事故发生率。雾灯的光色规定为光波较长的黄色、橙色或红色。

3. 牌照灯

牌照灯装于汽车尾部的牌照上方，用于夜间照亮汽车牌照。

图 6－10　雾灯安装位置

4. 组合仪表灯

组合仪表灯装于汽车仪表板上，如图 6－11 所示，用于组合仪表照明，以便于驾驶人获取行车信息和进行正确操作，其数量根据组合仪表设计布置而定。一般车辆装有灯光控制变阻器，使驾驶人能够调整仪表灯的亮度。

5. 顶灯

顶灯装于驾驶室或车厢顶部，用于车内照明，如图 6－12 所示。

图 6－11　组合仪表灯

图 6－12　顶灯

6. 开关指示灯

开关指示灯安装于各开关内部，用于指示开关位置。

6.2.2　汽车信号系统

1. 转向信号灯

为指示车辆的行驶方向，汽车上都装有转向信号灯。转向信号灯一般有 4 只或 6 只，装在汽车前部、后部或侧面，功率一般为 20 W，用于在汽车转弯时发出明暗交替的闪光信号，使前后车辆、行人、交警知其行驶方向，如图 6－13 所示。

转向信号灯一般应具有一定的频闪，国标中规定每分钟闪烁 60～120 次。

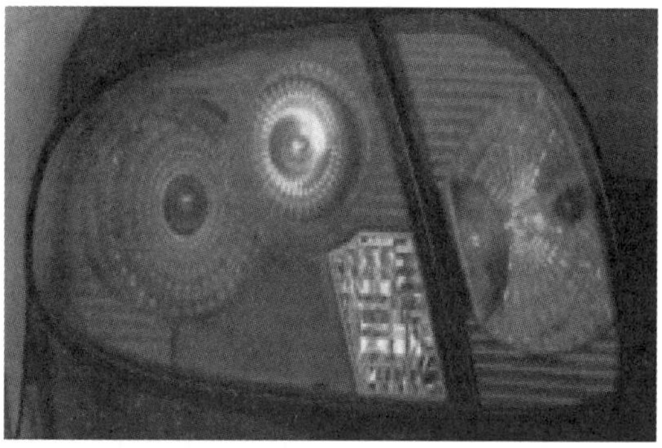

图 6－13　组合灯

2. 危险警告灯

危险警告灯与转向信号灯共用。当车辆紧急停车或者驻车时，按下危险警告开关，转向灯全部闪亮，提醒后方车辆注意避让。

3. 制动灯

制动灯装于汽车后部，用于当汽车制动或减速停车时，向车后发出灯光信号，以警示随后车辆及行人。除了高位制动灯，制动灯多采用组合式灯具，一般与尾灯共用灯泡(LED 灯)。

4. 倒车灯

倒车灯装于汽车尾部，通常左右各一只，白色。用于照亮车后路面，并警告车后的车辆和行人，表示驾驶人想要倒车或正在倒车。当点火开关接通变速器换至倒车挡时，倒车灯亮。

5. 尾灯

尾灯装于汽车尾部，左右各一只，红色。用于在夜间行驶时向后面的车辆或行人提供位置信息。

6. 示宽灯

示宽灯又称小灯，装于汽车前后两侧边缘，白色，用于标示汽车夜间行驶或停车时的宽度轮廓。

目前，一般将前照灯、雾灯、示宽灯等组合起来，成为组合前灯；将尾灯、后转向信号灯、制动灯、倒车灯等组合起来称为后灯组合。

6.3　照明与信号系统工作原理

6.3.1　组成部件工作原理

1. 闪光器工作原理

当汽车要向左或者向右转向时，通过操作转向灯开关，使车辆左边或右边的转向信号灯经闪光器通电而闪光发光。转向后，回转转向盘，转向盘控制装置可自动使转向灯开光回位，转向灯熄灭。

转向信号灯的频闪由闪光器控制。闪光器主要有电热式、电容式和晶体管式(电子闪光器)三种类型。电热式闪光器虽然结构简单，制造成本低，但是闪光频率不够稳定，使用寿命短，已被淘汰。电容式闪光器闪光频率稳定，但已被晶体管式闪光器所取代。晶体管式闪光器具有性能稳定、可靠等优点，故已广泛使用。

电子闪光器的结构和线路繁多，常用的有全晶体管式无触点闪光器；由晶体管和小型继电器组成的有触点晶体管式闪光器以及由集成电路和小型继电器组成的有触点集成电路闪光器。其中后两种电子闪光器应用较多。

1）带继电器的有触点晶体管闪光器

带继电器的有触点晶体管闪光器主要由一个三极管的开关电路和一个继电器所组成，如图 6－14 所示。

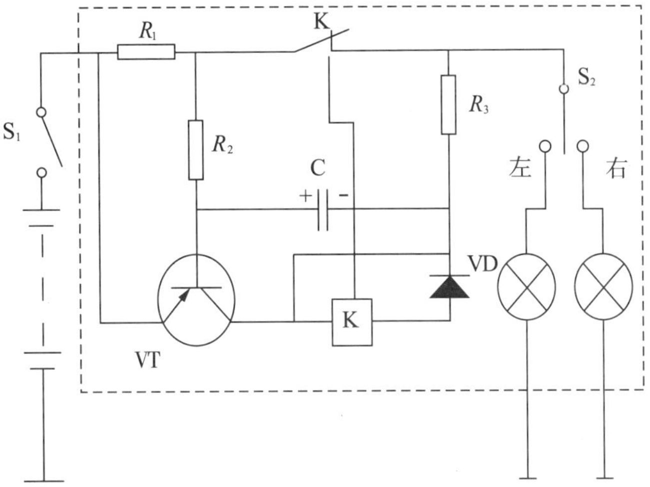

图 6－14　带继电器的有触点晶体管式闪光器

当汽车右转时，接通电源开关 S_1 和转向灯开关 S_2，电流由蓄电池正极→电源开关→电阻 R_1→继电器常闭触点 K→转向灯开关 S_2→右转向灯→搭铁→蓄电池负极，右转向信号灯亮。当电流通过 R_1 时，在 R_1 上产生电压降，晶体管 VT 因正向偏压而导通，电流通过继电器 K 的线圈，使继电器常闭触点断开，右转向灯信号熄灭。

在晶体三极管导通的同时，蓄电池也向电容 C 充电。在充电过程中，随着电容器电荷的积累，充电电流逐渐减小，三极管 VT 给继电器线圈的电流也随之减小，当此电流不足以维持衔铁的吸合而释放时，继电器的常闭触点又闭合，转向信号灯再次发亮。

这时电容器 C 通过电阻 R_2，继电器常闭触点，电阻 R_3 放电。放电电流在 R_2 上产生的压降为 VT 提供反向偏压，加速 VT 截止，使继电器的常闭触点迅速断开。当放电电流接近于零时，R_1 上的电压降又为 VT 提供正向偏压使其导通。这样电容不断地充电和放电，三极管 VT 也就不断地导通和截止，控制继电器的触点反复地闭合、断开，使转向信号灯发出闪光。

2）集成电路闪光器

集成电路闪光器与晶体管闪光器的不同之处就是用集成电路取代了晶体管振荡器，通过集成电路控制继电器触点反复开、闭，于是转向信号灯和转向指示灯便以一定的频率闪光，如图 6－15 所示。

如果一只转向信号灯烧坏，集成电路检测到电压的变化，改变振荡（即闪光）频率，则转向指示灯的闪光频率加快一倍，以示需要检修更换灯泡。

汽车利用闪光器还可以用作危险报警之用，当汽车出现危险情况时，只要接通危险警告灯开关，则汽车前、后、左、右的转向信号灯同时闪烁以示危险。

2. 制动灯开关的工作原理

制动信号灯是与汽车制动系统同步工作的，它通常由制动信号灯开关控制。制动灯开关一般分为气压式制动信号灯开关和液压式制动信号灯开关。

1）气压式制动信号灯开关

气压制动系统的制动信号通常由安装在制动系统管路中或制动阀上的制动信号灯开关控制。制动时，制动压缩空气推动膜片上拱，使触点闭合，接通制动灯电路。气压式制动信号灯开关的结构如图 6－16 所示。

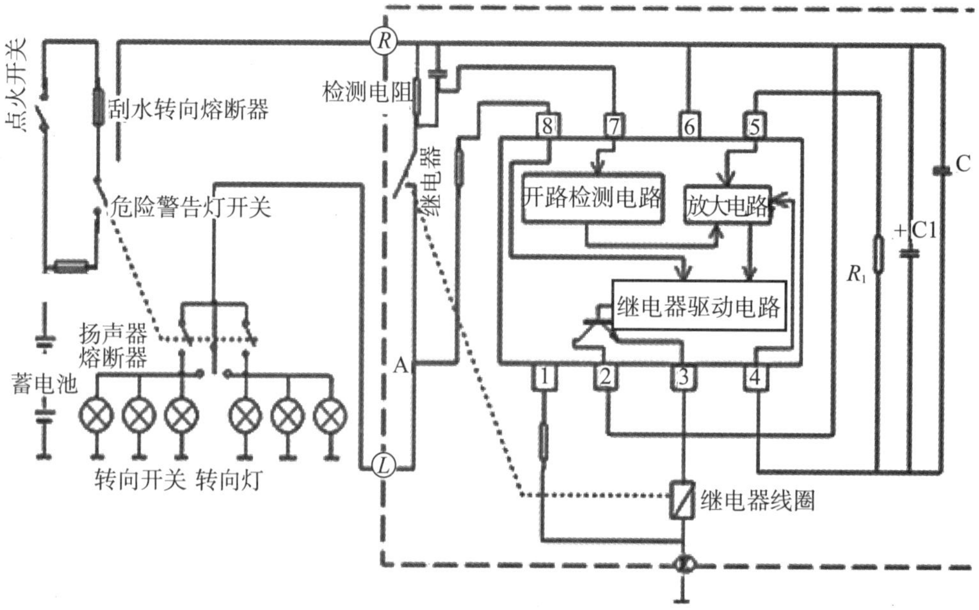

图 6－15　带检测功能的集成电路闪光器

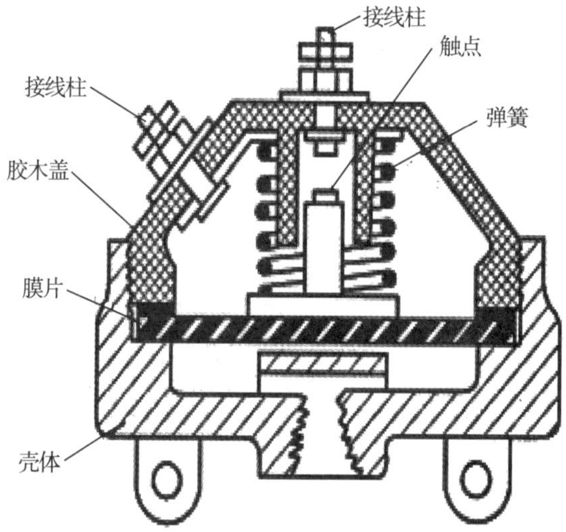

图 6－16　气压式制动信号灯开关结构图

2）液压式制动信号灯开关

液压式制动系统的制动信号灯一般由与制动踏板直接连动的机械行程开关控制，也可采用安装在制动回路上的液压式开关来控制，其结构如图 6－17 所示。

当踩下制动踏板时，制动系统中油液压力增大，膜片向上拱曲，克服弹簧的作用力使动触片接通接线柱，制动信号灯通电发亮。松开制动踏板时，油液压力降低，动触片在弹簧的作用下复位，制动信号灯熄灭。

3. 倒车灯开关的工作原理

倒车灯由倒车灯开关控制，倒车信号开关的结构如图 6－18 所示。钢球平时被顶起，当变速杆拨至倒车挡时，钢球被松开，在弹簧的作用下，触点闭合，将倒车灯电路接通。

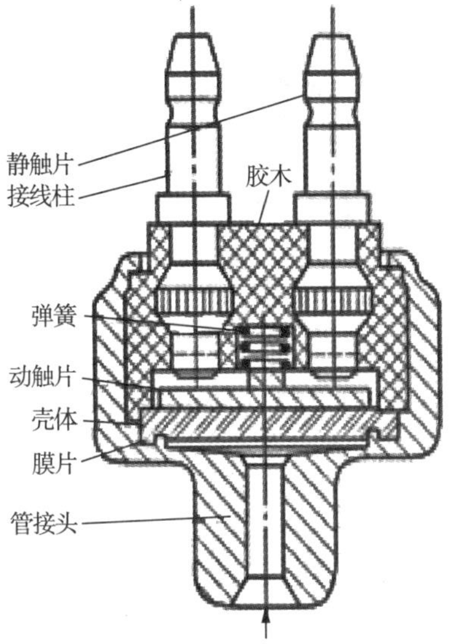

图 6－17　液压式制动信号灯开关结构图

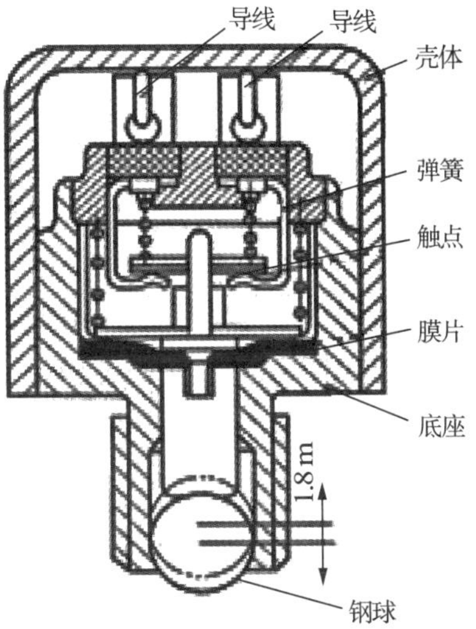

图 6－18　倒车灯开关结构图

倒车时，倒车灯开关触点接通，倒车灯点亮，如图 6－19 所示。与此同时，蜂鸣器利用电容器的充电和放电，使线圈 L_1 和 L_2 的磁场时而相加、时而相减，致使继电器触点时开时闭，从而控制蜂鸣器间歇发声，以警告行人和其他车辆的驾驶人注意。

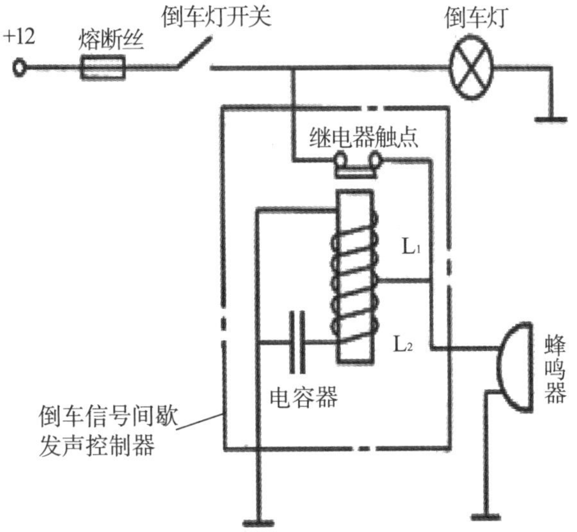

图 6－19　倒车灯电路原理图

6.3.2　照明与信号系统工作原理

前照灯和雾灯是保证汽车夜间、雪雾天气行驶安全必不可少的照明设备，下面以通用别克君威汽车前照灯和雾灯的工作原理为例进行讲述。

1. 前照灯和驻车灯的工作原理

前照灯和驻车灯的工作原理图，如图 6－20、6－21 所示。

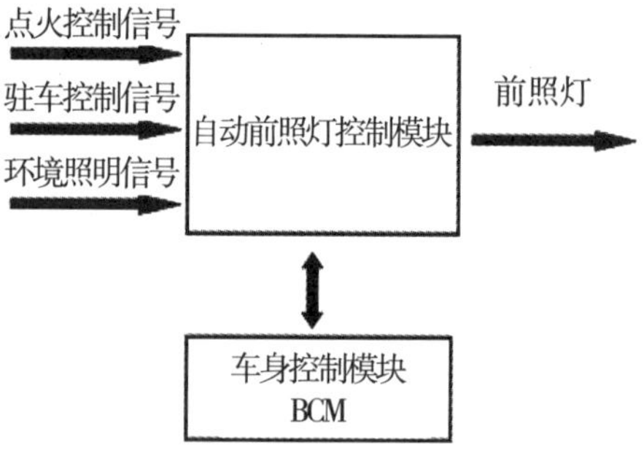

图 6－20　前照灯工作原理图(一)

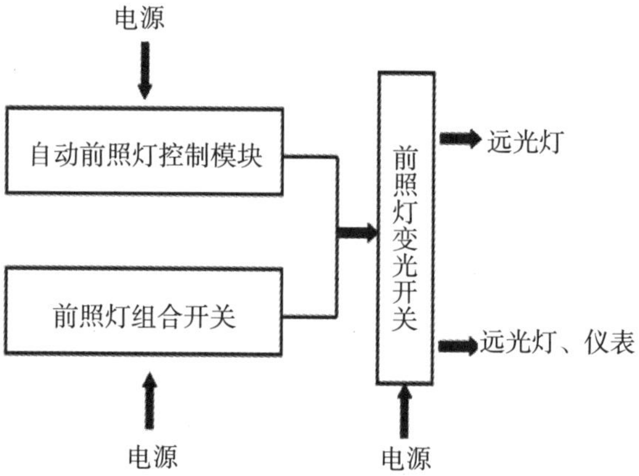

图 6－21　前照灯工作原理图(二)

当点火开关装置于 RUN(运行)位置时，自动前照灯控制模块通过开关信号以及环境照明传感器信号。当驻车释放且车外部环境照度较低时，自动前照灯控制模块通过其输出驱动电路驱动前照灯启亮。车身控制模块与自动前照灯控制模块通过专线相互连接，用于车身控制模块对前照灯的控制。当通过遥控器控制车辆门锁时，车身控制模块通过专线向自动前照灯控制模块发送触发信号，使自动前照灯控制模块驱动前照灯短时闪亮，用于遥控门锁确认。

当操作灯光控制开关时，通过前照灯组合开关和前照灯变光开关实现对驻车、前照灯远近光以及组合仪表中远光指示灯状态的控制。

2. 雾灯的基本工作原理

1) 前雾灯的工作原理(图 6－22)

当驻车灯点亮时，接通前雾灯开关，前雾灯继电器通电后接通前雾灯并将前雾灯接通信号输入车身控制模块 BCM。车身控制模块 BCM 通过 CLASS2 串行数据总线与仪表板组合仪表通信，控制组合仪表中前雾灯指示灯的状态。

2) 后雾灯的工作原理(图 6－23)

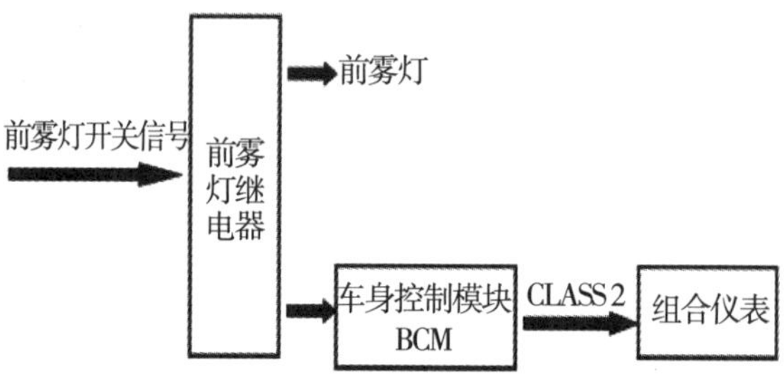

图 6－22　前雾灯工作原理图

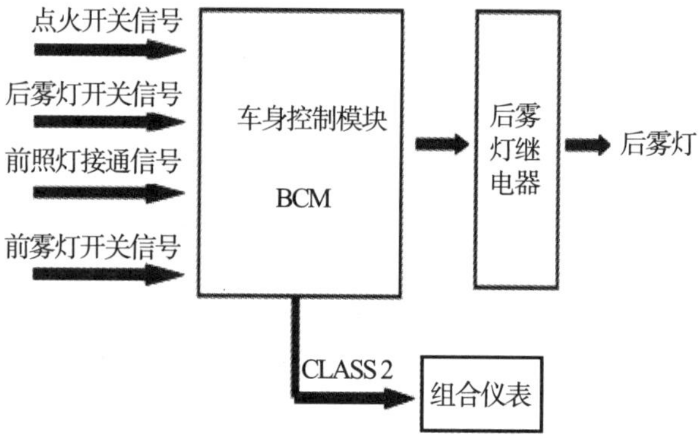

图 6－23　后雾灯工作原理图

车身控制模块 BCM 分别接收点火开关信号、后雾灯开关信号、前照灯接通信号以及前雾灯接通信号后，经过处理、分析、判断，接通后雾灯继电器，使后雾灯工作；同时车身控制模块 BCM 通过 CLASS2 串行数据总线与仪表板组合仪表通信，控制组合仪表中前、后雾灯指示灯的状态。

6.4 照明与信号系统控制电路

1. 照明系统控制电路

通用别克君威前照灯控制电路，如图 6－24、6－25 所示。该控制电路主要由自动前照灯控制模块、车身控制模块 BCM、驻车制动器指示开关、环境光照传感器、前照灯、组合仪表、前照灯开关以及前照灯变光器开关等组成。

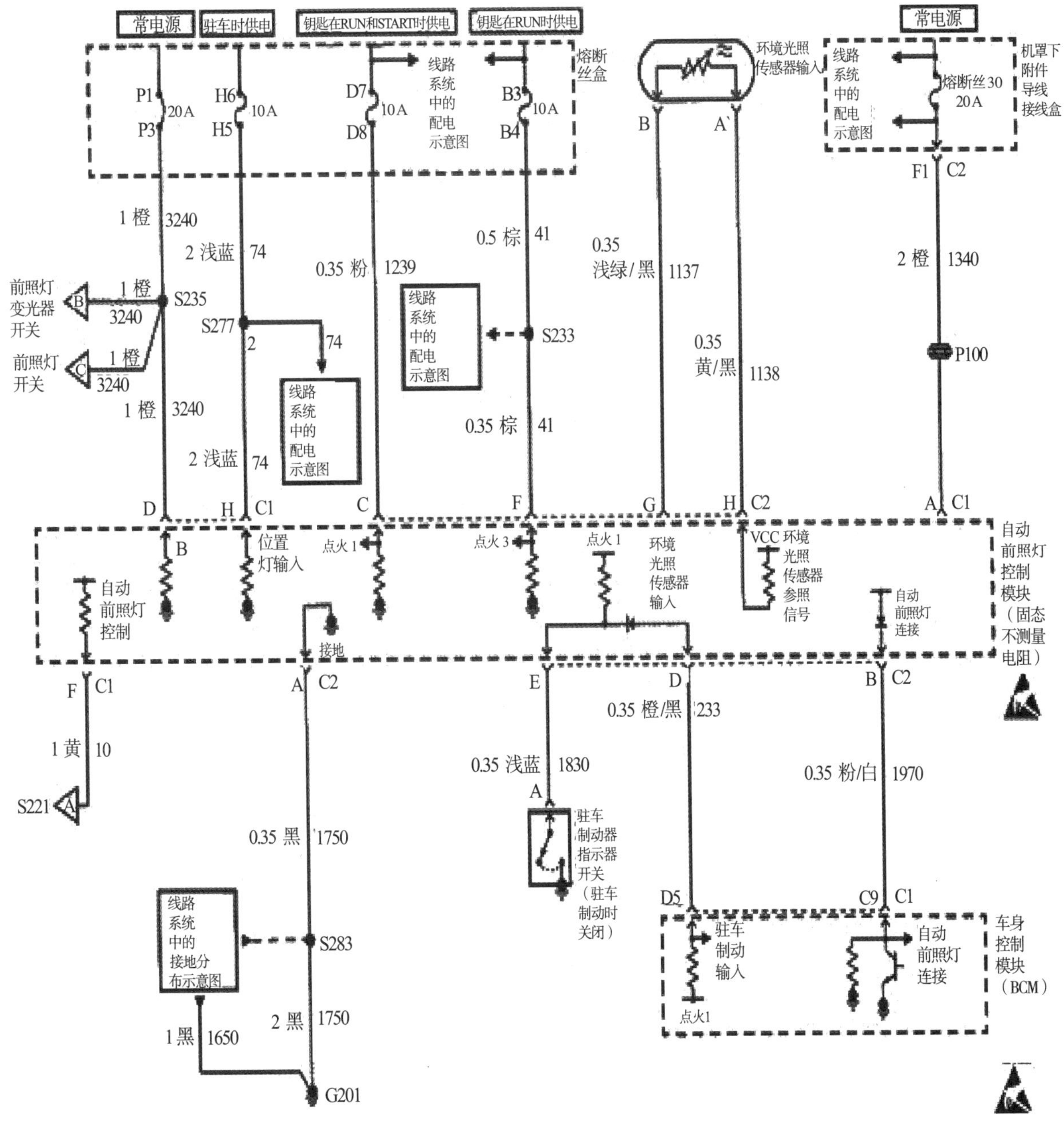

图 6－24 通用别克君威前照灯控制电路图(一)

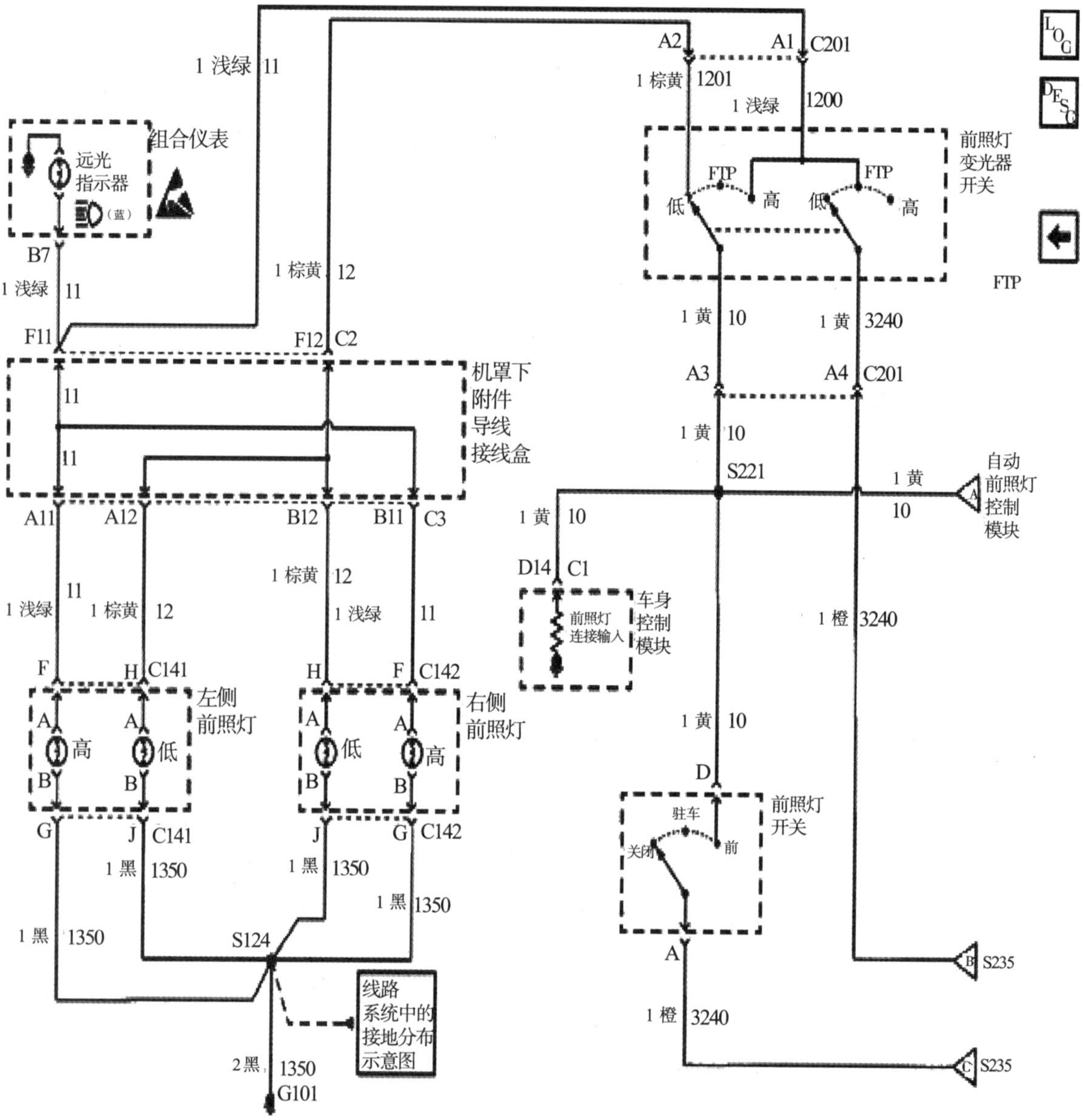

图 6-25　通用别克君威前照灯控制电路图(二)

电源电压分别经熔断丝盒内的熔断丝 P1—P3 和机罩下附件导线接线盒内的熔断丝 30 通过电路 3240 和电路 1340 施加于自动前照灯控制模块 C1 插座的端子 D 和端子 A 上，为自动前照灯控制模块提供电源。自动前照灯控制模块通过 C2 插座的端子 A 经电路 1750 于 G201 处搭铁。

1）前照灯手动控制电路

（1）近光灯控制电路

当拉出前照灯开关旋钮至最远位置时，前照灯开关内的动触电与“前”触电接通，前照灯近光电路接通。

电源电压通过电路 3240、前照灯开关端子 A 和端子 D、电路 10、前照灯变光开关“低”触电电路 1201、机罩下附件接线盒 C2 插座上端子 F12、机罩下附件接线盒 C3 插座上端子 A12 和端子 B12 后，由电路 12 分别施加于左侧前照灯和右侧的前照灯的近光灯，再通过电路 1350 于 G101 处搭铁。

(2) 远光灯控制电路

向内拉动转向信号灯/多功能开关手柄，前照灯变光器开光内联动动触点与“高”触点接通，前照灯远光电路接通。

电源电压通过电路3240、前照灯开关端子A和端子D、电路10、前照灯变光器开光“高”触点、电路1200，至机罩下附件接线盒C2插座上端子F11后分为两路：一路由电路11经组合仪器表端子B7至远光指示器后搭铁；另一路经机罩下附件接线盒C3插座上端子A11和B11后，由电路11分别施加于左侧前照灯和右侧前照灯的远光灯，再通过电路1350于G101处搭铁。此时组合仪器表中远光指示灯启亮。

(3) 变光(超车闪光信号)控制电路

向内轻轻拉动转向信号灯/多功能开关手柄，前照灯变光器开关内联动触点与“FTP”触点接通，前照灯远光电路接通。

电源电压通过电路3240前照灯变光器开关“FTP”触点，电路1200，至机罩下附件接线盒C2插座上端子F11后仍分为两路：一路由电路11经组合仪表端子B7至远光指示器后搭铁；另一路经机罩下附件接线盒C3插座上端子A11和端子B11后，由电路11分别施加于在侧前照灯和右侧前照灯的远光灯，再通过电路1350于G101处搭铁。此处组合仪表中远光灯指示灯启亮。

当需要超车时，驾驶人通过此操作向前车驾驶人发出超车闪光信号，以提示前车驾驶人注意行车安全。

2) 前照灯自动控制电路

自动前照灯控制模块分别通过C2插座上的C端子和F端子接收点火开关信号，G端子接收环境光照传感器输入信号，E端子接收驻车制动器指示器开关信号，并通过D端子经电路233将此信号输入车身控制模块BCM。同时，自动前照灯控制模块通过电路1970与车身控制模块BCM实现数据通信。车身控制模块BCM通过电路10接收前照灯开关信号。

接通点火开关，将前照灯开关置于“关闭”触点，前照灯控制处于“AUTO”模块。自动前照灯控制模块根据环境光照传感器输入信号和驻车制动器指示器开关信号确定外部环境照度和驻车制动开关状态。挡车外环境照度较低且驻车制动器释放时，自动前照灯控制模块将电源电压经电路10、前照灯变光器开关“低”触点、电路1201、机罩下附件接线盒C2插座上端子F12、机罩下附件接线盒C3插座上端子A12和端子B12后，由电路12分别施加于左侧前照灯和右侧前照灯的近光灯，再通过带电路1350于G101处搭铁。近光前照灯启亮：向里拉动转向信号灯(多功能开关手柄)，前照灯变光器开关内联动触点与“高”触点接通，前照灯远光电路接通。

2. 信号系统控制电路

通用别克君威信号系统(转向灯)控制电路，如图6-26、6-27所示。当点火开关置于RUN(运行)、BULB TEST(灯泡测试)或START(起动)位置，转向信号灯开关置于左转向或右转向位置时，电源电压经熔断丝D1—D2、电路539、转向信号开关“正常/危险”联动开关的常闭触点、电路1508施加于危险警告灯/转向信号灯闪光器的端子A1上；危险警告灯/转向信号灯闪光器通过端子B2经电路1750于G201处搭铁。电源电压通过危险灯/转向信号闪光器内部继电器开关连续不断地接通和断开，经电路16向转向信号开关输出间歇式驱动电压。此驱动电压经转向信号灯开关C201插座端子E13、转向信号开关内部“左/右”触点后，分别通过电路14和电路18施加于左侧转向信号灯，或电路15和电路19施加于右转向信号灯上。左右侧转向信号灯分别通过电路1350、电路250、电路350于

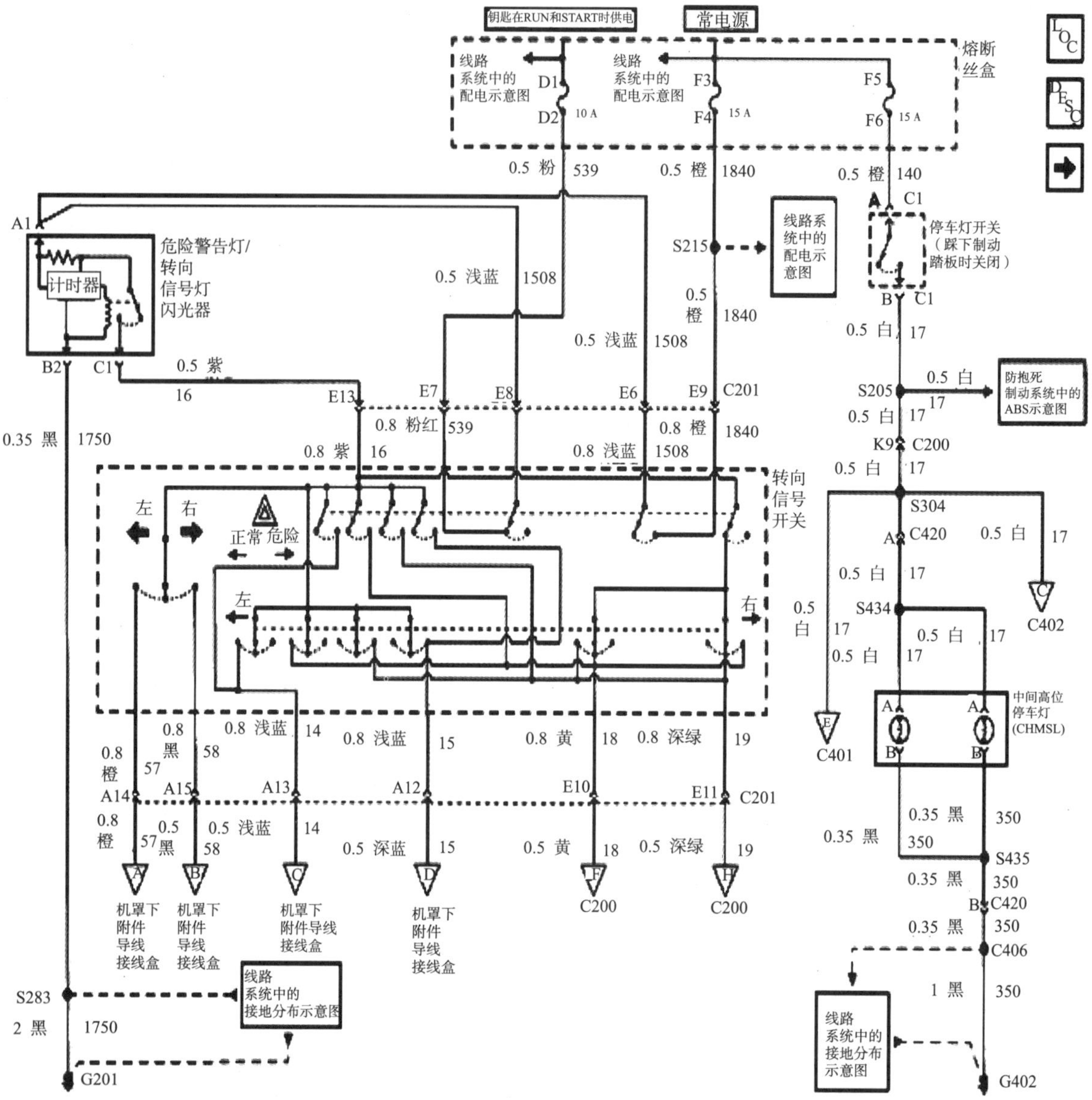

图 6-26　通用别克君威信号系统（转向灯）控制电路图（一）

G101、G401、G402 处搭铁。

危险警告灯/转向信号灯闪光器内部继电器开关连续不断地接通和断开控制左/右侧转向信号灯及组合仪表内的转向信号指示灯闪烁。

6.5 照明与信号系统常见故障分析

6.5.1 照明系统常见故障分析

汽车灯光常见的故障一般有灯光不亮、灯光亮度低、灯泡频繁烧坏等。照明系统常见故障现象及原因如表 6-1 所示。

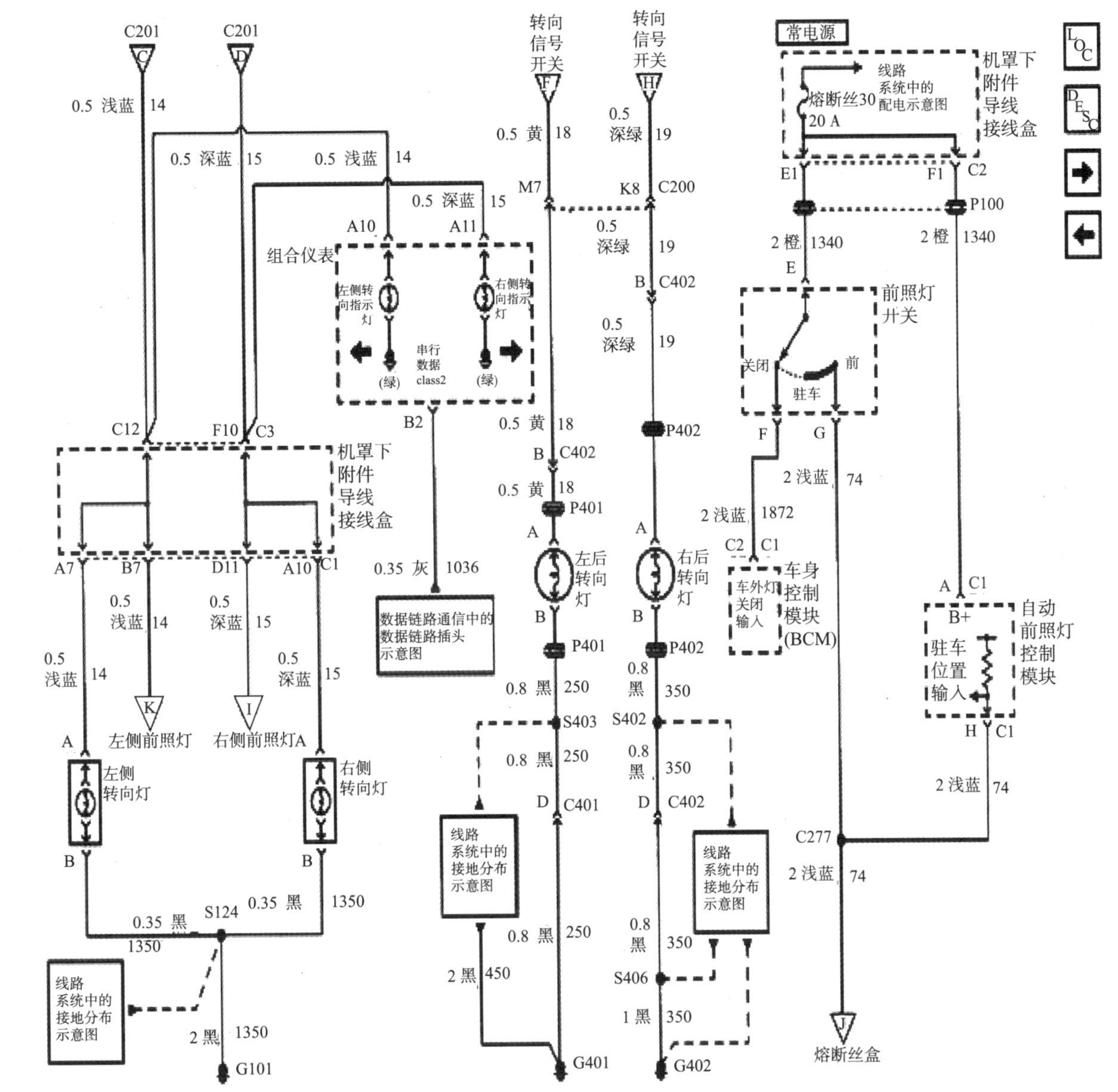

图 6－27　别克君威信号系统(转向灯)控制电路图(二)

表 6－1　　照明系统常见故障分析

序号	故障现象	故障原因
1	灯光不亮	(1) 灯泡损坏； (2) 熔断丝熔断； (3) 灯光开关损坏； (4) 继电器损坏； (5) 线路短路或断路故障
2	亮度下降	(1) 蓄电池电量不足或发电机及调节器故障； (2) 导线接头松动或接触不良、导线过细； (3) 搭铁不良； (4) 反射镜有尘埃
3	灯泡频繁烧坏	电压调节器不当或失调

6.5.2 信号系统常见故障分析

汽车上的灯光信号有两种：一是闪烁信号，二是持续信号。常见故障是信号灯不亮或信号灯不能正常工作。信号灯不亮可按表 6-1 方法检修，闪光信号故障现象与原因如表 6-2 所示。

表 6-2　　信号系统常见故障分析

序号	故障现象	故障原因
1	两侧转向灯同时亮	转向开关失效
2	两侧转向灯闪烁频率不同	(1) 两侧灯泡的功率不等； (2) 有灯泡坏
3	转向灯常亮不闪	(1) 闪光器损坏； (2) 接触错误
4	闪烁过高或过低	(1) 灯泡功率不当； (2) 某信号灯坏； (3) 闪光器工作不良，触点间隙过大或过小； (4) 电源电压过高或过低

本 章 小 结

(1) 汽车照明系统可以分为车外照明和车内照明两部分。

(2) 车外照明主要包括前照灯、雾灯、牌照灯等；车内照明一般包括组合仪表灯、顶灯和开关照明灯。

(3) 汽车信号系统主要包括转向信号灯、危险警告灯、制动灯、倒车灯、尾灯、示宽灯等。

(4) 前照灯主要由灯泡、反射镜和配光镜三部分组成。

(5) 当汽车要向左或者向右转向时，通过操作转向灯开关，使车辆左边或右边的转向信号灯经闪光器通电而闪光发光。转向后，回转转向盘，转向盘控制装置可自动使转向灯开光回位，转向灯熄灭。

(6) 转向信号灯的频闪由闪光器控制。

(7) 闪光器主要有电热式、电容式和晶体管式三种类型。

(8) 转向信号灯一般应具有一定的频闪，国标中规定每分钟闪烁 60～120 次。

复习思考题

1. 填空题

(1) 制动灯开关一般装在________位置。

(2) 转向信号灯的闪烁是由________控制的。

(3) 前照灯主要由________、________、________三部分组成。

(4) 夜晚当两车会车的时候，应操作前照灯由________灯变为________灯。

(5) 两侧转向灯闪烁频率不一致的原因可能是________、________。

2. 选择题

(1) 汽车倒车灯开关一般安装在(　　)上。
　A. 变速器　　B. 发动机　　C. 离合器　　D. 转向盘

(2) 下面所列灯具中,(　　)是属于信号灯。
　A. 牌照灯　　B. 示宽灯　　C. 前雾灯

(3) 转向灯的闪光频率应以每分钟(　　)次为宜。
　A. 60～95　　B. 90～110　　C. 65～120

(4) 行车灯左右亮度不一,甲认为:灯泡功率不一,乙认为:亮度暗的灯具接触不良,你认为:(　　)。
　A. 甲对　　B. 乙对　　C. 甲乙都对　　D. 甲乙都不对

(5) 对于前照灯灯光照射强度不合格,其原因是(　　)。
　A. 电源电压不足　　B. 反射镜和配光镜污浊
　C. 灯泡老化、功率不足　　D. 以上都有可能

3. 判断题

(1) 转向灯的颜色都是黄色的。(　　)
(2) 汽车信号系统主要包括转向信号灯、危险警告灯、制动灯、雾灯、小灯等。(　　)
(3) 转向后回转转向盘,转向盘控制装置可自动使转向灯开光回位,转向灯熄灭。(　　)
(4) 当今用于车上的闪光器主要是晶体管式闪光器。(　　)
(5) 前照灯延时控制装置是指车辆熄火后,前照灯仍然能亮一段时间,然后熄灭。(　　)

4. 简答题

(1) 前照灯由几部分组成?各组成部分的作用是什么?
(2) 什么是防眩目?前照灯防眩目的措施有哪些?
(3) 简述电子闪光器的工作原理。
(4) 根据灯光系统路线,简述分析灯光不亮的原因和排除方法。
(5) 举例说明前照灯的自动控制装置有哪些?
(6) 简述通用别克君威车信号系统的特点。

7 仪表与报警系统

学习目标

知识目标

(1) 了解汽车仪表与报警系统的功能；
(2) 熟悉汽车仪表与报警系统部件的结构和工作原理；
(3) 掌握汽车仪表与报警系统电路分析方法；
(4) 熟悉汽车仪表与报警系统部件常见故障的分析方法。

能力目标

(1) 熟悉维修手册的使用方法；
(2) 学会汽车仪表与报警系统部件的检测方法；
(3) 学会汽车仪表与报警系统常见故障诊断和排除方法。

7.1 概述

组合仪表是反映车辆各个系统工作状况的装置。为了使驾驶人随时观察与掌握汽车各系统的工作状态，在驾驶室组合仪表板上设有各种指示仪表。

随着汽车排放、节能、安全和舒适性等使用性能不断提高，使得汽车电子控制装置的应用程度也越来越高。汽车电子控制装置不仅能够迅速、准确地处理各种信息，而且通过电子仪表显示出来，使驾驶人及时了解汽车的运行状态并妥善处理各种情况。

目前，传统的机械仪表已经被现代电子组合仪表所取代。汽车电子组合仪表不仅具有现有的车速、里程、发动机转速、油量、冷却液温度、方向灯指示等指示功能，还具有机油压力、燃油量、冷却液温度、轮胎气压、制动装置、安全气囊、发动机自检等报警功能。大众帕萨特多功能组合仪表如图 7－1 所示。

图 7－1　大众帕萨特多功能组合仪表

7.2 仪表与报警系统的组成

汽车仪表主要包括车速里程表、发动机转速表、冷却液温度表、燃油表、机油压力表等；报警系统主要包括制动压力报警、制动液液面报警、机油压力报警、燃油量报警、冷却液温度报警、倒车报警、座椅安全带报警以及电控系统故障报警等。

7.2.1 仪表系统

1. 车速里程表

车速里程表(图 7－2)是用来指示汽车行驶速度和累计行驶里程数的仪表。它由车速表和里程表两部分组成，部分车速里程表上还带有短程里程表和短程里程表复位开关。

车速表是现代车辆必备的仪表之一，它显示的是汽车的时速，单位是 km/h。传统的车速表是机械式的，现在很多汽车仪表都装备了使用传感器的电子车速表。

里程表是记录车辆行驶里程的仪表，一般组装在车速表内。它对于车主判断车辆的整体状态有着重要的作用。传统的里程表也是机械式的，目前很多车型采用了电子里程表。

短程里程表是记录车辆某一段短途行驶里程的仪表，多与里程表整合在一起，能够随时清零。它能帮助车主掌握某段路程的长短以及计算油耗等。

2. 发动机转速表

发动机转速表(图 7－3)是用来指示发动机运转速度的仪表，通常设置在仪表板内，与车速里程表对称地放置在一起，显示发动机每分钟多少转。驾驶人可以通过该表了解发动机的运转情况，并据此决定挡位和加速踏板的配合，使车辆处于最佳运行状态，减少油耗，延长发动机寿命。

图 7－2　车速里程表

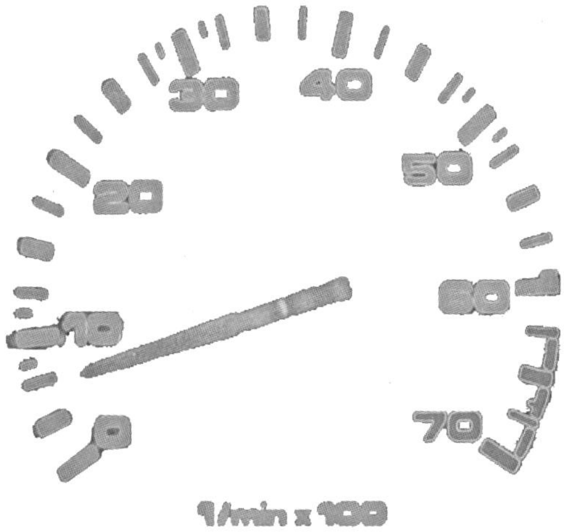

图 7－3　发动机转速表

3. 冷却液温度表

冷却液温度表(图 7－4)是用来指示发动机内部冷却液温度的仪表，单位是℃。冷却液温度表在低温范围避免高转速运转以及发动机有过大负载。在正常的情况下温度表指针应该指示在刻度盘的中间范围内，在发动机负载大和室外温度高的情况下指针也可能指到红色高温区域。注意：发动机不能长时间处于高温状态下工作。

4. 燃油表

燃油表是用来指示燃油箱内燃油储存量的仪表。燃油表的刻度“F”表示满油、“E”表示无油，同时仪表还具有低油量报警功能，当油量低于允许值时，报警灯亮起，如图 7－5 所示。也有车型用“1/1”、“1/2”和“0”刻度分别表示满油、半箱油和无油。

图 7－4　冷却液温度表

图 7－5　燃油表

5. 电子组合仪表

目前汽车上普遍使用电子组合仪表。电子组合仪表接收各种传感器的信号，将信号处理后由显示器显示数据，使驾驶人了解车辆的速度、发动机转速、燃油量、冷却液的温度等。电子组合仪表通过仪表中的控制单元和集成电路处理各种传感器的信号，然后以数字形式在真空荧光显示器上显示出来。电子组合仪表一般由各种传感器、控制单元和集成电路以及真空荧光显示器等组成。

以丰田汽车电子组合仪表为例，电子组合仪表结构如图 7－6 所示，主要包括数字式仪表控制单元、车速传感器、燃油油位标尺转换开关、短程里程表复位开关、里程表等元件，这些元件与真空荧光显示器构成了一个整体。

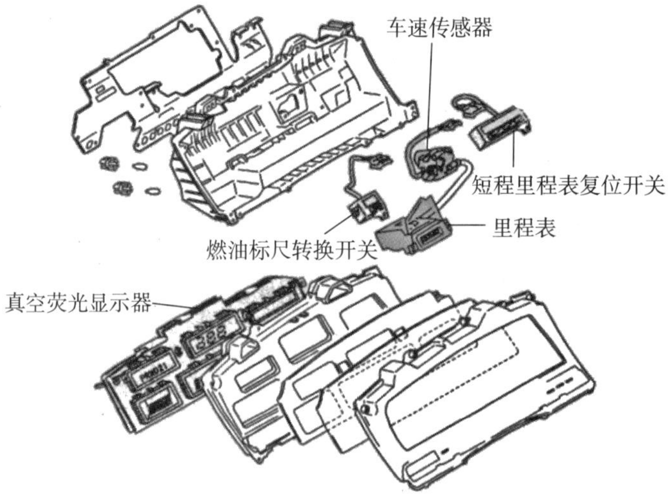

图 7－6　丰田汽车电子组合仪表的结构

7.2.2　报警系统

1. 制动压力报警装置

在采用气压制动的汽车上，一旦制动气压低于最小允许值时，制动系统将不能正常工作而危及安全。因此，在汽车上需要装备制动系统低压报警装置。当气压过低时报警灯随即启亮，以引起驾驶人注意。低气压报警传感器(开关)装在制动系统储气筒或制动阀压缩空气输入管道中，红色报警灯装在组合仪表板上。

2. 制动液液面报警装置

制动液液面报警装置即时检测制动液液面的降低，向驾驶人发出警报，避免制动失灵事故的发生。在制动液减少到危险量时，它能使发动机熄火，确保车辆的安全。

3. 机油压力报警装置

部分汽车上除了装有机油压力表外，还装有机油压力报警装置。当润滑系统机油压力低于允许值时，报警灯亮，以引起驾驶人注意。

4. 燃油量报警装置

燃油量报警装置的作用是当油箱内燃油减少到规定值以下时，组合仪表板上的燃油量报警灯点亮，提醒驾驶人注意及时补充燃油。

5. 冷却液温度报警装置

冷却液温度报警装置的作用是当冷却液温度升高至一定限度时，报警灯自动点亮，以示报警，引起驾驶人注意。

6. 倒车报警装置

汽车倒车时，为了警告车后的行人和其他车辆的驾驶人，在汽车的后部常装有倒车灯、倒车蜂鸣器和倒车雷达。其中，倒车雷达是汽车泊车或者倒车时的安全辅助装置，能以声音或者更为直观的显示告知驾驶人周围障碍物的情况，解除了驾驶人泊车、倒车和起动车辆时前后左右探视所引起的困扰，并帮助驾驶人扫除了视野死角和视线模糊的缺陷，提高驾驶的安全性。

倒车时，倒车灯发出闪烁信号、蜂鸣器发出断续鸣叫声。当距离障碍物 1.5 m 时，报警系统就会发出"嘀嘀"声，随着障碍物的靠近，"嘀嘀"声的频率增加，当汽车与障碍物间距小于 0.3 m 时，"嘀嘀"声将转变成连续音。

7. 座椅安全带报警装置

当车辆运行车速达到一定值如没有扣紧座椅安全带时，座椅安全带报警系统蜂鸣器发出报警声响并点亮报警灯。

7.3 仪表与报警系统工作原理

7.3.1 汽车仪表工作原理

1. 车速里程表工作原理

磁感应式车速里程表结构原理如图 7-7 所示。车速里程表的主动轴由与变速器输出轴相啮合的软

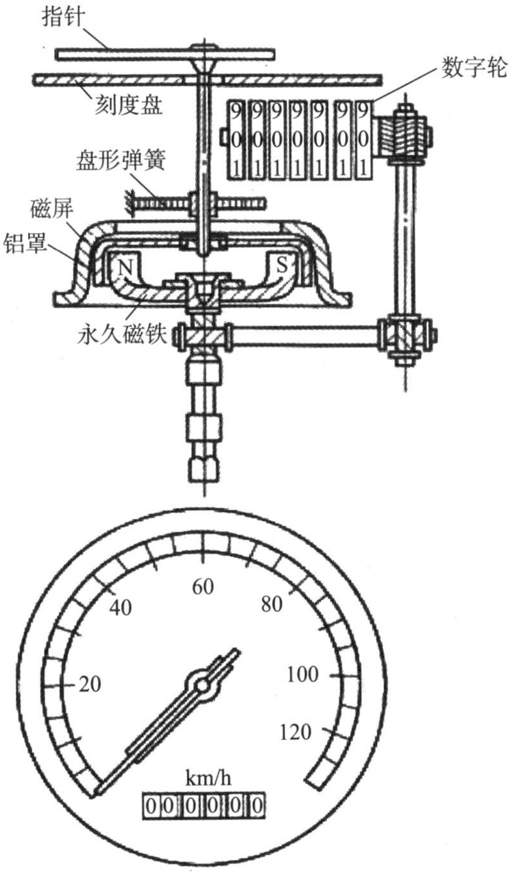

图 7-7 磁感应式车速里程表结构原理图

轴驱动。汽车静止时，在盘形弹簧的作用下，车速表指针位于刻度盘零位。汽车行驶时，主动轴带着永久磁铁旋转，在铝罩上形成磁涡流，该涡流产生一个磁场，旋转的永久磁铁的磁场与铝罩的磁场相互作用产生转矩，克服盘形弹簧的弹力，使铝罩朝永久磁铁转动方向转过一个角度，与盘形弹簧的弹力相平衡，指针便在刻度盘上指示出相应的车速。车速越高，永久磁铁旋转越快，铝罩上的磁涡流越强，形成的转矩越大，指针指示的车速也越高。

里程表则经涡轮蜗杆机构减速后用数字轮显示。汽车行驶时，软轴带动主动轴，并经三对涡轮蜗杆减速后驱动里程表右边第一数字轮逐级向左传到其余的数字轮，累计出行驶里程。同时，里程表上的齿轮通过中间齿轮，驱动里程小计表 1/10 km 位数字轮，并向左逐级传到其余的数字轮，显示出小计里程。里程表和短程里程表的任何一个数字轮转动一圈就使其左边的数字轮转动 1/10 圈，形成 1∶10 的传动比，这样就可以显示出行驶里程。当需要清除小计里程时，按一下里程小计表复位杆，即可使里程小计表的指示回零。

2. 发动机转速表工作原理

汽油机用的电容放电式转速表原理如图 7－8 所示，其转速信号来自于点火系统初级电路的脉冲信号。当断电器触点 K 闭合时，三极管 VT 的基极搭铁而处于截止状态，电源经 R_3、C_3、VD_2，向电容 C_3 充电；当触点 K 断开时，三极管 VT 由截止转为导通，此时电容 C3 经三极管 VT、转速表 n 和二极管 VD_1 构成放电回路，驱动转速表。发动机工作时，断电器触点的开闭频率与发动机的转速成正比，电容 C_3 不断进行充放电，通过转速表 n 的放电电流平均值也与发动机的转速成正比。电路中的稳压管 VD_3 使电容 C_3 有一个稳定的充电电压，提高转速表的测量精度。

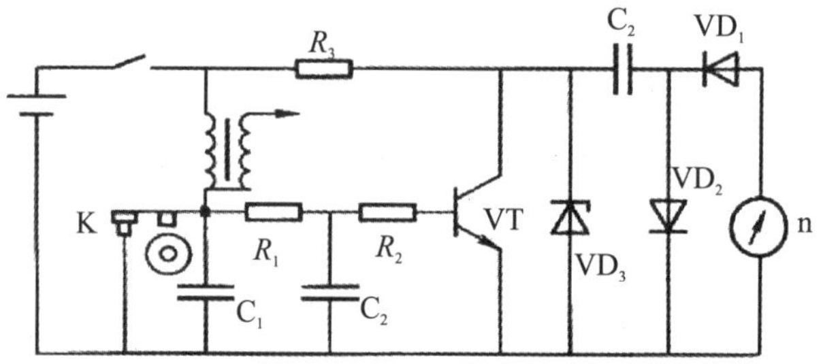

图 7－8　电容放电式转速表工作原理图

现代汽车多采用电子式转速表，发动机控制单元通过发动机转速传感器读取发动机转速，组合仪表由总线获得此信息，查找内部存储表格比较发动机转速，以确定指针偏转指示发动机转速。

3. 冷却液温度表工作原理

冷却液温度表工作原理如图 7－9 所示。当发动机温度较低时，冷却液温度传感器的电阻值很大，流过与其串联的主线圈的电流较小，致使主线圈产生的电磁吸力小于副线圈的电磁吸力。主、副线圈的电磁吸力的合力将指针吸向副线圈一侧，指针此时指向低温处。

当发动机温度升高时，冷却液温度传感器的电阻值减小，流过与其串联的主线圈的电流增大，致使主线圈产生的电磁吸力逐渐大于副线圈的电磁吸力。主、副线圈的电磁吸力的合力将指针吸向主线圈一侧，指针此时逐渐指向高温处。

4. 燃油表工作原理

燃油表工作原理如图 7－10 所示。当油箱中汽油量较少时，可变电阻位于电阻最大位置，流过与其串联的主线圈的电流较小，致使主线圈产生的电磁吸力小于副线圈的电磁吸力。主、副线圈的电磁吸力的合力将指针吸向副线圈一侧，指针此时指向“E”附近。

当油箱中汽油量较多时，可变电阻位于电阻较小位置，流过与其串联的主线圈的电流增大，致使主

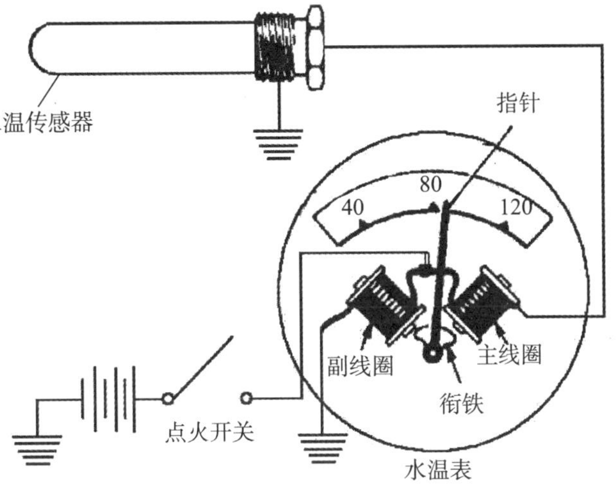

图 7-9　冷却液温度表工作原理图

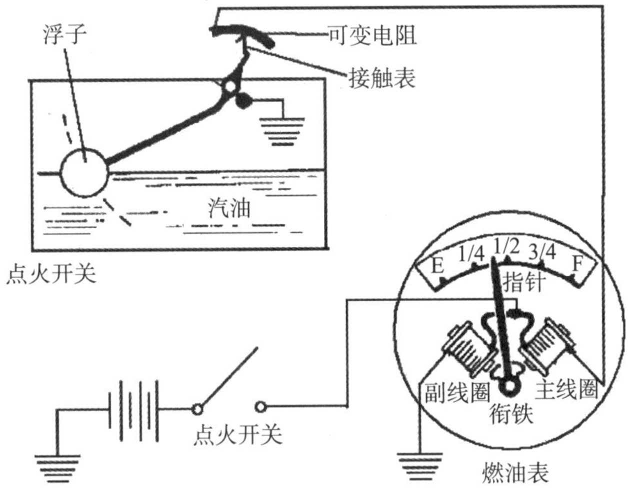

图 7-10　燃油表工作原理图

线圈产生的电磁吸力逐渐大于副线圈的电磁吸力。主、副线圈的电磁吸力的合力将指针吸向主线圈一侧，指针此时指向"F"附近。

5. 电子组合仪表工作原理

1）车速表

电子式车速表由车速传感器、控制单元和显示器组成。车速传感器安装在车轮上变速器涡轮组件的蜗杆上，有光电式和磁感应式两种。由传感器传来的光电脉冲或磁感应脉冲信号，经仪表内部的控制单元处理后，可在显示屏上显示车速。

丰田光电式车速传感器如图 7-11 所示，其中有一内置光电耦合器（图 7-12）将发光二极管和光敏三极管组合在一起。在发出光线的二极管和接收这些光线的光敏三极管之间，有一个开有 20 条狭槽的转轮旋转。开槽转轮连接在车速表传动软轴上，其转动速度根据车速的快慢而增减。当开槽转轮转动时，不停地隔断发光二极管和光敏三极管之间的光线，从而使光敏三极管时通时断，并因此也使晶体管时通时断。这使晶体管将 20 个 PPR（每转动一周的脉冲数）的信号传输至控制单元端子，使控制单元得知车速。

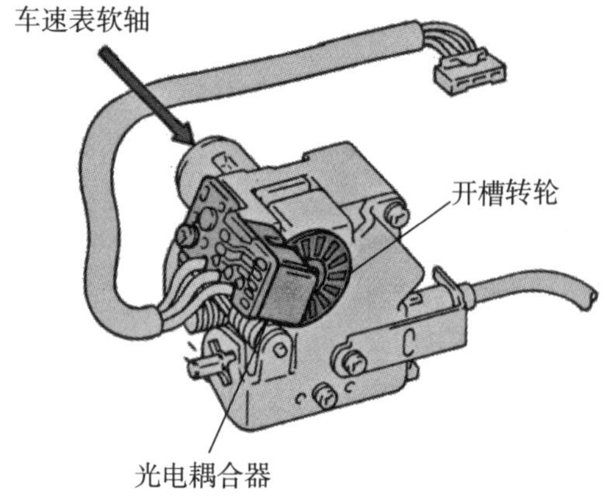

图 7-11　车速传感器

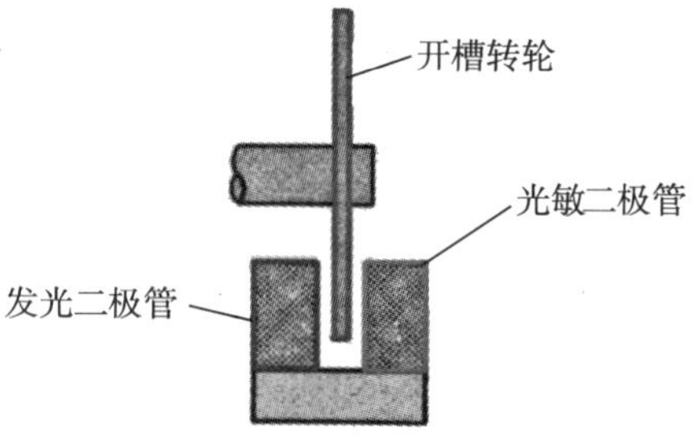

图 7-12　光电耦合器

丰田汽车车速表的工作原理如图 7-13 所示，控制单元通过在一段预定的时间内从车速传感器传出的光电式脉冲信号来计算车速，然后使真空荧光显示器发光，显示车速，同时可以通过英里/公里转换开关切换单位。在某些国家使用的车辆上装有车速警报器，当车速达到或超过 125 km/h(78 mile/h)时，控制单元内的晶体管便反复接通和断开，使警报器发出警告蜂鸣。

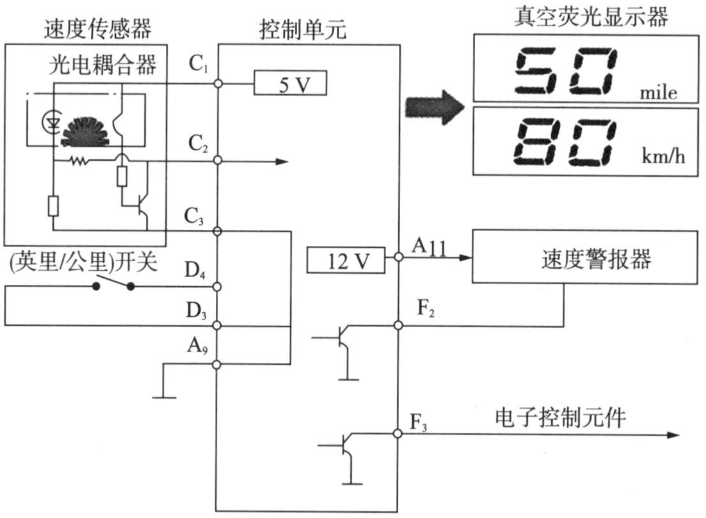

图 7-13　车速表的原理示意图

2) 里程表

里程表根据车速以及累计运行时间，由控制单元计算并显示里程。丰田汽车使用的双制式短程里程表的工作原理如图 7-14 所示，是由控制单元计算车速传感器发出的速度信号，计算出行驶距离，然后将计算结果由真空荧光显示器显示在短程里程表上，可以通过复位开关进行复位归零，还可以通过模式转换开关转换模式(A/B)。

7.3.2　汽车报警系统工作原理

1. 制动压力报警装置工作原理

低压报警传感器结构如图 7-15 所示。当电源接通后，制动系统气压下降到 340～370 kPa 时，由于作用在膜片上的压力减小，于是在复位弹簧的作用下动触点与静触点闭合，电路接通，报警灯亮；当气压升高到 400 kPa 以上时，由于膜片所受推力增大，压缩复位弹簧使动触点与静触点断开，电路切断，报警灯熄灭。

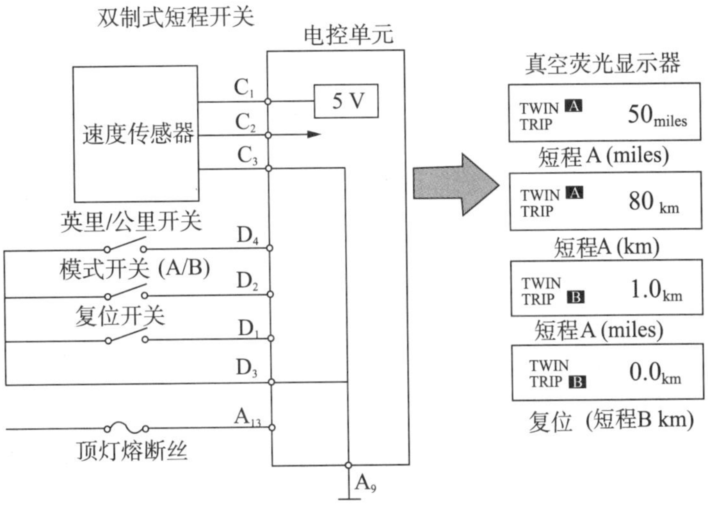

图 7-14 双制式短程里程表原理示意图

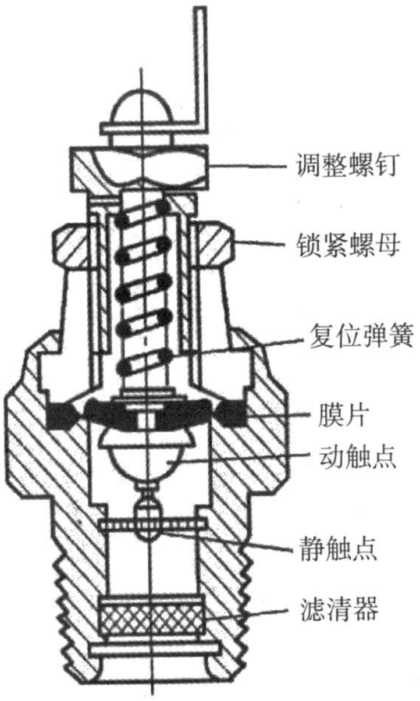

图 7-15 低压报警传感器结构图

2. 制动液液面报警装置工作原理

制动液液面传感器结构如图 7-16 所示，该传感器装于制动液储液罐中。其中，外壳内装有舌簧管

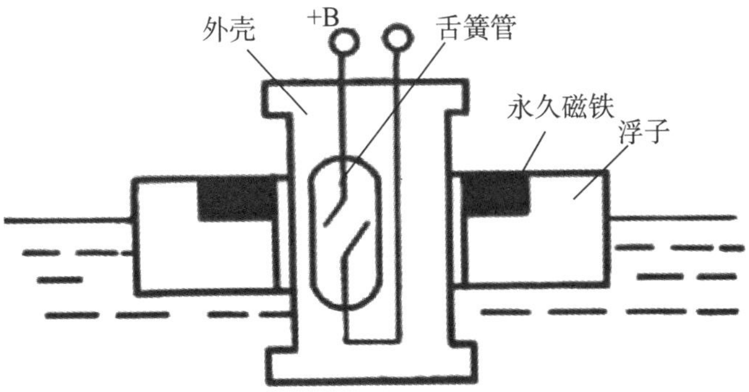

图 7-16 制动液液面传感器结构图

继电器，接线柱与液面报警灯相连，永久磁铁固定在浮子上。当制动液液面下降到规定值时，通过浮子带动永久磁铁使舌簧管触点闭合，接通报警灯，发出警告；当制动液面上升时，浮子上升，吸力减弱，舌簧管触点靠自身弹力张开，报警灯熄灭。

3. 机油压力报警装置工作原理

1）弹簧管式机油压力报警装置工作原理

弹簧管式机油压力报警装置，如图 7-17 所示。弹簧管式机油压力报警装置由装在发动机主油道的弹簧管式传感器和装在仪表板上的红色报警灯组成。其传感器内的管形弹簧的一端经管接头与发动机主油道相连，另一端与动触点相连，静触点经接触片与接线柱相连。当电源开关闭合后，机油压力低于 50～90 kPa 时，管形弹簧变形很小，触点闭合，电路接通，报警灯发亮，表示机油压力过低；当油压超过该值时，管形弹簧产生的变形较大，使触点分开，电路切断，报警灯熄灭。

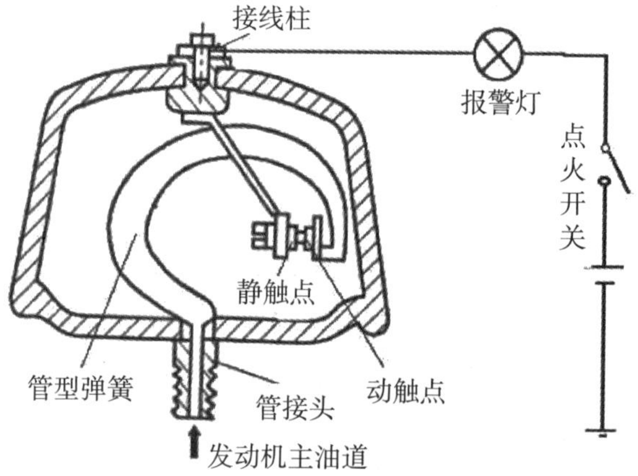

图 7-17　弹簧管式机油压力报警装置图

2）压电式机油压力报警装置

大众桑塔纳汽车机油压力报警装置采用低压和高压双重报警装置。低压报警装置的传感器装在凸轮轴机油道上，高压报警装置的传感器装在机油滤清器上。在起动和怠速阶段，若凸轮轴机油道上的油压（输送油路末端处油压）低于 30 kPa 时，低压报警装置启亮报警灯。由于该处是整个润滑系统中压力最低的区域，监控该处油压可保证系统内各处有足够的油压。当发动机转速达到 2 000 r/min 后，若机油滤清器出口处的油压低于 180 kPa 时，高压报警装置发生作用，启亮报警灯。该处油压是发动机主油道油压，若该处油压不足，可能导致发动机润滑不足。

正常情况下，接通点火开关，油压指示灯亮；当起动发动机后，若机油压力大于 30 kPa 时，该指示灯熄灭；当发动机低速运转时，若低压报警装置传感器处的机油压力低于 30 kPa，则低压压力开关触点闭合，机油压力报警灯启亮；当发动机转速大于 2 000 r/min 时，若高压报警装置传感器处机油压力低于 180 kPa，则高压压力开关断开，机油压力报警灯启亮，同时报警蜂鸣器响。

4. 燃油量报警装置工作原理

燃油量报警装置，如图 7-18 所示。该装置由热敏电阻式燃油油量报警传感器和报警灯组成。当燃油箱内燃油量较多时，负温度系数的热敏电阻元件浸没在燃油中，散热较快，其温度低，电阻值大，因此电路中电流很小，报警灯处于熄灭状态；当燃油减少到规定值以下时，热敏电阻元件露出油面上，散热慢，温度升高，电阻值变小，电流增大，则报警灯启亮。

5. 冷却液温度报警装置工作原理

冷却液温度报警装置，如图 7-19 所示。在冷却液温度报警传感器的密封套管内装有条形双金属片，

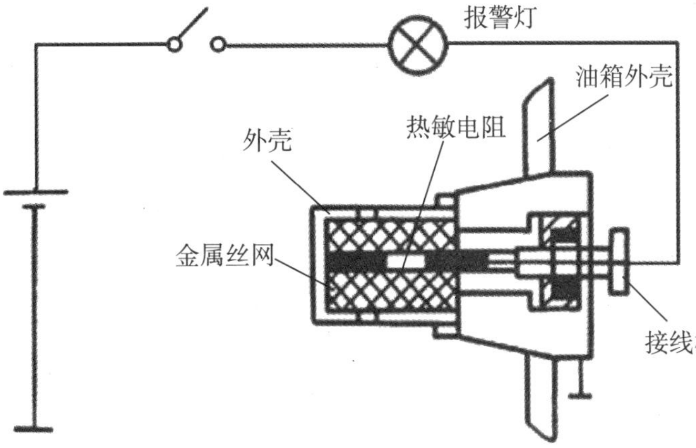

图 7－18　燃油量报警装置图

其自由端焊有动触点，而静触点直接搭铁。当温度升高至限定值时，由于双金属片膨胀系数的不同，双金属片向静触点方向弯曲，一旦双金属片的触点与静触点接通，则报警灯电路接通，红色报警灯启亮。

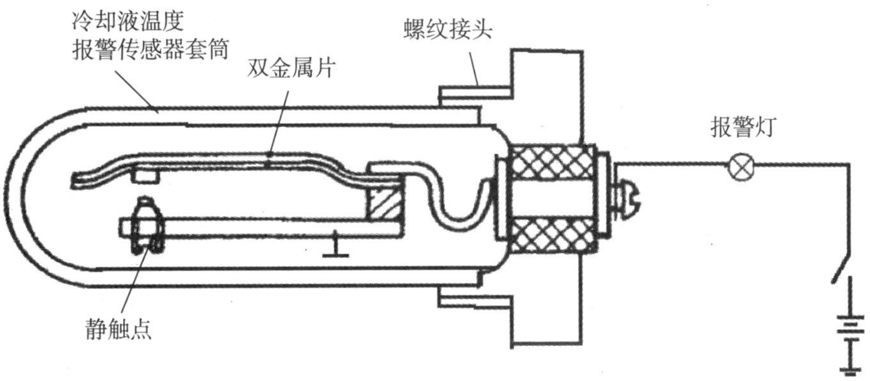

图 7－19　冷却液温度报警装置图

6. 倒车报警装置工作原理

倒车雷达系统在倒车时起到辅助报警功能，使安全性大大提高。当驾驶人挂入倒挡后，倒车雷达侦测器进入自我检测。当自我检测通过后，就开始检测汽车后部障碍物。

倒车雷达系统由倒车雷达侦测器、控制器、蜂鸣器等组成。倒车雷达侦测器安装在车辆后部保险杠上(图 7－20)，向汽车后部发射超声波，并接收反射回来的超声波。控制器接收从侦测器传来的信号，经计算判断障碍物离车尾的距离。如达到报警位置，就传送信号给蜂鸣器。倒车雷达系统利用声纳原理工作(发射的超声波频率达到 40 kHz)，如图 7－21 所示。当超声波遇到障碍物时，会有反射波产生，被

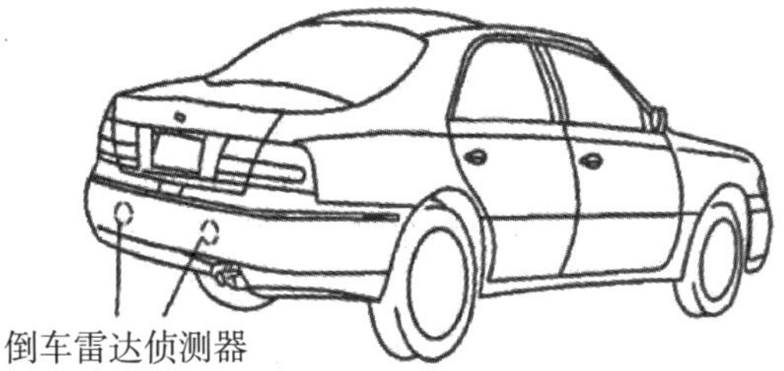

图 7－20　倒车雷达

传感器接收后，控制器利用发射波与反射波之间的延迟时间计算出障碍物与雷达发射器的距离，并据此采取相应的报警提示。倒车雷达系统监测范围，如图 7－22 所示。

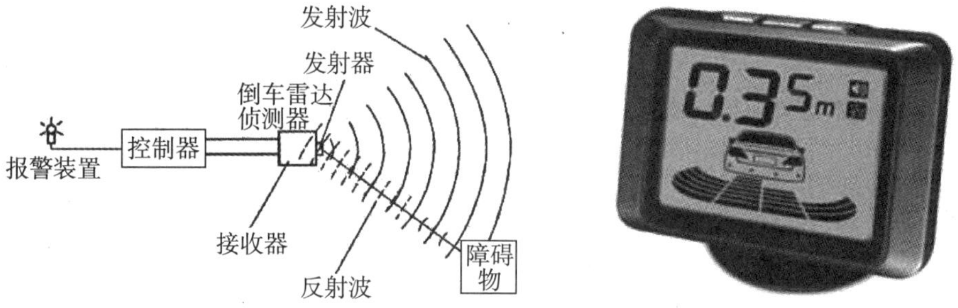

图 7－21　倒车雷达系统工作原理

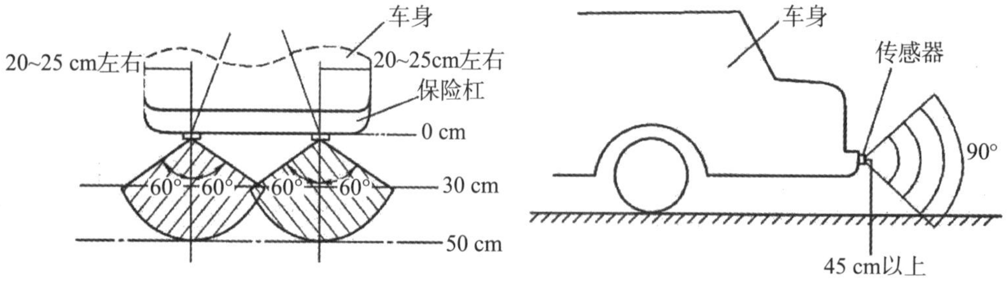

图 7－22　倒车雷达系统监测范围

7. 座椅安全带报警装置

座椅安全带扣环开关是一端搭铁的常闭式开关，如图 7－23 所示。点火开关接通，车辆车速达到一定值时，若此时安全带未扣好，电路则通过座椅安全带扣环开关搭铁，接通蜂鸣器及座椅安全带报警灯电路；若扣好安全带后，加热器使双金属带发热，当达到一定程度后，触点断开从而切断电路蜂鸣器及座椅安全带报警灯电路。

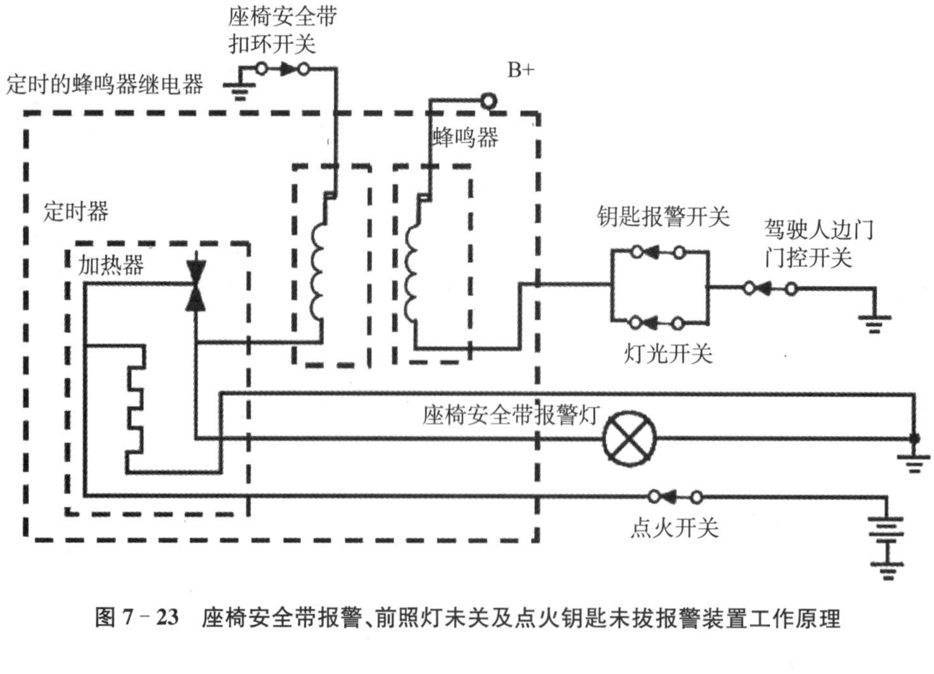

图 7－23　座椅安全带报警、前照灯未关及点火钥匙未拔报警装置工作原理

7.4 仪表与报警系统控制电路

7.4.1 丰田卡罗拉仪表与报警系统控制电路

丰田卡罗拉组合仪表部分电路，如图 7－24、7－25 所示。

1. 车速表/里程表

V1 为车速传感器，端子 1 为电源端，由配电系统提供的电源经 10 A 仪表熔断丝给车速传感器供电，端子 2 为搭铁端，端子 3 为信号端，车速信号通过组合仪表 C9 的端子 9 输入组合仪表控制单元，组合仪表控制单元根据车速传感器信号计算出车速，由组合仪表内的车速表显示车速值。同时控制单元根据车速传感器输入的信号，计算出行驶距离，然后将计算结果显示在里程表上。

2. 燃油表/低燃油指示灯

F10 为滑变电阻式燃油量传感器，端子 2 为信号端，端子 3 为搭铁端，燃油箱内燃油量变化时，组合仪表 C9 通过端子 7 接收燃油量传感器 F10 的存储油量信号，由仪表内部的燃油表指示燃油量。当燃油量传感器指示燃油下降到一定值时，低燃油量报警灯启亮。

7.4.2 通用别克君威仪表与报警系统控制电路

通用别克君威组合仪表控制电路，如图 7－26 所示。

1. 功能失效指示灯(立即维修发动机)

动力系统控制模块 PCM 或发动机控制模块 ECM 通过电路 419 控制立即维修发动机指示灯。在发动机起动进行灯泡检查期间，动力系统控制模块 PCM 或发动机控制模块 ECM 启亮该指示灯约 3 s。动力系统控制模块 PCM 或发动机控制模块 ECM 启亮立即维修发动机指示灯，警告驾驶人已检测到发动机控制系统功能失效。

2. 冷却液面过低指示灯(低冷却液警告指示灯)

当点火开关处于 RUN(运行)、BULB TEST(灯泡测试)、START(起动)位置时，冷却液面过低指示灯接收蓄电池电压。

当发动机起动时，组合仪表将启亮该指示灯约 1 s，执行灯泡检查；当冷却液箱中的冷却液低于最低推荐高度时，发动机冷却液液面指示灯模块内的发动机冷却液开关将指示灯搭铁，指示灯启亮。

3. 低清洗液指示灯

当风窗玻璃清洗液液面开关(风窗玻璃清洗液液面开关)检测到液面过低时，低清洗液指示灯启亮。

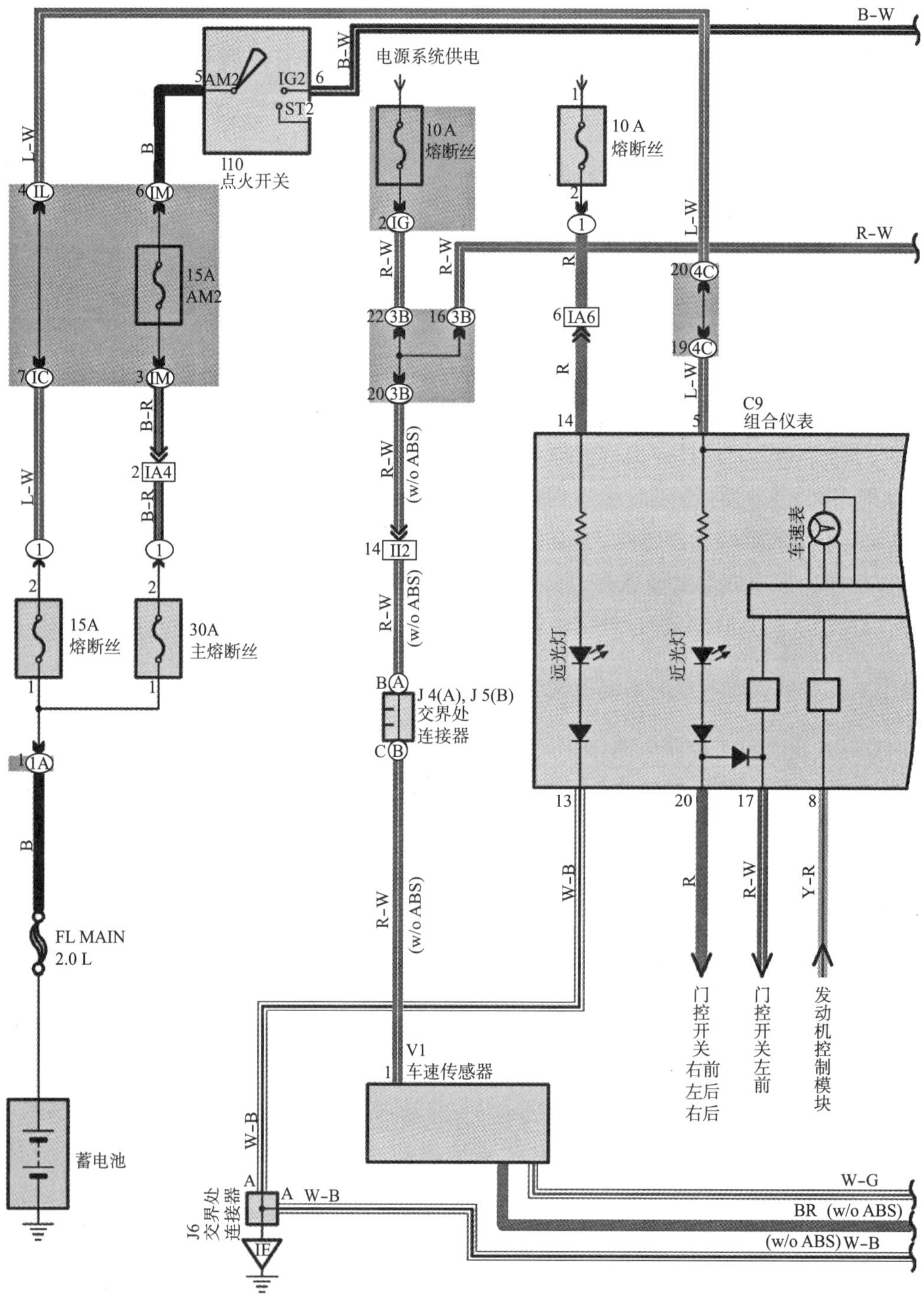

图 7-24　丰田卡罗拉组合仪表(一)

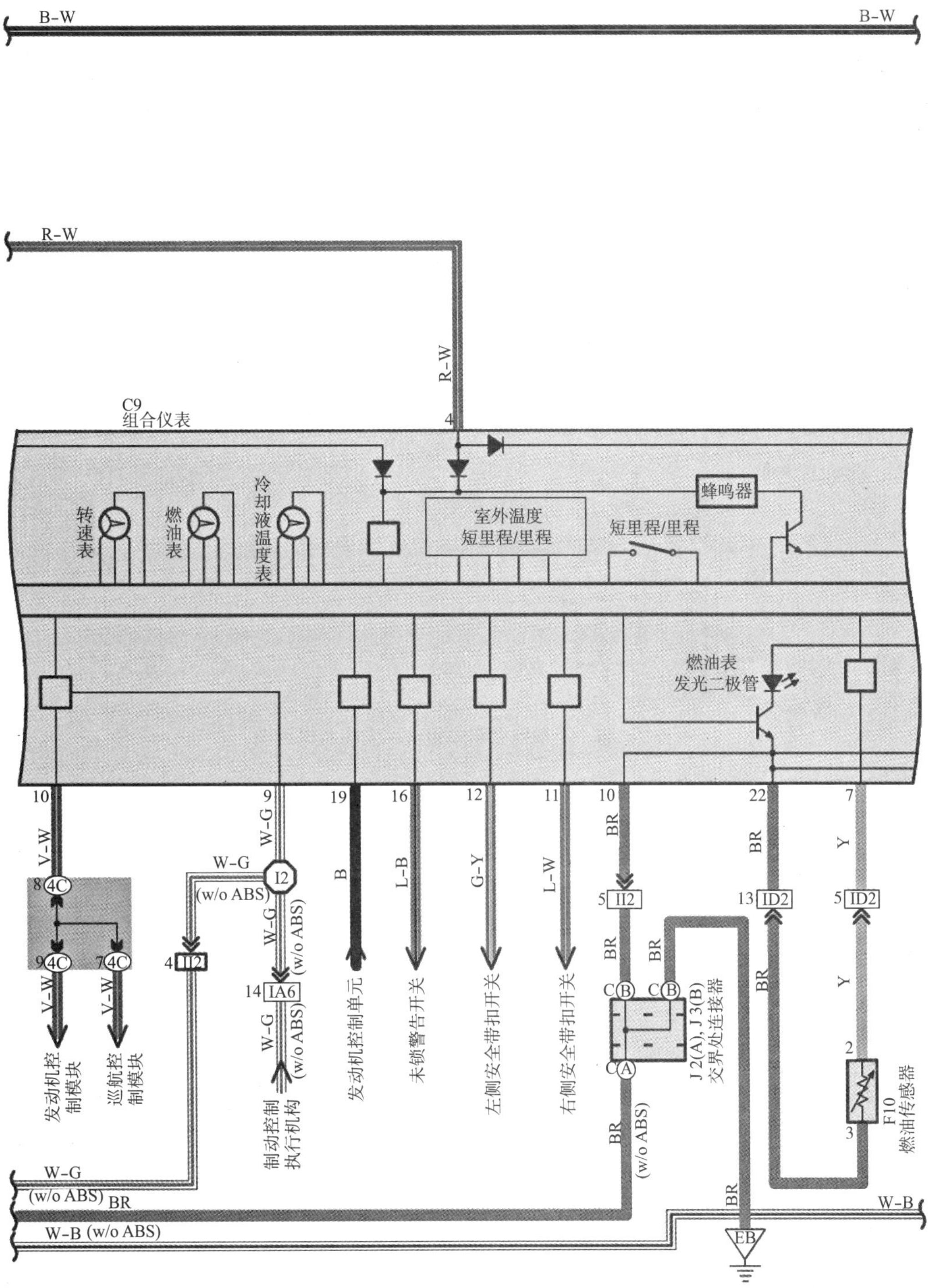

图 7－25　丰田卡罗拉组合仪表(二)

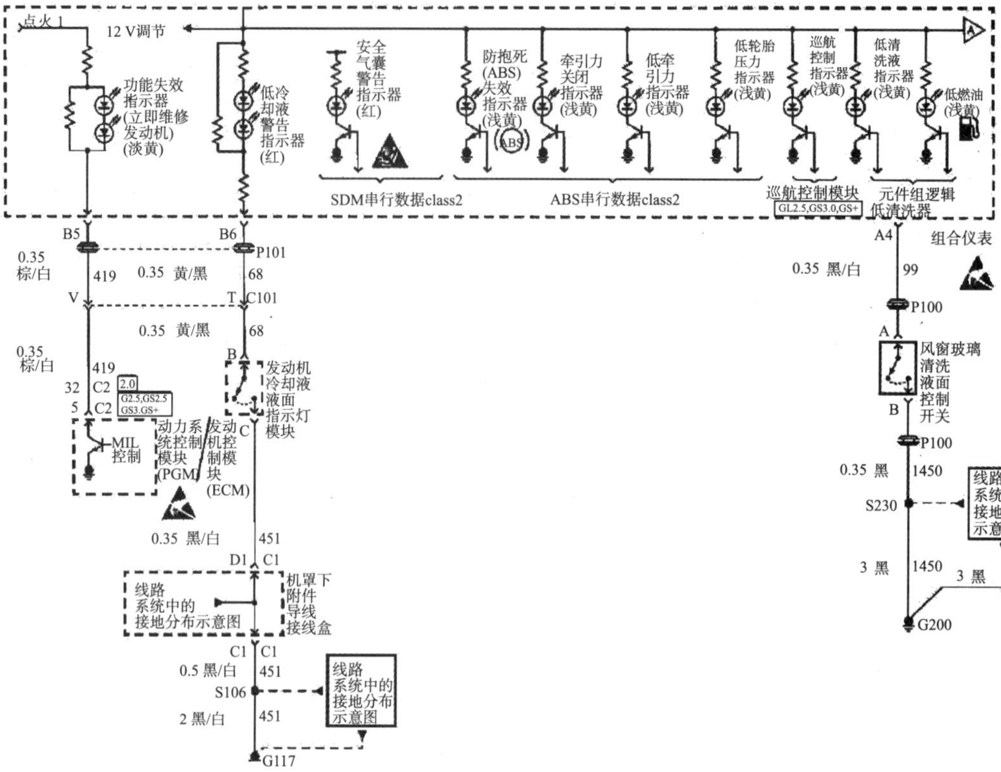

图 7－26 通用别克君威组合仪表控制电路图

7.5 仪表与报警系统常见故障分析

仪表系统部件常见故障，如表 7－1 所示。

表 7－1 仪表系统部件常见故障表

序号	系统部件	常见故障	故障原因
1	机油压力表	油压表失灵	(1) 机油压力表故障； (2) 机油压力传感器故障； (3) 连接导线断路； (4) 发动机润滑系统故障
		指针示值不准	(1) 压力表故障； (2) 传感器故障
2	冷却液温度表	发动机工作时，指针总指最低温度	(1) 冷却液温度表电源线断路； (2) 冷却液温度表故障； (3) 传感器故障； (4) 温度表至传感器的导线断路
		接通点火开关，指针指向最高温度	(1) 温度表至传感器导线搭铁； (2) 传感器内部搭铁

（续表）

序号	系统部件	常见故障	故障原因
3	燃油表	接通点火开关后指针指向“无油”位置	(1) 传感器内部搭铁或浮子损坏； (2) 燃油表至传感器的导线搭铁； (3) 燃油表电源线断路； (4) 燃油表内部故障
		接通点火开关后，指针指向“油满”位置	(1) 燃油表至传感器导线断路； (2) 传感器内部断路
4	车速里程表	车速里程表不工作	(1) 传感器故障； (2) 仪表故障； (3) 线路故障
5	发动机转速表	转速表不工作	(1) 仪表故障； (2) 线路故障

本章小结

(1) 汽车组合仪表主要包括车速里程表、发动机转速表、冷却液温度表、燃油表、机油压力表等；报警系统主要包括制动压力报警、制动液液面报警、机油压力报警、燃油量报警、冷却液温度报警、倒车报警、座椅安全带报警以及电控系统故障报警等。

(2) 电子组合仪表从各种传感器接收信号，通过仪表中的控制单元和各种集成电路处理各种信号，然后以数字形式在真空荧光显示器显示出来，电子组合仪表的组成可分为各种传感器、控制单元和集成电路以及真空荧光显示器等。

复习思考题

1. 填空题

(1) 汽车组合仪表主要包括________表、________表、________表、________表、________表等。

(2) 报警系统主要包括________报警、________报警、________报警、________报警、________报警、________报警等。

(3) 燃油表的刻度“F”表示________、“E”表示________，同时仪表还具有低油量报警功能，当油量低于允许值时，________亮起。

(4) 电子组合仪表由________、________和________等组成。

(5) 电子组合仪表从________接收信号，通过仪表中的________处理各种信号，然后以数字形式在________显示出来。

2. 选择题

(1) 下面不属于仪表上的报警装置的是(　　)。

A. 充电指示灯　B. 发动机故障指示灯　C. 远光指示灯

(2) 冷却液温度传感器是(　　)的电阻。

A. 负温度系数式　B. 正温度系数式　C. 滑变电阻式

(3) 车辆行驶时某系统出现故障，则仪表板上相关警报灯(　　)。

A. 亮起　B. 熄灭　C. 先亮起后熄灭

(4) 燃油量传感器是(　　)的电阻。

A. 负温度系数式　B. 正温度系数式　C. 滑变电阻式

(5) 接通点火开关，燃油表指针不动，故障原因不可能是(　　)。

A. 燃油表　B. 燃油量传感器　C. 燃油表至燃油量传感器导线搭铁

3. 判断题

(1) 机油压力传感器一般装在发动机主油道上。(　　)

(2) 机油压力系统中，如机油压力越大，系统电流越大。(　　)

(3) 冷却液温度传感器一般装在发动机气缸盖上。(　　)

(4) 燃油量报警装置是采用热敏电阻式的传感器。(　　)

(5) 冷却液温度报警传感器是采用负温度系数的可变电阻。(　　)

(6) 机油压力传感器损坏，会造成机油压力表指针指示到底的故障。(　　)

(7) 将冷却液温度传感器导线搭铁，冷却液温度表指针应立即偏摆到底。(　　)

4. 简答题

(1) 汽车上有哪些仪表？各有什么作用？

(2) 汽车上有哪些报警指示灯系统？各有什么作用？

(3) 简述冷却液温度表的工作原理。

(4) 简述燃油表的工作原理。

(5) 简述车速里程表的结构和工作原理。

(6) 简述电子组合仪表的组成和工作原理。

(7) 接通点火开关，燃油表不动，分析故障原因。

(8) 怀疑冷却液温度表指示值不准，如何检查？

8 音响娱乐系统

学习目标

知识目标

(1) 熟悉汽车音响娱乐系统的功能；

(2) 了解汽车音响娱乐系统的结构组成及各组成部分的工作原理；

(3) 了解汽车音响娱乐系统的工作原理；

(4) 掌握汽车音响娱乐系统简单故障诊断和排除方法。

能力目标

(1) 能熟练使用维修手册；

(2) 学会使用万用表对系统部件的检测方法；

(3) 学会汽车音响娱乐系统简单故障诊断方法。

8.1 概述

汽车音响的发展史也是电子技术的发展史，电子技术的每项重大的技术进步都推动着汽车音响的发展。早在1923年美国首先出现了装配无线电收音机的汽车，随后许多汽车都步其后尘，在仪表板总成上安装了无线电收音机。早期车用无线电收音机采用的是电子管，直到20世纪50年代出现半导体技术后，汽车收音机出现了技术革命，用半导体管逐步取替了电子管，提高了汽车收音机的寿命。20世纪70年代初，卡式收录机进入了市场，一种可播放卡式录音带的车用收放两用机出现在汽车上，同时机芯开始应用集成电路。直至20世纪80年代末，一般汽车的音响多以一个卡式收放两用机与一对扬声器为基础组合，扬声器分左右两路声道，有的置于仪表板总成的两侧，有的置于车门，有的置于后座的后方，收放两用机输出功率多在20 W左右。

汽车音响娱乐系统如图8-1所示。如今的汽车音响又向大功率多路输出、多扬声器环绕音响、多碟式镭射CD等方向发展。世界音响制造商也将汽车音响辟为一个专门的工业部门，针对汽车的特殊环境，充分考虑车厢的音响效果，采用高新技术制造汽车音响设备，其播送的音响效果完全能与家用音响相媲美。例如，日本LEXUS LS400型汽车的AM/FM音响系统就有5个放大器，配有7个分频扬声器，包括2个拱形高频扬声器，4个宽频带扬声器和一个后装式8寸低频扬声器，使整个车厢充满了立体音的环回感受。

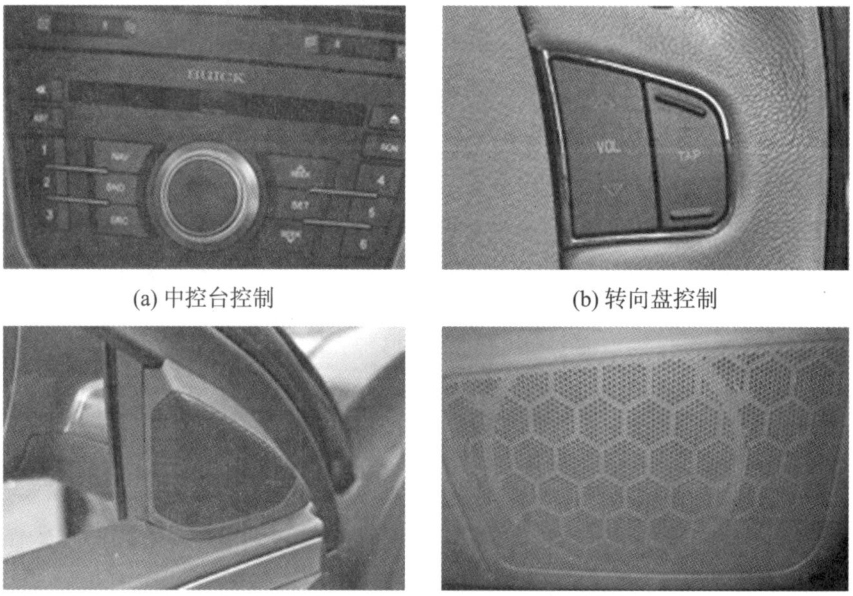

(a) 中控台控制　(b) 转向盘控制

(c) 音响系统扬声器位置

图8-1　汽车音响娱乐系统

目前，已经有各种供汽车专用的高级音响设备，一些汽车音响爱好者将大功率放大器和电子网络器安置在汽车行李箱内，将超低音大口径扬声器和其他型号扬声器分别嵌入后窗下围板和车门板上，使用独立的直流电源，功率输出达上百瓦以上，音色浑厚优美，高低有错，把车厢内狭小的空间变成了令人愉快的音乐欣赏室，予人以美的享受。

一些高档汽车采用多媒体控制系统，它集成了车辆控制、功能设定、信息娱乐、导航系统、车载电话等多项功能，驾驶人可方便快捷地从中查询、设置、切换车辆系统的各种信息，从而使车辆达到理想的运行和操纵状态。该系统不但体现了先进的技术和超前的设计理念，还给用户提供了简捷实用的人车交流平台。

8.2 音响娱乐系统的组成

汽车音响娱乐系统根据车型和等级的不同其组成也有所相同，用户可以根据需要选择相关的部件。一般中档汽车中音响娱乐系统主要由收音机、CD/VCD播放器、放大器、扬声器、控制开关、天线、DVD主机等部件组成，如图8-2所示；较高档汽车上配有多媒体互动系统，加装车载显示器和车载电话。

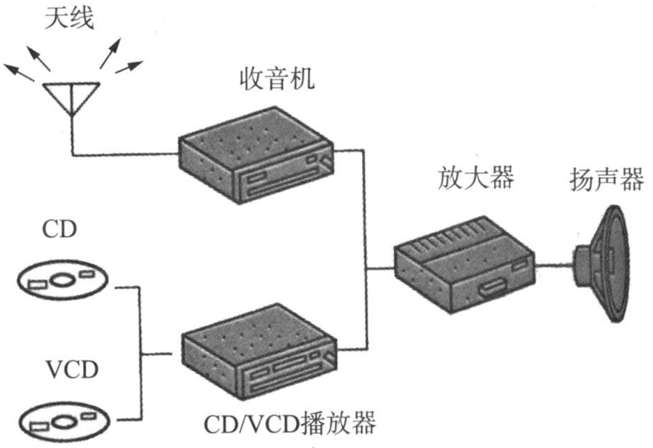

图8-2 汽车音响娱乐系统的组成

1. 收音机

收音机通过接收从许多广播电台发射的电波中的一种来选择某一需要收听的节目，如图8-3所示。它是利用天线接收电台发射的无线电波，并将它转变成声音信号，最后送至放大器。

在无线广播中，分为调幅广播AM和调频广播FM；收音机通过操作按钮来切换调幅广播AM和调频广播FM。

图8-3 收音机

2. CD/VCD播放器

CD/VCD播放器是将CD/VCD盘上所刻录的音乐或声音影像数字信号转变为原来的模拟信号。

3. 放大器

功率放大器(简称功放)又称信号放大器，基本功能是将音频信号进行功率放大(电流放大)，如图8-4所示。

4. 扬声器

扬声器(俗称喇叭)在整个音响系统中起决定性作用，它影响整个音响系统的风格。汽车音响系统中扬声器作为一个还原设备对声音进行还原，音质的好坏直接由扬声器来表现。

图 8-4　放大器

5. 天线

天线一般应用于收音机上。当打开收音机后，如果感觉效果不好，可以将天线拔出。高档汽车上的天线一般都是自动的，只需将点火开关接通，收音机打开时，天线自动升起，点火开关关闭时天线收回。

汽车天线有多种类型，常见的有后窗印刷型天线和杆式天线，另外还有些车辆则采用鲨鱼鳍天线，如图 8-5 所示。后窗印刷型天线是将导电漆涂在后窗玻璃上，其优点是不需折叠也不会生锈、耐用；杆式天线一般加装于前后翼子板或车顶后中部。

(a) 后窗印刷型天线

(b) 车顶鲨鱼鳍天线

图 8-5　天线

6. DVD 主机

通用别克君威 3.0GS 车型的音响娱乐系统由 DVD 主机（带屏幕）、两个头枕 DVD 屏幕和后备厢中的六碟碟盒组成，如图 8-6、8-7 所示。

(1) DVD 主机：DVD 主机位于仪表台中部，本机带有液晶显示屏，可放一张 DVD 光盘。

(2) DVD 换碟机：DVD 换碟机位于后备箱内，能放六张光盘，它的工作受 DVD 主机控制，能播放 CD、VCD 和 MP3 格式的光盘。

(3) 液晶显示屏：通用别克君威 3.0GS 汽车的 DVD 系统有三个液晶显示屏，一个在 DVD 主机上，另外两个在前座椅头枕的背面。后排座上乘员可以通过操作显示屏上的按键操作 DVD 和两个后显示屏的工作。为了保证行车安全，DVD 主机显示屏在行驶中不能打开，但两个后显示屏则不受此限制。显示屏不仅能显示音响内容，还可显示车载电话的某些功能信息。

7. 多媒体互动系统

奥迪 A6L 中装配了多媒体界面（Multi Media Interface，简称 MMI）系统。系统内部由多媒体操作、显示控制单元和其他功能系统控制单元共同组成。包括 CD 播放器、车载电话控制单元、导航控制单元、收音机、音响控制单元、TV 调谐器、网关等，如图 8-8 所示。这些控制单元通过光导纤维相互连接和传递信号，所有控制单元串联在一起，并形成闭环，如图 8-9 所示。

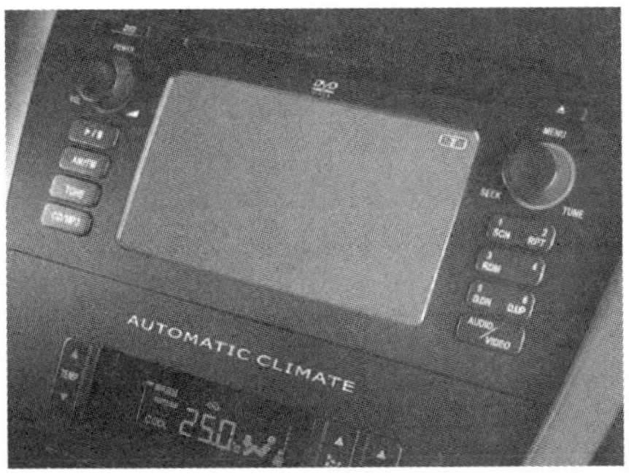

图 8－6　DVD 主机

图 8－7　头枕 DVD 显示屏

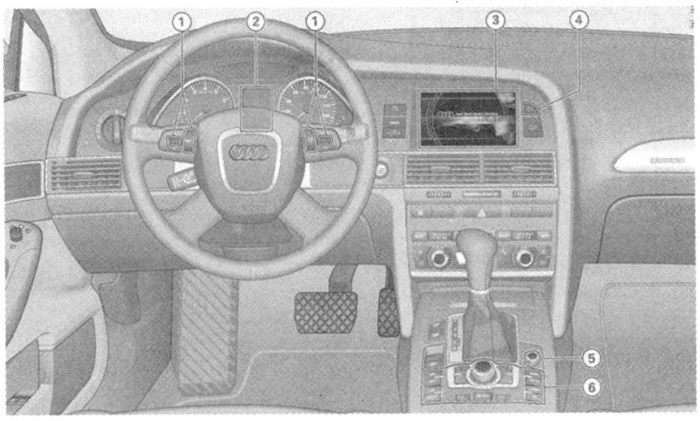

1—多功能转向盘；2—组合仪表显示屏；3—MMI 显示屏；4—MMI 显示屏伸缩按钮；
5—MMI 打开/关闭按钮；6—MMI 控制单元

图 8－8　奥迪 A6L 多功能转向盘、显示屏和 MMI 控制单元

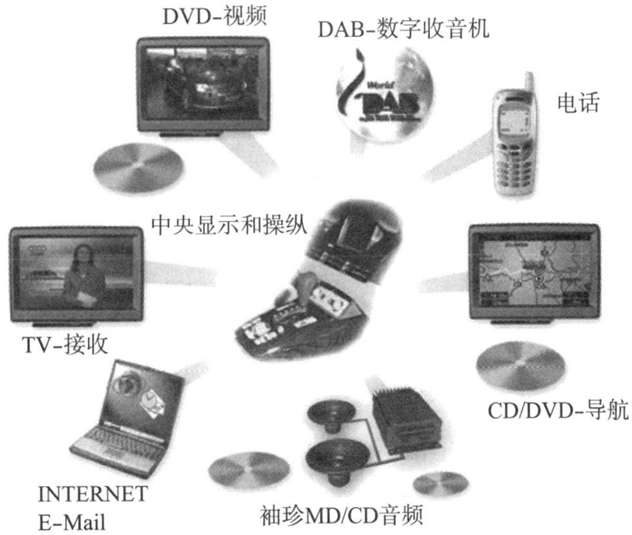

图 8－9　MMI 系统总览图

驾驶人通过操作面板上的按键输入信息，该信息被传送至多媒体控制单元（即 MMI 控制单元），然后由控制单元控制显示单元显示相关信息。系统可通过操作面板上的开关键打开或关闭，显示单元可通过其旁边的开关单独打开或关闭。

8.3 音响娱乐系统工作原理

8.3.1 传统音响娱乐系统工作原理

传统音响娱乐系统工作原理图，如图 8-10 所示。音响系统主机分别接收由天线模块、控制开关发送的天线放大信号和控制开关信号，经过处理、分析后控制扬声器工作。

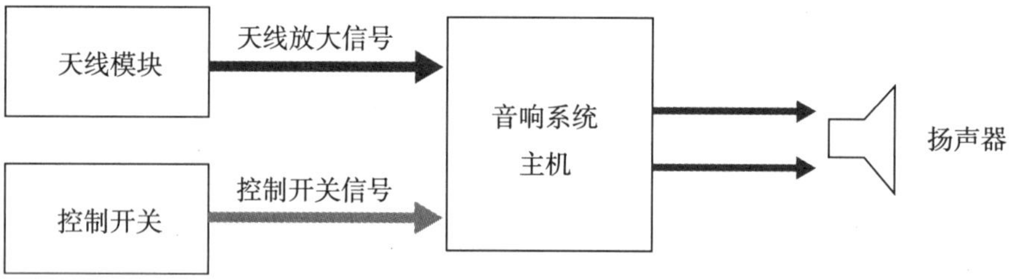

图 8-10 传统音响娱乐系统工作原理图

8.3.2 现代音响娱乐系统工作原理

通用别克君威现代音响娱乐系统工作原理如图 8-11 所示。DVD 主机通过接收控制开关发送的控制信号，实现音响娱乐系统各种功能的控制；通过接收 CD/VCD 换碟机发送的音频和视频信号，实现 DVD 主机和头枕显示器影像播放以及扬声器的音频输出。同时，与 CD/VCD 换碟机进行数据通讯；通过接收天线模块发送的天线放大信号，实现控制扬声器播放无线电广播；通过接收车载电话模块发送的音频信号和控制信号，实现驾驶人免提接听。

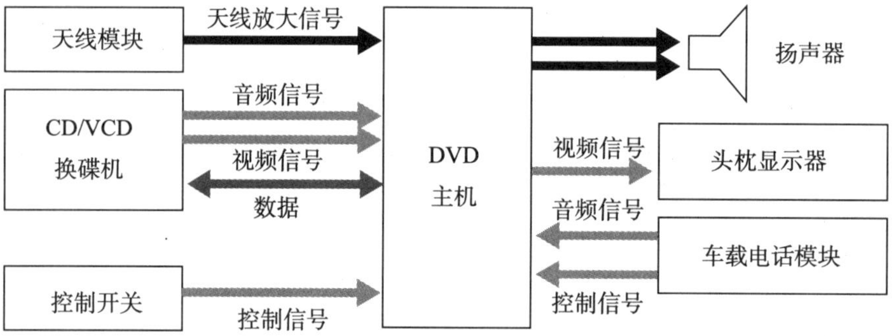

图 8-11 现代音响娱乐系统工作原理图

8.4 音响娱乐系统控制电路

8.4.1 丰田卡罗拉音响娱乐系统控制电路

丰田卡罗拉音响娱乐系统控制电路，如图 8-12、8-13 所示。

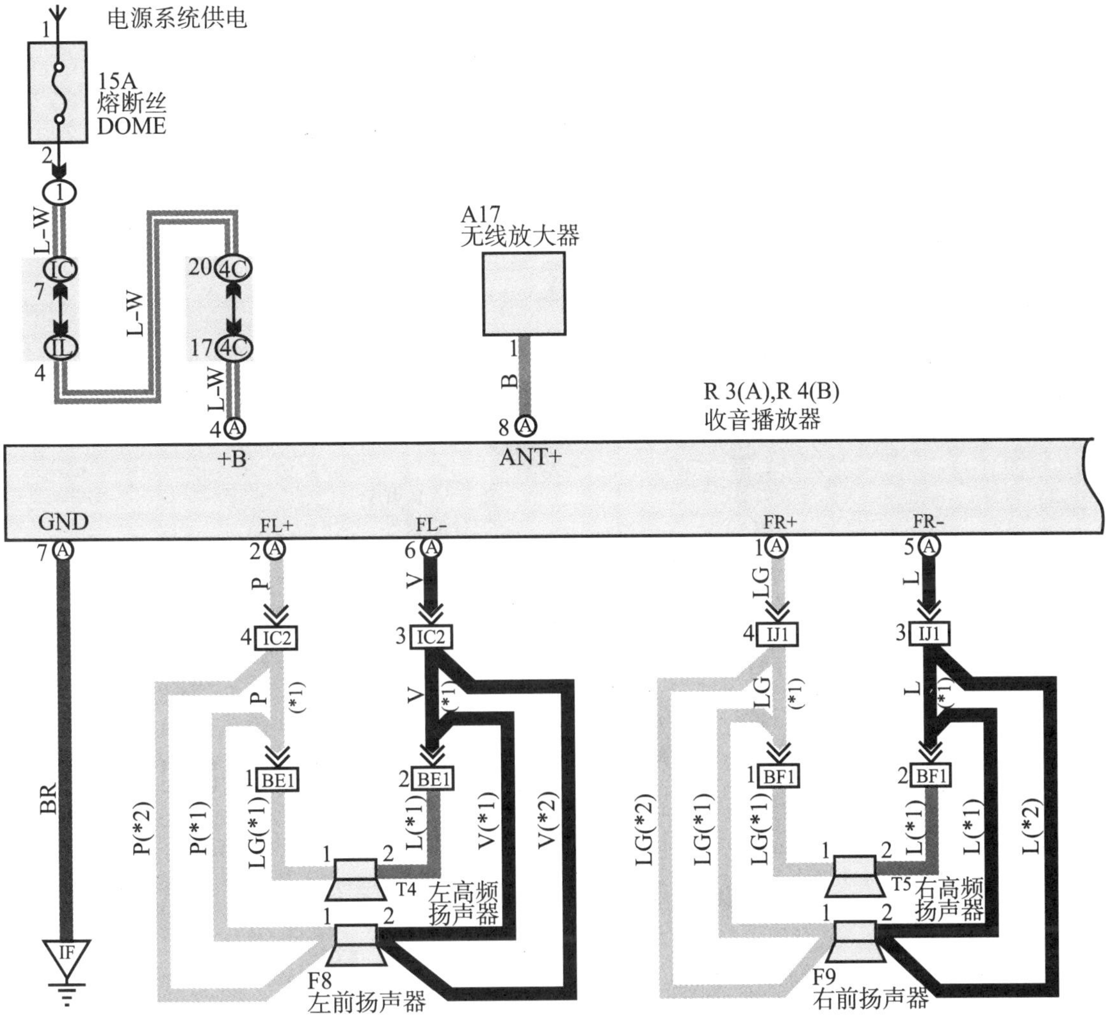

图 8-12　丰田卡罗拉音响娱乐系统电路图(一)

电源电压经熔断丝 DOME 15A 通过电路施加于收音机/播放器 A 插座上 4 端子+B，用来维持收音机/播放器的记忆；电源电压经熔断丝 CIG 15A 通过电路施加于收音机/播放器 A 插座上 3 端子 ACC，当此电路通电时，收音机/播放器才能工作。收音机/播放器通过 A 插座上 7 端子 GND 搭铁。收音机/播放器 A 插座上 8 端子 ANT+连接天线放大器；2 端子 FL+和 6 端子 FL—连接左高频扬声器和左前门扬声器；1 端子 FR+和 5 端子 FR—连接右高频扬声器和右前门扬声器。收音机/播放器 B 插座上 2 端子 RL+和 6 端子 RL—连接左后扬声器；1 端子 RR+和 3 端子 RR—连接右后扬声器。

8.4.2　别克君威音响娱乐系统控制电路

如图 8-14 所示，电源电压经熔断丝 E1—E2 通过电路 640 施加于收音机 C1 插座上端子 1，用来维持收音机记忆；电源电压经熔断丝 J7—J8 通过电路 43 施加于收音机 C1 插座上端子 2，当此电路通电时，收音机才能工作；电源电压经熔断丝 H9—H10、电路 32、前照灯开关通过电路 8 施加于收音机 C1 插座上端子 3，通过操纵前照灯开关来实现收音机面板亮度的调节；收音机经 C1 插座上端子 13 通过电路 351 于 G203 处搭铁。

如图 8-15、8-16 所示，电源电压经熔断丝 E1—E2 通过电路 640 施加于 DVD 机 C1 插座上端子 1，

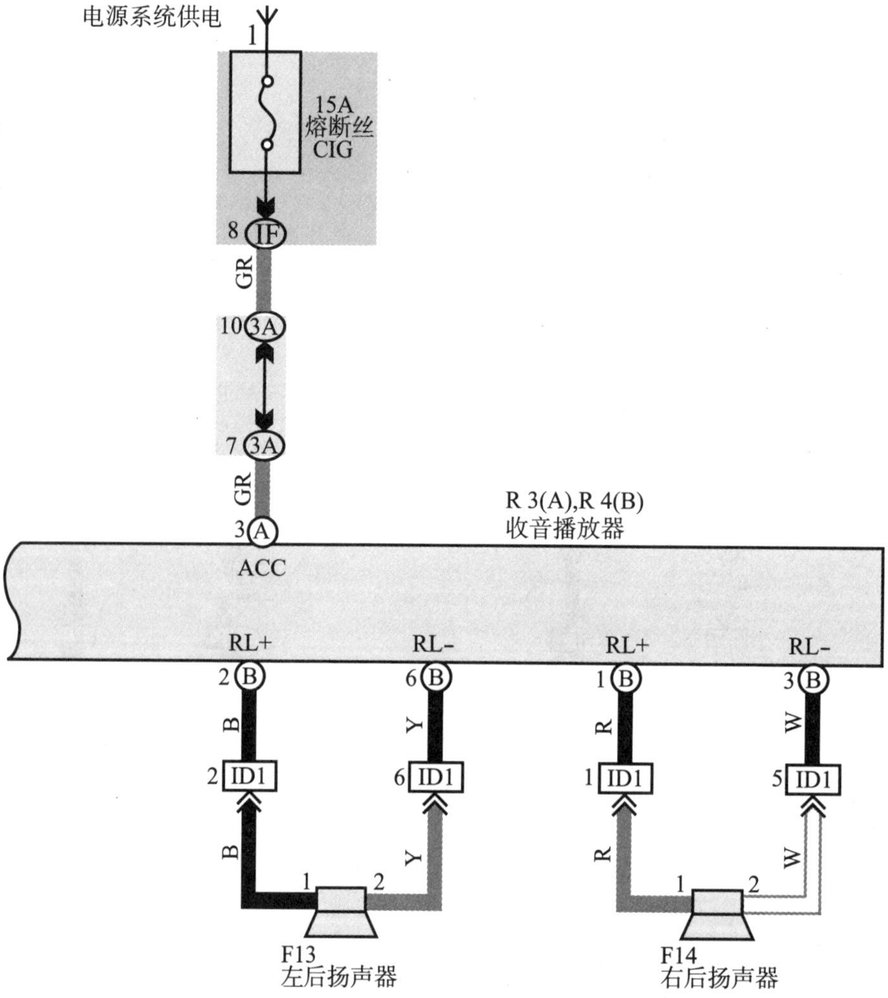

图 8－13　丰田卡罗拉音响娱乐系统电路图(二)

用来维持 DVD 机记忆;电源电压经熔断丝 J7—J8 通过电路 43 施加于 DVD 机 C1 插座上端子 2,当此电路通电时,DVD 机才能工作;电源电压经熔断丝 H9—H10、电路 32、前照灯开关通过电路 8 施加于 DVD 机 C1 插座上端子 4,通过操纵前照灯开关来实现 DVD 机面板亮度的调节;DVD 机经 C1 插座上端子 13 通过电路 351 于 G203 处搭铁。

DVD 机经 C1 插座上端子 5 通过电路 275 检测自动排挡开关位置。当汽车行驶时,仪表台上的 DVD 显示屏不能打开,两个后显示屏能打开且扬声器有声音输出,以保证行车安全;只有当变速杆位于 P(驻车)挡时,C1 插座上端子 5 才有 12V 电源,仪表台上的 DVD 显示屏才能打开;当变速杆移离 P 挡时,主机显示屏关闭。DVD 机经 C2 插座上端子 14 通过电路 835 与数据链路插头通讯,进行数据输出,供通用公司专用扫描工具 Tech 2 检测使用。DVD 机分别经 C1 插座上端子 18、端子 19 通过电路 1011 和电路 1796 接收后座音响控制信号(比较电压)和转向盘音响控制信号(比较电压)。

如图 8－17 所示,收音机天线模块由 DVD 机经 C1 插座上端子 17 通过电路 145 提供电源,通过电路 351 于 G203 处搭铁;收音机天线模块工作后接收后窗天线栅格的输入信号,经处理后发送至 DVD 机。

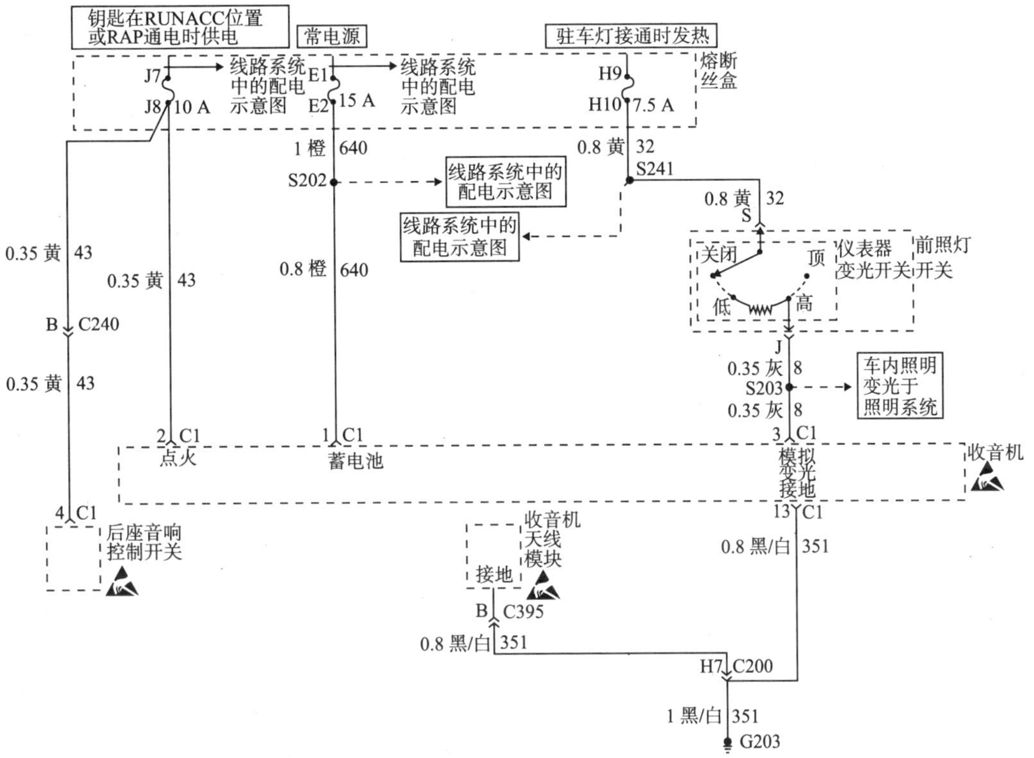

图 8-14　通用别克君威音响娱乐系统电路图(一)

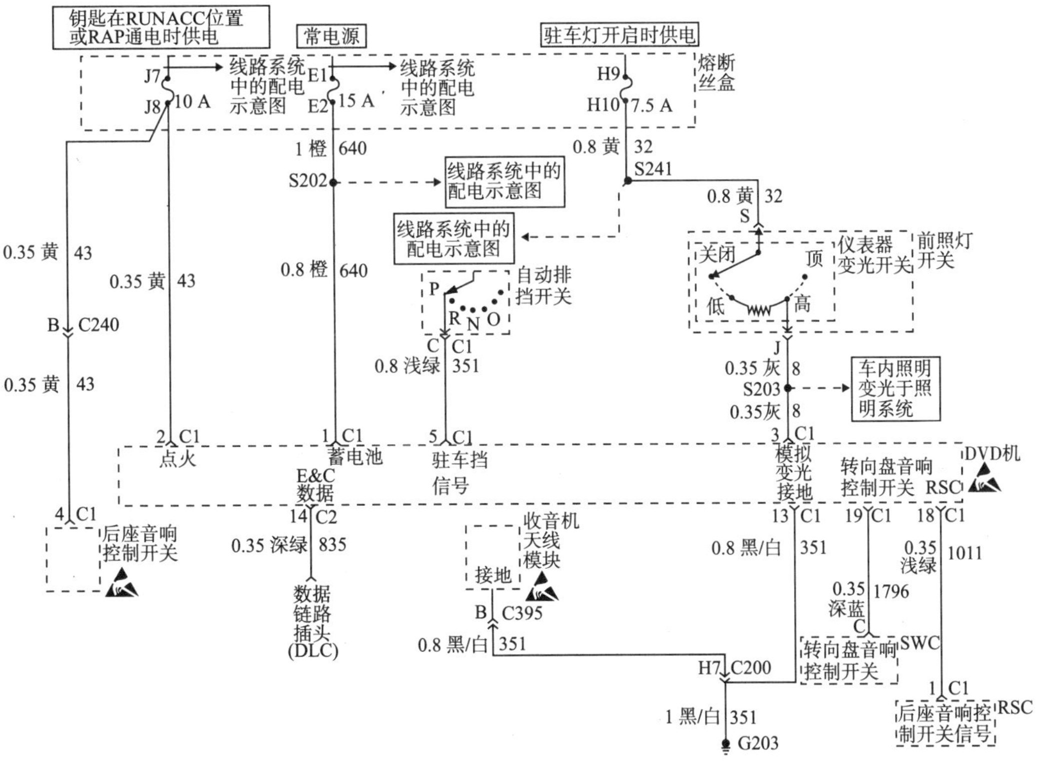

图 8-15　通用别克君威音响娱乐系统电路图(二)

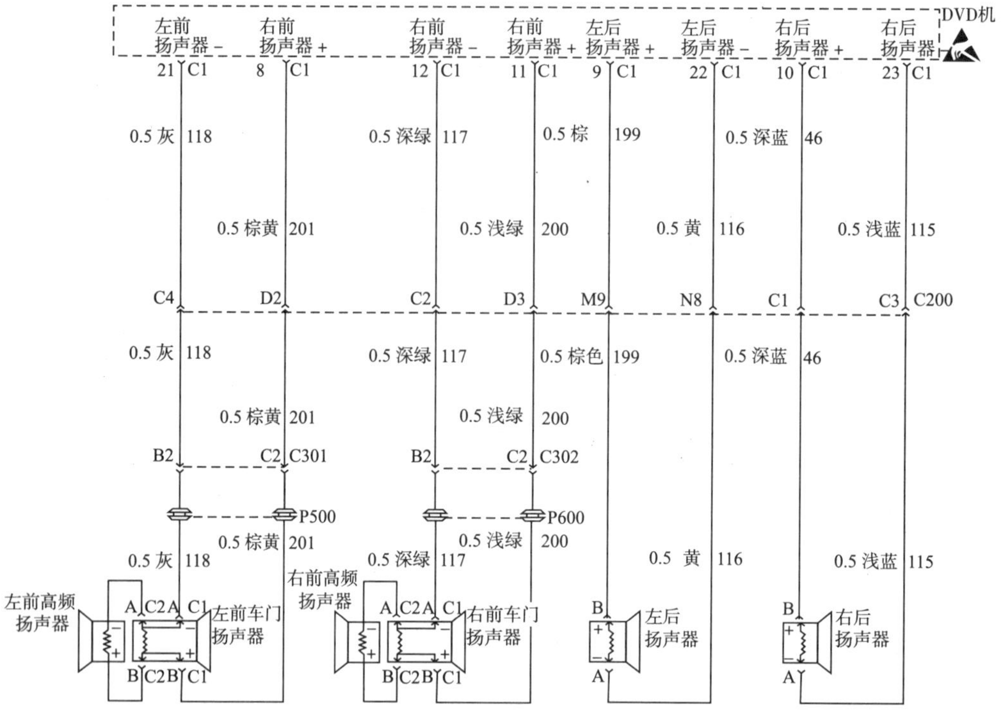

图 8－16　通用别克君威音响娱乐系统电路图(三)

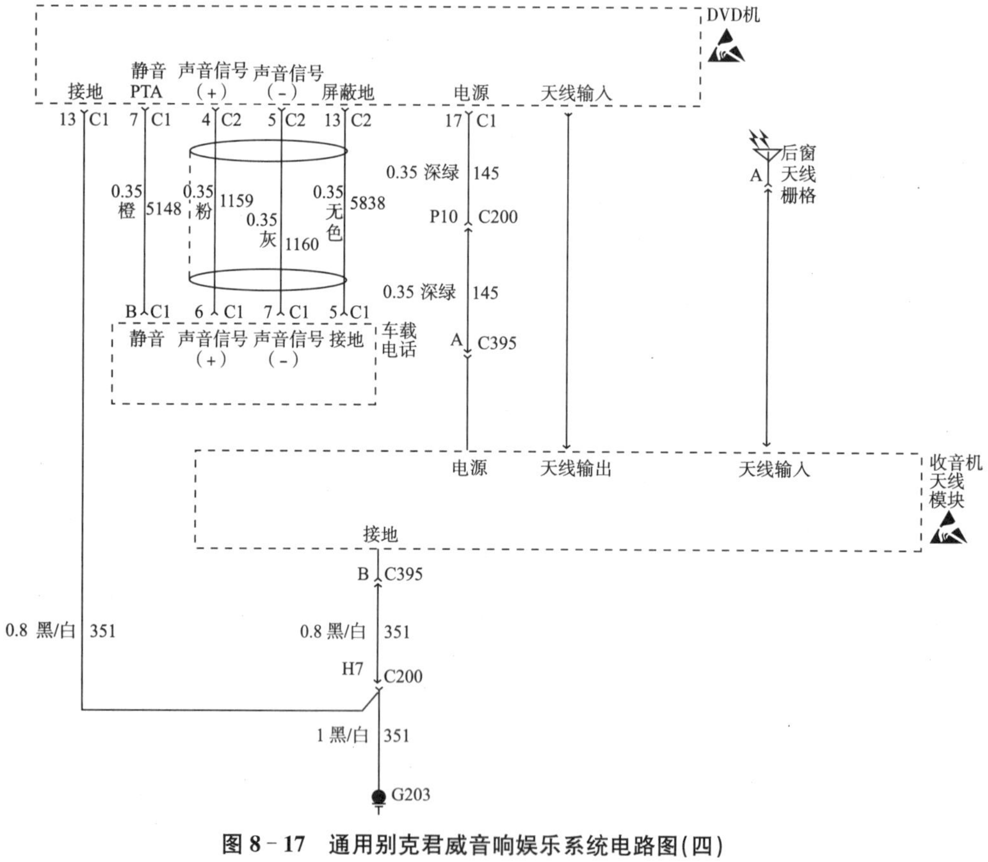

图 8－17　通用别克君威音响娱乐系统电路图(四)

如图 8－18 所示，DVD 主机通过电路 955 为 6CD/VCD/MP3 换碟机提供 12V 电压；通过电路 953 为 6CD/VCD/MP3 换碟机提供搭铁回路；通过电路 951 和电路 952 与 6CD/VCD/MP3 换碟机进行数据交换。DVD 主机分别通过电路 971 和电路 979 控制左/右侧头枕显示屏的亮度，电压为 12 V 时屏幕为高亮度，电压为 0 V 时屏幕为低亮度；当开启灯光时，电压为 0 V，屏幕为低亮度。

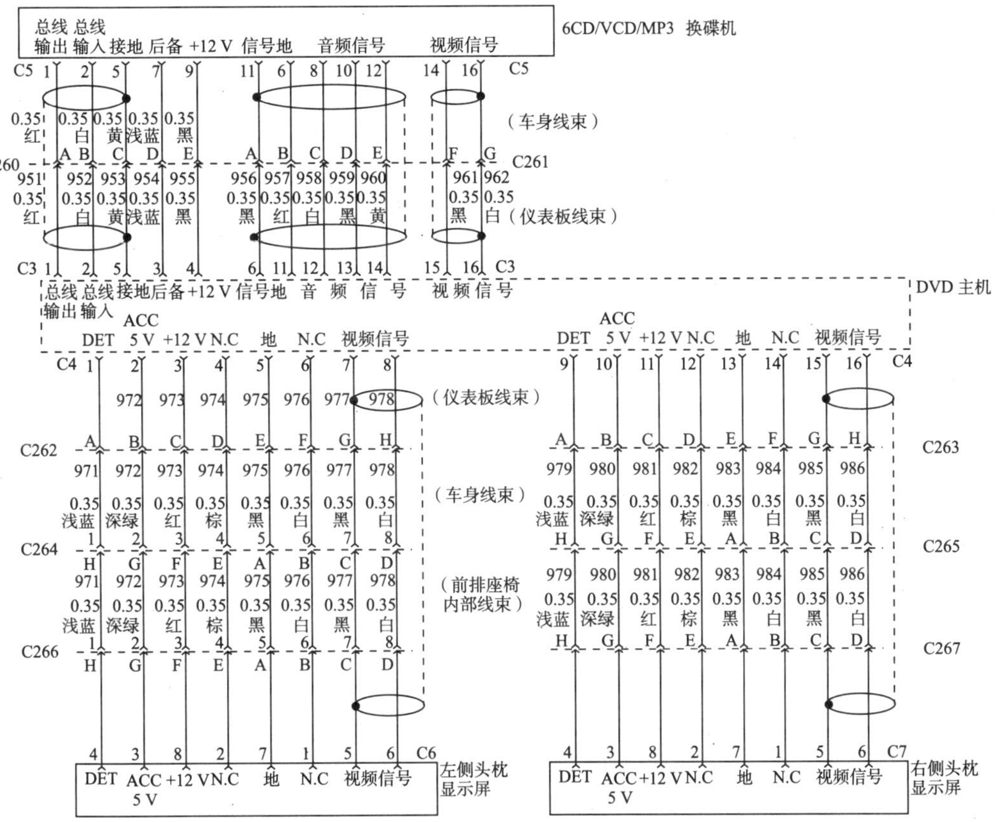

图 8-18　别克君威音响娱乐系统电路图(五)

8.5　音响娱乐系统常见故障分析

音响娱乐系统常见故障现象如表 8-1 所示。

表 8-1　**音响娱乐系统常见故障表**

序号	常见故障现象	故障原因
1	收不到电台	(1) 天线松脱； (2) 天线搭铁短路
2	不开机	(1) 熔断丝烧毁； (2) 电源线断路； (3) 搭铁线断路； (4) 电源开关损坏
3	单个扬声器不出声	(1) 线路断路； (2) 扬声器损坏
4	收音机锁死	(1) 安装了其他车辆的收音机； (2) 匹配输入密码错误

本章小结

(1) 一般中档汽车中音响娱乐系统主要由收音机、CD/VCD播放器、放大器、扬声器、控制开关、天线、DVD主机等部件组成；较高档汽车上配有多媒体互动系统，加装车载显示器和车载电话。

(2) 传统音响娱乐系统工作原理：音响系统主机分别接收由天线模块、控制开关发送的天线放大信号和控制开关信号，经过处理、分析后控制扬声器工作。

(3) 现代音响娱乐系统工作原理：DVD主机通过接收控制开关发送的控制信号，实现音响娱乐系统各种功能的控制；通过接收CD/VCD换碟机发送的音频和视频信号，实现DVD主机和头枕显示器影像播放以及扬声器的音频输出。同时，与CD/VCD换碟机进行数据通讯；通过接收天线模块发送的天线放大信号，实现控制扬声器播放无线电广播；通过接收车载电话模块发送的音频信号和控制信号，实现驾驶人免提接听。

复习思考题

1. 填空题

(1) 高档汽车采用多媒体控制系统，它集成了车辆控制、________、________、________、________等多项功能。

(2) 功率放大器的基本功能是将音频信号进行________。

(3) 汽车收音机天线有________天线、________天线和________天线。

(4) 传统音响娱乐系统主机接收由________、________发送的天线放大信号和控制开关信号，经过处理、分析后控制________工作。

(5) 奥迪MMI系统内部由多个控制单元组成，控制单元通过________相互连接和传递信号。

2. 判断题

(1) 在无线广播中，分为调幅广播AM和调频广播FM。 (　　)

(2) CD/VCD播放器是将CD/VCD盘上所刻录的音乐或声音影像模拟信号转变为原来的数字信号。 (　　)

(3) 奥迪MMI系统所有控制单元都是并联在一起的。 (　　)

(4) 高档汽车上的天线一般都是自动的，只需将点火开关接通，收音机打开时，天线自动升起，点火开关关闭时天线缩回。 (　　)

(5) 一般中档汽车中音响娱乐系统主要由收音机、CD/VCD播放器、放大器、扬声器、控制开关、天线、DVD主机等部件组成。 (　　)

3. 简答题

(1) 简述音响娱乐系统的类型及组成。

(2) 简述传统音响娱乐系统的工作原理。

(3) 简述现代音响娱乐系统的工作原理。

(4) 简述奥迪 A6L 装配的 MMI 系统的组成及功能。

(5) 音响娱乐系统常见故障有哪些?

9 电动风窗刮水器及洗涤器系统

学习目标

知识目标

(1) 了解汽车电动风窗刮水器及洗涤器系统分类和组成；

(2) 熟悉汽车电动风窗刮水器及洗涤器系统结构和工作原理；

(3) 掌握汽车电动刮水器及洗涤器系统电路的分析方法；

(4) 熟悉电动风窗刮水器及洗涤器系统主要部件常见的失效形式；

(5) 掌握典型车系电动风窗刮水器系统常见故障分析方法。

能力目标

(1) 熟悉维修手册的使用方法；

(2) 学会使用万用表对系统部件的检测方法；

(3) 学会汽车电动风窗刮水器及洗涤器系统检测方法。

9.1 概述

汽车风窗玻璃刮水器和洗涤器是用以刮刷风窗玻璃外表面上雨水、霜雪和尘埃物质的重要安全装置。性能优异的刮水器能够增加司机对外界的能见度。特别是随着车速增加、车箱封闭、风窗玻璃大型化和曲面化的趋势，对视野清晰度的要求就格外迫切。汽车上装备风窗玻璃刮水器和洗涤器主要实现前风窗玻璃刮水、后风窗玻璃刮水、前照灯清洗、风窗玻璃清洗等功能。风窗玻璃刮水器工作必须满足以下要求：刮水面积和清洁的风窗玻璃面积必须要有一定的大小，以便驾驶人有足够的视野看到行车道边线、交通标志和交通信号灯；刮水器必须质量可靠，要有足够的耐腐蚀性；在高温达＋80℃，低温达－30℃时能长期有效地工作。

一般汽车的前风窗玻璃上装有两个刮水片，有些汽车后风窗玻璃也装有一个刮水片，一些高级汽车的前照灯上也装有刮水片，如图 9－1、9－2 所示。

图 9－1　刮水器

图 9－2　前照灯刮水器

汽车上目前广泛采用电动式刮水器，电动式刮水器由开关控制，可以实现高速、低速、点动及间歇四个工作挡位，同时还有自动复位的功能。一些汽车装备自动刮水系统，在遇到下雨时，可由电控单元自动驱动刮水器运转，在雨停止时自动停止刮水器运转，不需要驾驶人操心，舒适方便。

9.2 电动风窗刮水器及洗涤器系统的组成

普通电动刮水器系统主要由操纵开关、刮水传动机构、刮水电动机、刮水片等部分组成；自动刮水系统还装有雨量传感器、控制单元等。

操纵开关主要用于实现刮水器不同的工作模式，如高速、低速、点动、间歇及自动工作，操纵开关总成一般安装于转向柱上，如图 9－3 所示。

传统的刮水控制系统采用开关继电器控制，而现代的刮水控制系统则采用控制单元(如车身控制模块 BCM)以实现精确灵活的控制，并且带有系统故障自诊断功能。控制电脑接收由操纵开关输入的刮水器工作模式的信号，进行存储、计算，输出信号控制电动刮水器执行装置，如图 9－4 所示。

刮水电动机一般有永磁式和电磁式两种，永磁式电动机结构简单、体积小、可靠性好，目前应用广泛，电动机安装于前风窗玻璃下侧。

刮水传动机构主要由涡轮箱、曲柄、拉杆、摆杆、摆臂等组成。一般电动机和蜗杆箱结合成一体组成刮水器电动机总成，曲柄、拉杆和摆杆等杆件可以把涡轮的旋转运动转变为摆臂的往复摆动，使摆臂上的刮水片实现刮水动作，如图 9－5 所示。

图 9-3 操纵开关

图 9-4 刮水电动机

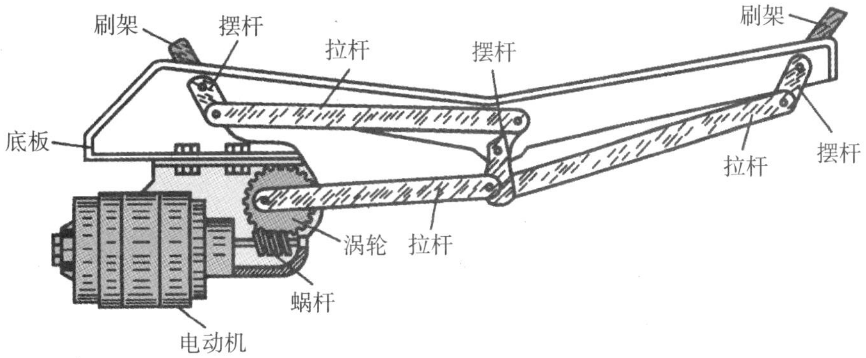

图 9-5 刮水传动机构

新型柔性齿条传动刮水器，如图 9-6 所示，这种刮水器与一般拉杆传动式刮水器相比，具有体积小，噪音低等优点，而且可将刮水电动机总成安装在空间较大的地方，便于维修。

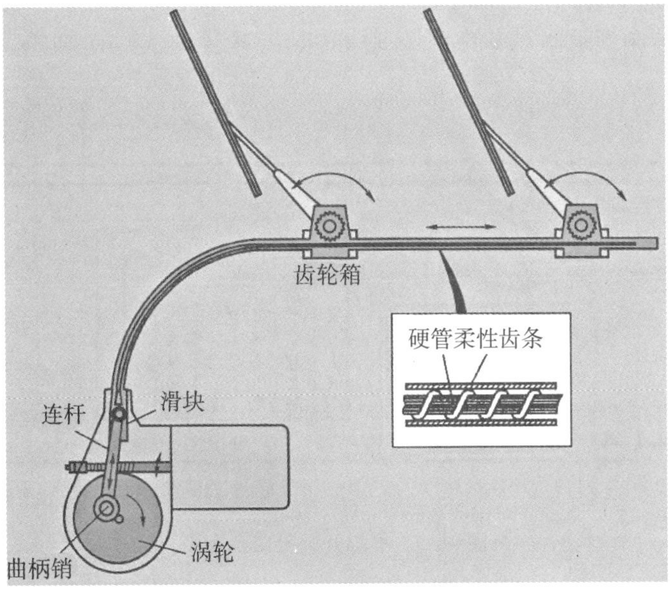

图 9-6 柔性齿条刮水器

风窗玻璃洗涤器是由储液箱、洗涤泵、软管、喷嘴等组成，如图 9-7 所示。储液箱内装有洗涤液，当储液箱内无洗涤液时，禁止操作洗涤器。洗涤泵由永磁电动机和离心式叶片泵组成一体，喷射压力约 70～88 kPa。洗涤泵一般直接安装在储液罐上，但也有安装在管路上，在离心泵进口处设置有滤清器。喷嘴安装在风窗玻璃下面，其喷嘴方向可以调整，使水喷射在风窗玻璃的适当的位置，喷嘴直径一般为

0.8～1 mm，如图 9-8 所示。洗涤器操作时，每次不应超过 15 s。

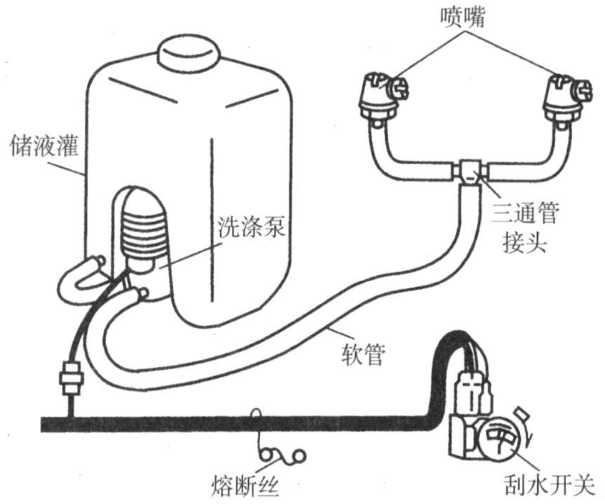

图 9-7　风窗玻璃洗涤器结构图

图 9-8　洗涤器喷嘴位置图

9.3　电动风窗刮水器及洗涤器系统工作原理

9.3.1　电动风窗刮水器系统组成部件工作原理

1. 操纵开关

通用别克君威汽车操纵开关电路，如图 9-9 所示，操纵开关总成通过多个联动开关产生三路信号分别输入控制单元，从而控制刮水器实现低速、高速、间歇、除雾、停机复位等功能。

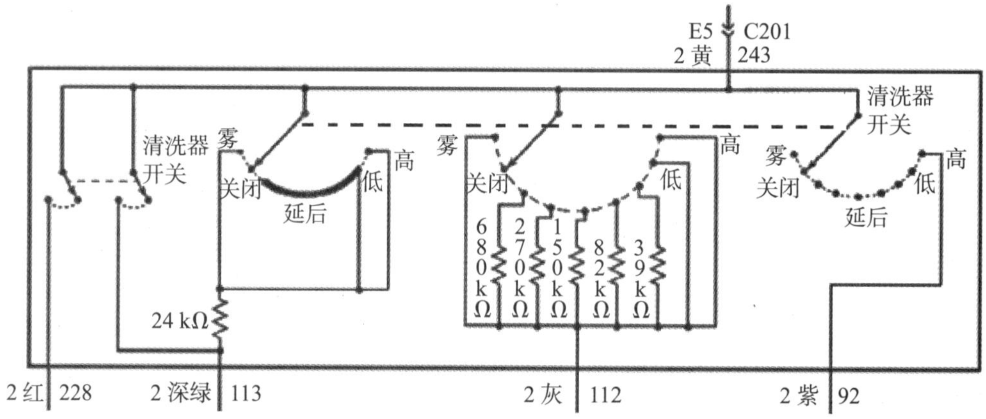

图 9-9　操纵开关电路示意图

2. 电动风窗刮水器执行装置工作原理

1）电动刮水器永磁式电动机变速工作原理

永磁式刮水器电动机的磁场由永久磁铁、电枢、电刷、涡轮和蜗杆等组成，如图 9-10 所示。通电时，电枢转动，将电动机的旋转运动由轴端的蜗杆传给涡轮，经传动机构转化为往复运动。

由于永磁式电动机的磁场强弱是不能改变的，为了改变刮水电动机的转速，实现变速刮水，所以采用三刷式电动机，如图 9-11 所示。电动机有低速电刷 B_1、高速电刷 B_2 和一个共用搭铁电刷 B_3 三个电

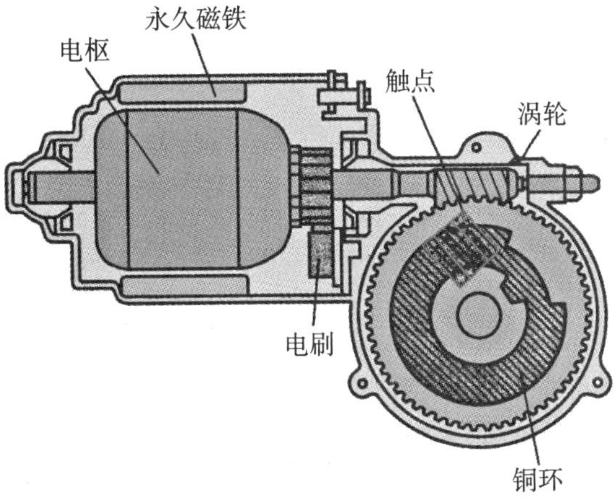

图 9-10　永磁式刮水电动机的结构

刷，利用三个电刷来改变串联在 B_1、B_2 与 B_3 之间的不同电枢绕组数来实现变速的。刮水电动机工作时，在电枢内产生反电动势，其方向与电枢电流方向相反。若使电枢旋转，外加电压必须克服反电动势作用。当电动机转速升高时，只有当外加电压等于反电动势时，电枢的转速才能稳定。

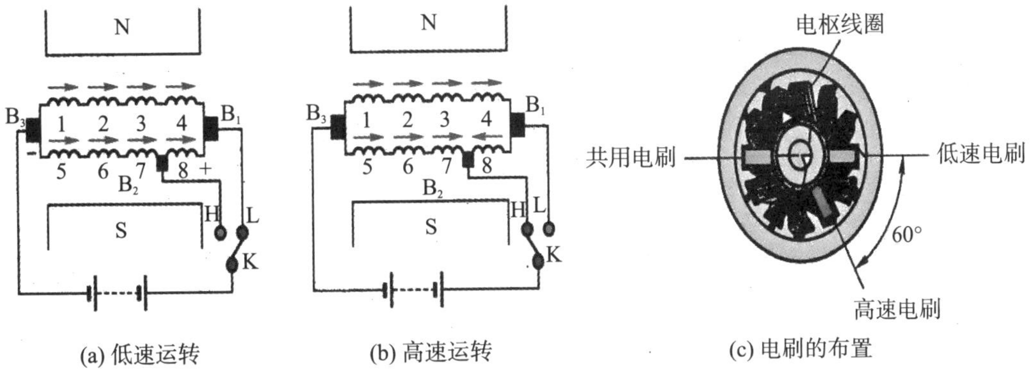

(a) 低速运转　(b) 高速运转　(c) 电刷的布置

图 9-11　永磁式刮水电动机的变速原理

(1) 低速运转

当开关触点 K 与触点 L 接合时，电源电压施加于电刷 B_1 和 B_3 之间，电动机内部电路为对称的两条并联支路，每条支路上各有 4 个绕组串联，反电动势的大小与支路中反电动势的大小相等。由于外加电压需要平衡 4 个绕组所产生的反电动势，故电动机低速运转。

(2) 高速运转

当开关触点 K 与触点 H 接合时，电源电压施加于电刷 B_2 和 B_3 之间，电动机内部电路为非对称的两条并联支路，其中绕组 8 与绕组 1、2、3、4 的反电动势方向相反，互相抵消后，使每条支路只有 3 个绕组对外产生反向电动势，从而减少总反向电动势，增加了线圈的总电流，电动机的转速升高。

2) 传动机构工作过程

电动机的旋转运动由轴端的蜗杆传给涡轮并转化为往复运动，涡轮上的偏心销与拉杆铰接。涡轮转动时，通过拉杆带动摆杆摆动，刮水臂带动刮水片架，刮水片摆动刮水。

9.3.2　电动风窗刮水器系统的工作原理

1. 电动风窗刮水系统复位原理

凸轮式刮水器自动复位装置，如图 9-12 所示，主要是由凸轮驱动复位开关动作来实现刮水臂的自动复位。当关闭刮水器，控制开关打开，只有当刮水臂处于风窗玻璃下方位置时，复位开关才被凸轮顶开，此时刮水电动机电路断开，电动机停止工作。

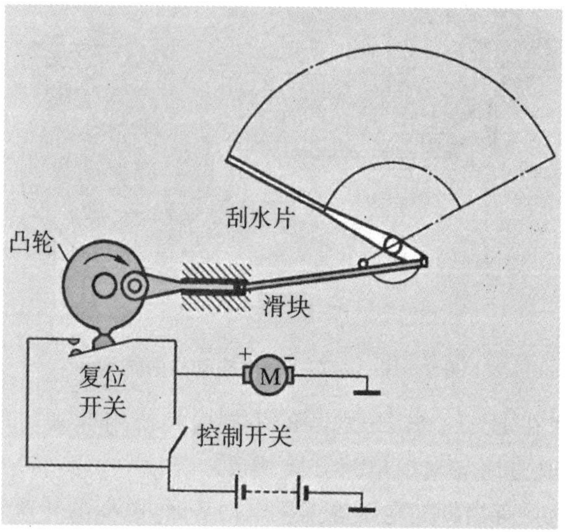

图 9－12　凸轮式刮水器自动复位装置

2. 微机控制电动刮水系统工作原理

如图 9－13 所示，电动刮水器系统仅在点火开关接通状态下工作。控制单元接收由点火开关和操纵开关输入的信号，并将此信号进行对比加工，计算出输出信号指令，输出信号指令再经输出电路去控制电动刮水器执行装置，从而使电动刮水器执行装置产生相应的动作。

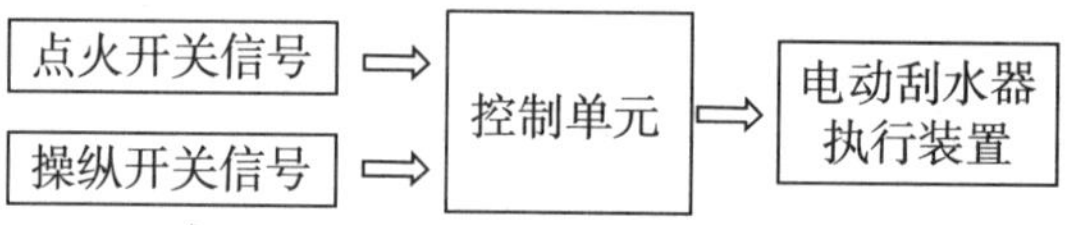

图 9－13　电动刮水器系统工作原理图

9.4　电动风窗刮水器及洗涤器系统控制电路

9.4.1　丰田卡罗拉电动风窗刮水器及洗涤器系统控制电路

丰田卡罗拉刮水器及洗涤器系统控制电路，如图 9－14 所示。

1. 低速刮水控制电路

当刮水器操纵开关位于 LO 低速位置时，刮水电动机低速运转。此时电源电压经 25A 刮水熔断丝由 1C 插接器 11 端子到刮水继电器 8 端子，操纵开关位于 LO 位置时，经刮水继电器的 7 端子输出，经 1A2 插接器 7 端子输入刮水电动机 1 端子，使刮水电动机低速转动。

2. 高速刮水控制电路

当刮水器操纵开关位于 HI 高速位置时，刮水电动机高速运转。此时电源电压经 25A 刮水熔断丝由 1C 插接器 11 端子到刮水继电器 8 端子，操纵开关位于 HI 位置时，经刮水继电器的 9 端子输出，经 1A2 插接器 8 端子输入刮水电动机 4 端子，使刮水电动机高速转动。

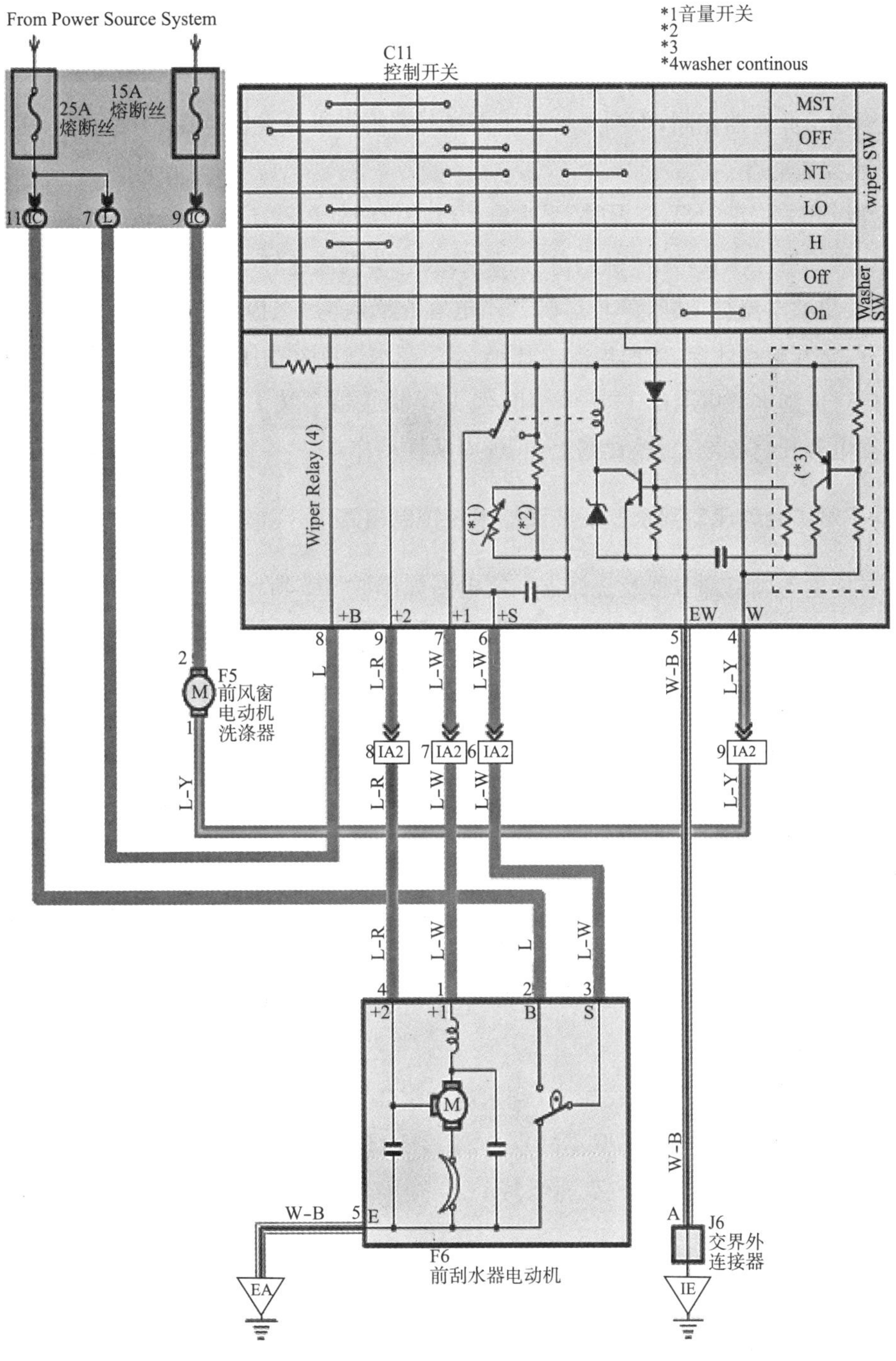

图 9-14　丰田卡罗拉刮水器及洗涤器系统电路图

3. 停机复位控制电路

为保证每次关闭刮水器后，刮水臂都回到风窗玻璃底部，刮水系统均设置自动复位装置。当将刮水器操纵开关关闭时，刮水继电器线圈断电，触点复位，常闭触点闭合，常开触点打开。若刮水臂没有回到初始的位置，复位开关与上触点闭合。此时电源电压经 25A 刮水熔断丝由 1L 插接器 7 端子到刮水电动机总成 2 端子，经复位开关上触点由 3 端子输出，经刮水继电器 6 端子由常闭触点到刮水操纵开关，再由继电器 7 端子到刮水电动机 1 端子，使刮水电动机继续低速转动。当刮水臂复位时，复位开关下触点闭合，流过电动机的电流被切断，停止运转，于是刮水臂停泊在风窗玻璃的下部。

4. 点动刮水控制电路

点动刮水原理与低速挡相同，不同之处在于操纵时需将操纵开关保持在 MIST 挡位上。

5. 间歇刮水控制电路

当刮水器操纵开关位于 INT 位置时，刮水电动机进行间歇运转。当电容未充电时，刮水继电器线圈断电，触点回位，常闭触点闭合，常开触点打开，使刮水电动机低速转动。刮水臂复位时，复位开关下触点闭合，流过电动机的电流被切断，停止运转。当电容充满电时，三极管导通，刮水继电器线圈通电，使得常闭触点打开，常开触点闭合，此时电源电压经 25A 刮水熔断丝由 1C 插接器 11 端子到刮水继电器 8 端子，经常开触点，由刮水继电器的 7 端子输出，经 1A2 插接器 7 端子输入刮水电动机 1 端子，使刮水电动机低速转动。电容开始放电，三极管截止，实现周期性动作。

9.4.2 通用别克君威电动风窗刮水器及洗涤器系统控制电路

通用别克君威电动风窗刮水器及洗涤器系统电路如图 9－15 所示。刮水器系统电路由操纵开关控制总成、带刮水控制单元的刮水器电动机总成等组成。电源电压通过熔断丝 J1—J2 经电路 243 施加在刮水器电动机总成端子 B 上，为控制单元提供电源。刮水器电动机总成由 A 端子经电路 1650 从 G201 处搭铁。操纵开关控制总成由多个联动开关组成，其三路信号分别经电路 113、112、92 由 D、E、C 端子输入控制单元，控制刮水器实现低速、高速、间歇、点动、停机复位等功能。

1. 低速刮水控制电路

当刮水器操纵开关位于 LO 低速位置时，刮水电动机低速运转。电源电压通过熔断丝 J1—J2 至操纵开关控制总成 E5 端子，经操纵开关的联动开关触点分别由 E3、E2 端子输出，经 D、E 端子输入刮水控制单元，而 E1 端子由于开关触点断开无信号输出，此时控制单元控制刮水电动机低速运转。

2. 高速刮水控制电路

当刮水器操纵开关位于 HI 高速位置时，刮水电动机高速运转，电源电压通过熔断丝 J1—J2 至操纵开关控制总成 E5 端子，经操纵开关的联动触点分别由 E3、E2、E1 端子输出，经 D、E、C 端子输入刮水控制单元，此时控制单元控制刮水电动机高速运转。

3. 间歇刮水控制电路

当刮水器操纵开关位于 DELAY 延后位置时，刮水电动机进行间歇运转，刮水器完整地扫过一次后暂停片刻再进行下次刮扫，暂停时间（1～22 s）可通过转动刮水器操纵开关进行调整。电源电压通过熔断丝 J1—J2 至操纵开关控制总成 E5 端子，经操纵开关的联动触点分别由 E3、E2 端子输出，经 D、E 端子给刮水控制单元提供信号，E1 端子由于触点断开无信号输出，其中 E2 端子输出信号由于操纵开关触点接通不同阻值的电阻而产生不同的信号，控制单元由此控制刮水电动机间歇运转。

4. 点动刮水控制电路

点动刮水工作原理与低速挡相同，不同之处在于操纵时需将操纵开关保持在除雾挡位上。

5. 停机复位控制电路

通用别克君威刮水器及洗涤器系统停机复位功能由电动机总成控制单元实现控制。

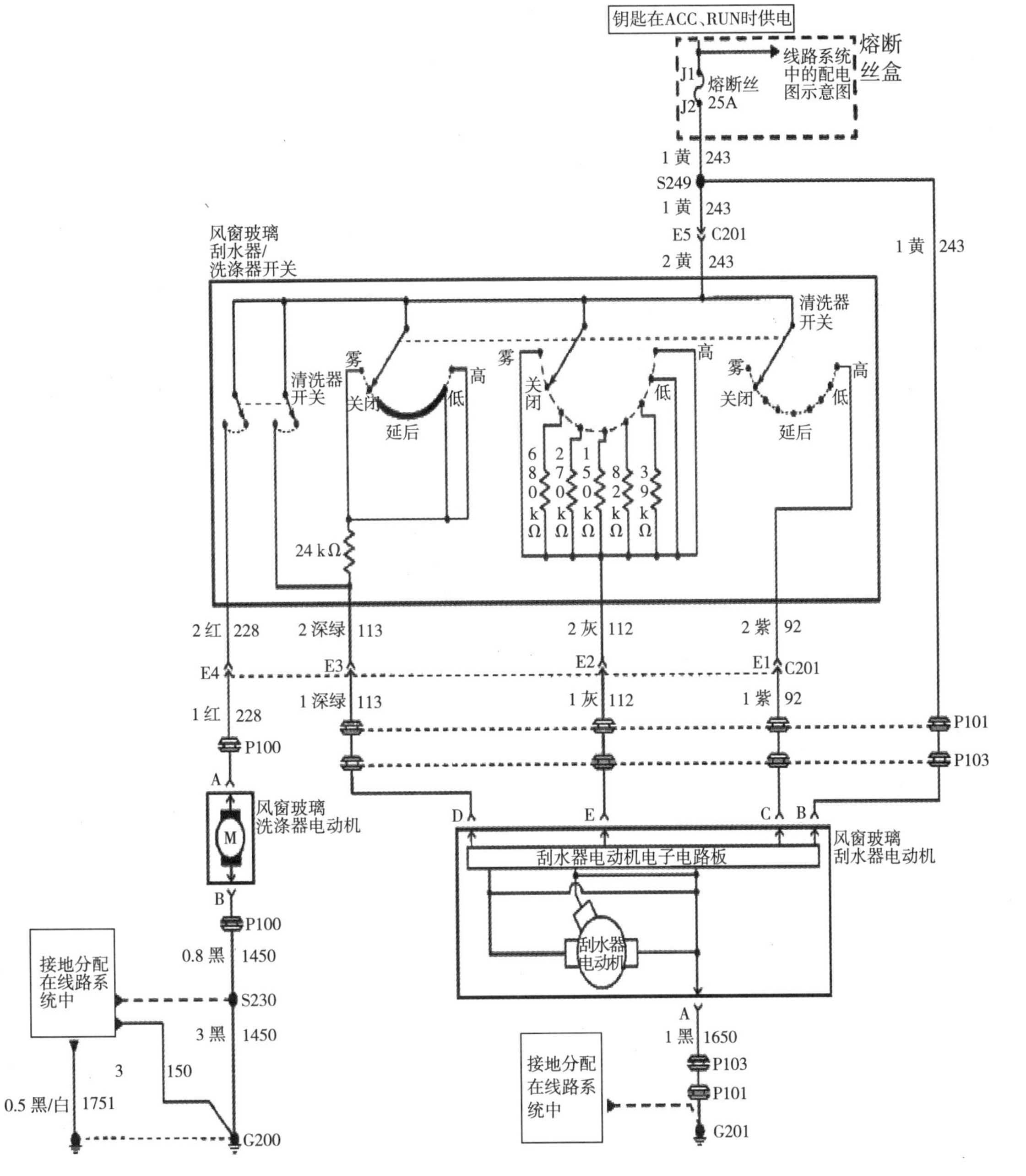

图 9－15　通用别克君威刮水器/洗涤器系统电路图

9.4.3　通用别克凯越自动刮水器及洗涤器系统控制电路分析

当刮水器操纵开关置于自动(AUTO)位置，且遇到下雨时，电控单元自动控制刮水器运转。通用别克凯越刮水器及洗涤器系统电路，如图 9－16 所示，其利用一个光学加电子技术元件的雨水传感器。该传感器安装在前风窗玻璃内表面上，靠近后视镜。传感器按 45°角向前风窗玻璃发出近红外光。如果玻璃干燥，大部分光将反射到传感器。如果玻璃上有水滴，就会以不同的方向反射。玻璃上的水越多，反射回传感器的光越少。当反射回传感器的光量下降到预先设定的值时，传感器中的电子元件将起动刮水器。该装置可按不同速度操作刮水器。电控单元根据外界雨量的大小自动控制刮水器的速度。该系统工作时可根据需要调节刮水器雨量传感器的灵敏度，从而调整自动刮水的速度。刮水器电动机总成由刮水电动机与两个控制继电器组成，雨水传感器1端子输出信号控制右侧继电器，用于控制刮水电动机的间歇长短；2端子输出信号控制左侧继电器，用于控制刮水电动机的高低速，7端子接收来自刮水电动机的复位信号，用于作为刮水电动机间歇控制的时间基准。

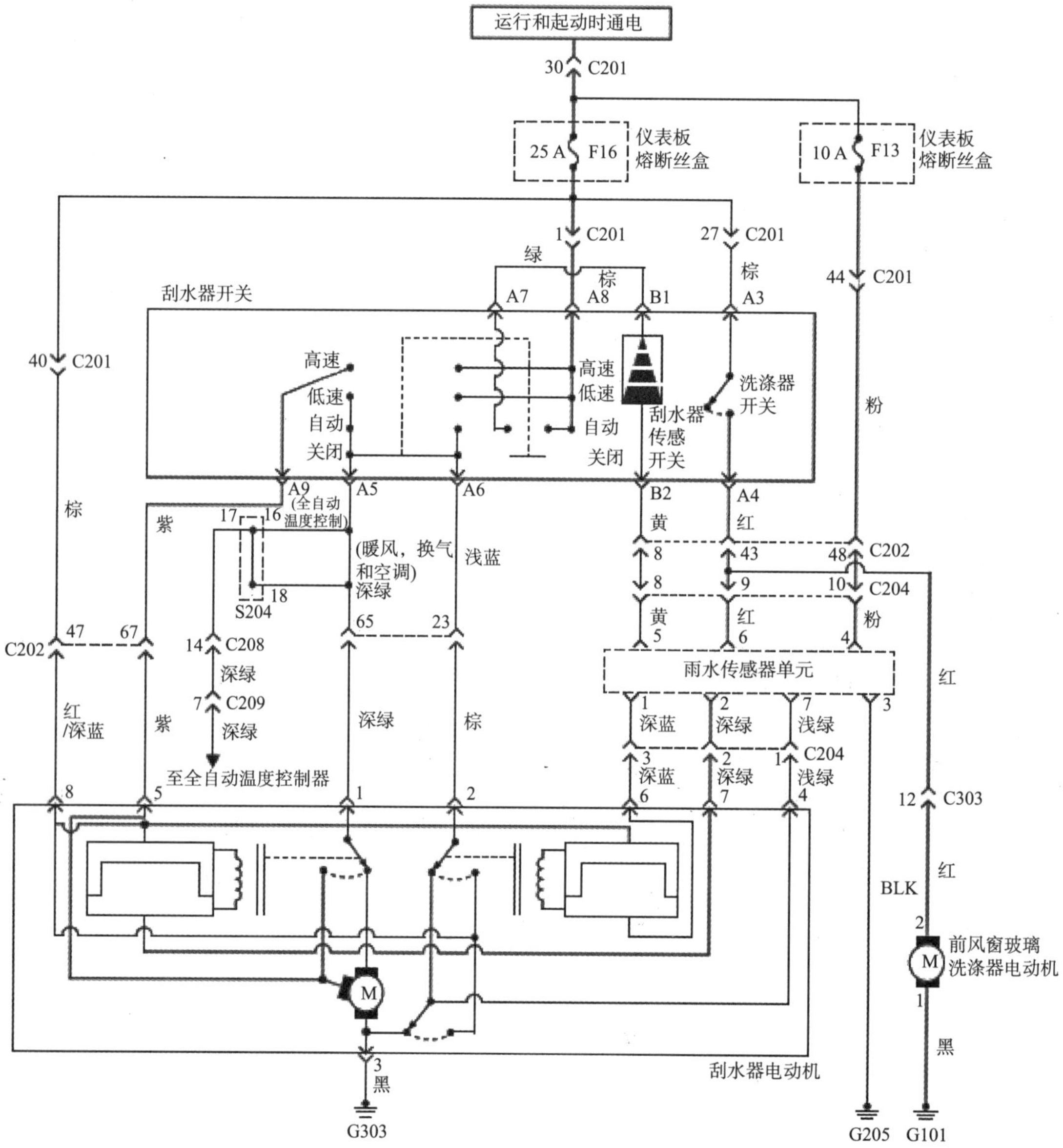

图9-16　通用别克凯越刮水器及洗涤器系统电路图

9.5　电动风窗刮水器及洗涤器系统常见故障分析

电动风窗刮水器及洗涤器系统常见故障，如表9-1所示。

表 9-1　电动风窗刮水器及洗涤器系统故障诊断表

序号	故障现象	故障原因
1	刮水器不工作	(1) 熔断器断路； (2) 刮水电动机电枢绕组断路、短路； (3) 刮水电动机电刷磨损严重，与换向器不能接触； (4) 刮水器操纵开关损坏； (5) 连接线路断路或插接器松脱
2	刮水器无间歇工况	(1) 刮水继电器损坏； (2) 刮水器操纵开关损坏； (3) 连接线路断路或插接器松脱
3	刮水器不能自动复位	(1) 自动复位机构损坏； (2) 刮水器操纵开关损坏； (3) 刮水臂调整不当； (4) 线路连接错误
4	洗涤器不工作	(1) 洗涤器电动机损坏； (2) 刮水器操纵开关损坏； (3) 储液箱内无洗涤液或连接管路脱落、喷孔堵塞； (4) 连接线路断路或插接器松脱

本章小结

(1) 电动式刮水器由开关控制，可以实现高速、低速、点动及间歇四个工作挡位，同时还有自动复位的功能。

(2) 普通电动刮水器系统主要由操纵开关、刮水传动机构、刮水电动机、刮水片等部分组成；自动刮水系统还装有雨量传感器、控制单元等。

(3) 风窗玻璃洗涤器操作时，每次不应超过 15 s；当储液箱内无洗涤液时，禁止操作洗涤器。

(4) 永磁式刮水电动机的磁场强弱是不能改变的，为了实现变速刮水，一般采用三刷式电动机。电动机有低速电刷 B_1、高速电刷 B_2 和一个共用搭铁电刷 B_3 三个电刷，利用三个电刷来改变串联在 B_1、B_2 与 B_3 之间的不同电枢绕组数来实现变速。

(5) 控制单元控制电动刮水系统工作原理：控制单元接收由点火开关和操纵开关输入的信号，并将此信号进行对比加工，计算出输出信号指令，经输出电路去控制电动刮水器，从而使电动刮水器产生相应的动作。

复习思考题

1. 填空题

(1) 电动式刮水器由开关控制，可以实现________、________、________及________四个工作挡位，同时还有________的功能。

(2) 普通电动刮水器系统主要由________、________、________、刮水片等部分组成；自动刮水系统还装有________、________等。

(3) 自动刮水系统控制单元接收由________输入的刮水器工作模式的信号，进行存储、计算，输出信号控制电动刮水器执行装置。

(4) 由于永磁式电动机的磁场强弱是不能改变的，通过改变正负电刷之间________来改变刮水电动机的转速。

(5) 电动风窗刮水器及洗涤器系统常见故障有________、________、________、________等。

2. 选择题

(1) 电动刮水器的间歇功能主要靠(　　)来实现。

A. 刮水器开关　　B. 间歇控制器　　C. 刮水电动机

(2) 刮水电动机目前应用广泛的是(　　)式的，其结构简单、体积小、可靠性好。

A. 永磁　　B. 电磁　　C. 激磁

(3) 洗涤泵一般直接安装在(　　)。

A. 刮水电动机上　　B. 储液罐上　　C. 刮水臂上

(4) 自动刮水系统控制单元根据(　　)的信号控制刮水器的开关及速度。

A. 雨刮片传感器　　B. 雨刮控制传感器　　C. 雨量传感器

(5) 永磁式刮水电动机的磁场强弱是不能改变的，为了实现变速刮水，一般采用(　　)式电动机。

A. 三刷　　B. 双刷　　C. 多刷

3. 判断题

(1) 刮水器电动机大多采用永磁式结构。(　　)

(2) 永磁式刮水电动机是通过改变正、负电刷之间串联线圈的个数实现变速的。(　　)

(3) 检查电动刮水器的自动复位功能时，可以让电动机停在停止时的位置，然后进行相关的检查。(　　)

(4) 洗涤泵连续工作时间应不超过 1 min。(　　)

(5) 电动刮水器的间歇功能主要靠刮水电动机来实现。(　　)

4. 简答题

(1) 简述永磁式刮水电动机的变速原理。

(2) 简述凸轮复位式刮水器的停机复位控制原理。

(3) 分析丰田卡罗拉汽车刮水系统的工作过程。

(4) 分析通用别克君威汽车刮水系统的工作过程。

(5) 分析通用别克凯越汽车自动刮水系统的工作过程。

10 电动车窗系统

学习目标

知识目标

(1) 了解汽车电动车窗系统分类和组成；
(2) 熟悉汽车电动车窗系统结构和工作原理；
(3) 掌握汽车电动车窗系统电路分析；
(4) 熟悉汽车电动车窗系统主要部件常见的失效形式；
(5) 掌握典型车系汽车电动车窗系统常见故障分析方法。

能力目标

(1) 熟练使用维修手册；
(2) 学会使用万用表对系统部件的检测方法；
(3) 学会汽车电动车窗系统常见故障检测和诊断方法。

10.1 概述

为了提高驾乘舒适性，大多数现代汽车都配备了电动车窗控制。驾驶人可利用驾驶人车门扶手上的主控制开关来控制各车窗玻璃的升降，其他各车门扶手上通常也设置分动开关，分别控制各车门窗的升降。电动车窗控制不仅方便驾驶人及乘客的操作，又能使驾驶人更加集中精力驾车，提高驾驶的安全性。驾驶人操作时，可以使四个车窗中的任意一个上升或下降，而乘员操作只能使所在的车窗上升或下降，如图 10－1 所示。

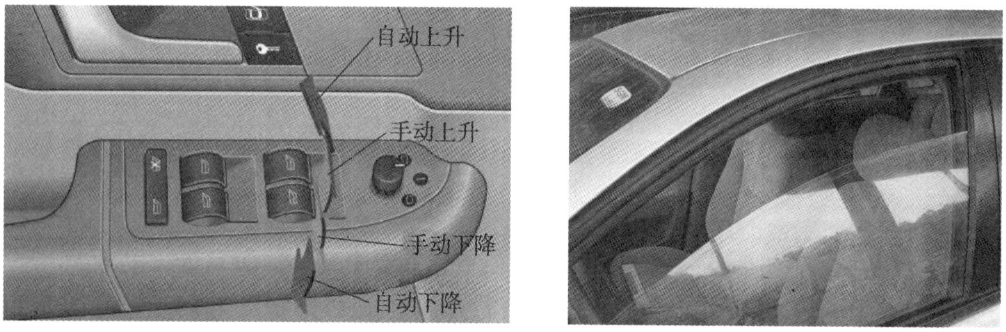

图 10－1　电动车窗和控制主开关

电动车窗系统由电动机驱动，并通过传动机构将车窗玻璃沿玻璃导向槽上升或下降，并能按要求停留在任意位置。

许多车辆车窗具有“一触式”升降功能，和以往需要长时间按着车窗开关不放手来控制车窗升高或降低不同，带有“一触式”车窗升降功能配置的车型，只要轻触一下开关，就可以实现车窗一触式升起或降下，使用起来非常方便。但是根据车辆档次的不同，“一触式”车窗升降功能配置主要集中在驾驶侧的车窗上，而全车四个车窗都带有一触式车窗升降功能配置的车型少之又少。某些一触式车窗控制通常带有防夹功能，当车窗自动升起时，若碰到物体或手时，车窗会自动下降一段距离，起到保护作用。

10.2 电动车窗系统的组成

电动车窗系统由车窗、车窗升降器、电动机、控制开关、车窗控制继电器等组成，如图 10－2 所示。

10.2.1 电动机

电动机（图 10－3）是用来为门窗升降提供动力的装置。由于电动车窗的动作是双向（升降）的，所以需要通过改变流经电动机的电流方向来控制电动机的旋转方向，最终通过机械装置控制车窗玻璃的升降。

电动机有永磁型和双绕组型两种。永磁型电动机采用外搭铁，而双绕组型电动机则是各绕组搭铁。两种电动机都是通过改变电流方向来实现正反旋转控制，实现门窗的上升或下降。

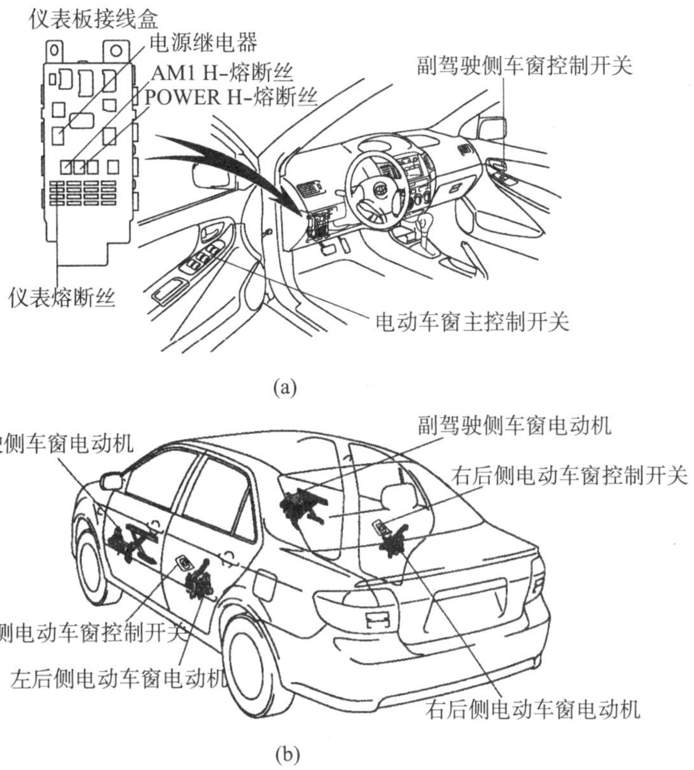

图 10－2　电动车窗部件在车上的布置

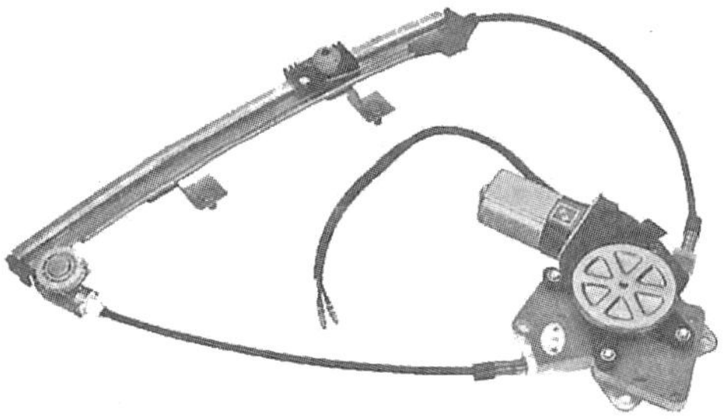

图 10－3　电动机

10.2.2　控制开关

车窗控制开关分为主开关和分开关两种，如图 10－4 所示，主开关由驾驶人操纵，可控制每个车窗的升降。分开关由乘客操纵，可单独控制一个车窗。一般主开关上带有锁止开关。当锁止开关启动后，分

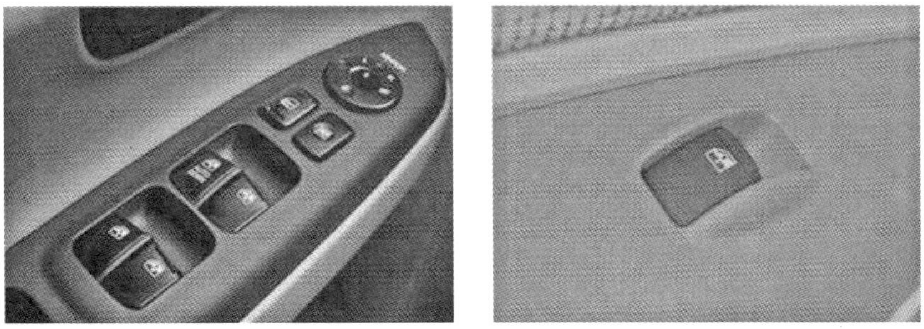

(a) 主开关　　(b) 分开关

图 10－4　控制开关

开关不起作用。

10.2.3　车窗玻璃升降器

车用的电动玻璃升降器多是由电动机、减速器、导绳、导向板、玻璃安装托架等组成，如图 10－5 所示。因导绳的材料或制作工艺方式不同，又分为绳轮式、软轴式和塑料带式三种电动玻璃升降器。前两种是用钢丝绳作为导绳，后一种是用塑料带作为导绳。

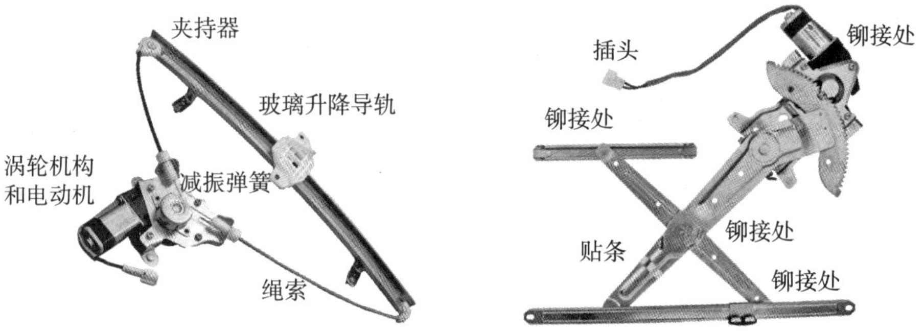

图 10－5　车窗升降器

10.3　电动车窗系统工作原理

10.3.1　电动车窗系统组成部件原理

1. 主开关控制原理

主开关总成通过多个开关触点控制各车窗电动机的电源与搭铁，从而改变车窗电动机电流的方向，来实现车窗的升降，如图 10－6 所示。在主开关上装有锁止开关，可切断左后、右前、右后车窗电动机的电源电路。开关总成中有快速下降模块，用于控制左前车窗快速下降功能。

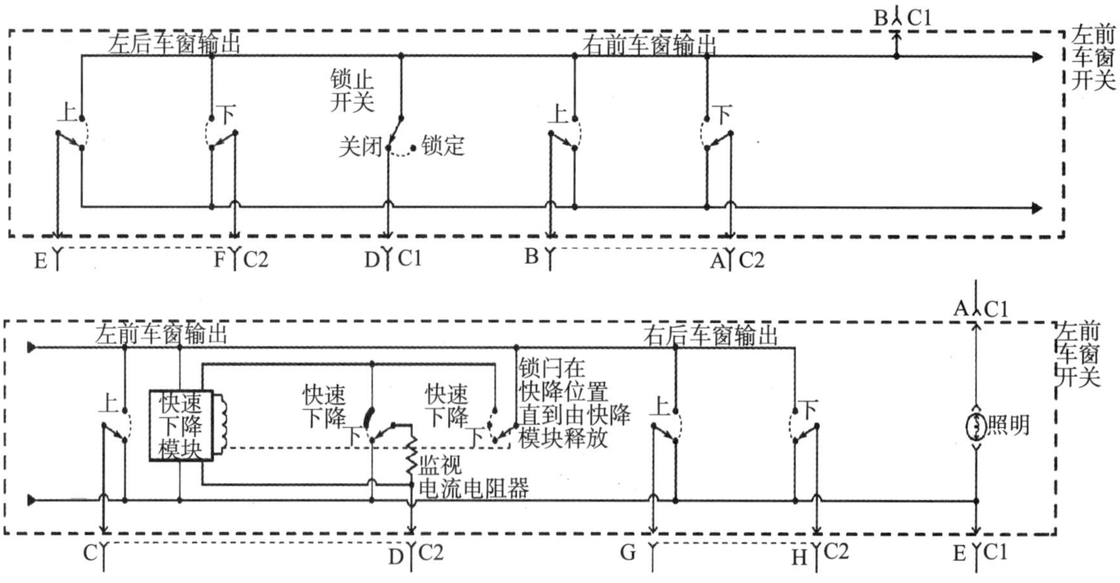

图 10－6　别克君威电动车窗主开关

主开关控制电路可以实现手动控制和自动控制。

下面以车窗玻璃下降为例，分别介绍主开关实现手动控制和自动控制的工作过程，如图 10－7 所示。

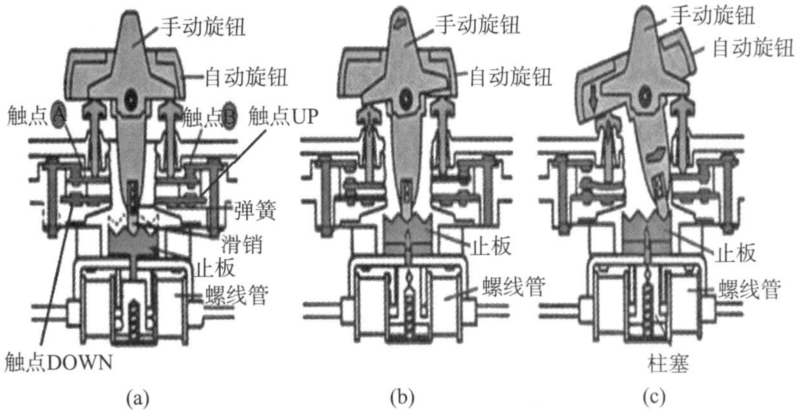

图 10－7　主控开关控制原理图

1）手动控制

向下按下手动按钮，触点 A 与触点 DOWN 接通，车窗电动机通电，通过玻璃升降器带动车窗玻璃下降。当手离开按钮时，车窗停止下降，开关回复至中间位置。

2）自动控制

当把自动按钮向下按下时，触点 A 与触点 DOWN 接通，车窗电动机通电，玻璃下降。与此同时，主控开关内的控制模块使螺线管通电，产生较大的电磁吸力吸引驱动器开关的柱塞，从而使止板向上顶压，滑销越过止板凸缘被锁止，此时即使手离开自动按钮，开关仍会保持原来的位置，车窗继续下降。

当车窗玻璃下降至终点位置时，主控开关内的控制模块切断螺线管中的电流，止板被弹簧通过滑销压下，自动按钮回到中间位置，车窗电动机停转。

在自动下降过程中，若想中途停止，只需向反方向扳动按钮，然后立刻放松，则车窗玻璃停止下降。

2. 分开关控制原理

电动车窗分开关内部由两个触点开关组成，如图 10－8 所示。一个控制上升，另一个控制下降。通过两者组合实现对流经电动机电流方向的控制，控制车窗升降。

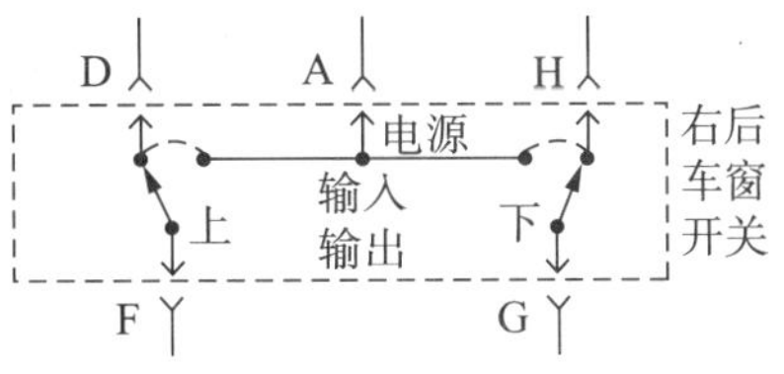

10－8　通用别克君威电动车窗分开关

3. 车窗电动机控制原理

车窗电动机通常采用永磁型电动机。控制开关通过改变流经电动机的电流方向，从而控制电动机的旋转方向，最终通过机械传动装置实现车窗玻璃的升降控制。一般情况下，电动机内装有热敏断路开关以防止电路过载。

对于带有自动防夹功能的车窗，在其执行电动机内部通常带有传感器，用于检测车窗的具体位置（高度）、车窗上升的速度和驱动电流的大小，当车窗在上升过程中，遇到外物或手阻挡时，导致车窗的上升速度下降及工作电流增加，控制单元会自动切断执行电动机的工作电流，并反向通电，从而使车窗自动下降一段距离。

10.3.2　电动车窗系统工作原理

电动车窗系统在点火开关接通状态下工作，如图 10－9 所示。左前车窗主开关除单独控制左前车窗动作外，还控制左前车窗主开关的动作，各分开关也可单独控制各自电动机。左后、右前、右后车窗电动机的电源由左前车窗主开关内的锁止开关控制。

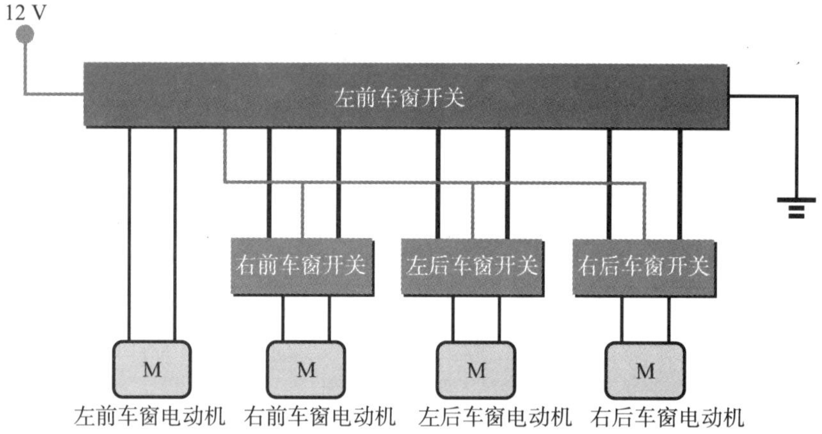

图 10－9　电动车窗系统工作原理图

10.4　电动车窗系统控制电路

10.4.1　大众帕萨特电动车窗系统控制电路

大众帕萨特电动车窗系统控制电路，如图 10－10—图 10－13 所示。

1. 驾驶侧控制四个车窗工作状态

驾驶可以通过其车门内的操纵开关控制四个车门上车窗玻璃的升降。

1）驾驶侧(或前乘客侧)车窗手动上升或下降

当驾驶人勾起或按下左前电动车窗开关 E40(或右前电动车窗开关 E81)至第一格时，驾驶侧车门控制单元 J386 通过黄/白 0.35 线接收经左前电动车窗开关 E40(或右前电动车窗开关 E81)内分压电阻分压后的电压信号来控制驾驶侧车窗电动机 V147(或右前车窗电动机 V148)作动，从而实现驾驶侧车窗(或前乘客侧)玻璃的上升或下降运动，直至完全打开或关闭。

2）驾驶侧(或前乘客侧)车窗自动上升或下降

当驾驶人勾起或按下左前电动车窗开关 E40(或右前电动车窗开关 E81)至第二格时，驾驶侧车门控制单元 J386 通过黄/白 0.35 线接收经左前电动车窗开关 E40(或右前电动车窗开关 E81)内分压电阻分压后的电压信号来控制驾驶侧车窗电动机 V147(或右前车窗电动机 V148)作动，从而实现驾驶侧车窗(或前乘客侧)玻璃的自动上升或下降运动，直至完全打开或关闭。

3）左后乘客车窗上升或下降

当驾驶人勾起或按下左后电动车窗开关 E53 时，驾驶侧车门控制单元 J386 通过黄/蓝 0.35 线接收经左前电动车窗开关 E53 内分压电阻分压后的电压信号，并通过数据总线(橙/绿 0.35 线、橙/棕 0.35 线)将此信号发送至左后车门控制单元 J388，由左后车门控制单元 J388 来控制左后车窗电动机 V26 动作，从而实现左后车窗玻璃的上升或下降运动，直至完全打开或关闭。

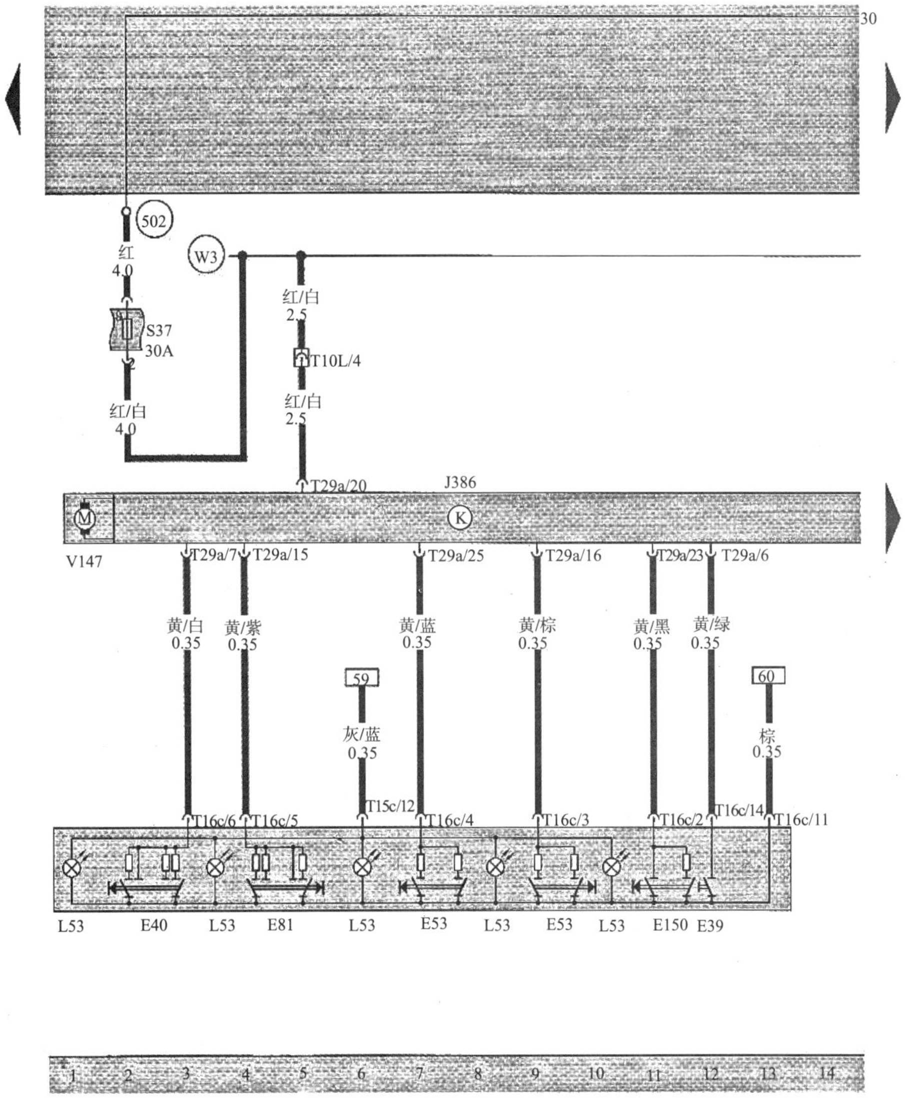

E39—后电动摇窗机锁止开关（驾驶人控制）
E40—左前电动摇窗机开关（驾驶人控制）
E53—左后电动摇窗机开关（驾驶人控制）
E55—右后电动摇窗机开关（驾驶人控制）
E81—右前电动摇窗机开关（驾驶人控制）
E150—车内中央闭锁开关（驾驶人控制）
J386—驾驶侧车门控制单元，在驾驶人车门内
L53—摇窗机开关指示灯
S37—车窗升降器单独熔断丝，30 A，黄色插座，在仪表板左侧8位置附加继电板上（F号位）（用于配有1.8T发动机标识字母BGC的轿车和用于配有2.0发动机标识字母BNL的轿车）
S37—车窗升降器单独熔断丝，30 A，黄色插座，在仪表板左侧8位置附加继电器板上（A号位）（用于配有V6发动机标识字母BBG的轿车）
T10L—10针插头，黑色，在左A柱处（2号位）
T16c—16针插头，棕色，在驾驶侧车门电动摇窗机开关上
T29a—29针插头，黑色，在驾驶侧车门控制单元上
V147—驾驶侧电动摇窗机电动机
(502)—正极螺栓连接点（30），在中央电器板上
(W3)—正极连接线（30a），在后线束内

图10-10　大众帕萨特电动车窗系统电路图（一）

4）后车窗锁止

当按下后车窗锁止开关E39（儿童安全开关）时，驾驶侧车门控制单元J386通过黄/绿0.35线接收后车窗锁止开关E39的锁止信号，并通过数据总线（橙/绿0.35线、橙/棕0.35线）将此信号发送至左后车门控制单元J388和右后车门控制单元J389；左后车门控制单元J388和右后车门控制单元J389根据此锁止信号切断左后车窗电动机V26和右后车窗电动机V27的供电。

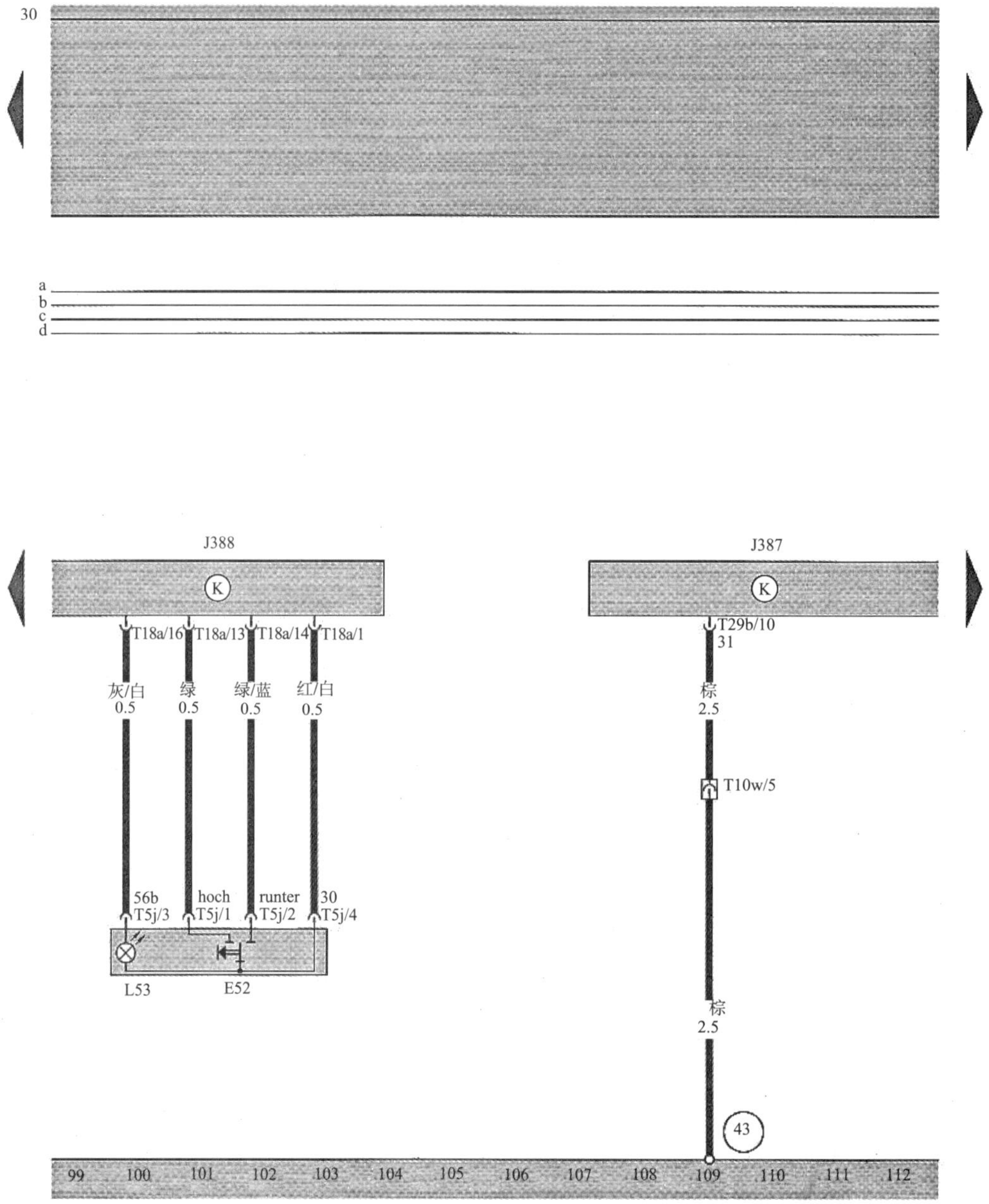

E52—左后电动摇窗机开关,在左后车门内
J387—右前车门控制单元,在右前车门内
J388—左后车门控制单元,在左后车门内
T5j—5 针插头,黑色,在左后电动摇窗机开关上
T10w—10 针插头,黑色,在右 A 柱处(3 号位)
T18a—18 针插头,黑色,在左后车门控制单元上
T29b—29 针插头,黑色,在右前门控制单元上
L53—摇窗机开关指示灯
(43)—接地点,在右 A 柱处

图 10 - 11　大众帕萨特电动车窗系统电路图(二)

2. 右后乘客控制车窗上升或下降

当右后乘客勾起或按下右后电动车窗开关 E54 时,右后车门控制单元 J389 通过绿/蓝 0.5 线(或绿 0.5 线)接收经右后电动车窗开关 E54 内分压电阻分压后的电压信号来控制右后车窗电动机 V27 作动,从而实现左后车窗的玻璃即作上升或下降运动,直至完全打开或关闭。

当按下后车窗锁止开关 E39(儿童安全开关)时,右后乘客勾起或按下右后电动车窗开关 E54 都不能控制该侧的车窗动作。

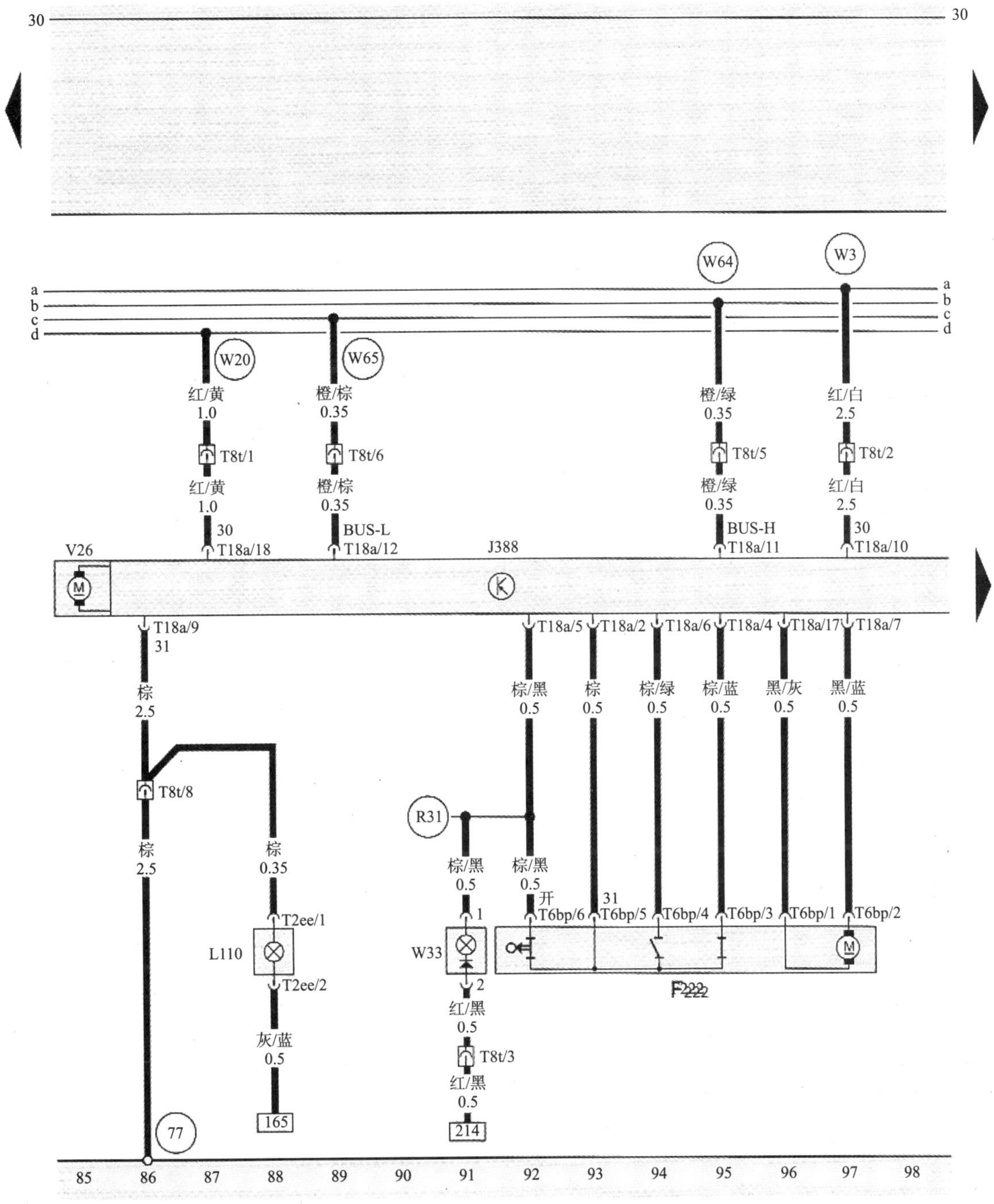

F222—左后车门闭锁单元，在左后车门锁上
J388—左后车门控制单元，在左后车门内
L110—左后车门把手照明，在左后车门内
T2ee—2 针插头，黑色，在左后车门把手照明灯上
T6bp—6 针插头，黑色，在左后车门闭锁控制单元上
T8t—8 针插头，黑色，在左 B 柱处
T18a—18 针插头，黑色，在左后车门控制单元上
V26—左后电动摇窗机电动机
W33—左后门登车照明灯，在左后车门内下方

(77)—接地点，在左 B 柱下方
(R31)—连接线，在左后车门线束内
(W3)—正极连接线(30a)，在后线束内
(W20)—正极连接线(30a)，在后线束内
(W64)—连接线(CAN BUS 系统高位)，在后线束内
(W65)—连接线(CAN BUS 系统低位)，在后线束内

图 10－12　大众帕萨特电动车窗系统电路图(三)

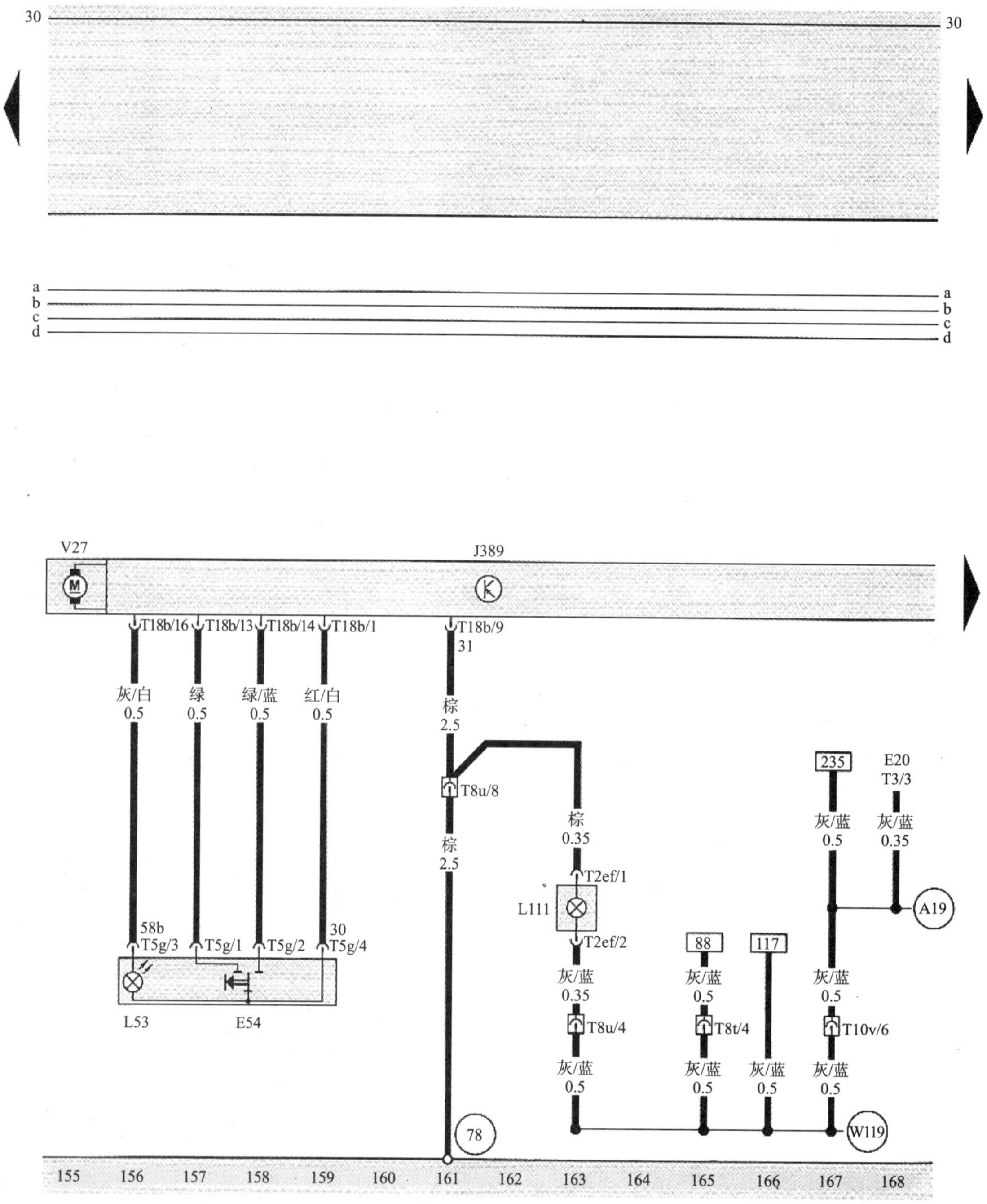

E20—开关和仪表照明灯

E54—右后电动摇窗机开关，在右后车门内

J389—右后车门控制单元，在右后车门内

L53—右后电动摇窗机开关照明灯

L111—右后车门把手照明，在右后车门内

T2ef—2 针插头，黑色，在右后车门把手照明灯上

T3—3 针插头，黑色，在开关和仪表照明灯上

T5g—5 针插头，黑色，在右后电动摇窗机开关上

T8t—8 针插头，黑色，在左 B 柱处

T8u—8 针插头，黑色，在右 B 柱处

T10v—10 针插头，淡红色，在右 A 柱处(6 号位)

T18b—18 针插头，黑色，在右后车门控制单元上

V27—右后电动摇窗机电动机

(78)—接地点，在右 B 柱下方

(A19)—连接线(58b)，在仪表板线束内

(W119)—连接线(56b)，在右后车门内

图 10－13　大众帕萨特电动车窗系统电路图(四)

10.4.2 通用别克君威电动车窗统控制电路

通用别克君威电动车窗电路如图 10－14 所示。

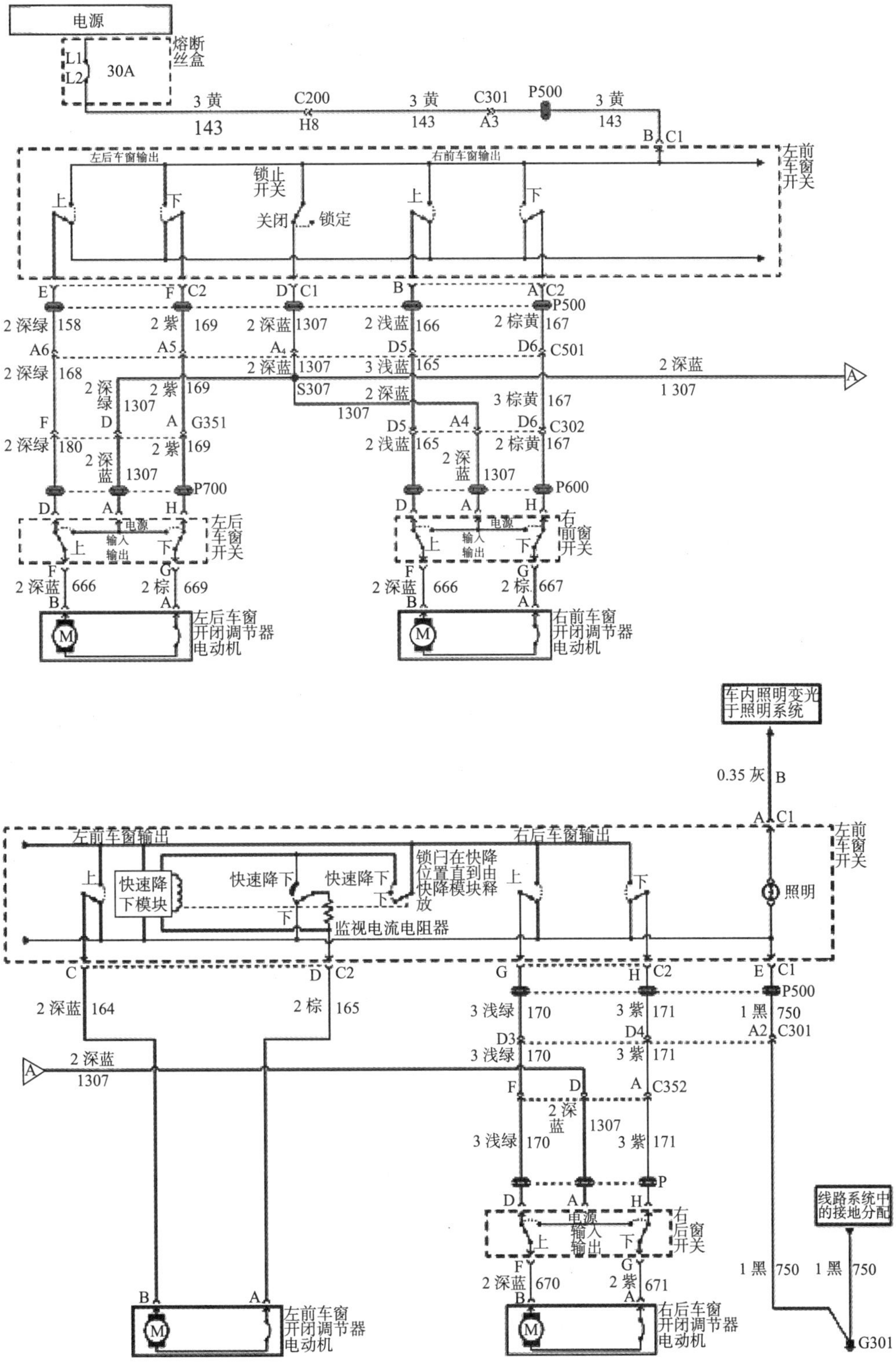

图 10－14　通用别克君威电动车窗电路图

1. 左前车窗控制

1）左前车窗开关的操作

当点火开关处于 ACC 或 RUN 位置时，或当附件延时继电器启用时，电源电压通过熔断丝 L1—L2 和电路 143 施加在左前车窗开关上。当操纵左前车窗开关上的 UP 上升开关时，向左前车窗电动机供电，左前车窗电动机通过左前车窗开关中的下降触点接地，电动机运转向上驱动车窗。操纵左前车窗开关中的 DOWN 下降开关时，向左前车窗电动机反向供电，左前车窗电动机通过左前车窗开关中的上升触点接地，电动机运转向下驱动车窗。

2）快降功能

如果将左前车窗开关按到下降第二挡位，车窗将自动降到最低位置。要停止车窗的自动下降，操纵左前车窗开关至 UP 上升位置，车窗可停留在任意位置。

3）锁止开关的操作

左前车窗开关中带有锁止开关，用于控制左后、右前、右后车窗开关上的电压。启动锁止开关可阻止从单个分开关操纵车窗，但仍可从左前车窗主开关操纵各车窗。

2. 其他车窗控制

以右前车窗控制为例说明。

1）主开关控制

当点火开关处于 ACC 或 RUN 位置时，或当附件延时 RAP 继电器启用时，电源电压通过熔断丝L1—L2 和电路 143 施加在主开关 C1/B 端子上。当操纵主开关上右前车窗控制开关中的 UP 上升开关时，电路由 C2/B 端子输出，经右前车窗开关上升触点向右前车窗电动机供电。右前车窗电动机通过右前车窗开关中的下降触点及主开关上的右前车窗控制开关下降触点接地，电动机运转向上驱动车窗。当操纵主开关上的右前车窗控制开关中的 DOWN 下降开关时，向右前车窗电动机反向供电，右前车窗电动机通过右前车窗开关中的上升触点以及主开关上的右前车窗控制开关上升触点接地，电动机运转向下驱动车窗。

2）分开关控制

当点火开关处于 ACC 或 RUN 位置时或当附件延时继电器启用时，电压施加在车窗开关上，从熔断丝 L1—L2 向电路 143 和左前车窗开关供电。电压由此通过主开关上的锁止开关，经电路 1307 施加在各分电动车窗开关上。当操纵右前车窗开关上的 UP 上升开关时，通过电路 666 向右前车窗电动机供电。通过电路 667 到右前车窗开关中的下降触点，然后通过电路 167 至主开关中的右前车窗控制开关下降触点，由连接器 C1/E 端子通过电路 750 到 G301 为电动机提供接地，电动机运转向上驱动车窗。当操纵右前车窗开关上的 DOWN 下降开关时，通过电路 667 向右前车窗电动机反向供电。电动机通过电路 666 至右前车窗开关中的 UP 上升触点，通过电路 166，然后再通过主开关中的 UP 上升触点，经车窗主开关 C1/B 端子通过电路 750 到 G301 搭铁，电动机运转向下驱动车窗。

10.5 电动车窗系统常见故障分析

电动车窗系统常见故障，如表 10 - 1 所示。

表 10 - 1　　电动车窗系统故障诊断表

序号	故障现象	故障原因
1	某个车窗只能向一个方向运动	分开关到主开关的控制导线断路
2	某个车窗在两个方向上都不运动	电动机故障、开关到电动机间的导线断路

（续表）

序号	故障现象	故障原因
3	后车窗分开关不起作用	主开关或者热敏开关故障
4	所有车窗都不能动	搭铁线不良
5	玻璃升降器不工作	(1) 熔断器断路； (2) 连接导线断路或相关插接件松脱； (3) 有关继电器、开关损坏； (4) 电动机损坏； (5) 搭铁线锈蚀、松动
6	升降器工作时有异响	(1) 安装时未调整好； (2) 卷丝筒内钢丝跳槽； (3) 滑动支架内传动钢丝夹转动； (4) 电动机盖板或固定架与玻璃碰擦等机械故障

本章小结

(1) 电动车窗系统由车窗、车窗升降器、电动机、控制开关、车窗控制继电器等组成。

(2) 电动车窗的动作是双向(升降)的，所以需要通过改变流经电动机的电流方向来控制电动机的旋转方向。

(3) 主开关总成通过多个开关触点控制各车窗电动机的电源与搭铁，从而改变车窗电动机电流的方向，来实现车窗的升降。

(4) 在主开关上装有锁止开关，可切断左后、右前、右后车窗电动机的电源电路。

(5) 在上下死点位置，无论升降开关是否松开，控制器均会自动断电，以避免电动机因长时间堵转而烧毁。

(6) 电动车窗系统在点火开关接通状态下工作。左前车窗主开关除单独控制左前车窗动作外，还控制左前车窗主开关的动作，各分开关也可单独控制各自电动机。左后、右前、右后车窗电动机的电源由左前车窗主开关内的锁止开关控制。

复习思考题

1. 填空题

(1) 电动车窗的动作是________的，需要通过改变流经电动机的________方向来控制电动机的________，最终通过________装置控制车窗玻璃的升降。

(2) 一般主开关上带有________开关。当该开关启动后，________开关不起作用。

(3) 电动车窗分开关内部由两个________组成。一个控制上升，另一个控制下降。通过两者组合实现对________的控制，控制车窗升降。

(4) 对于带有自动防夹功能的车窗，执行电动机内部通常有________，用于检测车窗的________、车窗________速度和________的大小，当车窗在上升过程中，遇到外物或手阻挡时，控制电脑会自动切断________工作电流，并________通电，从而使车窗自动下降一段距离。

2. 选择题

1) 大众帕萨特电动车窗系统控制电路

(1) 当驾驶人按下左前电动车窗开关 E40 至第一格时,(　　)。

A. 驾驶侧车窗手动上升或下降

B. 驾驶侧车窗自动上升或下降

C. 左后乘客车窗上升或下降

D. 右后乘客车窗上升或下降

(2) 当驾驶人勾起或按下左后电动车窗开关 E53 时,控制单元(　　)接收 E53 内电压信号,并通过数据总线发送至控制单元(　　),控制左后车窗电动机 V26 作动,实现左后车窗玻璃的上升或下降运动。

A. J386　　B. J387　　C. J388　　D. J389

2) 通用别克君威电动车窗系统控制电路

(1) 当操纵主开关上的右前车窗控制开关中的 DOWN(　　)时,向右前车窗电动机反向供电,右前车窗电动机通过右前车窗开关中的(　　)以及主开关上的右前车窗控制开关(　　)接地,电动机运转向下驱动车窗。

A. 上升触点　　B. 下降开关　　C. 主开关　　D. 分动开关

(2) 当点火开关处于 ACC 时,电源通过熔断丝 L1—L2 向电路(　　)和左前车窗开关供电,通过主开关上的锁止开关,经电路(　　)施加在各分电动车窗开关上。当操纵右前车窗开关上的 UP 上升开关时,通过电路(　　)向右前车窗电动机供电。通过电路(　　)到右前车窗开关中的下降触点,然后通过电路(　　)至主开关中的右前车窗控制开关下降触点,再通过电路到 G301 为电动机提供接地,电动机运转向上驱动车窗。

A. 143　　B. 666　　C. 167 主开关　　D. 1307　　E. 667

3. 判断题

(1) 车窗控制开关分为主开关和分开关两种,一般主开关上带有锁止开关。(　　)

(2) 配有放夹功能的电动车窗在正常上升过程中,当在任意位置有物体被夹住时,控制器会立即停止上升动作,并自动返回到下死点,然后立即断电停机。(　　)

(3) 当左后、右前、右后车窗电动机都无法调节时,应首先检查各个分开关是否有故障。(　　)

(4) 如果车窗无法正常升降,应先从不同方向轻轻摇动玻璃,以此判断故障属于机械方面还是电路方面。(　　)

(5) 按动主开关,右前车窗动作,按动右前车窗开关,右前车窗不动作,故障原因是主动开关至分动开关导线有故障。(　　)

(6) 按动主开关,右前车窗不动作,按动右前车窗开关,右前车窗动作,故障原因是主动开关有故障。(　　)

4. 简答题

(1) 简述电动车窗的故障形式。

(2) 简述主开关的工作原理。

(3) 简述大众帕萨特汽车电动车窗系统的工作过程。

(4) 简述通用别克君威汽车电动车窗系统的工作过程。

11 电动天窗系统

学习目标

知识目标

(1) 熟悉汽车电动天窗系统的功能和正确的操作方法;
(2) 熟悉汽车电动天窗系统的组成结构及各组成部分的工作原理;
(3) 了解汽车电动天窗系统的工作原理;
(4) 掌握典型车系电动天窗系统常见的故障分析方法。

能力目标

(1) 熟练使用维修手册;
(2) 学会使用万用表对系统部件的检测方法;
(3) 学会汽车电动天窗系统的检测方法。

11.1 概述

为了使浑浊的空气迅速地被排出车外，同时又能使新鲜的空气流入车厢，提升汽车内部环境的舒适性，有些汽车顶部安装了电动天窗系统。电动天窗系统不仅可以辅助调节温度，而且可以使车厢内光线明亮，亲近自然，如图 11－1 所示。

图 11－1 电动天窗

天窗按操作方式不同可以分为手动式、电动式。按开启方式又分为内藏式、外掀式。外掀式天窗在开启后向车顶的外后方升起，而内藏式天窗在开启后可以藏匿于车顶内部，并一般具有防夹功能和自动关闭功能。

11.2 电动天窗系统的组成

电动天窗系统一般由玻璃窗及密封橡胶条、驱动机构、开关和天窗模块等组成，如图 11－2 所示。

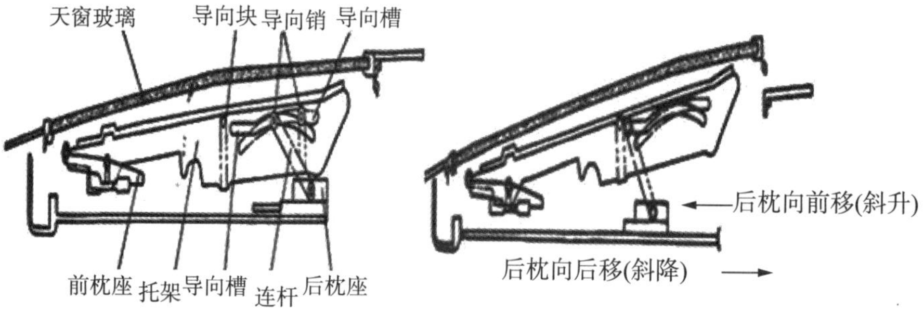

图 11－2 电动天窗系统结构

1. 滑动机构

电动天窗滑动机构主要由导向块、导向销 、连杆、托架和前后枕座等构成。

2. 驱动机构

电动天窗驱动机构主要由电动机、传动机构和滑动螺杆等组成。

1）电动机

电动机通过传动装置为天窗的开启和关闭提供动力。电动机可以双向转动，即通过改变电流的方向来改变电动机的旋转方向，实现天窗的开启和关闭。

2）传动机构

传动机构主要由涡轮蜗杆传动机构、中间齿轮传动机构（主动中间齿轮，过度中间齿轮）和驱动齿轮等组成。电动机的动力通过齿轮传动机构改变旋转方向，并减速增扭后将动力传给滑动螺杆，使天窗实现开启和关闭，同时又将动力传给凸轮，使凸轮驱动限位开关断开和闭合。

主动中间齿轮与涡轮固定安装在同一轴上，并与涡轮同步转动，过渡中间齿轮与驱动齿轮也固定安装在同一轴输出轴上，被主动中间齿轮驱动，使驱动齿轮带动天窗玻璃移动。

3. 开关

电动天窗的开关由天窗开关和限位开关模块组成

电动天窗开关为双位摇杆型，用来操作电动天窗。该开关位于天窗前部的车顶控制台上。按一下后止动位置，可将天窗玻璃移动到通风位置，按前止动位置并保持，可使天窗返回全闭位置，按两次后止动位置，天窗玻璃将滑到全开位置，按住控制开关上的前止动位置，可从全开位置关闭天窗。

限位开关模块用来感知天窗的全开和全闭位置。

4. 天窗模块

天窗模块是一个数字控制电路，并设有定时器，蜂鸣器和继电器等，其作用是接受开关输入的信息，通过数字电路进行逻辑运算，确定天窗电动机的动作，以控制天窗的开/闭状态。

11.3 电动天窗系统工作原理

11.3.1 电动天窗系统组成部件工作原理

1. 电动机控制原理

天窗电动机通常采用永磁型电动机。控制开关通过改变流进电动机的电流方向，从而控制电动机的旋转方向，最终通过机械传动装置实现天窗的开/闭控制。一般情况下，电动机内装有热断路开关以防止电路过载。

2. 开关控制原理（图 11－3）

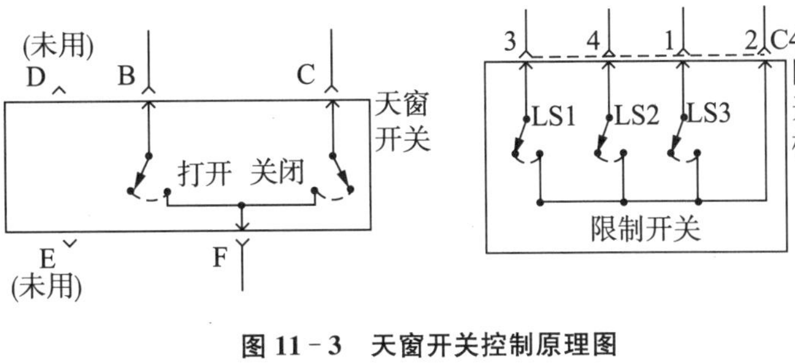

图 11－3　天窗开关控制原理图

1）天窗开关

天窗开关主要由打开开关和关闭开关组成。通过打开开关和关闭开关产生信号输入天窗模块，从而实现天窗电动机正反转，使天窗实现不同状态下的工作。

2）限位开关

限位开关主要是用来检测天窗所处的位置。限位开关是靠凸轮转到来实现断开和闭合的，凸轮安装在驱动机构的动力输出端。当电动机将动力输出时，通过驱动齿轮和滑动螺杆减速后带动凸轮转到，于是凸轮周缘的突起部位驱动开关使其闭合，以实现对天窗的自动控制。

限位开关由三个触点开关组成，通过三个输出端子（LS1/LS2/LS3）将开关信号输入天窗模块，用以确定天窗的位置。

11.3.2 电动天窗系统工作原理

电动天窗系统工作原理如图 11－4 所示，当点火开关接通时，电动天窗系统工作。天窗开关信号送入天窗模块，天窗模块通过逻辑运算控制驱动电动天窗电动机，从而驱动天窗的开启和关闭。天窗电动机动作的同时，限位开关检测天窗位置状态，并将此信号反馈至天窗模块。

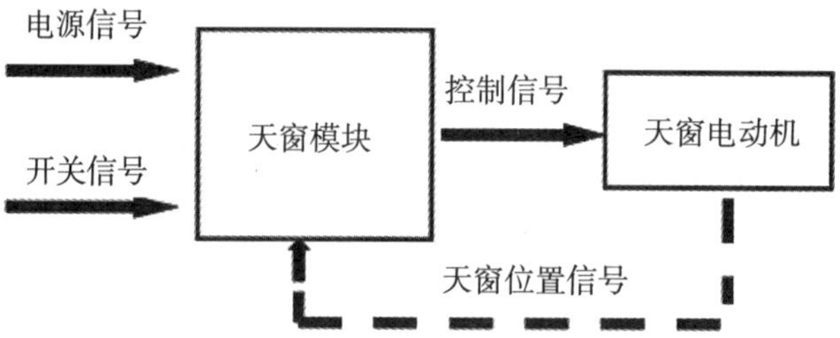

图 11－4 电动天窗系统工作原理图

11.4 电动天窗系统控制电路

11.4.1 丰田卡罗拉电动天窗系统控制电路

丰田卡罗拉电动天窗电路如图 11－5 所示。电动天窗系统电路由天窗控制继电器及天窗开关（M2）（M2 即是天窗模块）、天窗电动机以及限制开关（M3）等组成。电源电压通过熔断丝、P/W 继电器通过 B 线经 2 端子施加在 M2 上，为 M2 提供电源。天窗电动机通过 M2 的 4 端子或 5 端子提供电源，由 M2 的 6 端子经 W—B 线搭铁。天窗限位开关将开关（LS1/LS2）的组合信号分别经 G—W、R—L 线由 M2 上 6、7 端子输入天窗模块，向天窗模块反馈天窗的实际位置。

当天窗开关闭合时，天窗模块接收到此信号，控制继电器工作，从而使天窗电动机工作，控制天窗的开启、关闭和通风等功能。与此同时，限位开关检测天窗的实际位置，反馈给天窗模块，使其适时地断开天窗电动机的回路。

11.4.2 通用别克君威电动天窗系统控制电路

通用别克君威电动天窗电路如图 11－6 所示。电动天窗系统电路由天窗模块、天窗开关、天窗执

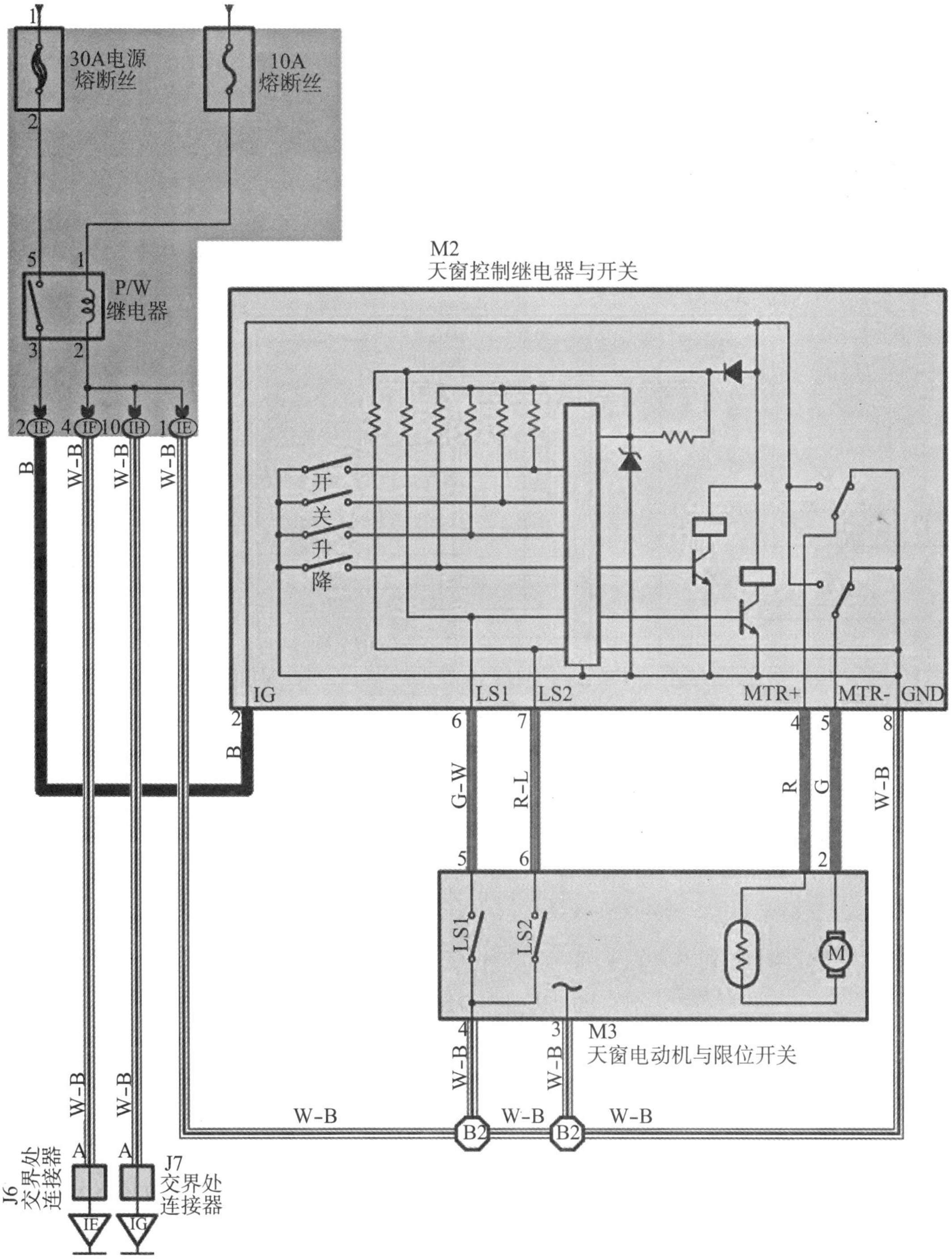

图 11-5　丰田卡罗拉电动天窗电路图

行器以及限制开关模块等组成。电源电压通过熔断丝 L1—L2 经电路 143 施加在天窗模块上，为天窗模块提供电源。天窗执行器通过天窗模块的 C2/A 端子或 C2/C 端子提供电源，通过 C2/D 端子经电路 850 从 G402 搭铁。天窗开关控制由两组开关组成，其信号分别经电路 100、110 由 C1 插接器上 2、5 端子输入天窗模块，控制天窗执行器实现天窗的开启、关闭和通风等功能。限位开关模块将开关(LS1/LS2/LS3)的组合信号输入天窗模块，向天窗模块反馈天窗的实际位置。

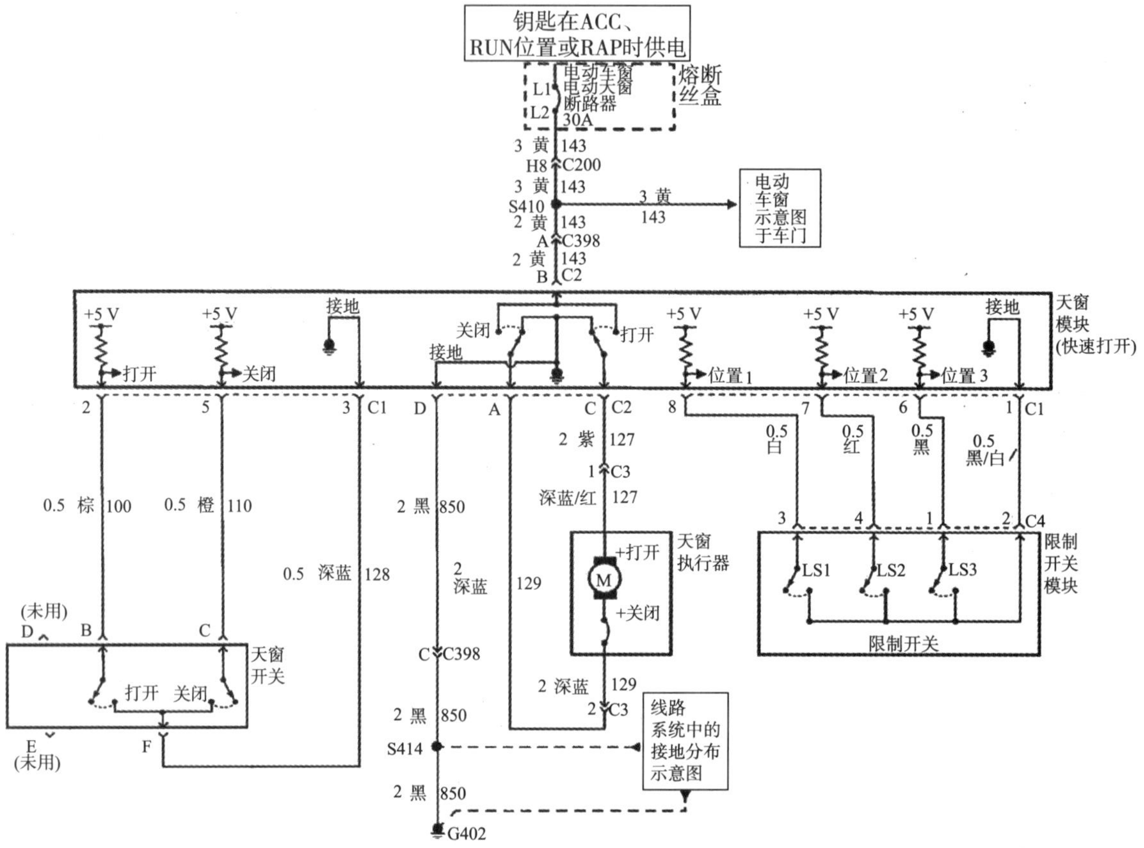

图 11-6　通用别克君威电动天窗电路图

11.5　电动天窗系统常见故障分析

电动天窗系统常见故障如表 11-1 所示。

表 11-1　　电动天窗系统故障诊断表

序号	故障现象	故障原因
1	电动天窗漏水	(1) 电动天窗排水管堵塞； (2) 电动天窗密封橡胶条老化
2	电动天窗不工作	(1) 电动天窗熔断丝烧毁； (2) 天窗控制模块损坏； (3) 工作电动机损坏； (4) 相关线路短路或断路

本 章 小 结

(1) 通用别克君威电动天窗系统电路由天窗模块、天窗开关、天窗执行器以及限制开关模块等组成。

(2) 电动天窗的电动机可以双向转动，即通过改变电流的方向来改变电动机的旋转方向，实现天窗的开启和关闭。

复习思考题

1. 填空题

(1) 电动天窗系统按开启方式的不同分为内藏式和________。

(2) 电动天窗系统的作用是____。

(3) 限位开关模块用来感知天窗的________和________位置。

(4) 天窗模块的作用是____。

(5) 电动天窗系统的电动机采用的是双向直流电动机，它是通过改变电动机________的方向控制天窗的开关。

2. 判断题

(1) 不管点火开关是否接通，打开天窗开关都可以控制电动天窗系统工作。 (　　)

(2) 限位开关模块是用来感知天窗的全开和全闭位置的。 (　　)

(3) 电动天窗系统采用的电动机是双向直流电动机。 (　　)

(4) 电动天窗都具有防夹功能。 (　　)

(5) 丰田卡罗拉电动天窗系统无天窗模块。 (　　)

3. 简答题

(1) 简述电动天窗系统的组成及其各组成部分的作用。

(2) 简述电动天窗系统的工作原理。

(3) 根据通用别克君威电动天窗电路图，分析电动天窗打开的电路。

(4) 根据丰田卡罗拉电动天窗电路图，分析电动天窗闭合的电路。

(5) 简述电动天窗系统的常见的故障及其原因。

12 电动座椅系统

学习目标

知识目标

(1) 了解汽车电动座椅系统的功能和正确的操作方法；
(2) 熟悉汽车电动座椅系统的组成及组成部分的结构和工作原理；
(3) 掌握汽车电动座椅系统的工作原理及控制电路；
(4) 掌握汽车电动座椅系统常见故障的诊断和排除方法。

能力目标

(1) 能熟练使用维修手册；
(2) 学会使用万用表对系统部件的检测方法；
(3) 学会汽车电动座椅的检测方法及故障分析。

12.1 概述

1. 电动座椅的功能

为了提高驾驶人和乘客驾乘的舒适性和方便性，现代汽车由原来的手动调节座椅发展为具有电动调节功能的电动座椅。

电动座椅不仅满足了驾乘人员多种坐姿的需求，而且提高了乘坐的舒适性和操作的方便性，同时又提高了驾驶的安全性。电动座椅由开关进行控制，可完成多个方向的位置调节，如图 12-1 所示。

图 12-1　电动座椅

2. 电动座椅的分类

(1) 按照调节方式分类，座椅调节装置可以分为手动调节式和动力调节式。其中动力调节按照动力源的不同又分为真空式、液压式和电动式三种。

(2) 按照座椅电动机的数目和调节方向的不同，电动座椅有六向电动调节、八向电动调节等。六向调节座椅可实现座椅的前后移动，前部和后部的升降。八向调节座椅不仅可以前后移动，前部和后部的升降，还具有靠背倾斜角度调节功能，如图 12-2 所示。

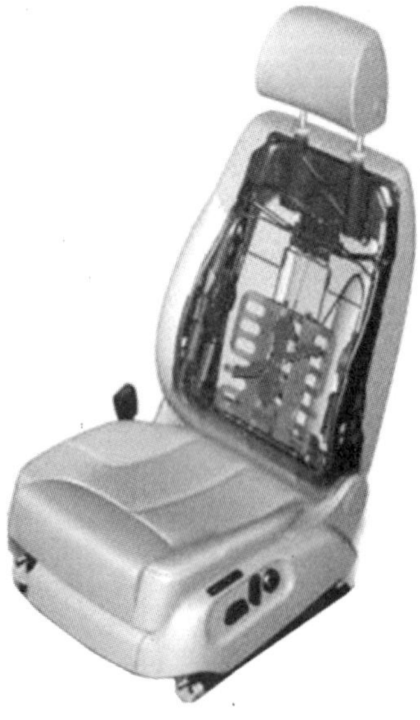

图 12-2　电动座椅陪视图

现代的电动座椅功能更加完善，可具备侧背的支撑调节、腰部支撑调节、靠枕的上下和前后调节、座椅加热等多向调节功能。一些高档汽车的电动座椅系统还具有记忆存储功能。能根据不同驾乘人员的坐姿，记忆座椅调节位置，从而方便座椅的调整。

12.2 电动座椅系统的组成

电动座椅由多个双向执行电动机、传动装置和电控系统以及控制开关等组成。自动控制座椅还具有电控系统，用以实现记忆存储及自动控制调节功能，如图 12-3 所示。

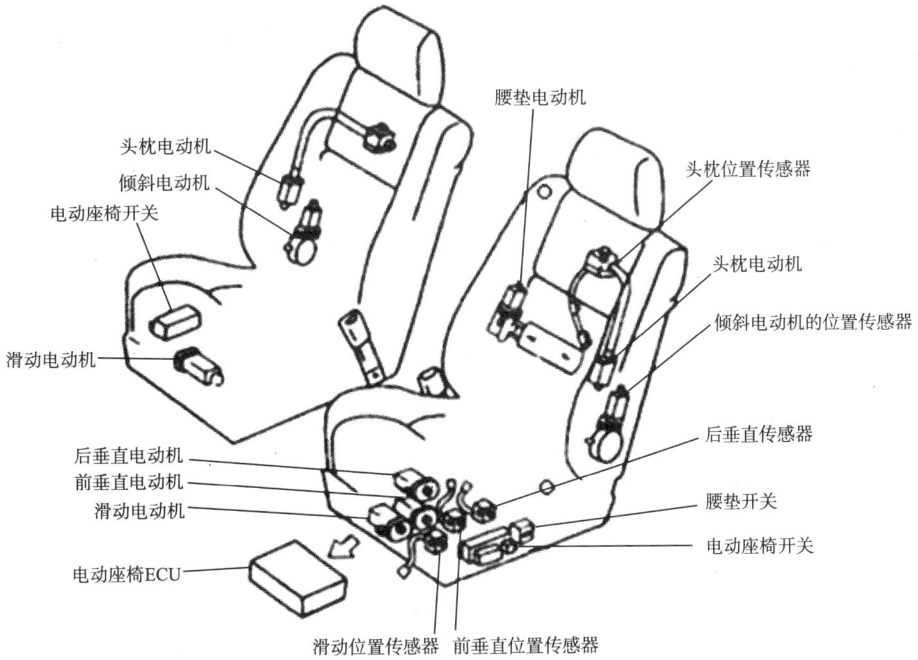

图 12-3 电动座椅结构图

普通电动座椅与电控系统电动座椅都是通过开关控制座椅的动作的，电控电动座椅则加装了控制单元，普通电控座椅中只有开关而无控制单元控制。有些电动座椅系统是通过其自身的控制单元来实现控制的，并且在原来的基础上增加了座椅记忆功能。座椅的记忆功能可以储存三个不同的座椅位置，设置数据存储于位于座椅下部的控制单元中。按下驾驶人座椅的位置记忆按钮，或在无线电遥控器与座椅位置匹配后按下遥控器上的"解锁"按钮或打开驾驶人车门，已存储的位置设置被激活。

调整电动座椅时，控制开关向控制单元发送控制信号，控制单元驱动相应的控制电动机，实现对座椅位置的调整，带有记忆功能的电动座椅系统，通常还增加额外的传感器，如座椅位置传感器。

每次调整带记忆功能的座椅调节控制单元，必须进行设置，这样才能保证座椅记忆功能的正常工作。当第一次连接到车载电源时，所有的传感器和执行元件都会被自动读取并分配给控制单元。

1. 电动机

电动机数量决定了座椅的调节功能。通常两向调节座椅装有一个电动机，八向调节座椅安装有 4 个电动机，而有些电动座椅使用的电动机数量可多达 8 个。电动机越多，座椅调节功能则越强大。电动座椅除了实现通常的八向调节外，还可进行头枕高度、头枕前后调节、侧背支撑、座椅长度和扶手位置调节。

2. 传动装置

传动装置把电动机的旋转运动转变成座椅的上下、前后移动等多方向运动调整。涡轮蜗杆机构是其核心部件，它具有较大的传动比和良好的自锁性能。

3. 电控系统

自动电控座椅由电控单元、传感器、执行元件等部件组成。自动电控座椅系统记忆存储功能通常与电动后视镜、电动转向盘同步进行。自动控制传感器部分包括座椅位置传感器、外后视镜角度传感器以及转向盘位置传感器等；执行元件主要包括座椅调节、后视镜调节、转向盘调节等执行电动机。

4. 控制开关

电动座椅的控制开关主要用于控制通过电动机的电流方向，从而实现控制电动机的旋转方向，如图12－4所示。自动电控座椅系统控制开关将控制信号传给控制单元，由控制单元实现对电动机的控制。

图12－4　电动座椅控制开关

12.3　电动座椅系统工作原理

12.3.1　电动座椅组成部件工作原理

1. 电动机

电动座椅中使用的电动机一般为永磁式双向直流电动机，如图12－5所示。为防止电动机过载，电动机内一般都装有断路器。通过控制开关改变流经电动机内部的电流方向，从而实现转动方向的改变。

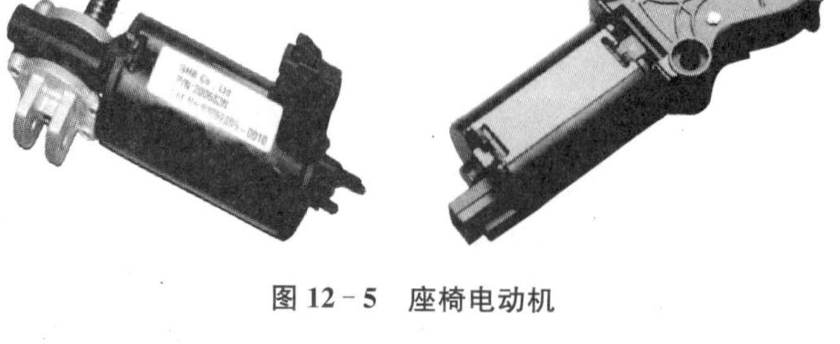

图12－5　座椅电动机

2. 传动装置

传动装置依靠高度调整机构、前后调整机构把电动机的旋转运动变为座椅的上下、前后移动，如图12－6所示。

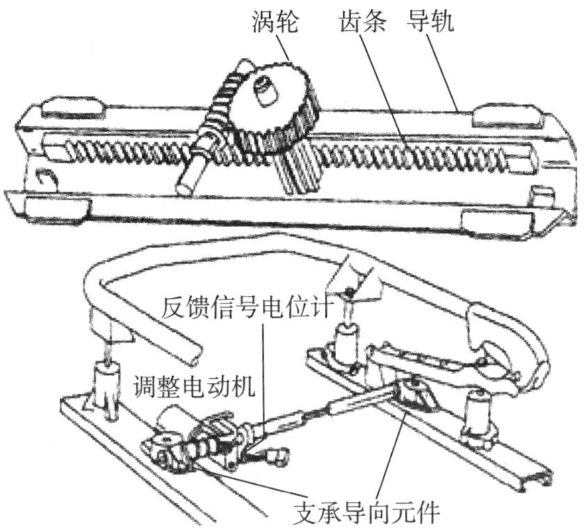

(a) 前后调整机构

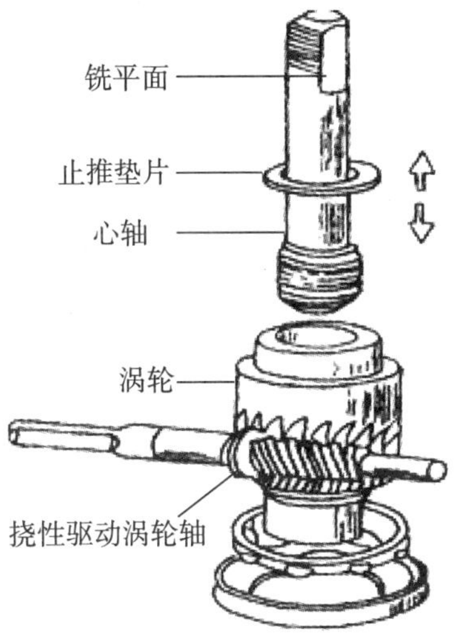

(b) 高度调整机构

图 12－6　电动座椅传动装置

3. 控制开关

电动座椅控制开关通过多个触点开关控制各座椅调节电动机的电源与搭铁，从而改变调节电动机电流的方向，实现座椅位置的调节，如图12－7所示。

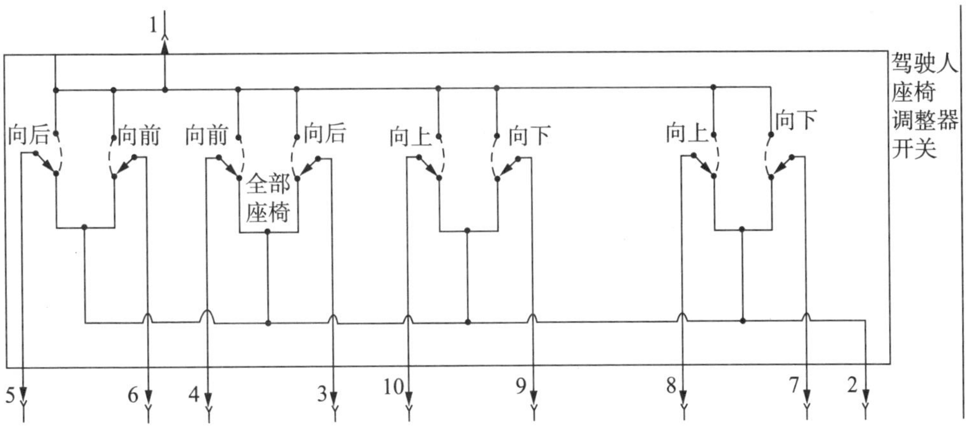

图 12－7　通用别克君威电动座椅开关控制原理图

12.3.2　电动座椅系统工作原理

1. 电动座椅系统工作原理

普通电动座椅系统由开关直接控制电动机的旋转方向，实现座椅的各项调节，如图12－8所示。

2. 自动控制电动座椅系统工作原理

自动控制电动座椅系统电控单元接收来自手动开关调节开关信号、记忆按钮信号、座椅位置传感器信号，通过控制电动机进行座椅位置的各方向调节，如图12－9所示。

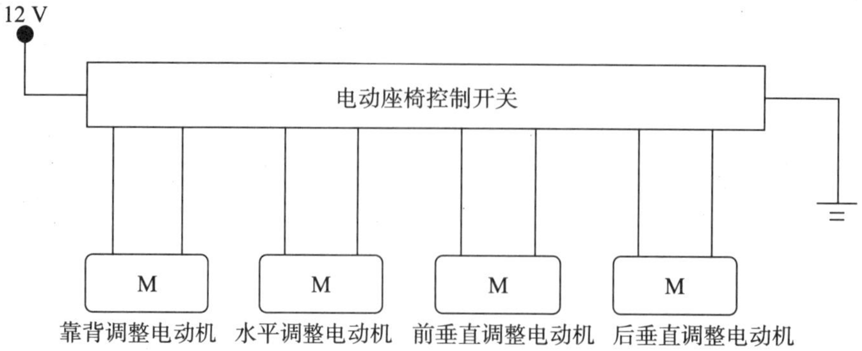

图 12-8　电动座椅系统工作原理图

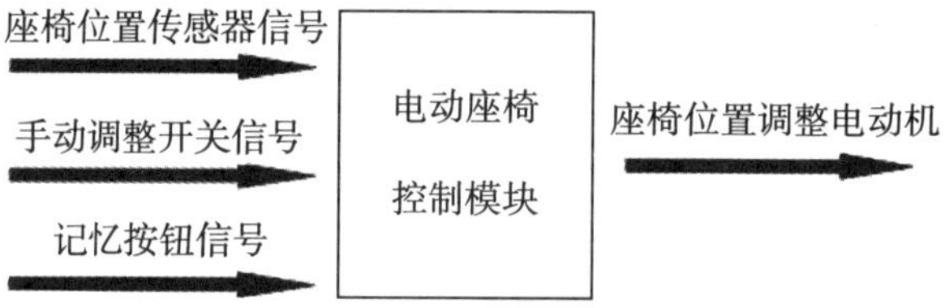

图 12-9　自动控制电动座椅系统工作原理图

当操作手动控制开关时，电控单元接受来自手动控制开关信号，并通过其输出驱动电路驱动执行电动机进行调节。

电控单元内置存储器可以实现对座椅位置的记忆功能。只需操作记忆按钮，就能贮存当前座椅位置或将座椅调整到以前存储的位置。座椅位置传感器通常采用电位计或霍尔传感器感知座椅的当前位置。

12.4　电动座椅系统控制电路

12.4.1　大众帕萨特电动座椅系统控制电路

大众帕萨特汽车中装有座椅和后视镜位置记忆系统。记忆系统的操作板在驾驶人位置的左侧，驾驶人座椅位置调节是通过两个调整开关来完成，如图 12-10 所示。

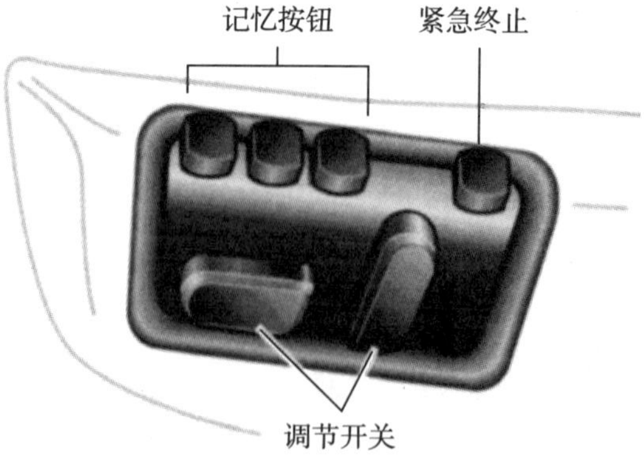

图 12-10　大众帕萨特汽车电动座椅控制开关

该系统中，通过记忆按钮或无线电遥控，记忆控制单元最多可设置三种不同驾驶位置的驾驶座椅和后视镜位置。该记忆系统控制单元位于驾驶人位置下面，它通过数据 CAN BUS 总线与舒适系统相联。

大众帕萨特带记忆功能的电动座椅调节电路，如图 12－11、12－12 所示。

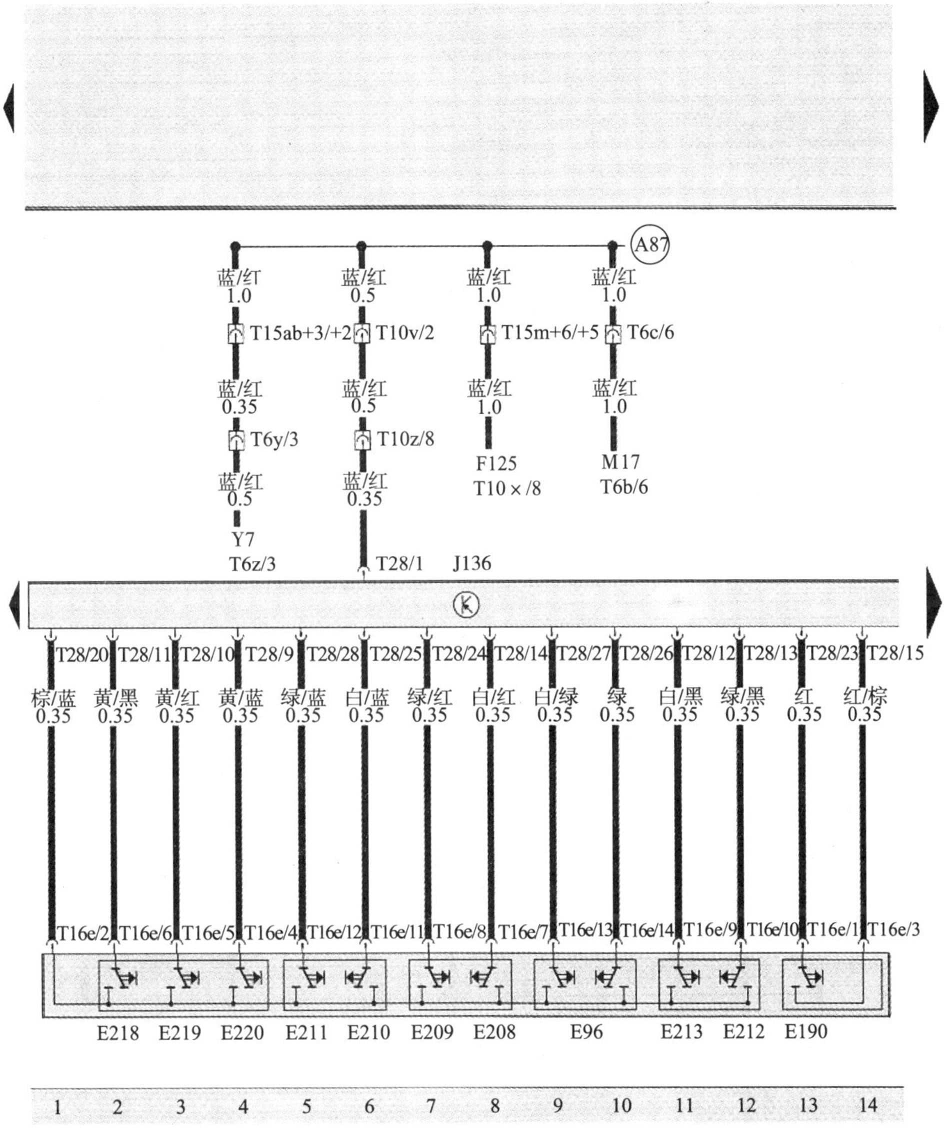

E96—驾驶人座椅靠背调整开关，在驾驶人座椅左侧
E190—紧急切断按钮，在驾驶人座椅左侧
E208—驾驶人座椅前高度调节开关(向上)，在驾驶人座椅左侧
E209—驾驶人座椅前高度调节开关(向下)，在驾驶人座椅左侧
E210—驾驶人座椅后高度调节开关(向上)，在驾驶人座椅左侧
E211—驾驶人座椅后高度调节开关(向下)，在驾驶人座椅左侧
E212—驾驶人座椅纵向调节开关(向前)，在驾驶人座椅左侧
E213—驾驶人座椅纵向调节开关(向后)，在驾驶人座椅左侧
E218—驾驶人座椅记忆 1 按钮，在驾驶人座椅左侧
E219—驾驶人座椅记忆 2 按钮，在驾驶人座椅左侧
E220—驾驶人座椅记忆 3 按钮，在驾驶人座椅左侧
F125—多功能开关，在变速箱左侧传动法兰后方
J136—带记忆的驾驶人座椅调整控制单元，在驾驶人座椅底部左侧
M17—右倒车灯，在右尾灯内
T6b—6 针插头，黑色，在右尾灯上
T6c—6 针插头，蓝色，在左 A 柱处(11 号位)
T6y—6 针插头，黑色，在内顶灯上方
T6z—6 针插头，黑色，在自动防眩目内后视镜上
T10v—10 针插头，淡红色，在右 A 柱处(6 号位)
T10x—10 针插头，黑色，在变速箱底部左侧前方
T10z—10 针插头，棕色，在驾驶人座椅底部(4 号位)
*T15ab＋3—18 针插头，绿色，在左 A 柱处(5 号位)
**T15ab＋3—18 针插头，绿色，在左 A 柱处(7 号位)
T15m＋6—21 针插头，棕色，在右 A 柱处(14 号位)
T16e—16 针插头，棕色，在驾驶人座椅调节开关上
T28—28 针插头，红色，在带记忆的驾驶人座椅调节控制单元上
Y7—自动防眩目内部后视镜，在前风窗玻璃上方中部
(A87)—连接线(倒车灯)，在仪表板线束内
*—用于配有 1.8T 发动机标识字母 BGC 的轿车
**—用于配有 V6 发动机标识字母 BBG 的轿车

图 12－11　大众帕萨特带记忆功能的电动座椅调节电路—驾驶人座椅调整控制单元、调节开关

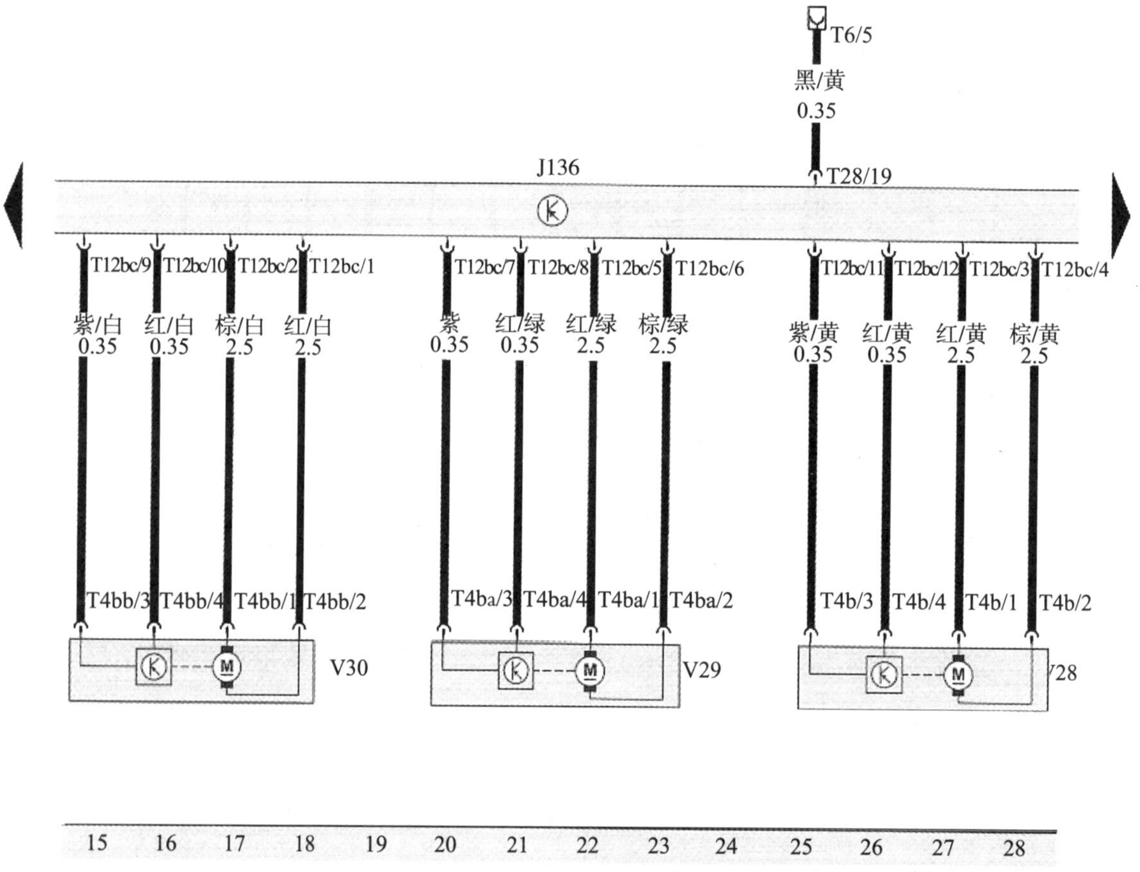

J136—带记忆的驾驶人座椅调整控制单元，在驾驶人座椅底部左侧

T4b—4 针插头，黑色，在驾驶人座椅前后调节电动机上

T4ba—4 针插头，黑色，在驾驶人座椅前高度调节电动机上

T4bb—4 针插头，黑色，在驾驶人座椅后高度调节电动机上

T6—6 针插头，红色，在驾驶人座椅底部(2 号位)

T12bc—12 针插头，黑色，在带记忆的驾驶人座椅调整控制单元上

T28—28 针插头，红色，在带记忆的驾驶人座椅调节控制单元上

V28—驾驶人座椅前后调节电动机，在驾驶人座椅底部中间

V29—驾驶人座椅前高度调节电动机，在驾驶人座椅底部左前侧

V30—驾驶人座椅后高度调节电动机，在驾驶人座椅底部左侧

图 12－12　大众帕萨特带记忆功能的电动座椅调节电路—驾驶人座椅调整控制单元、调节电动机

1. 驾驶人侧座椅调节

当驾驶人操作座椅调节开关时，带记忆的驾驶人座椅调整控制单元 J136 根据检测各端子的电压信号来控制驾驶人座椅前后调节电动机 V28、驾驶人座椅前高度调节电动机 V29、驾驶人座椅后高度调节电动机 V30、驾驶人座椅靠背调节电动机 V45 作动，实现座椅上/下、前/后及靠背前/后调节。

2. 前乘客侧座椅调节

前乘客通过操作座椅调节开关来控制调节电动机的通电时刻来实现座椅位置调节的。

3. 座椅及后视镜位置记忆

当驾驶人调节座椅位置时，带记忆的驾驶人座椅调整控制单元 J136 根据调节电动机内的传感器输出的信号来记忆座椅的实际位置。

当后视镜调节电动机动作时，带记忆的驾驶人座椅调整控制单元 J136 分别通过黄/紫 0.35 线、灰/紫 0.5 线、黄/紫 0.5 线、黄/紫 0.35 线接收驾驶人侧后视镜调节电动机 V17 的位置信号；通过黄/白 0.35线、灰/白 0.5 线、黄/白 0.5 线、黄/白 0.35 线接收驾驶人侧后视镜调节电动机 V149 的位置信号；通过绿/紫 0.35 线、绿/紫 0.5 线、绿/紫 0.5 线、绿/紫 0.35 线接收右前后视镜调节电动机 V25 的位置信号；通过棕/灰 0.5 线、棕/绿 0.5 线、棕/绿 0.35 线接收右前后视镜调节电动机 V150 的位置信号。

当座椅和后视镜调整至所需位置时，按住某一记忆按钮并保持 3 s，直到听见一声提示声确认位置已被记忆；在更换驾驶人后，驾驶人座椅及外后视镜的调节位置通过按动按钮自动切换至所需位置。

12.4.2 通用别克君威电动座椅系统控制电路

通用别克君威电动座椅系统电路如图 12－13 所示。

通用别克君威汽车电动座椅系统电路由控制开关（驾驶人座椅调整器开关），靠背调节电动机（靠背调整器电动机及 ECB），前垂直调节电动机（前垂直调整器电动机及 ECB），后垂直调节电动机（后垂直调整器电动机及 ECB），水平调节电动机（水平调整器电动机及 ECB）等组成。

电源电压通过熔断丝 N1—N2，经电路 340，连接器 C311 端子 A，施加到控制开关端子 1 上。控制开关 2 通过电路 750，经连接器 C311 端子 B 于 G301 处搭铁。调节电动座椅靠背向前控制开关使触电闭合，电源经向前开关常开触电由控制开关端子 6 施加在靠背调节电动机上；电动机由控制开关端子 5，经向后开关常闭触电，从控制开关端子 2，经电路 750 于 G301 处搭铁。电流从右向左通过靠背调节电动机，驱动靠背向前调节。调节电动座椅靠背后前控制开关使触电闭合，电源经向后开关常开触电由控制开关端子 5 施加在靠背调节电动机上；电动机由控制开关端子 6，经向前开关常闭触点，从控制开关端子 2，经电路 750 于 G301 处搭铁。通过电动机的电流方向相反，调节电动机反向旋转，驱动靠背后前调节。

座椅其他方向调节原理与此相同。每个电动机内部都有一个断路器用于防止过载。如果电动机过载，断路器的电阻增加，电路断路。当电动机工作两端的工作电压取消后，电路恢复正常。

12.5 电动座椅系统常见故障分析

当电动座椅出现故障时，首先检查熔断丝（熔断器）、电路连接和搭铁情况，若仍不能排除故障，则应检查控制开关和电动机是否良好。电动座椅常见故障及原因如表 12－1 所示。

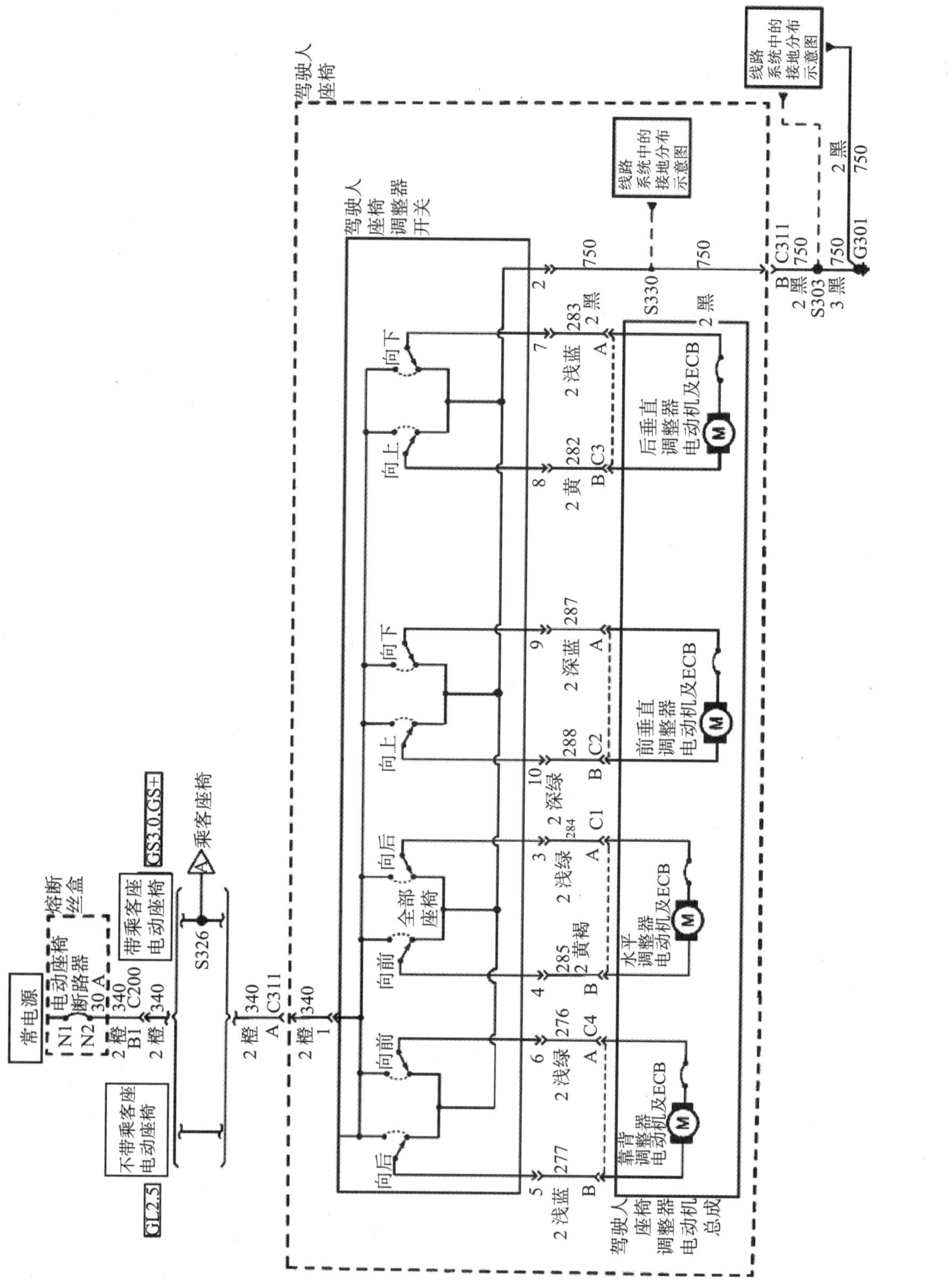

图 12－13　通用别克君威电动座椅系统电路图

表 12-1　　电动座椅故障诊断表

序号	故障现象	故障原因
1	电动座椅完全不能动作	(1) 熔断丝熔断； (2) 线路搭铁不良； (3) 座椅开关故障； (4) 熔断丝至座椅开关间线路断路
2	电动座椅某个方向不能动作	(1) 该方向对应的电动机损坏； (2) 开关损坏； (3) 对应的线路断路

本章小结

(1) 电动座椅由多个双向执行电动机、传动装置和电控系统以及控制开关等组成。

(2) 电动座椅的控制开关主要用于控制通过电动机的电流方向，从而实现控制电动机的旋转方向。

(3) 电动座椅中使用的电动机一般为永磁式双向直流电动机。

复习思考题

1. 填空题

(1) 电动座椅常见的故障有________或________。

(2) 电动座椅的调节方式有________、________。

(3) 电动座椅传动、执行机构的核心部件是________和________，原因是它们具有较大的________和较好的________性能。

(4) 自动电控座椅由________、________、执行原件等部件组成。

(5) 电动座椅的控制开关主要用于控制通过电动机的________方向，从而实现控制电动机的旋转方向。

2. 选择题

(1) 座椅完全不能动作，下列(　　)原因不可能。

A. 熔断器熔断　　B. 某方向对应的电动机损坏　　C. 座椅开关故障等

(2) 电动座椅全程移动所需时间约为(　　)。

A. 8～10 s　　B. 15～20 s　　C. 30～40 s

(3) 在电动座椅中一般一个电动机可完成座椅的(　　)个方向的调整。

A. 1　　B. 2　　C. 3　　D. 4

(4) 对于大众帕萨特车，当座椅调整至所需位置时，按住某一记忆按钮并保持(　　)s，直到听见一声提示声确认该座椅位置已被记忆。

A. 1　　B. 2　　C. 3　　D. 4

(5) (　　)传感器与自动电控座椅无关。

A. 座椅位置　　B. 外后视镜角度

C. 车速　　D. 转向盘位置

3. 判断题

(1) 八向调节电动座椅只需要装 4 个电动机。　(　　)

(2) 要调节电动座椅必须先打开点火开关。　(　　)

(3) 电动座椅后方向的调节量一般为 100～160 mm,上下方向一般为 30～50 mm。　(　　)

(4) 电动座椅中的电动机内一般都装有断路器,其目的是防止电动机过载。　(　　)

(5) 通用别克君威车的电动座椅和电动后视镜所用的电动机是一样的。　(　　)

4. 简答题

(1) 下图是本田雅阁汽车驾驶人电动座椅电路图,试以调整该座椅倾斜为例,分析它的控制原理。

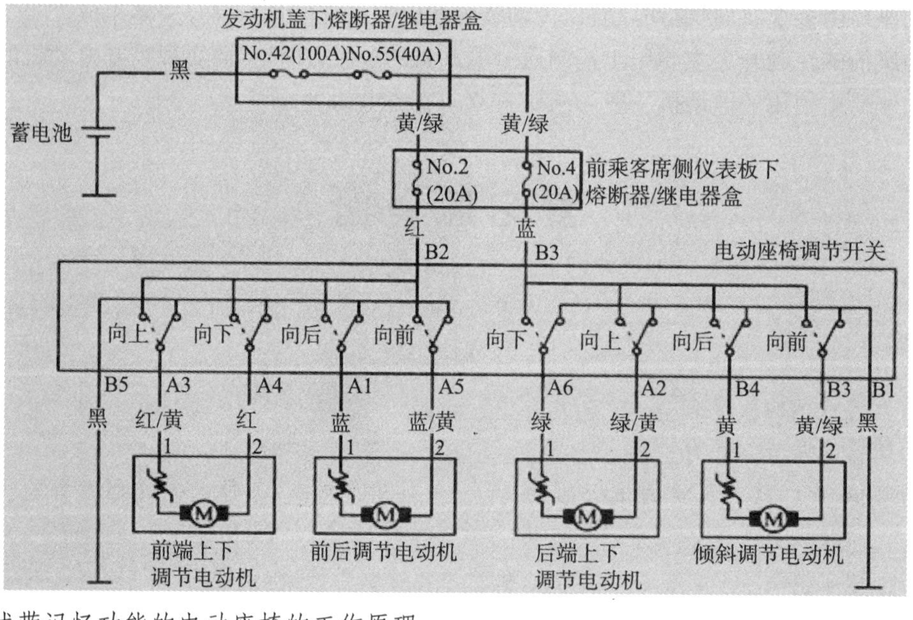

(2) 简述带记忆功能的电动座椅的工作原理。

(3) 简述电动座椅的组成及各组成部分的作用。

(4) 根据大众帕萨特电动座椅电路图,分析电动座椅记忆功能的回路。

(5) 简述电动座椅系统常见故障及其故障原因。

13 电动后视镜系统

学习目标

知识目标

(1) 了解汽车电动后视镜的组成和分类；

(2) 熟悉汽车电动后视镜的控制电路；

(3) 掌握典型车系汽车电动后视镜的故障分析方法。

能力目标

(1) 能熟练使用维修手册；

(2) 学会使用万用表对系统部件的检测方法；

(3) 学会汽车电动后视镜的检测方法。

13.1 概述

汽车后视镜俗称倒车镜，通常分为车外和车内两种，如图 13-1 所示。对于车外后视镜，汽车左右两侧都有，其功用主要是让驾驶人观察汽车后侧的行人、车辆以及其他障碍物的情况，确保行车或倒车安全。车内后视镜主要供驾驶人观察和注视车内乘员、物品以及车后路面的情况。当车辆夜间行驶时，车内后视镜还具有防止后随车辆前照灯光线所引起的眩目功能。

图 13-1 电动后视镜

汽车上的后视镜位置直接关系到驾驶人能否观察到车后的情况，与行车的安全性有着密切联系。后视镜的调整有两种，一种采用手动调整，另一种采用电动后视镜，通过开关进行调整，操作起来十分方便。

13.2 电动后视镜的组成

1. 车外后视镜

车外电动后视镜一般由镜片、驱动电动机、控制电路及控制开关组成。在每个电动后视镜的背后装两个可逆电动机和驱动机构，可调整后视镜上下及左右转动。上下方向的转动由一个电动机控制；左右方向的转动由另一个电动机控制。通过改变电动机的电流方向，即可完成后视镜的位置调整，但一个后视镜的两个电动机不能同时运行。后视镜控制开关位于主驾驶室门把手附近。车外后视镜的结构和典型开关如图 13-2 所示。

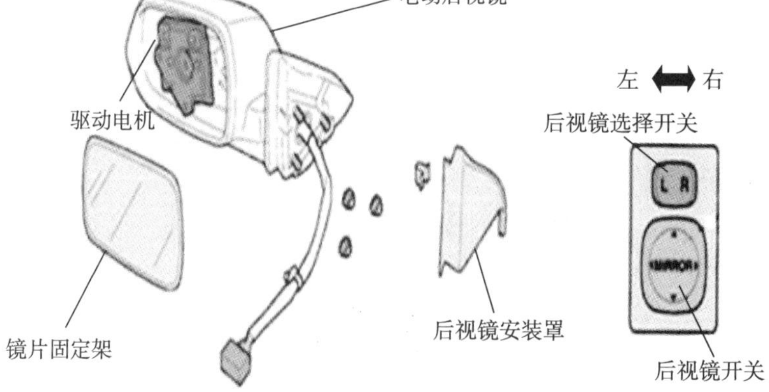

图 13-2 车外电动后视镜结构和控制开关示意图

为了使车能够获得最大的驻车间隙，通过尽可能狭小的路段，有的电动后视镜还带有伸缩功能，由伸缩开关控制伸缩电动机工作，使两个后视镜整体回转伸出或缩回。除此之外有些后视镜还带有加热功能，当点火开关接通并且后视镜加热器打开时，后视镜被加热，可以使后视镜在寒冷的季节不结霜，不起雾，保持良好的后视线，从而提高行车安全性，如图 13－3 所示。

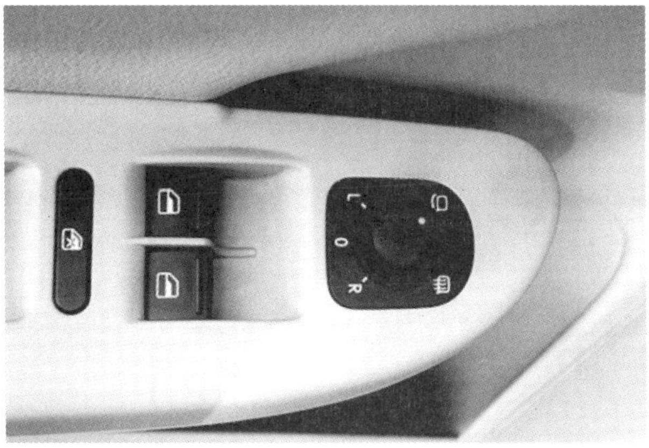

图 13－3　带有伸缩以及加热功能的电动后视镜开关

2. 车内后视镜

自动防炫目后视镜一般安装在车厢内，是由一面特殊镜子和两个光敏二极管组成。当强光照在后视镜上时，镜上的光敏二极管把光信号传给微机，经过信号处理，控制电路使镜面变色以吸收强光，削弱强光的反射，避免反射的强光照在驾驶人的眼睛上，防止产生炫目，如图 13－4 所示。

图 13－4　车内后视镜

高档汽车防炫目或非防炫目交替切换不用人工操作，反光镜本体的一部分装有光敏二极管的照度传感器，能检测随后车的前照度并可进行切换控制。

13.3　电动后视镜控制电路

13.3.1　大众帕萨特车外电动后视镜控制电路

大众帕萨特车外电动后视镜控制电路，如图 13－5、13－6 所示。该车外后视镜选择开关在“L”位置时，两侧的后视镜同时被调整，在“R”位置时仅调整前乘客侧的后视镜。

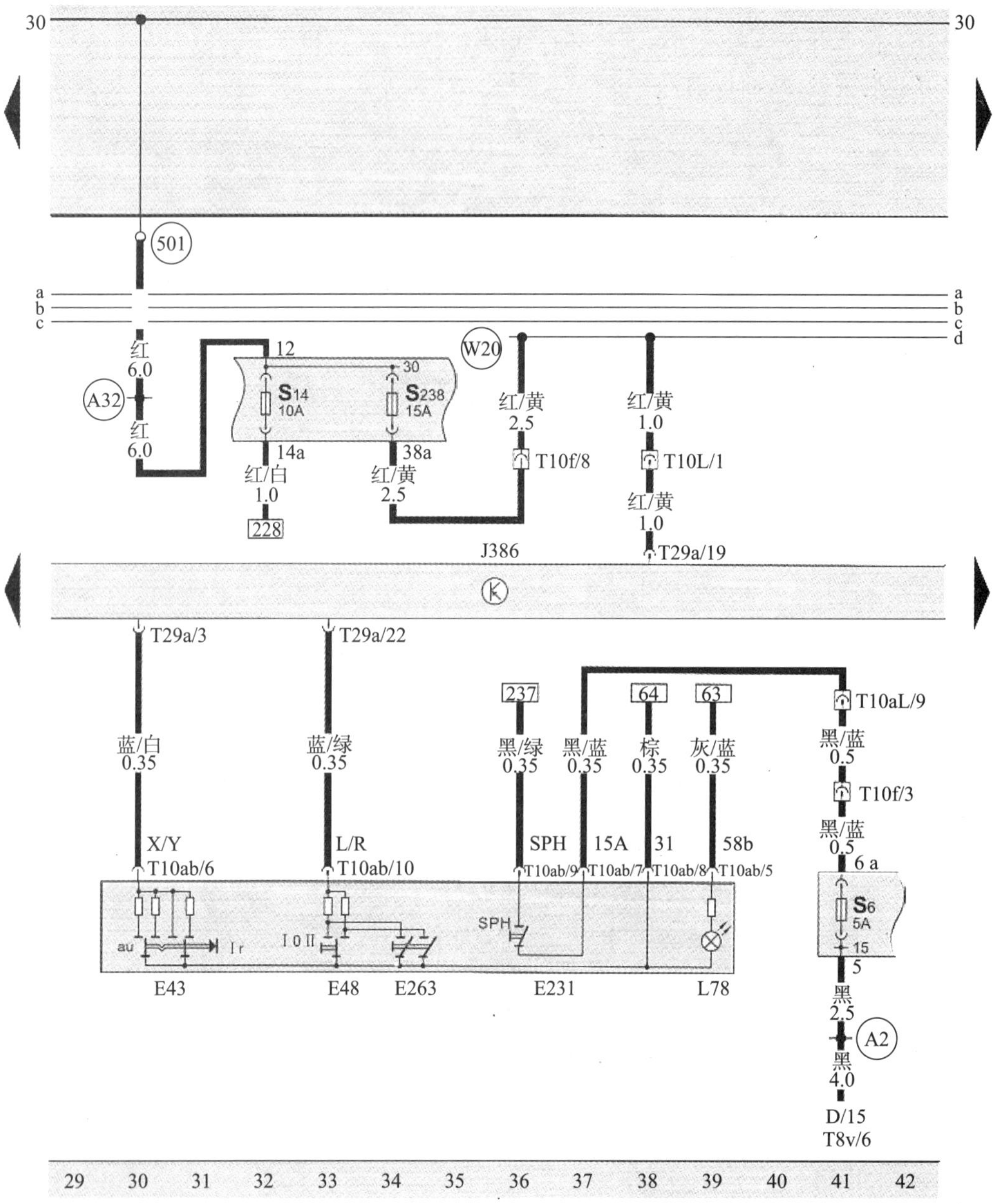

D—点火开关
E43—后视镜调节开关，在驾驶人车门内
E48—后视镜调节转换开关，在驾驶人车门内
E231—车外后视镜加热开关，在驾驶人车门内
E263—后视镜回缩开关，在驾驶人车门内
J386—驾驶侧车门控制单元，在驾驶人车门内
L78—后视镜调节开关照明灯
S6—熔断丝 6，5 A，后视镜加热器熔断丝，在熔断丝架上
S14—熔断丝 14，10 A，油箱盖开启电动机、舒适电子系统控制单元熔断丝，在熔断丝架上
S238—熔断丝 38，15 A，车门控制单元熔断丝，在熔断丝架上
T8v—8 针插头，黑色，在点火开关上
T10f—10 针插头，蓝色，在左 A 柱处(6 号位)
T10L—10 针插头，黑色，在左 A 柱处(2 号位)
T10ab—10 针插头，黑色，在后视镜调节开关上
T29a—29 针插头，黑色，在驾驶侧门控制单元上
(501)—正极螺栓连接线(30)，在中央电器板上
(A2)—正极连接线(15)，在仪表板线束内
(A32)—正极连接线(30)，在仪表板线束内
(W20)—正极连接线(30a)，在后线束内

图 13－5　大众帕萨特舒适系统电路——驾驶侧车门控制单元、后视镜调节转换开关、车外后视镜加热开关、后视镜调节开关、后视镜回缩开关

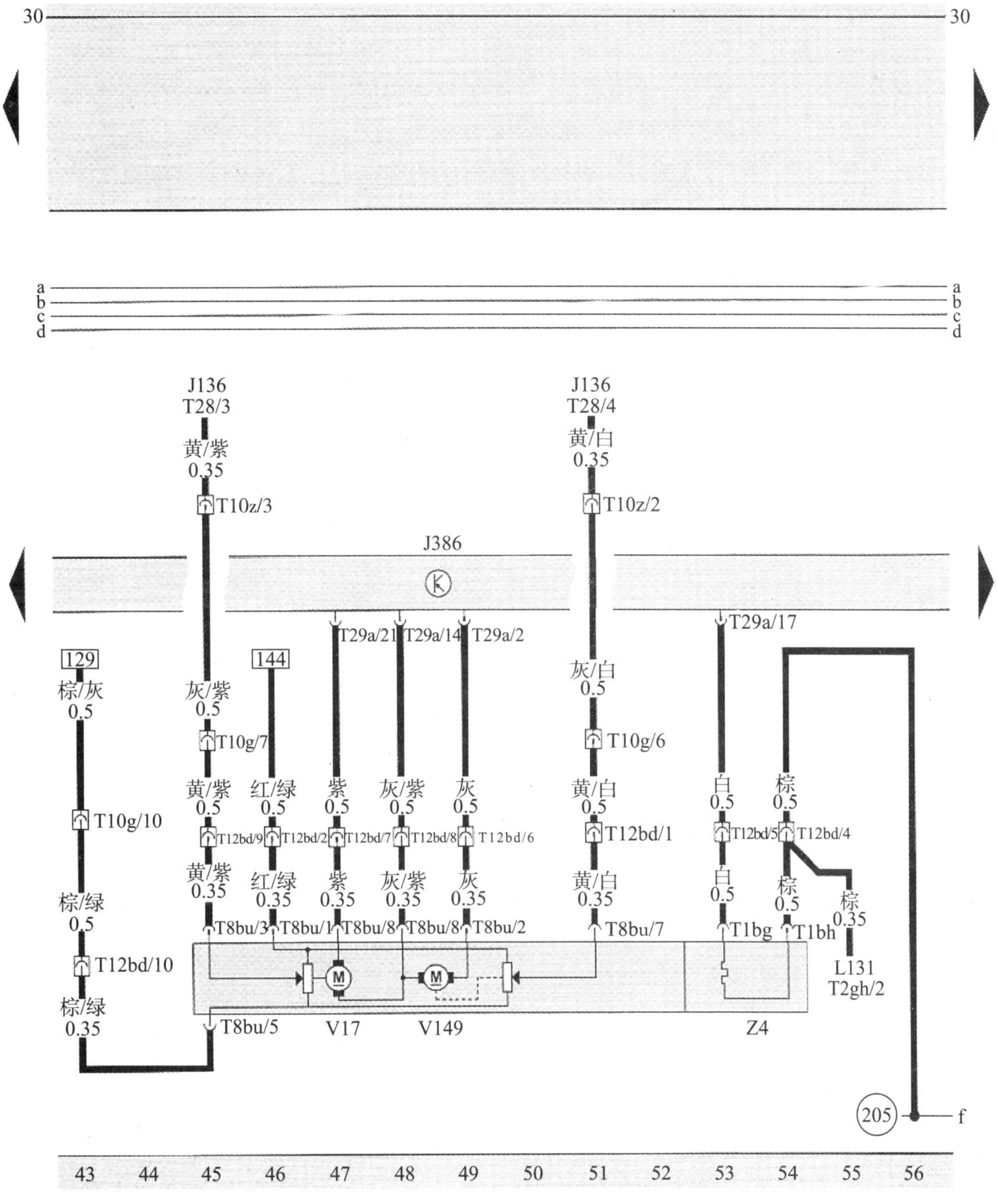

J136—带记忆的驾驶人座椅调整控制单元，在驾驶人座椅底部左侧

J386—驾驶侧车门控制单元，在驾驶人车门内

L131—外后视镜转向信号灯，驾驶侧，在驾驶侧后视镜内

T1bg—1 针插头，无塑壳，在驾驶侧后视镜上

T1bh—1 针插头，无塑壳，在驾驶侧后视镜上

T2gh—2 针插头，白色，在驾驶侧外后视镜转向信号灯上

T8bu—8 针插头，绿色，在驾驶侧后视镜内

T10g—10 针插头，灰色，在左 A 柱处(16 号位)

T10z—10 针插头，棕色，在驾驶人座椅底部(4 号位)

T12bd—12 针插头，黑色，在驾驶人车门内

T28—28 针插头，红色，在带记忆的驾驶人座椅调节控制单元上

T29a—29 针插头，黑色，在驾驶侧车门控制单元上

V17—驾驶侧后视镜调节电动机，在驾驶侧后视镜内

V149—驾驶侧后视镜调节电动机，在驾驶侧后视镜内

Z4—驾驶侧后侧镜加热器，在驾驶侧后视镜内

(205)—接地连接线，在驾驶侧车门线束内

图 13-6　大众帕萨特舒适系统电路——驾驶侧车门控制单元、驾驶侧后视镜调节电动机、驾驶侧后视镜加热器

1. 电动后视镜位置调节控制电路

当后视镜调节转换开关 E48 置于“L”位置时，驾驶侧车门控制单元 J386 通过蓝/绿 0.35 线接收后视镜调节转换开关 E48 选择信号后控制左右两侧的后视镜同时被调整；驾驶侧车门控制单元 J386 通过蓝/白 0.35 线接收后视镜调节开关 E43 调节后视镜上/下、左/右的动作信号；该信号被处理、分析后通过紫 0.5 线、紫 0.35 线(或灰 0.5 线、灰 0.35 线)控制驾驶侧后视镜调节电动机 V17(或驾驶侧后视镜调节电动机 V149)动作；同时，驾驶侧车门控制单元 J386 通过数据总线将接收到的调节后视镜上/下、左/右的动作信号发送至右前车门控制单元 J387，由右前车门控制单元 J387 通过相应线路控制右前后视镜调节电动机 V25(或右前后视镜调节电动机 V150)动作，实现左右两侧的后视镜同时被调整。

当后视镜调节转换开关 E48 置于“R”位置时，驾驶侧车门控制单元 J386 通过蓝/绿 0.35 线接收后视镜调节转换开关 E48 选择信号后仅控制右前侧后视镜被调整；驾驶侧车门控制单元 J386 通过蓝/白 0.35 线接收后视镜调节开关 E43 调节后视镜上/下、左/右的动作信号后，再通过数据总线将接收到的调节后视镜上/下、左/右的动作信号发送至右前车门控制单元 J387，由右前车门控制单元 J387 通过相应线路控制右前后视镜调节电动机 V25(或右前后视镜调节电动机 V150)动作，实现右前侧后视镜被调整。

13.3.2 通用别克君威车外后视镜控制电路

通用别克君威车外后视镜控制电路，如图 13-7 所示。通用别克君威车外后视镜电路由后视镜开关总成、后视镜电动机组件等组成。电源电压通过熔断丝 F9—F10 经电路 1140 施加在后视镜开关总成端子 G 上，为后视镜电路提供电源。后视镜电动机组件通过后视镜开关总成由 B 端子经 750 线从 G301 处搭铁。电动后视镜的开关总成由上下、左右两组联动开关组成，通过拨动此开关实现车外后视镜上下、左右调节功能。

下面以左侧外后视镜的上、下调节和左、右调节为例介绍车外后视镜的调节原理。

1. 外后视镜上、下调节控制电路

拨动后视镜选择开关使“左后视镜”触点闭合，同时调节上下联动开关使“上”触点闭合。电源电压通过熔断丝 F9—F10 经电路 1140 施加在后视镜开关总成端子 G 上，由于“上”触点闭合，电源电压由端子 K 经电路 89 施加在左侧外后视镜上/下电动机上。电动机通过电路 82 至后视镜开关端子 E，“左后视镜”闭合触点开关，后视镜开关端子 B 经电路 750 线从 G301 处搭铁。左侧后视镜实现向上调节功能，镜面向上偏转。调节上下联动开关使“下”触点闭合可实现向下调节功能，镜面向下偏转。

2. 外后视镜左、右调节控制电路

拨动后视镜选择开关使“左后视镜”触点闭合，同时调节左右联动开关使“左”触点闭合。电源电压通过熔断丝 F9—F10 经电路 1140 施加在后视镜开关总成端子 G 上，由于“左”触点闭合，电源电压由端子 K 经电路 89 施加在左侧外后视镜左/右电动机上。电动机通过电路 81 至后视镜开关端子 J，“左”触点开关，后视镜开关端子 B 经电路 750 线从 G301 处搭铁。左侧后视镜实现向左调节功能，镜面向左偏转。调节左右联动开关使“右”触点闭合可实现向右调节功能，镜面向右偏转。

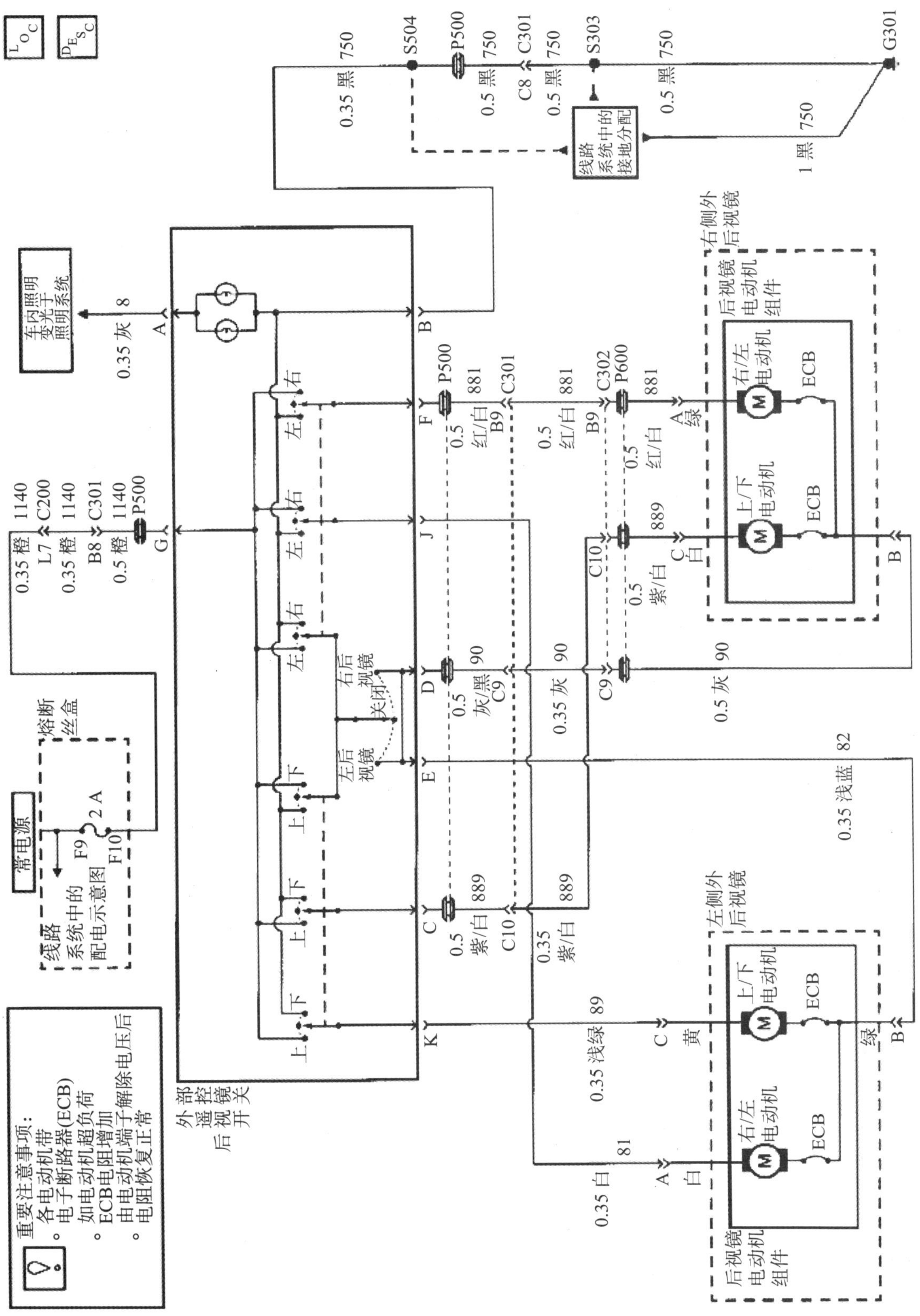

图 13－7　通用别克君威车外后视镜电路图

13.4 电动后视镜常见故障分析

当电动后视镜出现故障时，首先检查熔断丝、电路连接和搭铁情况，若仍不能排除故障，则应检查开关和电动机是否良好。出现故障时要结合电路、上述的检查顺序和表 13－1 来分析故障的原因和解决方法。

表 13－1　　电动后视镜故障诊断表

序号	故障现象	故障原因
1	两个电动后视镜都不能动	(1) 熔断丝熔断； (2) 搭铁不良； (3) 后视镜开关损坏； (4) 电动机损坏
2	一侧电动后视镜不能动	(1) 后视镜开关损坏； (2) 电动机损坏； (3) 搭铁不良
3	一侧电动后视镜上下方向不能动	(1) 上下调整电动机损坏； (2) 搭铁不良
4	一侧电动后视镜左右方向不能动	(1) 左右调整电动机损坏； (2) 搭铁不良

本章小结

(1) 电动后视镜一般由镜片、驱动电动机、控制电路及其控制开关等组成。

(2) 电动后视镜使用的驱动电动机是可逆电动机。

复习思考题

1. 填空题

(1) 电动后视镜主要由________、________、________及其开关等组成。

(2) 电动后视镜的背后装有两套电动机和驱动机构，可操纵后视镜________运动及________转动。通过改变电动机的________方向，即可完成后视镜的位置调整。

(3) 为了使车能够获得最大的驻车间隙，通过尽可能狭小的路段，有的电动后视镜还带有________功能，使两个后视镜整体回转伸出或缩回。

(4) 大众帕萨特外后视镜选择开关在________位置时，两侧的后视镜同时被调整，在________位置时仅调整前乘客侧的后视镜。

(5) 后视镜的加热功能的作用是____。

2. 选择题

(1) 在电动后视镜中一般一个电动机可完成后视镜的(　　)个方向的调整。

A. 1　　B. 2　　C. 3　　D. 4

(2) 带伸缩功能电动后视镜的背面都有(　　)个电动机驱动。

A. 1　　B. 2　　C. 3　　D. 4

(3) 大众帕萨特电动后视镜当选择开关打到 L 位置时,可控制(　　)后视镜动作。

A. L　　B. R　　C. L 和 R

(4) 一侧电动后视镜不能动的故障原因是(　　)。

A. 后视镜开关损坏　　B. 电动机损坏

C. 搭铁不良　　D. 以上都有可能

(5) 通用别克君威电动后视镜当选择开关打到 R 位置时,可控制(　　)后视镜动作。

A. L　　B. R　　C. L 和 R

3. 判断题

(1) 每个电动后视镜的背面都有 4 个电动机来实现后视镜的调整。(　　)

(2) 电动后视镜的加热功能可以起到防雾的作用。(　　)

(3) 车内后视镜还具有防止后随车辆前照灯光线所引起的炫目功能。(　　)

(4) 电动后视镜使用的电动机一般都是可逆电动机。(　　)

(5) 有些电动后视镜具有记忆功能。(　　)

4. 简答题

(1) 简述电动后视镜的组成及其各组成部分作用。

(2) 根据通用别克君威电动后视镜电路图,分析左电动后视镜向下运动的电路。

(3) 根据大众帕萨特电动后视镜电路图,分析电动后视镜加热的电路。

(4) 比较通用别克君威和大众帕萨特两款汽车电动后视镜控制原理有什么不同。

(5) 简述电动后视镜至主控开关电路是否断路的检测方法。

14 中控门锁和防盗系统

学习目标

知识目标

(1) 了解汽车中控门锁和防盗系统的功能和正确操作的方法；
(2) 熟悉汽车中控门锁和防盗系统结构和工作原理；
(3) 掌握汽车中控门锁和防盗系统电路分析；
(4) 熟悉汽车中控门锁和防盗系统主要部件常见的失效形式；
(5) 掌握典型车系中控门锁和防盗系统常见故障分析方法。

能力目标

(1) 熟练使用维修手册；
(2) 学会使用万用表对系统部件的检测方法；
(3) 学会汽车中控门锁、防盗系统检测方法。

14.1 概述

为了提高使用的便利性和安全性，现代汽车一般配备了中央控制门锁系统，简称中控门锁。汽车中控门锁可实现下列功能：按下驾驶人车门锁杆时，所有车门及行李舱门自动锁定；拉起车门锁杆时，所有车门及行李舱门都能同时打开；如使用遥控器或钥匙锁门、开门，也可实现门锁控制。如需从车内打开个别车门时，可分别操作各自的锁扣实现开锁。中控门锁配合车辆防盗系统，还可实现防盗报警功能。

14.2 中控门锁系统的组成

中控门锁主要由门锁、门锁按钮、门锁控制开关、控制执行元件、联动机构、门锁继电器等组成，如图14-1所示。可以由驾驶人集中开闭汽车的前左、后左、前右、后右及行李箱等五个门锁。

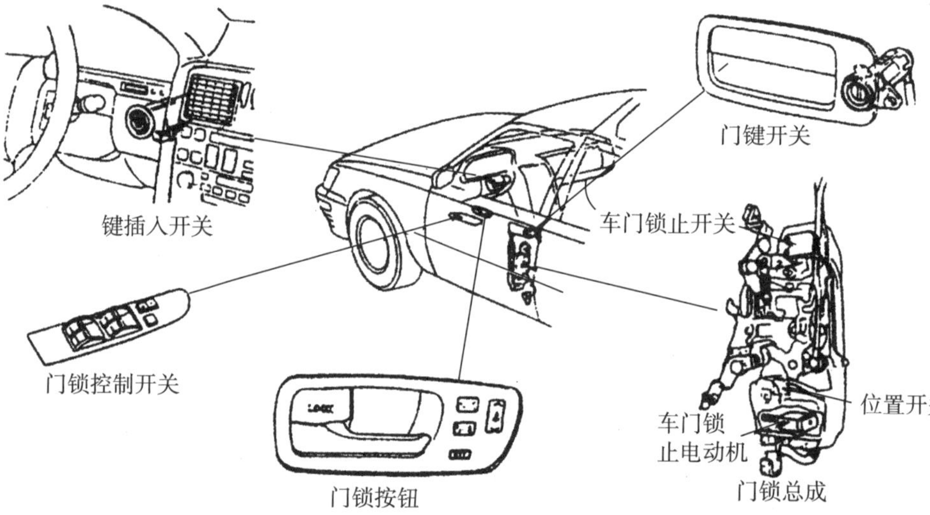

图14-1 中控门锁系统组成

14.3 中控门锁系统工作原理

14.3.1 中控门锁系统组成部件工作原理

1. 门锁开关

大多数汽车的中控门锁系统在驾驶人车门上设有总控制开关，如图14-2所示。当驾驶人操作此开关时，所有车门将同时上锁或开锁。另外，前车门钥匙锁芯内部（通常只在驾驶人车门）内置门锁开关。当用钥匙通过锁芯打开车门或给车门上锁时，触发此开关，使所有车门实现中控开锁或上锁。

每个车门上都带有门锁按钮或拉杆。驾驶人或乘客通过操作各自车门按钮或拉杆，独立控制每个车门。有些汽车门锁按钮或拉杆与门锁开关联动。当操作按钮或开关时，触发门锁开关，驱动所有车门

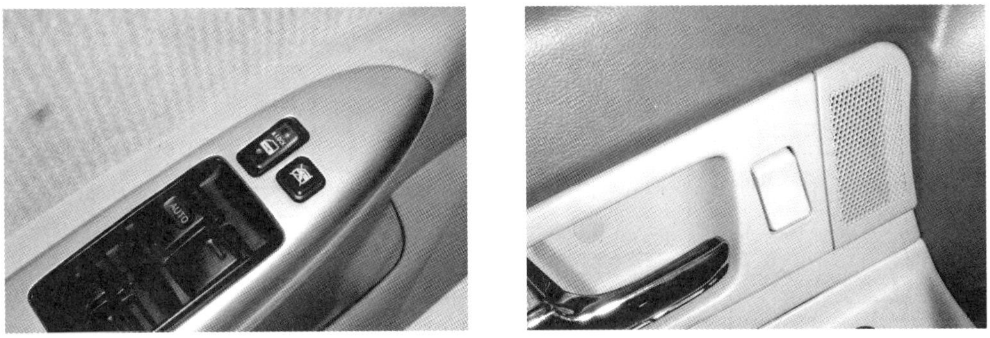

图 14-2　中控门锁主控制开关

实现中控开锁或上锁。

2. 门锁执行机构

门锁执行机构驱动的形式有电磁线圈和直流电动机两种形式。不论采用何种形式，都是通过改变流经电流方向以转换其运动方向，从而完成上锁或开锁的动作。

1）电磁线圈式门锁执行机构

双线圈式门锁执行机构工作原理如图 14-3 所示。当给闭锁线圈通电时，由线圈产生电磁场吸力，带动连杆驱动车门上锁；当给开锁线圈通电时，由于电流方向相反，则通过连杆机构反向驱动车门开锁。

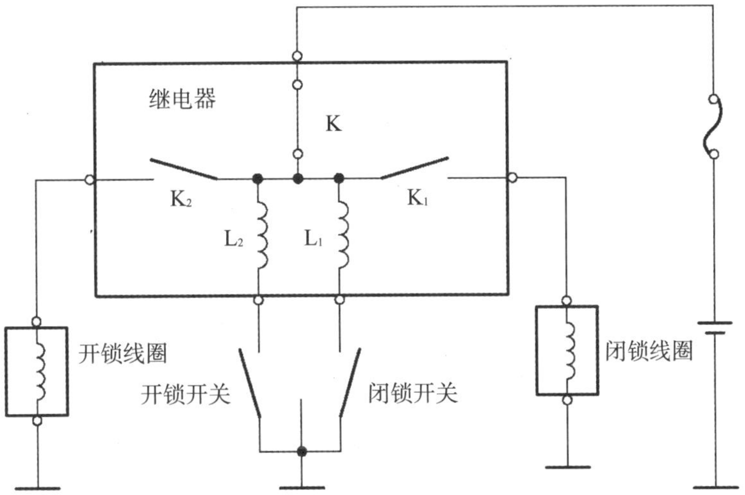

图 14-3　双线圈式门锁执行机构的工作原理

电动门锁机构在工作时要消耗大量电流。为了缩短工作时间，门锁电路备有定时装置，这种装置一般利用电容器充、放电特性。在超过规定的时间后，输送给门锁机构的电流就自动中断，在正常上锁或开锁时都是如此。

如图 14-4 所示，该系统是利用电容器的充放电来控制电动门锁机构的工作时间。当操作门锁开关时，将充满电的电容器接入门锁控制继电器，使继电器（K_1 或 K_2）通电而短时吸合。当转动车门钥匙时，门锁开关使相应的电路开关（上锁或开门）接通，电容器放电产生的电流通过继电器线圈（K_1 或 K_2），产生电磁吸力，继电器开关触点闭合，使执行机构的电磁线圈通电，完成上锁或开锁动作。待电容器放电后，由于通过继电器的电流中断而使其关闭，门锁系统停止工作。当门锁开关关闭时，电容器被充电，以备进行下次开锁或上锁动作。

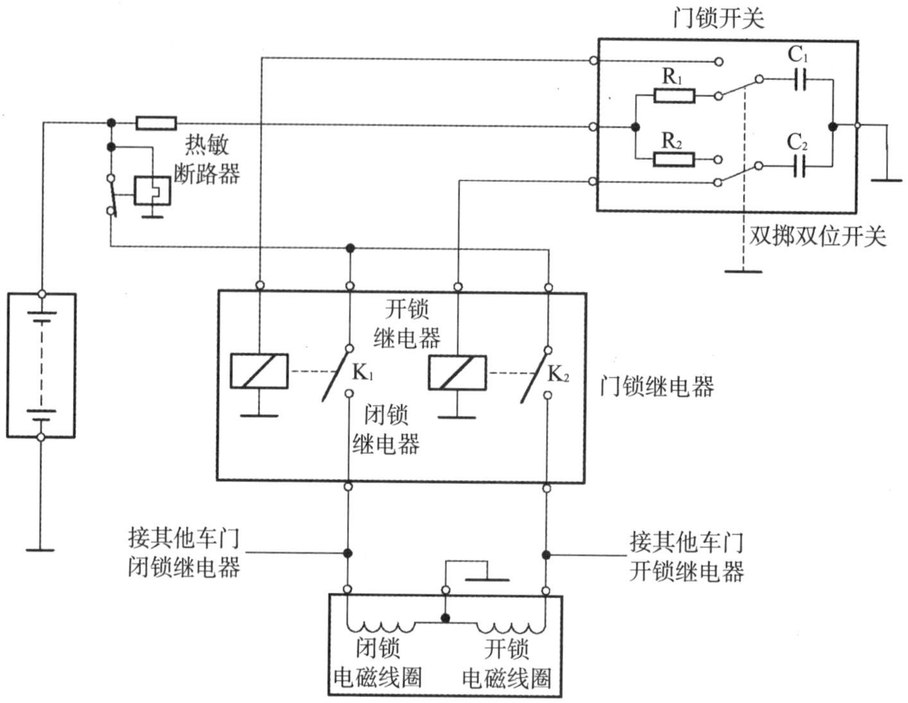

图 14－4　带电容定时装置的门锁电路

2）直流电动机式门锁执行机构

直流电动机式门锁执行机构如图 14－5 所示。直流电动机式门锁执行机构的驱动力由可逆转的直流电动机提供。电动机的旋转方向由经过电动机电枢的电流方向决定。若车门上锁时电动机电枢流过的是正向电流，车门开锁时电动机电枢流过的则是反向电流，电动机即反向旋转。这样，利用电动机的正转和反转，就可完成车门的上锁和开锁动作。

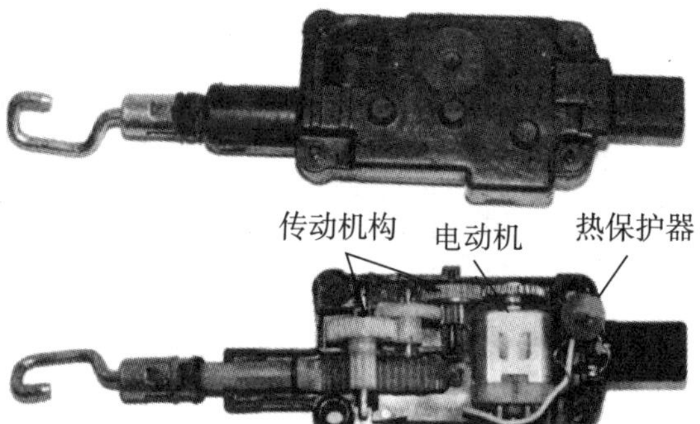

图 14－5　直流电动机式门锁执行机构

14.3.2　中控门锁系统工作原理

通用别克君威中控门锁系统工作原理如图 14－6 所示，门锁控制是由车身控制模块 BCM 控制的。车身控制模块接收来自遥控器、钥匙插入信号开关、门锁开关信号以及动力控制模块 PCM 输出的挡位信号，经过内部电脑的分析计算，通过其输出电路实现对门锁执行器、行李箱释放继电器、门控灯、扬声器以及前照灯的控制。

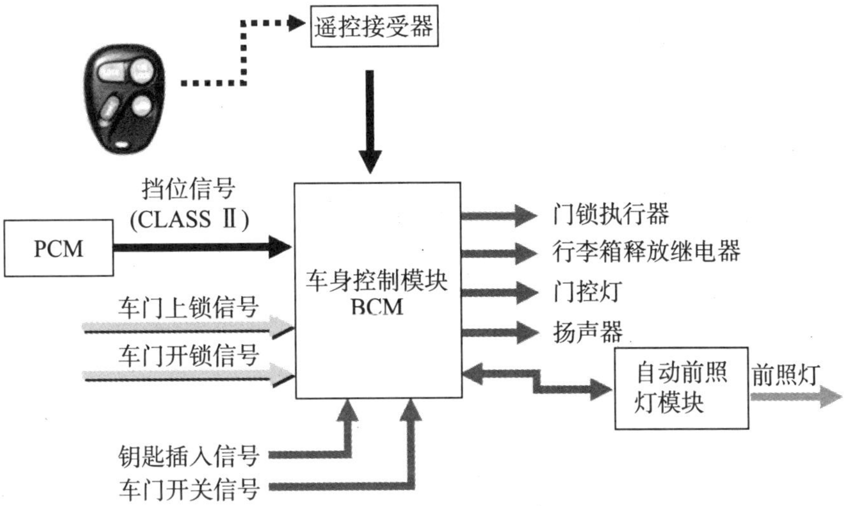

图 14－6　通用别克君威中控门锁系统工作原理

14.4　中控门锁系统控制电路

14.4.1　大众帕萨特中控门锁系统控制电路

大众帕萨特中控门锁系统部分控制电路如图 14－7、14－8 所示。

当驾驶人通过车外的驾驶人车门、副驾驶人车门、行李箱或通过无线电远程控制天线接收遥控钥匙的开锁/闭锁信号后，舒适系统通过控制如下系统产生相应动作来实现车门和行李箱的开锁/闭锁及防盗报警功能。

1. 各车门闭锁或开锁、关闭车窗和天窗

驾驶人侧闭锁控制单元 F220 将闭锁(或开锁)指令传送至驾驶侧车门控制单元 J386；驾驶侧车门控制单元 J386 接收到此信号并经过处理、分析后通过黑/灰 0.5 线(或黑/蓝 0.5 线)控制门锁电动机进行闭锁动作，同时通过数据总线(橙/绿 0.35 线、橙/棕 0.35 线)分别向舒适系统控制单元 J393、右前车门控制单元 J387、左后车门控制单元 J388 及右后车门控制单元 J389 发送车门闭锁信号；舒适系统控制单元 J393 接收到车门闭锁信号后通过红/蓝 0.5 线控制后行李箱盖中央闭锁电动机动作，锁闭后行李箱；其余各车门控制单元接收到车门闭锁信号后控制其相应车门的侧闭锁控制单元内的门锁电动机、车窗电动机和天窗电动机动作，锁闭车门和关闭车窗和天窗。

2. 防盗报警系统启动

当车门锁闭 15 s 后，防盗系统启动，驾驶侧车门控制单元 J386 通过紫/黑 0.5 线、紫/黑 0.35 线启亮中央闭锁系统警告指示灯 K133；同时，舒适系统控制单元 J393 分别通过其端子 T23/17、红 0.5 线、红 1.0 线监测点火装置的状态；通过数据总线(橙/绿 0.35 线、橙/棕 0.35 线)接收组合仪表 J285 发送的发动机舱盖接触开关 F120 的信号，监测发动机舱盖的状态；通过其端子 T23/2、棕/蓝 0.5、绿 0.35、后行李箱盖把手开锁按钮 E234、黑 0.35 线、棕/绿 0.5 线、棕/红 0.5 线监测后行李箱盖状态；若当防盗报警系统启动后，点火装置、发动机舱盖或后行李箱盖中任一状态发生变化，舒适系统控制单元 J393 控制报警器报警，启亮转向信号灯。

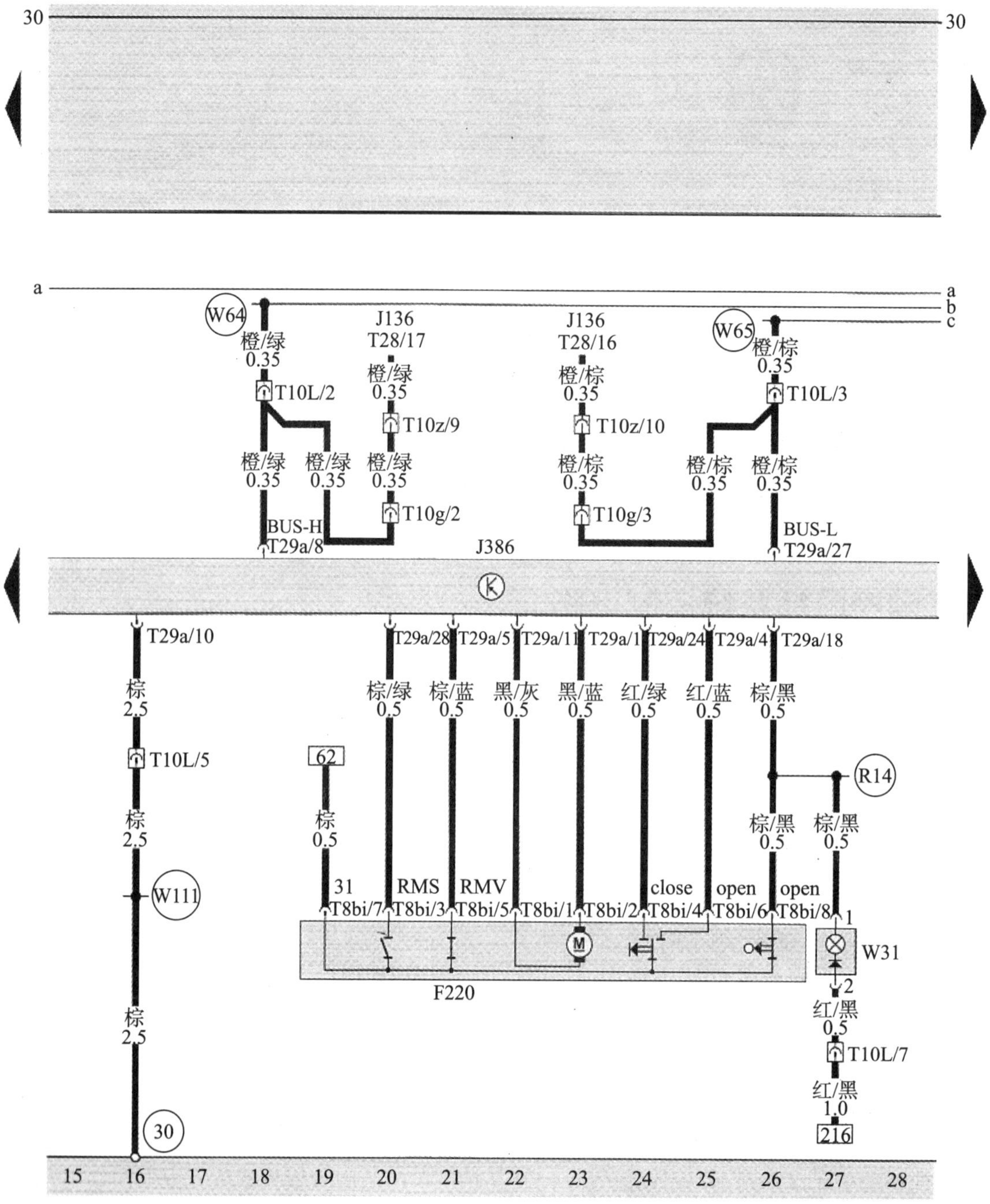

F220—驾驶侧的闭锁控制单元，在驾驶侧车门锁上
J136—带记忆的驾驶人座椅调整控制单元，在驾驶人座椅底部左侧
J386—驾驶侧车门控制单元，在驾驶人车门内
T8bi—8 针插头，黑色，在驾驶侧的闭锁控制单元上
T10g—10 针插头，灰色，在左 A 柱处(16 号位)
T10L—10 针插头，黑色，在左 A 柱处(2 号位)
T10z—10 针插头，棕色，在驾驶人座椅底部(4 号位)
T28—28 针插头，红色，在带记忆的驾驶人座椅调节控制单元上
T29a—29 针插头，黑色，在驾驶侧车门控制单元上
W31—左前登车照明灯，在驾驶人车门内下方
(30)—接地点，在左 A 柱中部前方
(R14)—连接线(开门信号)，在驾驶侧车门线束内
(W64)—连接线(CAN BUS 系统的高位)，在后线束内
(W65)—连接线(CAN BUS 系统的低位)，在后线束内
(W111)—接地连接线，在后线束内

图 14－7　大众帕萨特中控门锁系统电路图(一)

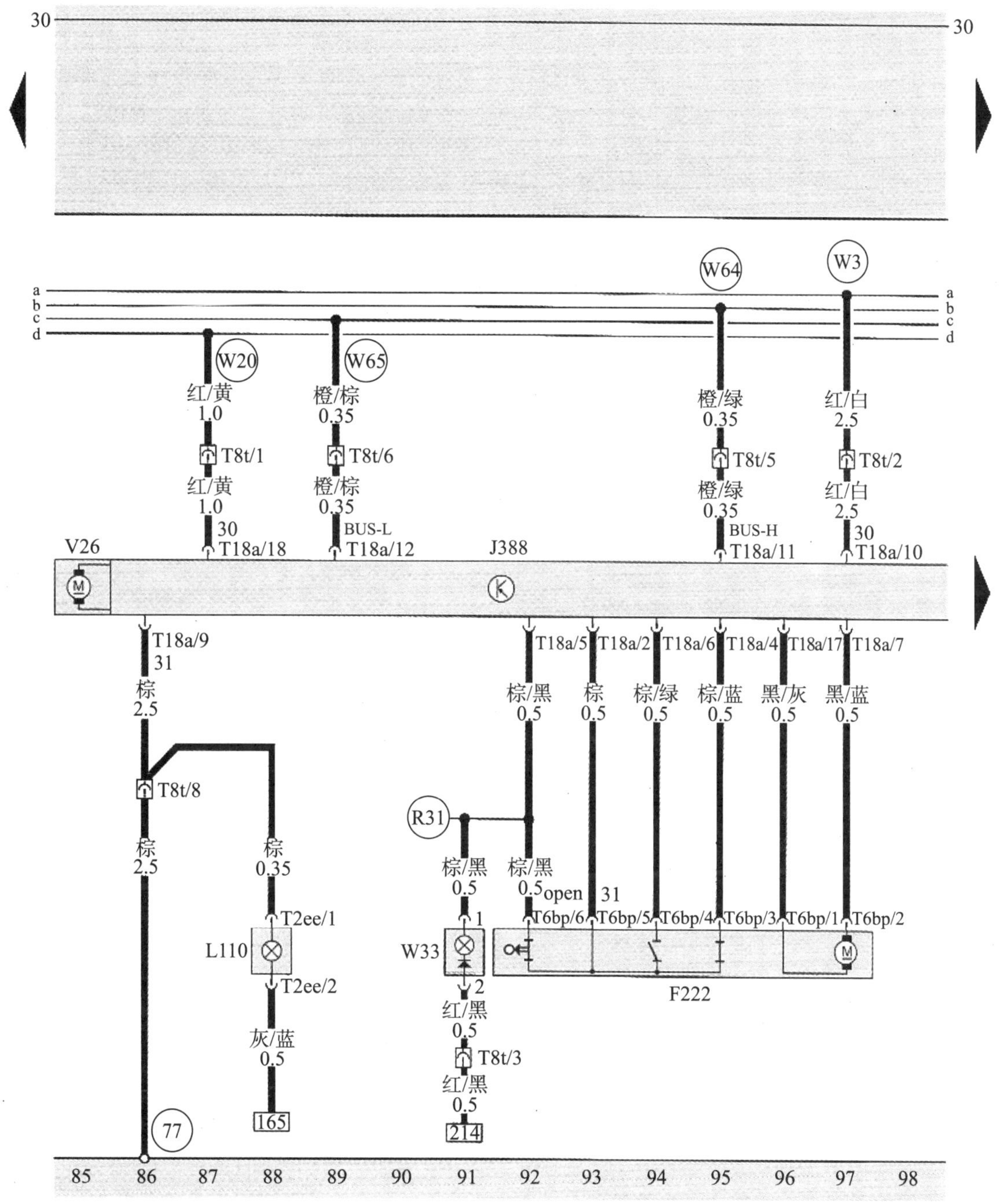

F222—左后车门闭锁单元，在左后车门锁上
J388—左后车门控制单元，在左后车门内
L110—左后车门把手照明，在左后车门内
T2ee—2 针插头，黑色，在左后车门把手照明灯上
T6bp—6 针插头，黑色，在左后车门闭锁控制单元上
T8t—8 针插头，黑色，在左 B 柱处
T18a—18 针插头，黑色，在左后车门控制单元上
V26—左后电动摇窗机电动机
W33—左后门登车照明灯，在左后车门内下方

(77)—接地点，在左 B 柱下方
(R31)—连接线，在左后车门线束内
(W3)—正极连接线(30a)，在后线束内
(W20)—正极连接线(30a)，在后线束内
(W64)—连接线(CAN BUS 系统高位)，在后线束内
(W65)—连接线(CAN BUS 系统低位)，在后线束内

图 14－8　大众帕萨特中控门锁系统电路图(二)

3. 车内灯光延迟熄灭

当车内灯操作开关置于门控位置时，由舒适系统控制单元 J393 通过端子 T23/20 向车内灯供电：通过红/黑 1.0 线、红/黑 0.5 线向左前登车照明灯 W31、右前登车照明灯 W32、左后登车照明灯 W33、右后登车照明灯 W34 供电；通过红/黑 1.0 线、红/黑 0.5 线向行李箱照明灯 W3 供电；通过红/黑 1.0 线、红/黑 0.5 线向左后阅读灯 W11、右后阅读灯 W12、后部车内照明灯 W43 供电；通过红/黑 1.0 线、红/黑 0.5 线向内顶灯 W、左前阅读灯 W39、右前阅读灯 W40 供电；通过红/黑 1.0 线、红/黑 0.5 线向驾驶侧化妆镜照明灯 W20、右前化妆镜照明灯 W14 供电。

当车门锁闭时，从点火锁孔中拔出点火钥匙或者车门打开后又关闭，舒适系统控制单元 J393 等待 30 s 后切断向车内灯的供电；当点火开关断开且有一扇或几扇车门灯开启时，舒适系统控制单元 J393 等待 10 min 后切断向车内灯的供电；若是手动打开的灯且点火开关关闭 1 h 后，舒适系统控制单元 J393 切断向车内灯的供电。

当车辆发生碰撞、舒适系统控制单元 J393 通过数据总线(橙/绿 0.35 线、橙/棕 0.35 线)接收到由安全气囊控制单元传来的碰撞信号后，舒适系统控制单元 J393 接通车内灯并持续 10 min 以上。

14.4.2 通用别克君威中控门锁系统控制电路

通用别克君威中控门锁电路如图 14-9、14-10 所示。

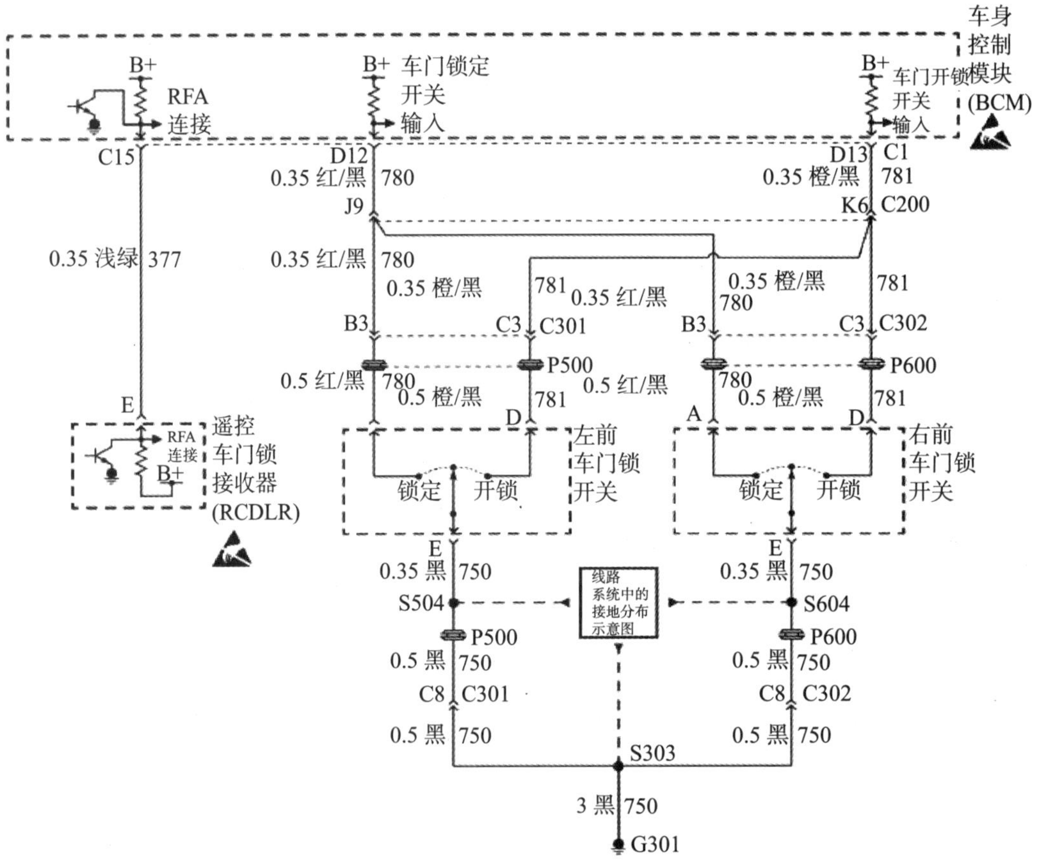

图 14-9 通用别克君威中控门锁电路图(一)

1. 所有车门开锁

在此系统中，左右两侧前门各有一个门锁开关。按压任一门锁开关上的开锁按钮时，车身控制模块使所有车门开锁。

按任意门锁开关上的 UNLOCK 开锁按钮时，通过电路 781 向车身控制模块插头 C1 端子 D13 发送

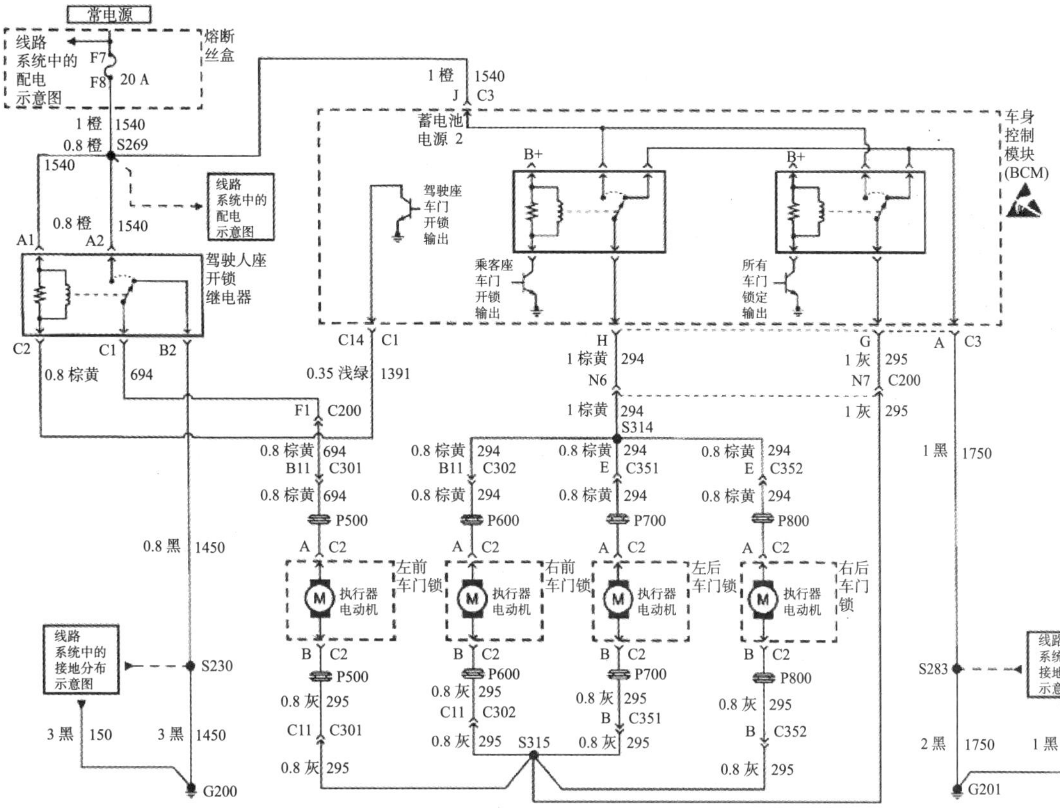

图 14－10　通用别克君威中控门锁电路图(二)

搭铁信号。车身控制模块接通驾驶人座开锁继电器和乘客座车门开锁继电器,从而分别通过电路 694 和 294 向左前车门锁执行电动机和其他门锁执行电动机供电。四个车门锁执行电动机通过电路 295,车身控制模块内部所有车门锁定继电器开关触点,经电路 1750 于 G201 搭铁。电流通过四门门锁执行电动机使所有车门同时开锁。车身控制模块可单独接通驾驶人座开锁继电器,使驾驶座车门单独开锁。

2. 所有车门上锁

同理,按动门锁开关上的 LOCK 锁止按钮,通过电路 780 向车身控制模块插头 C1 端子 D12 发送搭铁信号。接收上锁信号后,车身控制模块从电路 295 向四门门锁执行电动机供电,使电流反向通过电动机,所有车门同时上锁。

14.5　防盗系统

为了提高车辆的安全性,目前许多汽车都装有防盗安全系统。当有人擅自打开任何一个车门时,报警系统以及与其相连接的声光电路立即启动报警,且禁止发动机起动或在发动机起动几秒后自行熄灭,以达到防盗的目的。

1. 汽车防盗装置的种类

1) 机械式防盗装置

机械式防盗装置采用坚固的金属材质,来锁止汽车的操纵装置(如转向盘、变速器操纵杆等)或车门。其主要存在问题是门锁的锁筒容易被开启或被撬;被锁汽车操纵装置(如变速杆等)的材料一般强度较低,容易破坏;机械防盗锁使用也不方便,同时防盗不可靠。其优点是制造简单、费用低廉。

2) 机电结合类防盗装置

该系统注重的是防盗,它没有报警的噪声污染,而且安装的专业化程度很强,因此破解的难度也很大。

3) 电子式防盗系统

电子防盗系统可分为普通电子防盗系统和微机控制防盗系统。目前,中高档汽车采用的防盗系统多为微机控制的电子钥匙式发动机防盗。

电子防盗系统主要用于控制汽车门锁、起动机、切断供油系统、打乱点火次序等。

电子防盗系统类型有以下几种。

(1) 钥匙控制式:通过用钥匙将门锁打开或锁止,同时将防盗系统设置或解除。

(2) 遥控式:防盗系统能够远距离控制门锁打开或锁止,也就是远距离控制汽车防盗系统的防盗或解除。

(3) 报警式:防盗系统遇有汽车被盗窃时,只是报警但无防止汽车移动功能。

(4) 具有防盗报警和防止车辆移动式的防盗系统:当遇有窃车时,除声、光信号报警外,还要切断汽车的起动电路、点火电路或油路等,起到防止汽车移动的作用。

4) 卫星定位监控防盗系统

该系统分为卫星定位跟踪系统(简称 GPS)和利用对讲机通过中央控制中心定位监控系统。这些系统要构成网络,消除盲区,而且要有政府配合,公安部门设立监控中心。

电子跟踪定位监控防盗系统是利用电波在波朗管地图上显示被盗车位置并向警方报警的追踪装置。设跟踪定位监控防盗系统,需有关单位专门设立这样一套机构和一套专用的设备,并需 24 h 不间断地监视,否则,即使安装了电子跟踪定位监控防盗系统还是起不到防盗作用。从技术角度上来看,卫星定位监控防盗系统是最可靠的。

2. 电子式防盗系统的功能与组成

通用别克凯越防盗系统工作原理如图 14-11 所示。防盗系统主要由电子模块、触发继电器、报警继电器、起动中断继电器、车门接触开关、门锁开关等组成。当将中控门锁开关置于 LOCK 位置时,车门锁定

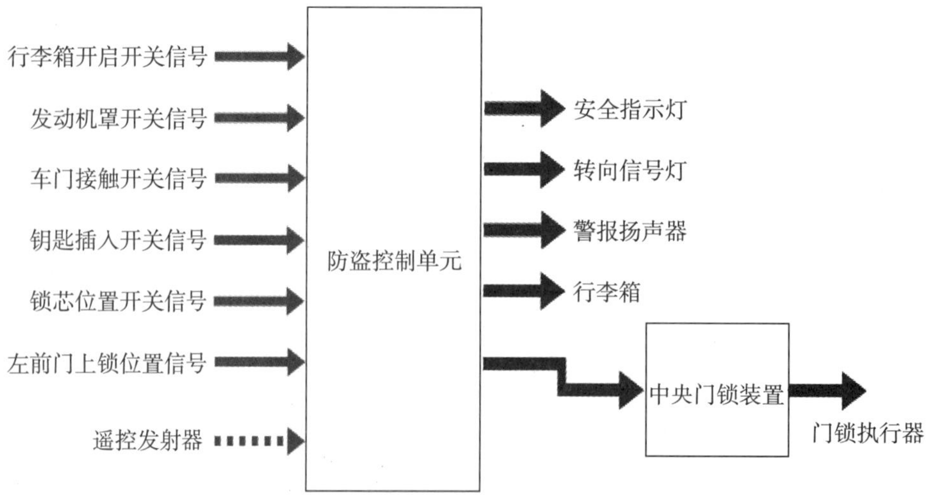

图 14-11 通用别克凯越防盗系统工作原理

后车辆开始进入预警状态。此时，如防盗系统检测到有人用不正当的手段开启车门、发动机舱盖、行李箱或破坏车窗、车厢内有人移动时，报警电路就会启动。扬声器发出声响，停车灯、转向灯等发光，同时接通起动中断电路。有些车型还将发动机点火和燃油供应切断，以防止发动机起动。

3. 防盗系统控制电路

通用别克凯越中控门锁系统与防盗系统配合，实现门锁控制与防盗功能。

1）防盗控制模块(遥控门锁控制模块)电路

通用别克凯越遥控门锁和防盗系统电路如图 14－12 所示。遥控器只有当点火开关关闭时，通过向车内控制模块/接收器发送无线电波，才能实现锁闭和开锁车门功能。遥控器的有效范围介于 5～10 m，并且取决于有无物体(如其他车辆)挡住无线电波。

遥控接收器配有天线，能接受遥控器的信号。在系统处于防盗监测状态时，防盗控制模块接收器能监测车门开关信号、行李箱盖开关信号，以及发动机室开关信号等是否为非法输入信号。当监测到车辆被非法操作时，防盗控制模块向报警扬声器和转向灯发出报警信号。

防盗控制模块具有诊断系统故障并存储相应故障信息的功能。防盗控制模块也有识别遥控器的功能，由于每个遥控器都有唯一的识别密码，并且遥控器的识别密码有上亿个不同的电子密码组合可供选择，而且该电子密码不能被复制。安全指示灯能指示车辆是否处于防盗监测状态。当车辆处于防盗监测状态时，安全指示灯则会以一定的频率闪烁。

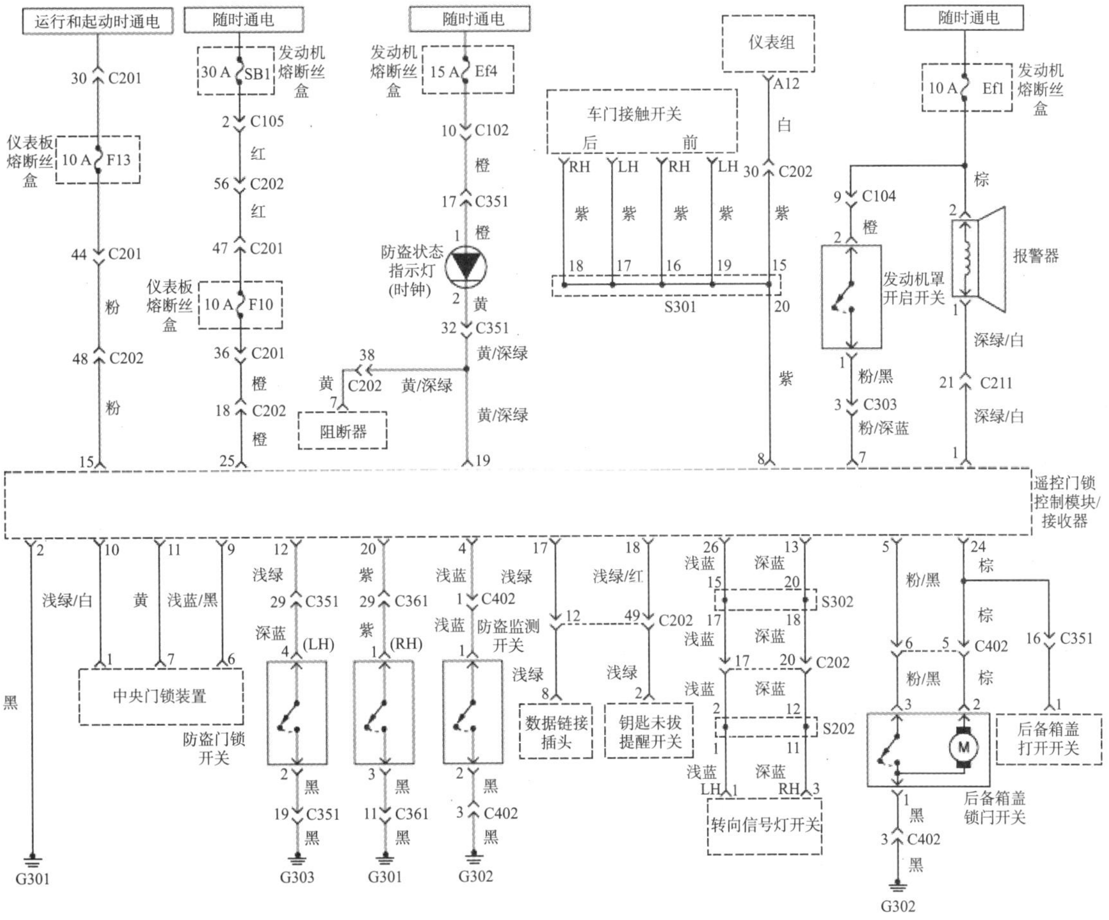

图 14－12 通用别克凯越遥控门锁和防盗系统电路图

通用别克凯越阻断器防盗系统电路如图 14-13 所示。阻断器防盗系统的作用是为车辆提供附加防盗功能，防止非法用户偷盗或驾驶车辆。当点火开关接通时，阻断器防盗系统测试钥匙，读取钥匙代码并与阻断器控制单元存储器中保存的钥匙代码进行比较。如果检测钥匙有效，阻断器控制单元通过串行数据向发动机控制模块（ECM）发送包含识别代码的开释信息。如果发动机控制模块收到无效开释信息，将切断发动机喷油器电路，防止发动机起动。

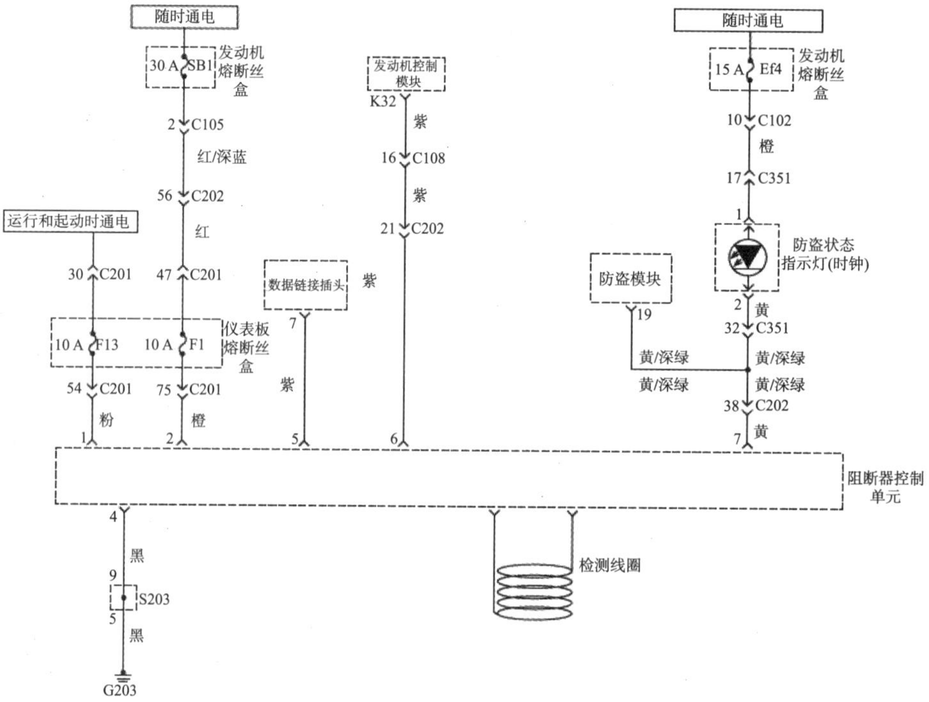

图 14-13　通用别克凯越阻断器防盗系统电路图

2）中央控制门锁系统电路分析

驾驶人或者前乘客可以通过内饰板上的门锁开关实现上锁或者开锁动作。通用别克凯越中控门锁系统电路如图 14-14 所示。

（1）上锁过程

在驾驶座车门锁处，使用钥匙或通过按压驾驶座车门内饰板上的门锁按钮，可使驾驶座车门锁内的左前中央门锁和防盗控制开关切换至端子 1，控制开关的端子 1 和端子 2 接通，通过中央门锁模块端子 6 向中央门锁模块发送搭铁信号。中央门锁模块接通锁定继电器，通过中央门锁模块端子 2 向左前车门锁执行电动机和其他门锁执行电动机供电。四个车门锁执行电动机由中央门锁模块端子 3 至开锁继电器常闭触点，经中央门锁模块端子 8 于 G301 搭铁。电流通过四门门锁执行电动机使所有车门同时上锁。

（2）开锁过程

使用钥匙或通过按压驾驶座车门内饰板上的门锁按钮，可使驾驶座车门锁内的左前中央门锁和防盗控制开关切换至端子 3，控制开关的端子 3 和端子 2 接通，通过中央门锁模块端子 4 向中央门锁模块发送搭铁信号。中央门锁模块接通开锁继电器，通过中央门锁模块端子 3 向左前车门锁执行电动机和其他门锁执行电动机供电。四个车门锁执行电动机由中央门锁模块端子 2 至锁定继电器常闭触点，经中央门锁模块端子 8 于 G301 搭铁。电流通过四门门锁执行电动机使所有车门同时开锁。

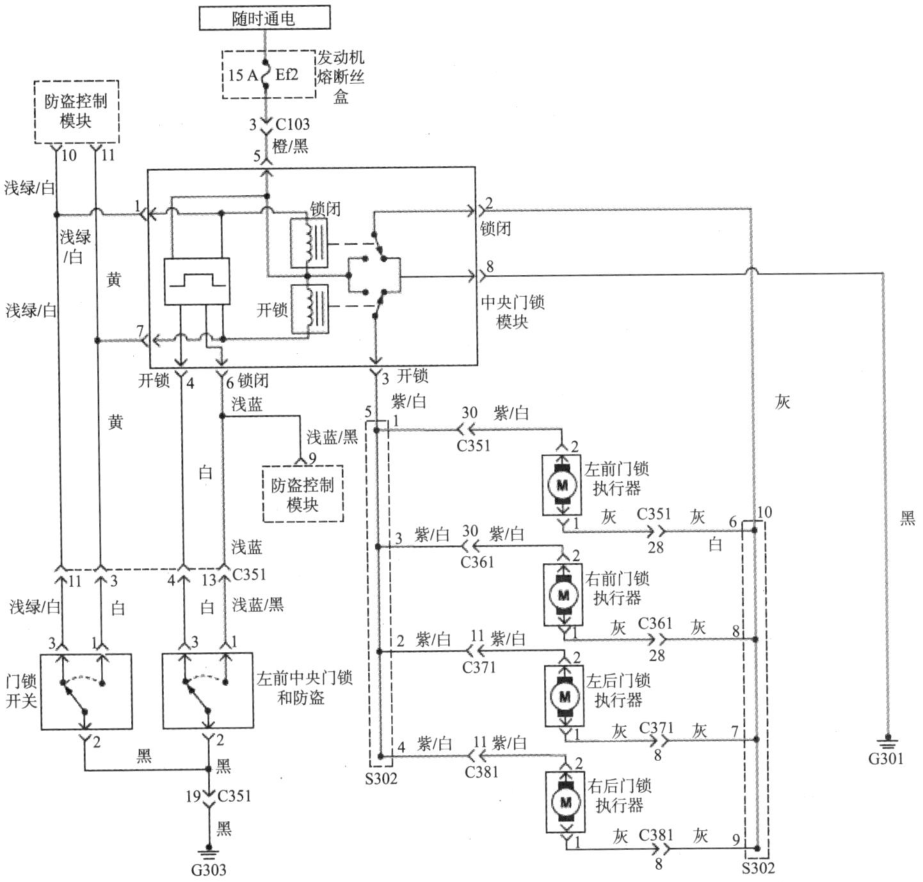

图 14-14　通用别克凯越中控门锁系统电路图

本 章 小 结

(1) 中控门锁主要由门锁、门锁按钮、门锁控制开关、控制执行元件、联动机构、门锁继电器等组成。

(2) 门锁执行机构驱动的形式有电磁线圈和直流电动机两种形式。不论采用何种形式，都是通过改变流经电流方向以转换其运动方向，从而完成上锁或开锁的动作。

(3) 电动门锁机构在工作时要消耗大量电流。为了缩短工作时间，门锁电路备有定时装置，在超过规定的时间后，输送给门锁机构的电流就自动中断，在正常上锁或开锁时都是如此。

(4) 在通用别克君威中控门锁系统中，门锁控制是由车身控制模块 BCM 控制的。

(5) 电子防盗系统主要用于控制汽车门锁、起动机、切断供油系统、打乱点火次序等。

(6) 防盗系统主要由电子模块、触发继电器、报警继电器、起动中断继电器、车门接触开关、门锁开关等组成。

(7) 遥控器通过向车内控制模块/ 接收器发送无线电波，实现锁闭和开锁车门功能。

(8) 遥控器的有效范围介于 5～10 m，取决于是否有物体(如其他车辆)挡住无线电波。

复习思考题

1. 填空题

(1) 中控门锁中的门锁位置开关位于________。

(2) 中控门锁主要由门锁、________、________、________、________、________等组成。

(3) 电子防盗系统主要用于控制________、________、________、________等。

(4) 防盗系统主要由电子模块、________、________、________、________、门锁开关等组成。

(5) 遥控器的有效范围介于________ m,取决于是否有物体挡住无线电波。

2. 选择题

(1) 君威中控门锁的控制单元在(　　)模块控制。

A. ECU　　B. BCM　　C. DCM　　D. CAM

(2) 如果只有一个电动门锁不工作,可能的原因是(　　)。

A. 电动门锁继电器搭铁线连接不良　　B. 电动机失效

C. 电源电路断路器失效　　D. 控制电路熔断器失效

(3) 当给门上锁时,门锁均不工作,当上锁时,检查门锁继电器线圈电压为 12 V,以下哪个是故障的原因(　　)。

A. 门锁继电器触点搭铁断路　　B. 左前门锁电动机电枢断路

C. 主电源继电器绕组之间断路　　D. 与门锁开关相接的熔断丝熔断

(4) 中央门锁控制系统有车外同时开启与锁止车门的功能,它是由(　　)来实现的。

A. 门锁开关　　B. 门控开关

C. 钥匙控制开关　　D. 中央控制门锁开关

(5) 下列不是汽车电子防盗报警系统设定条件的是(　　)。

A. 关闭所有车门　　B. 关闭发动机罩盖

C. 从点火开关锁芯拔出点火钥匙　　D. 输入正确的密码

3. 判断题

(1) 从技术角度上来看,卫星定位监控防盗系统是最可靠的。　(　　)

(2) 为了防止电磁线圈过热,闭锁和开锁计时器对电磁线圈提供间断性的电流。　(　　)

(3) 当钥匙在点火锁中没有拔出,驾驶座或副驾驶座的门开着时,自动门锁不能闭锁。　(　　)

(4) 电子防盗系统主要用于控制汽车门锁、起动机、切断供油系统、打乱点火次序等。　(　　)

(5) 电动门锁机构在工作时要消耗大量电流,为了缩短工作时间,门锁电路备有定时装置。　(　　)

4. 简答题

(1) 简述带电容定时装置的门锁电路工作原理。

(2) 简述通用别克君威中控门锁系统工作原理。

(3) 简述大众帕萨特中控门锁系统工作过程。

(4) 简述通用别克凯越防盗系统工作过程。
(5) 阻断器防盗系统的作用是什么?
(6) 查阅资料,简述大众汽车防盗系统的特点。
(7) 查阅资料,简述丰田汽车防盗系统的特点。

15 巡航控制系统

学习目标

知识目标

(1) 了解汽车巡航控制系统的功能和正确操作方法；

(2) 熟悉汽车巡航控制系统的组成、各组成部分的结构和工作原理；

(3) 掌握汽车巡航控制系统常见故障诊断和排除方法。

能力目标

(1) 学会维修手册的使用方法；

(2) 掌握使用万用表对系统部件的检测方法；

(3) 掌握汽车巡航控制系统常见故障诊断和排除方法。

15.1 概述

巡航控制系统，又称定速控制系统，是一种利用电子控制技术保持汽车自动等速行驶的系统。当汽车在高速公路上长时间行驶时，接通巡航控制主开关，设定希望的车速。巡航控制系统将根据汽车行驶阻力的变化，自动增大或减小节气门开度，使汽车按设定的车速等速行驶，驾驶人不必操纵加速踏板，既减轻了疲劳，同时减少了不必要的车速变化，节省燃料，如图 15－1 所示。

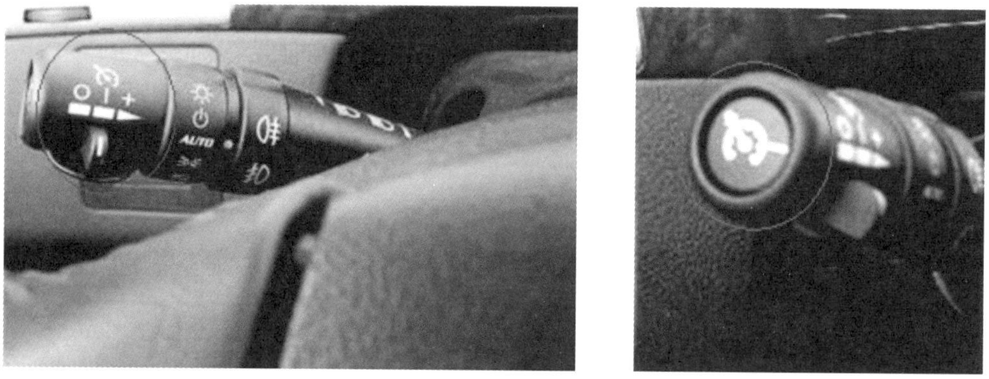

图 15－1 巡航控制系统开关

15.2 巡航控制系统的组成

巡航控制系统由巡航控制开关、传感器、巡航控制 ECU、执行器等部件组成。

1. 巡航控制开关

巡航控制开关一般采用手柄式开关，安装于转向盘下方。也有的采用按键式开关，位于转向盘上。巡航控制开关包括主开关(MAIN)和控制开关，如图 15－2 所示。

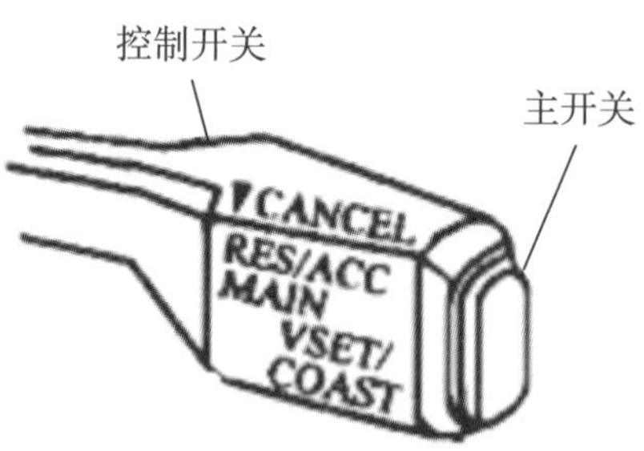

图 15－2 巡航控制开关

主开关是巡航控制系统的主电源开关，工作时只需要将其推入就可以控制巡航系统电源的通断。

控制开关包括设定/减速开关(SET/COAST)、恢复/加速开关(RES/ACC)和取消(CANCEL)开关。当车辆行驶时，可以通过控制开关实现不同的功能。

2. 制动开关

当有紧急状况需要进行制动时，驾驶人踩下制动踏板，制动开关将制动信号传给巡航控制模块，巡航控制模块立即切断控制系统电源，取消巡航控制。

3. 离合器开关

当踩下离合器踏板后，离合器开关信号传给巡航控制模块，巡航控制模块立即切断控制系统电源，取消巡航控制。

4. 传感器

用于巡航控制的传感器主要包括车速传感器、节气门位置传感器。

车速传感器的作用是将实际测得的车速与巡航控制 ECU 设定的车速进行比较，以便实现等速控制。

节气门位置传感器主要用于巡航控制 ECU 计算输出信号与节气门开度的对应关系，以确定输出量的大小。

5. 巡航控制 ECU

巡航控制 ECU 根据车速传感器信号，将车速传感器测定的实际车速与系统设定的车速进行比较，然后形成控制信号控制执行器，使汽车定速行驶。

巡航控制 ECU 具有以下控制功能：

1）记忆设定车速功能

2）等速控制功能

ECU 将实际车速与设定车速进行比较，确定节气门是否应该开大或关小，并根据实际车速与设定车速的差值，计算出节气门开大或关小的量，然后对执行器进行控制，保证汽车按设定车速等速行驶。

3）设定车速调整功能

当汽车以巡航控制模式行驶时，如果需要使设定车速提高或降低，则只要操作恢复/加速或设定/减速开关，就可以使设定车速改变，巡航控制 ECU 将记忆改变后的设定车速，并按新的设定车速进行巡航行驶。

4）取消和恢复功能

当汽车以巡航控制模式行驶时，如果接通取消开关或接通任何一个其他的退出巡航控制开关，巡航控制 ECU 将控制执行器使巡航控制取消。

取消巡航控制以后，要想重新按巡航控制模式行驶，只要操作恢复/加速开关，巡航控制 ECU 即可恢复原来的巡航控制行驶。

5）车速下限控制功能

车速下限是巡航控制所能设定的最低车速。不同的车型稍有不同，一般为 40 km/h。当车速低于 40 km/h 时，巡航车速不能被设定，巡航系统不能工作。当巡航行驶时，如果车速降至 40 km/h 以下，则巡航控制将自动取消，且巡航 ECU 存储器内存储的设定车速将被清除。

6）车速上限控制功能

车速上限是巡航控制所能设定的最高车速，一般为 200 km/h。

7）安全电磁离合器控制功能

当汽车以巡航控制模式行驶时，如果因为下坡汽车车速高于设定车速 15 km/h，则巡航控制 ECU 将切断巡航控制系统的安全电磁离合器使车速降低。当车速降低至比设定车速高出不足 10 km/h 时，安全电磁离合器再次接通，恢复巡航控制。

8）自动取消功能

当汽车以巡航控制模式行驶时，若出现执行器驱动电流过大，伺服电动机始终朝节气门打开的方向旋转时，则巡航控制 ECU 存储器内存储的设定车速将被清除，巡航控制模式将被取消，主开关同时关闭。

9）自动变速器控制功能

当具有自动变速器的汽车以巡航控制模式行驶时，如果上坡时变速器在超速挡，车速降至比设定车速低 4 km/h 以上时，巡航控制 ECU 将超速挡取消信号送至自动变速器 ECU，取消自动变速器超速挡。当车速升至比设定车速低 2 km/h 时，巡航控制 ECU 将超速挡恢复信号送至自动变速器 ECU，恢复自动变速器超速挡。

10）诊断功能

如果巡航控制系统发生故障，巡航控制 ECU 的自诊断系统能够诊断出故障，并使组合仪表板上的巡航指示灯闪烁，以便提醒驾驶人。同时，巡航控制 ECU 将故障码存储在存储器内。通过巡航控制指示灯的闪烁或使用故障诊断仪可以读取故障码。

6. 执行器

巡航控制系统的执行器根据 ECU 的控制信号控制节气门的开度，以保持车速恒定。

15.3 巡航控制系统工作原理

15.3.1 组成部件工作原理

巡航系统中的执行器按照驱动方式的不同可以分为真空驱动型和电动机驱动型两种。

1. 真空驱动型执行器

真空驱动型执行器依靠真空力驱动节气门。真空源有两种获取方式，一种是仅来自发动机进气歧管；另一种是来自发动机进气歧管和真空泵，如图 15－3 所示。

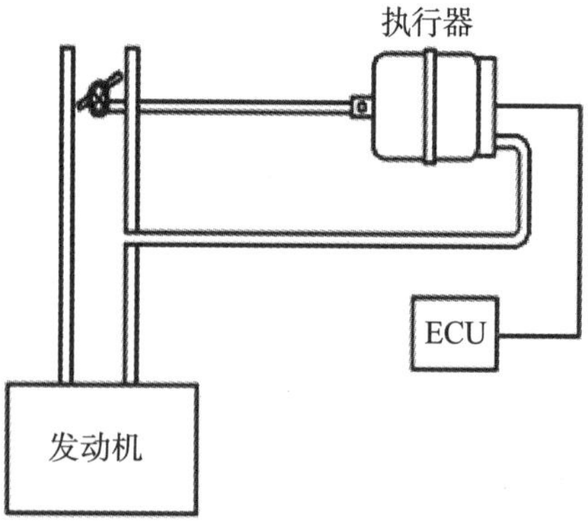

(a) 从进气歧管取得

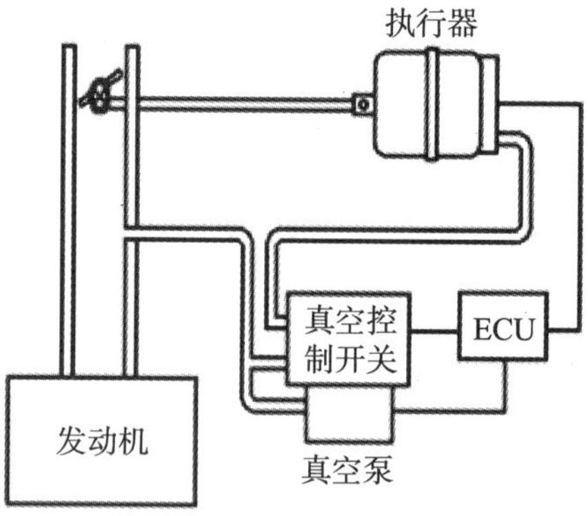

(b) 从进气歧管和真空泵取得

图 15－3　真空源

真空驱动型执行器主要由控制阀、真空泵、释放阀、电磁线圈、膜片、复位弹簧和空气滤清器等组成。控制阀和真空泵是真空驱动型执行器的主要部件，下面具体介绍这两个部件的工作过程。

1）控制阀

巡航系统通过控制阀将空气或者真空导入执行器，使执行器带动节气门动作，达到控制恒定车速的目的。

(1) 控制阀无电流流过

若控制阀的电磁线圈无电流流过时，控制阀上部的大气通道在弹簧的作用下打开，真空通道关闭，空气充满执行器内部。此时，执行器内部的膜片在复位弹簧的作用下向右推动，因此带动节气门拉杆向右运动，使节气门关闭，从而降低车速，如图 15－4 所示。

(2) 控制阀有电流流过

若控制阀的电磁线圈有电流流过时，电磁线圈产生吸力，吸附开关，使大气通道关闭，进气歧管的真空通道打开。执行器内部产生一定的负压，向左吸附执行器内的膜片。当进气歧管真空度增加，负压产生的吸力大于复位弹簧的弹力时膜片向左移动，因此带动节气门拉杆向左运动，使节气门打开，从而提高车速，如图 15－5 所示。

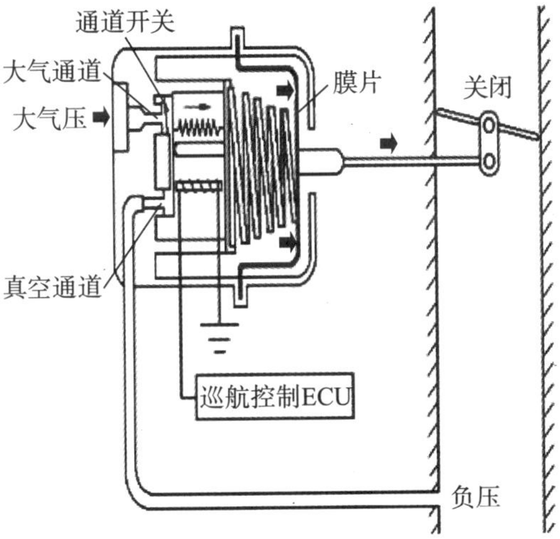

图 15－4　控制阀无电流流过时工作过程

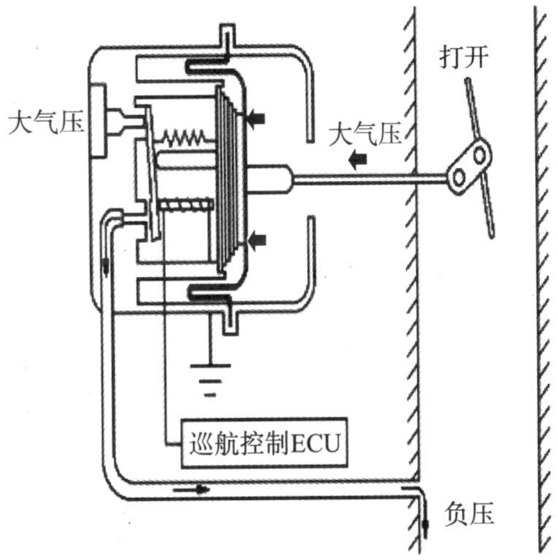

图 15－5　控制阀有电流流过时工作过程

2) 真空泵

当进气歧管的负压不足时，由真空泵向执行器提供额外的负压。

真空泵主要由电动机、连杆、单向阀和膜片组成。由于进气歧管内的负压作用，单向阀 A 通常保持打开，使进气歧管和执行器保持相通，向执行器提供负压，控制节气门开度，保持车速恒定。当进气歧管内的负压比较低时，巡航控制模块发出信号将真空泵接通。真空泵工作后产生的负压通过单向阀 B 施加于执行器上，如图 15－6、15－7 所示。

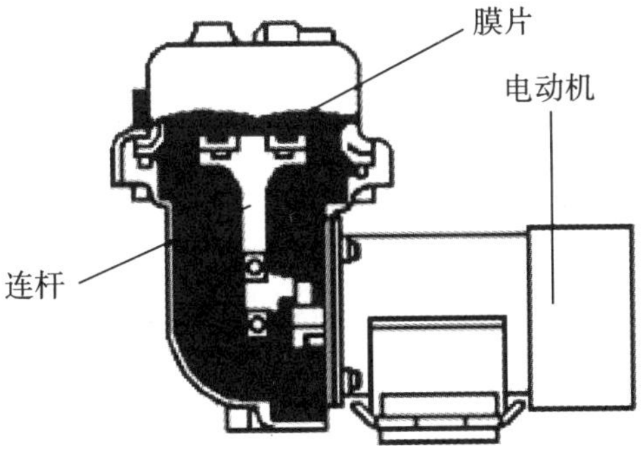

图 15－6　真空泵结构图

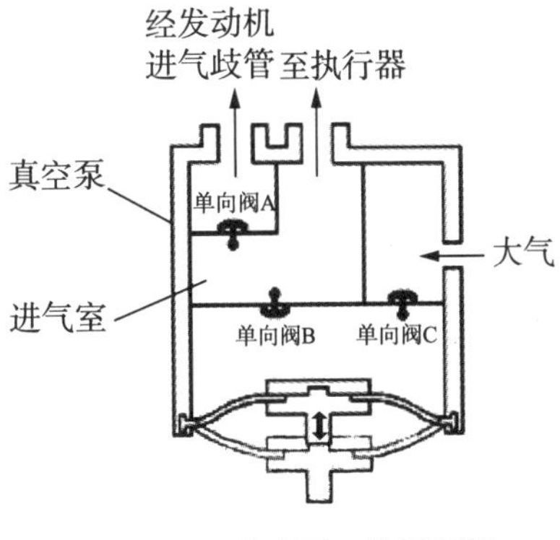

图 15－7　真空泵工作原理图

2. 电动机驱动型执行器

电动机驱动型执行器是利用电动机的转动并带动控制摇臂摆动，使节气门的开度变化，它主要由电磁离合器和直流电动机或步进电动机组成。

当电磁离合器通电时，电动机的轴与节气门控制摇臂结合在一起；当电磁离合器断电时，电动机轴与节气门控制摇臂分离。

直流电动机的运转速度和方向由电控单元供给的电流大小和方向决定。

15.3.2 电控发动机巡航控制系统工作原理

巡航控制模块接收来自巡航控制开关、车速传感器信号和其他开关信号，将车速传感器测定的实际车速与系统设定的车速进行比较，通过运算得出两个信号的差值，将此差值信号处理后形成控制信号控制执行器动作，用以调整节气门开度，保证汽车定速行驶，如图 15-8 所示。

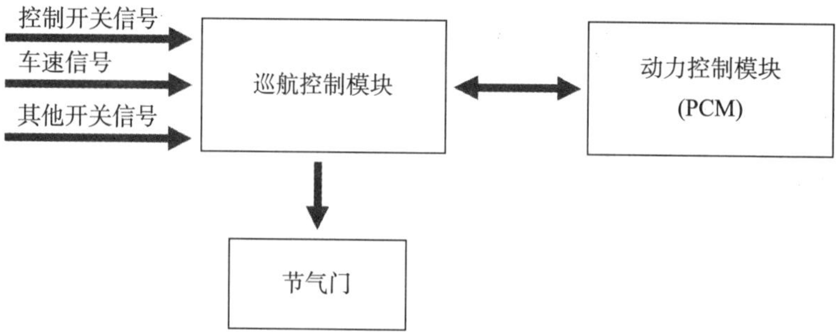

图 15-8 传统巡航控制系统工作原理图

由于现代汽车普遍采用电子节气门技术，因此巡航控制已经集成于电子节气门控制系统。动力控制模块接收来自巡航控制开关、车速传感器信号和其他相关开关信号，将车速传感器测定的实际车速与系统设定的车速进行比较，通过运算产生电子节气门驱动电动机控制信号，驱动节气门驱动电动机，用以调整节气门开度，保证汽车定速行驶，如图 15-9 所示。

图 15-9 现代巡航控制系统工作原理图

15.4 巡航控制系统控制电路

通用别克君威汽车巡航控制系统电路如图 15-10 所示。由巡航控制开关、巡航控制模块和动力系统控制模块等组成。电源电压通过熔断丝 B5 经电路 341 施加在巡航控制模块端子 F 上，为巡航控制系统电路提供电源。巡航控制模块通过端子 E 经电路 1750 从 G201 处搭铁。

巡航控制模块分别通过端子 D、端子 G 接收巡航控制释放开关信号和停车灯开关信号，通过端子 A、端子 B. 端子 C 接收巡航控制开关的组合信号，同时通过端子 K 接收由动力控制模块 PCM 传输的车速信号后，经过运算产生巡航控制请求信号，经线路 85 传输至动力控制模块 PCM。动力控制模块 PCM 接收巡航控制请求信号后，根据当时发动机及变速器的工作状态判断是否可以进入巡航控制，并将判断信号通过线路 83 传输至巡航控制模块。巡航控制模块再根据此判断信号控制步进电动机是否产生动作以调整节气门开度。

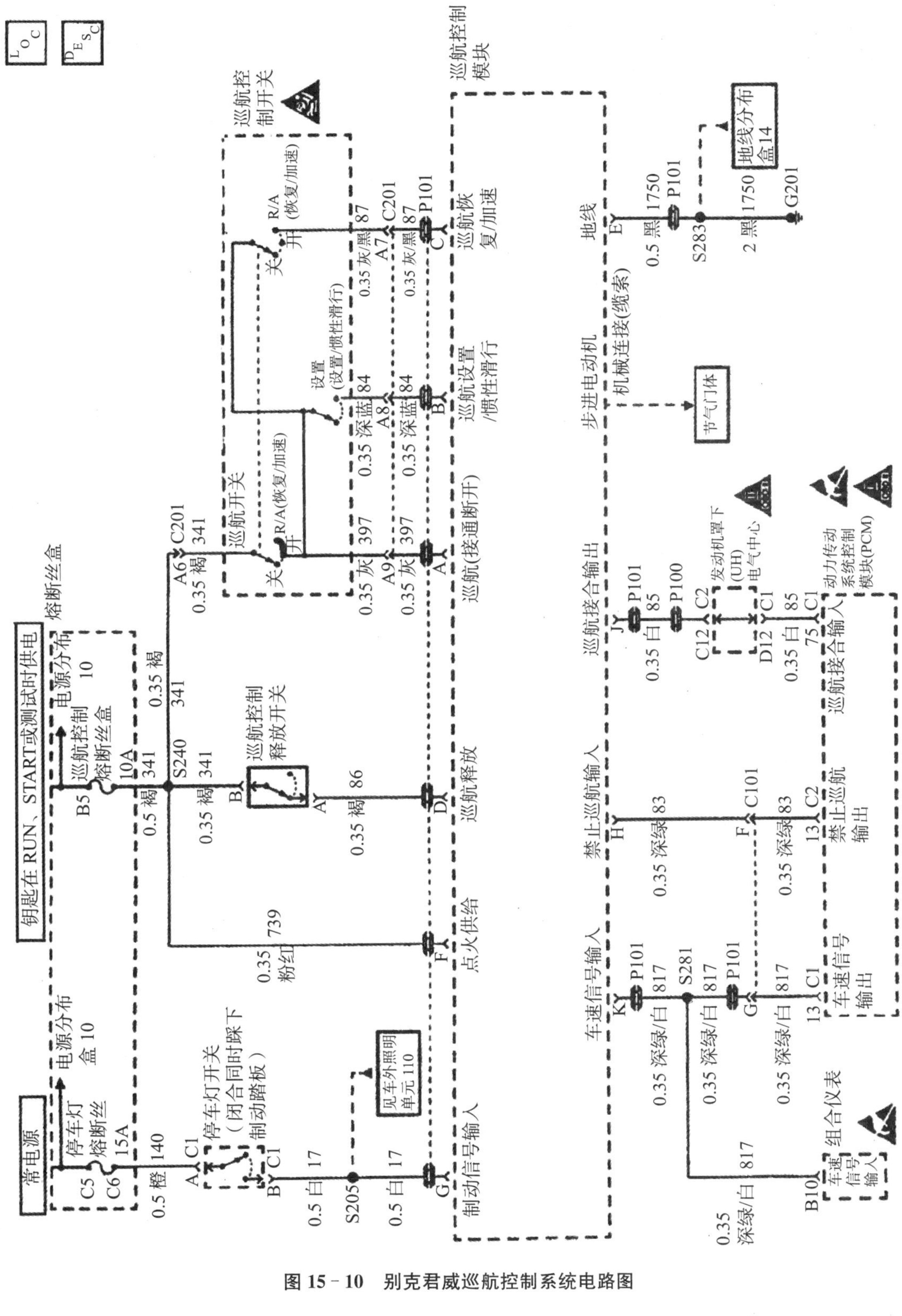

图 15－10　别克君威巡航控制系统电路图

15.5 巡航控制系统常见故障分析

巡航系统常见故障如表 15－1 所示。

表 15－1　　巡航系统故障诊断表

序号	故障现象	故障原因
1	巡航控制不工作	(1) 驱动电动机电路故障； (2) 电磁离合器电路故障； (3) 节气门位置传感器电路故障； (4) 车速传感器故障； (5) 控制开关电路故障； (6) 制动灯开关电路故障； (7) 巡航控制模块损坏故障
2	巡航控制不恢复、加速或逐级升速	(1) 巡航电缆粘结； (2) 车速传感器故障； (3) 控制开关电路故障； (4) 节气门位置传感器电路故障； (5) 巡航控制模块损坏
3	巡航控制不能降低巡航速度	(1) 巡航电缆粘结； (2) 车速传感器故障； (3) 控制开关电路故障； (4) 节气门位置传感器电路故障； (5) 巡航控制模块损坏
4	巡航控制不脱开结合	(1) 控制开关电路故障； (2) 制动灯开关电路故障； (3) 节气门位置传感器电路故障； (4) 巡航控制模块损坏

本章小结

(1) 巡航控制系统将根据汽车行驶阻力的变化，自动增大或减小节气门开度，使汽车按设定的车速等速行驶。

(2) 巡航控制系统通常由巡航控制开关、传感器、巡航控制 ECU、执行器等部件组成。

(3) 巡航系统中的执行器按照驱动方式的不同可以分为真空驱动型和电动机驱动型两种。

(4) 真空驱动型执行器依靠真空力驱动节气门。真空源有两种获取方式，一种是仅来自发动机进气歧管；另一种是来自发动机进气歧管和真空泵。

(5) 电动机驱动型执行器是利用电动机的转动并带动控制摇臂摆动，使节气门的开度变化，它主要由电磁离合器和直流电动机或步进电动机组成。

(6) 传统巡航控制系统工作原理：巡航控制模块接收来自巡航控制开关、车速传感器信号和其他开关信号，将车速传感器测定的实际车速与系统设定的车速进行比较，通过运算得出两个信号的差值，将此差值信号处理后形成控制信号控制执行器动作，用以调整节气门开度，保证汽车定速行驶。

(7) 现代巡航控制系统工作原理：动力控制模块接收来自巡航控制开关、车速传感器信号和其他相关开关信号，将车速传感器测定的实际车速与系统设定的车速进行比较，通过运算产生电子节气门驱动电动机控制信号，驱动节气门驱动电动机，用以调整节气门开度，保证汽车定速行驶。

复习思考题

1. 填空题

(1) 巡航控制系统通常由________、传感器、________、执行器等部件组成。

(2) 巡航系统中的执行器按照驱动方式的不同可以分为________驱动型和________驱动型两种。

(3) 巡航控制开关包括________和________。

(4) 真空驱动型执行器依靠________驱动节气门。

(5) 电动机驱动型执行器是利用________的转动并带动控制摇臂摆动，使节气门的开度变化，实现等速控制的。

2. 选择题

(1) 巡航控制系统，是一种利用电子控制技术保持汽车自动(　　)行驶的系统。

A. 等速　　B. 变速　　C. 两者均可

(2) (　　)根据车速传感器信号，将车速传感器测定的实际车速与系统设定的车速进行比较，然后形成控制信号控制执行器，使汽车定速行驶。

A. 巡航传感器　　B. 巡航执行器　　C. 巡航控制 ECU

(3) 车速下限是巡航控制所能设定的最低车速。不同的车型稍有不同，一般为(　　)。

A. 30 km/h　　B. 40 km/h　　C. 50 km/h

(4) 车速上限是巡航控制所能设定的最高车速，一般为(　　)。

A. 100 km/h　　B. 150 km/h　　C. 200 km/h

(5) 取消巡航控制以后，要想重新按巡航控制模式行驶，只要操作(　　)开关，巡航控制 ECU 即可恢复原来的巡航控制行驶。

A. 设定/减速开关(SET/COAST)

B. 恢复/加速开关(RES/ACC)

C. 取消(CANCEL)开关

3. 判断题

(1) 巡航控制系统是一种利用电子控制技术保持汽车自动等速行驶的系统。　(　　)

(2) 当有紧急状况需要进行制动时，驾驶人踩下制动踏板，制动开关将制动信号传给巡航控制模块，巡航控制模块立即使汽车保持巡航控制。　(　　)

(3) 车速上限是巡航控制所能设定的最高车速，一般为 300 km/h。　(　　)

(4) 当汽车以巡航控制模式行驶时，如果接通取消开关或接通任何一个其他的退出巡航控制开关，巡航控制 ECU 将控制执行器使巡航控制取消；取消巡航控制以后，要想重新按巡航控制模式行驶，只要

操作恢复/加速开关，巡航控制 ECU 即可恢复原来的巡航控制行驶。（　）

(5) 巡航控制系统将根据汽车行驶阻力的变化，自动增大或减小节气门开度，使汽车按设定的车速等速行驶。（　）

4. 问答题

(1) 巡航系统一般由哪几部分组成？

(2) 巡航系统中的执行器有哪几种类型？

(3) 简述真空驱动型执行器的组成和工作原理。

(4) 简述巡航系统中控制开关的检修方法。

(5) 汽车退出巡航状态可用哪几种方法？

16 汽车空调系统

学习目标

知识目标

(1) 了解汽车空调系统的功能和正确操作的方法；

(2) 了解汽车空调的结构组成及各组成部分的工作原理；

(3) 了解汽车空调系统的工作原理；

(4) 熟悉汽车空调系统主要部件常见的失效形式；

(5) 掌握典型汽车空调系统故障分析方法。

能力目标

(1) 熟练使用维修手册；

(2) 学会使用万用表对系统部件的检测方法；

(3) 学会汽车空调系统检测方法。

16.1 概述

汽车空调是用于对车厢内空气的温度、湿度、洁净度、流速等进行调节的完整系统。人们对冷暖的感觉不仅决定于温度的高低，也受到湿度和风速的影响。温度相同而湿度和风速不同也会产生不同的温感。一定的乘坐环境温度及大气湿度，不仅会使人感到舒适，而且直接影响驾驶人的安全操作。所以，汽车空调已成为现代汽车的主动安全措施之一。

汽车空调能对车厢内空气进行加热、制冷、通风和净化处理，以满足人们对车辆乘坐环境的舒适要求。为此汽车空调应具备如下功能：

(1) 温度调节：将车内温度调节到人体感觉舒适的温度；

(2) 湿度调节：将车内湿度调节到人体感觉舒适的湿度；

(3) 空气洁净度调节：过滤空气中的尘土和杂质，对空气进行杀菌消毒；

(4) 空气流速调节：调节车内出风口位置、出风的方向以及风量的大小。

汽车空调系统有手动控制、半自动控制及电控单元全自动控制三种。随着对舒适性、节能等要求的提高，由电控单元的全自动空调已愈来愈普及。

目前中高级汽车普遍采用双区独立空调。它能根据驾驶人和副驾驶座乘客的不同需求，设定不同的温度，提高驾乘的舒适性。而多功能商务车(MPV)则采用多个空调实现车内多温区控制。

16.2 汽车空调系统的组成

汽车空调系统一般由取暖装置、制冷装置、通风净化及电气控制装置等四部分组成。

16.2.1 取暖装置

取暖系统具有给车内提供暖气，提高车内温度的功能，同时还能除霜去雾、调节车内温湿度。按所使用的热源不同可分为：水暖式暖风系统，独立热源式，综合预热式，气暖式暖风系统。目前水暖式取暖装置应用较为普遍。水暖式取暖装置是利用发动机冷却水的热量来取暖的，一般由热交换器、鼓风机及控制面板等组成。

16.2.2 通风净化装置

通风净化系统的作用是引入新鲜空气以及通过吸附和过滤消除有害气体成分，保持车内空气清洁。

汽车行驶时，进入车内的空气由车外空气和车内循环空气两部分构成。车外空气中有各种悬浮粉尘，还有各种烟雾、花粉、细菌。车内循环空气有人体呼出的 CO_2、身体散发出的汗味以及通过缝隙漏入车内的汽车废气等。这些都影响人体的健康，降低了空调的舒适性。因此，汽车空调净化的目的就是除去这些有害气体及粉尘，使车内保持清洁舒适的空气环境。汽车空调通风净化主要采取过滤除尘形式。

16.2.3 制冷装置

制冷装置是将车内的热量通过制冷剂在循环系统中循环移到车外，实现车内降温的目的，主要由压缩机、冷凝器、蒸发器、节流膨胀装置和储液干燥器(或液气分离器)等组成。

1. 压缩机

压缩机(图 16－1)是汽车空调制冷装置的心脏,其作用是将低压低温的气态制冷剂压缩成高压高温的气态制冷剂,并推动制冷剂在系统中循环流动。在压缩机内循环的冷媒必须是气体冷媒,如果是液体冷媒,它将会破坏压缩机内部的阀板并造成压缩机损坏。

图 16－1　压缩机

汽车空调常见压缩机的主要类型有:曲柄连杆式压缩机、斜盘式压缩机、摇盘式压缩机、旋叶式压缩机、滚动活塞式压缩机、涡旋式压缩机等,目前汽车常用压缩机类型有旋转斜盘式压缩机、旋叶式压缩机两种,其结构特点是结构紧凑、性能可靠、工作平稳、振动噪声小,如图 16－2 所示。

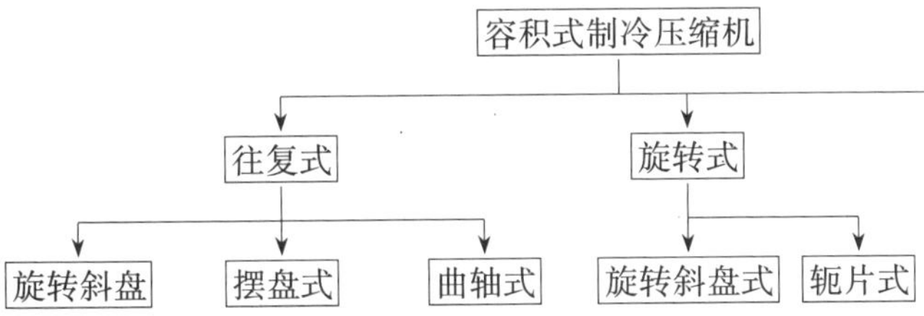

图 16－2　空调压缩机的主要类型

2. 冷凝器

冷凝器是冷气系统中的散热机件。它是一个热量转换器,它把来自压缩机的高温、高压气体制冷剂冷却凝结成液态制冷剂。制冷剂在冷凝器中散热而发生状态的改变。冷凝器一般安装于发动机散热器前,如图 16－3、16－4 所示。

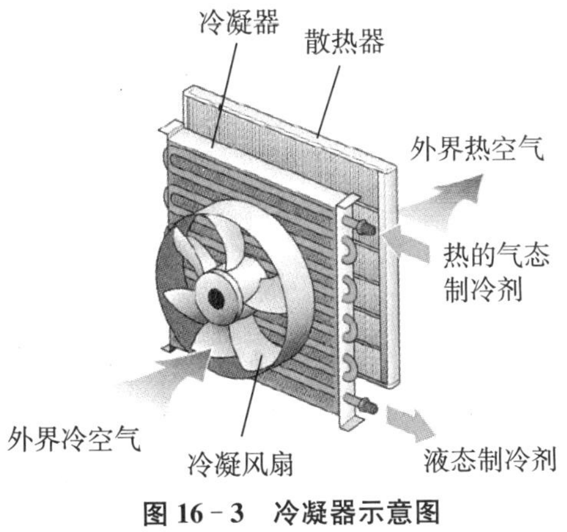

图 16－3　冷凝器示意图

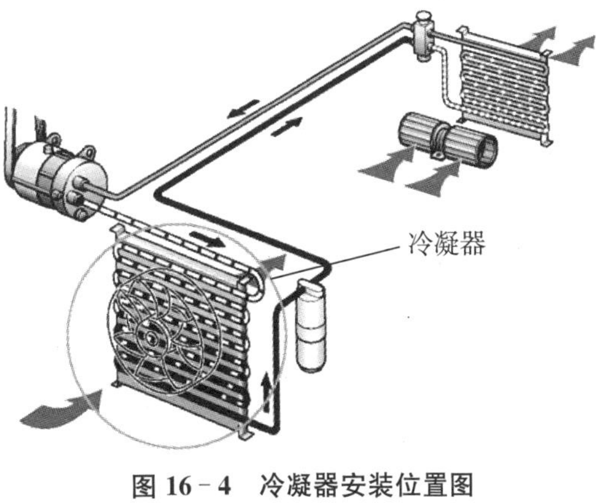

图 16－4　冷凝器安装位置图

冷凝器主要由管和散热片两部分组成,根据管和片的具体结构、形状的不同,主要有管片式,管带式及平流式三种。冷凝器的材料原来以铜为主,后来发展成铜管铝片,现在除大客车及部分中型客车空调的散热器还采用铜管铝片，绝大部分汽车空调的冷凝器都全铝化了，主要原因是追求质量轻，价格便宜。

1）管片式冷凝器

它是由铜质或铝质圆管套上散热片组成，如图16－5所示。片与管组装后，经胀管处理，使散热片与散热管紧密接触，使热量能通过紧贴的管片传递。这种冷凝器结构比较简单，加工方便，但散热效果较差。一般用在大中型客车的制冷装置上。

2）管带式冷凝器

它是由多孔扁管与S形散热带焊接而成，如图16－6所示。管带式冷凝器的迎风面积大，因而传热效力高，一般来说，比管片式的传热效力高10%左右，但工艺复杂，焊接难度大，且材料要求高。一般用在小型汽车的制冷装置上。

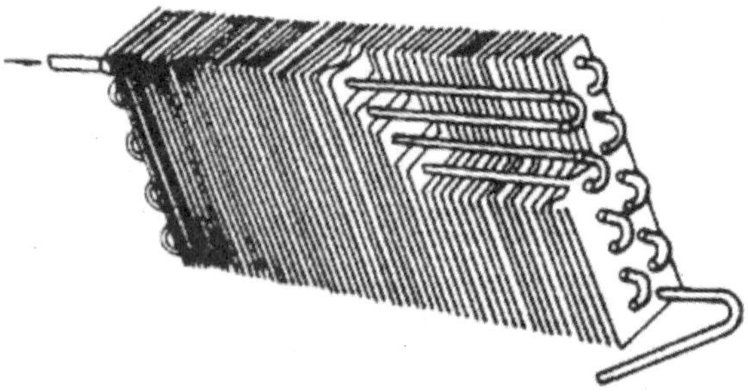

图16－5　管片式冷凝器

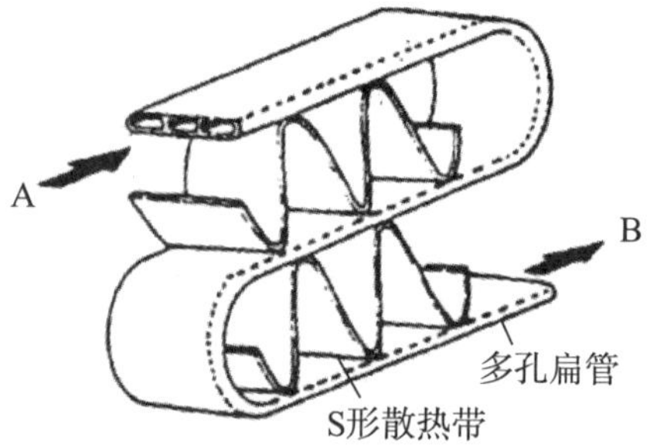

图16－6　管带式冷凝器

3）鳍片式冷凝器

它是在扁平的多通管道表面直接锐出鳍片状散热片，然后装配成冷凝器。由于散热鳍片与管子为一个整体，因而不存在接触热阻，故散热性能好；另外，管、片之间无需复杂的焊接工艺，加工性好，节省材料，而且抗震性也特别好。所以，鳍片式冷凝器是目前较先进的汽车空调冷凝器。

3. 蒸发器

蒸发器是整个冷气系统中制冷的机件，如图16－7所示。蒸发器的作用是使由膨胀阀喷出的雾状制冷剂产生蒸发，吸收流过蒸发器周围空气中的热量，使其降温达到制冷的目的。同时，溶解在空气中的水分也因温度降低而凝结，蒸发器必须将凝结在表面的水分排除车外。蒸发器一般安装于驾驶室仪表台的后面，如图16－8所示。

目前，蒸发器芯子的结构主要有管片式、管带式和层叠式，其相应结构与冷凝器相同。

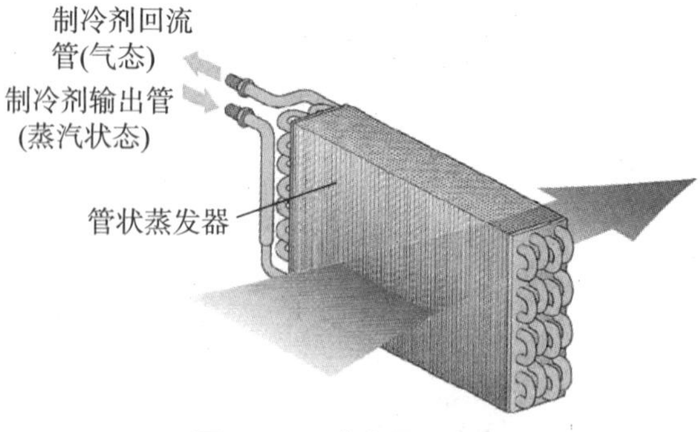

图16－7　蒸发器示意图

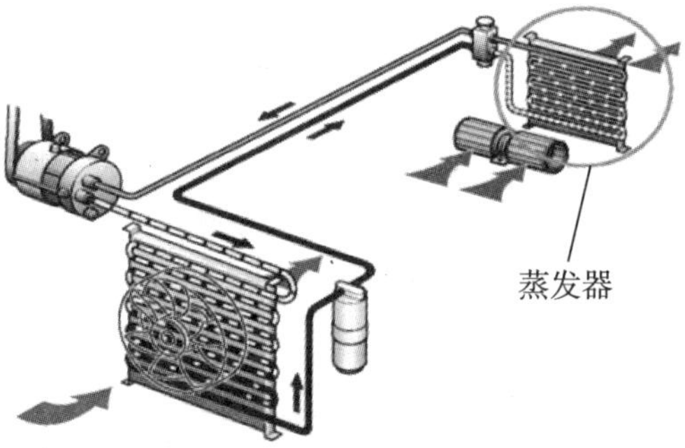

图16－8　蒸发器安装位置图

4. 节流膨胀装置

节流膨胀装置起节流降压的作用。经冷凝器冷凝后产生的高温高压制冷剂液体经过节流阀时，经节流降压导致部分制冷剂液体气化，同时吸收气化潜热，使其自身温度也相应降低，从而以低温低压雾状物的形态进入蒸发器。节流膨胀装置一般安装于蒸发器的入口处。

目前汽车空调制冷系统中主要采用热力膨胀阀和节流短管作为节流装置。

1）热力膨胀阀

热力膨胀阀按照平衡方式不同，分内平衡式和外平衡式；外平衡式热力膨胀阀分 F 型和 H 型两种结构型式。

外平衡式 F 型热力膨胀阀的感温包放置在蒸发器出口管道上，感温包和膜片上部通过毛细管相连，感受的压力为与蒸发器出口制冷剂温度对应的饱和压力；外平衡接口连接蒸发器出口，则膜片下面感受到的是蒸发器出口压力，如图 16－9 所示。

H 型膨胀阀有四个接口与制冷系统连接，其中两个接口与普通热力膨胀阀相同，一个连接储液干燥器，一个连接蒸发器进口；另外两个接口，一个连接蒸发器出口，一个连接压缩机进口。H 型膨胀阀取消了毛细管式感温包，而将感温包放在阀体内部，并设置在连接蒸发器出口管的内孔中，使流出蒸发器出口的制冷剂直接冲击感温包，感温更直接，如图 16－10 所示。这种结构带来了如下的优点：

（1）感受信号的灵敏度提高；

（2）过热度的调节精度高；

（3）去掉了毛细管，提高了膨胀阀的抗震性能；

（4）强度高，寿命长。

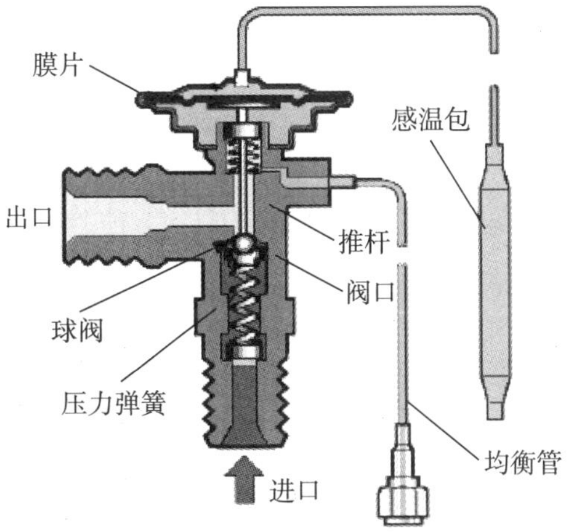

图 16－9　外平衡式 F 型热力膨胀阀

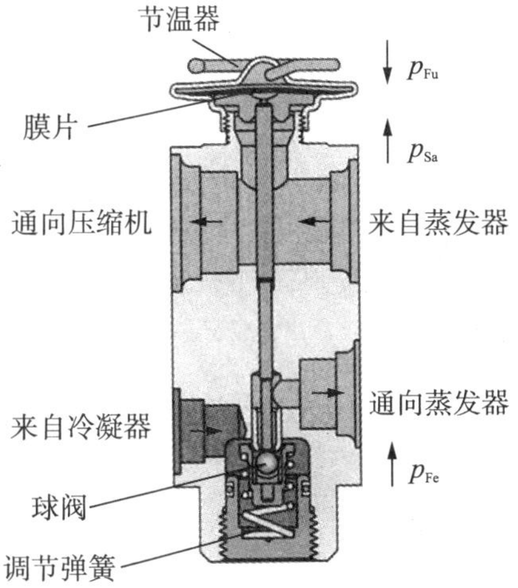

图 16－10　H 型热力膨胀阀

2）节流短管

节流短管是一种固定孔口的节流装置，其两端都装有过滤网，以防孔口堵塞，如图 16－11 所示。节

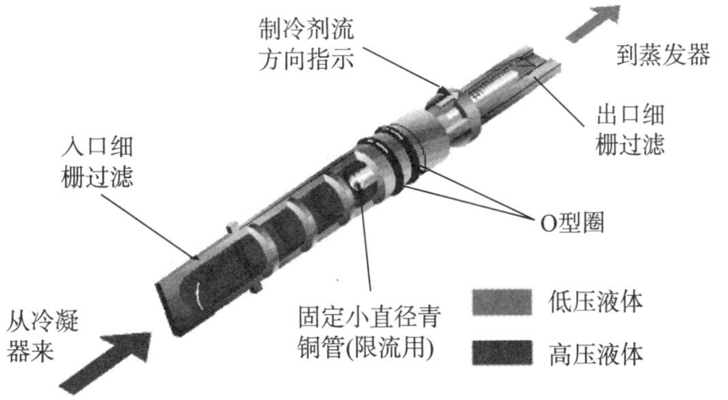

图 16－11　节流短管

流短管直接安装于冷凝器和蒸发器之间管路中。通过节流短管的压力差决定了制冷剂流量。节流短管对不同的空调系统有不同的规格，这些规格可以从节流短管出口的塑料件颜色来区分。

5. 储液干燥器

储液干燥器用于膨胀阀式制冷系统中，用来暂时储存液态制冷剂。同时，用于去除制冷剂中的水分和杂质，确保系统正常运行。

制冷系统工作时，压缩机转速或车厢温度变化会导致蒸发器负荷变化，这要求制冷剂流量作相应调节；当系统存在微量泄漏时，需要补充制冷剂。这都需要有一个能储存额外制冷剂的容器——储液罐，以满足上述要求，如图 16－12 所示。储液罐通常具备能储存系统工质总量 1/3 左右的容积。罐体有铝制和钢制两种。储液罐的存在还派生出其他多种功用。

在储液罐内放置一种能吸收气体和流体中水分和潮气的固态干燥剂。另外，制造和维修会带入微量碎屑、尘土等杂质，制冷剂也可能含有杂质。这些污物容易积聚在膨胀阀或孔管的小孔之内，引起制冷剂流动阻塞，为此，常利用储液罐内的空间安装整个系统的过滤器。

储液罐内的出液管入口插到罐的底部。当冷凝器工作不良时，进入储液罐的制冷剂可能含有气态成分。而气态会留在顶部，液态制冷剂则沉到底部。出液管入口插到底部，保证流出储液罐的制冷剂都为液态，这就是储液罐的液气分离功能。

在储液罐顶部通常还设有视液观察玻璃，可观察系统制冷剂的流动状况，并判别制冷剂量的多少及是否受到污染。

储液罐在系统中的位置如图 16－13 所示。

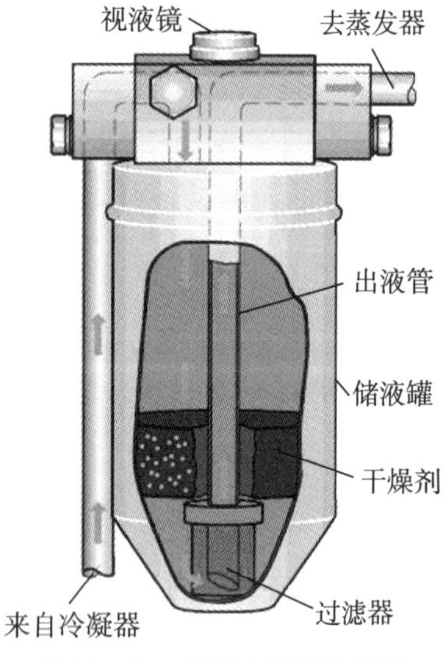

图 16－12　储液干燥罐结构图

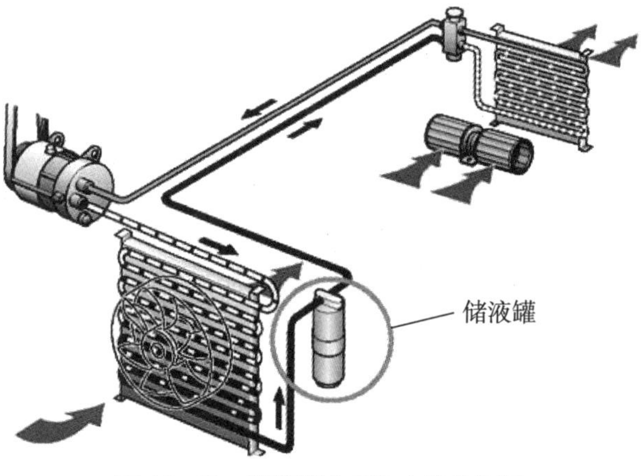

图 16－13　储液罐在系统中的位置图

6. 液气分离器

液气分离器用于节流短管式的制冷系统中，主要用于将制冷剂进行液气分离，同时还起到与储液干燥罐相同的作用。液气分离器安装于蒸发器出口处的管路中。

液气分离器的结构如图 16－14 所示，罐内除有干燥剂、过滤器之外，它的出气管为 U 型，出气管的吸入口在容器的顶部，并被一个塑料杯盖在上面，以改善气液分离效果。U 型管的底部有一小孔，供冷冻油回流，液气分离器工作时，罐中大部分装的是气体，所以它的体积较储液罐大得多。由于孔管本身不能调节流量，在某些工况下，进入蒸发器内的制冷剂来不及蒸发而流向压缩机，为了防止液击，孔管制冷系统在压缩机之前的管路上安装了液气分离器，同时也作为储存制冷剂变化流量的容器。液气分离器在系统中的位置如图 16－15 所示。

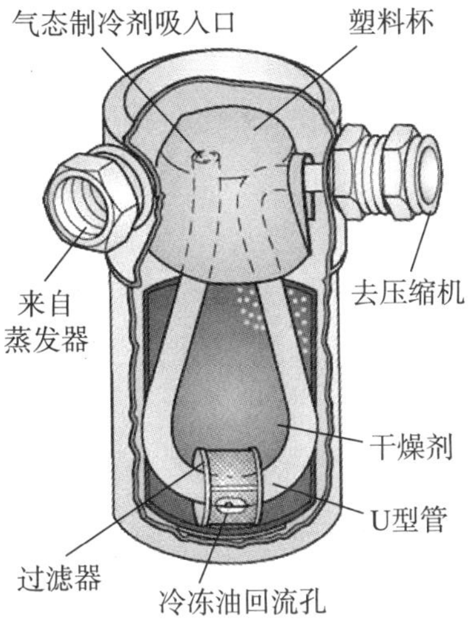

图 16－14　液气分离器结构图

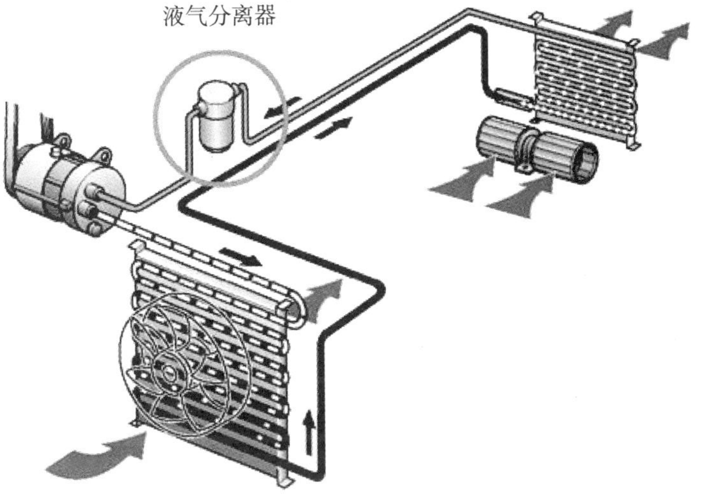

图 16－15　液气分离器在系统中的位置图

16.2.4　制冷剂和冷冻机油

1. 制冷剂

在制冷过程中通过自身物态变化而起到传递热量作用的媒介物质叫制冷剂。汽车空调中使用的制冷剂是一种流体，在汽车制冷系统中依靠压缩机的动力而循环流动，在流过蒸发器时吸收车厢内热量，由液态蒸发成气态；在流过冷凝器时又将吸收的热量放出，传递给外界空气，本身冷凝成液体。汽车空调利用制冷剂的这种物态变化来达到对车厢内空气进行制冷的目的。

在我国，车用空调使用的制冷剂主要是 R12 与 R134a 两种，由于 R12 对地球表面臭氧层有破坏作用，在 2007 年以后已停止使用。R134a 因为具有与 R12 相似的热力特性，又具有良好的环保性能，所以目前在汽车空调中都使用 R134a。

目前市场上使用的制冷剂有两种包装，如图 16－16 所示，一种小罐装，另一类是标准的 13.6 kg 的钢瓶灌装。

(a) 小罐装制冷剂

(b) 钢瓶装制冷剂

图 16－16　两种不同灌装的 R134a 制冷剂

R134a 制冷剂的主要性能：

(1) R134a 的主要热力性能，沸点为－26.5℃，这就是说，一罐 R134a 制冷剂液放在一块冰上也会急剧地沸腾。对于用作热交换介质的制冷剂来说，是一个理想的性质。

(2) R134a 的安全性好，无色，无味，不燃烧，不爆炸，基本无毒性，化学性质稳定，无腐蚀性。

(3) 蒸发潜热高，具有较好的制冷能力。

制冷剂在管理使用上必须注意：

(1) 由于其沸点低，如果液态制冷剂不小心触及人体，会造成严重冻伤和失明。如果发生意外事件，应当立刻用清洁的冷水清洗，特别是眼睛，至少冲洗 10 min，然后尽快到医院去诊治。

(2) 灌注制冷剂时不要赤手去拿潮湿的容器。湿容器的外面会结霜，会把手冻结在容器上。

(3) 不要使制冷剂容器温度超过 50℃。温度高会在容器里产生过高的压力，这对薄壁容器是十分危险的。

(4) 制冷剂受到明火的作用可能会产生有毒气体，制冷剂气体每次吸进一点，累积起来，会造成中毒。所以回收、灌注制冷剂应在通风良好，空气畅通的地方工作。

(5) 不允许将制冷剂向大气中排放，用使用空调制冷剂回收装置回收制冷剂。

2. 冷冻机油

制冷系统中的润滑油称为冷机冻油，如图 16 - 17 所示。汽车空调中，冷冻油是与制冷剂溶合在一起工作、流动的。一个制冷系统在经过稳定运行的周期后，系统中冷冻油的分布大致如图 16 - 18 所示。

图 16 - 17　冷冻机油

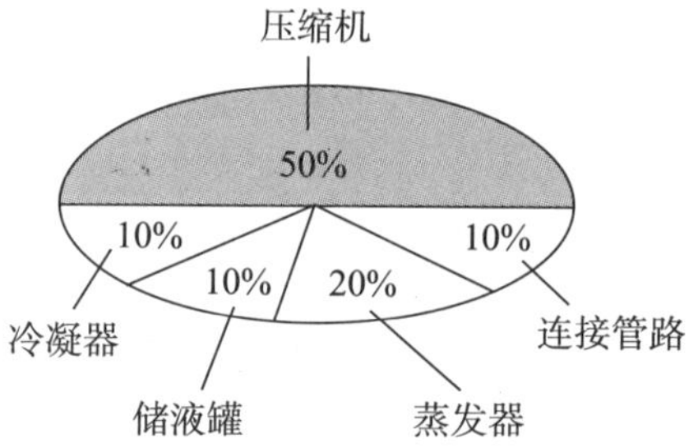

图 16 - 18　冷冻机油在系统中的分布状况

1) 冷冻机油的作用

(1) 润滑作用：高速旋转的压缩机各运动部件表面必须润滑，以减小磨擦阻力和零件磨损，延长使用寿命。以及降低功耗和噪声，提高制冷系数。

(2) 冷却作用：运动部件表面的磨擦会产生高温，冷冻油在润滑的同时也起到了冷却作用。如果压缩机润滑不够会引起温度上升，还会使系统压力升高，制冷系数降低，甚至压缩机烧坏。

(3) 密封作用：汽车空调压缩机的输入轴都靠专用的密封圈来密封，以防止制冷剂泄漏。有润滑油，密封圈才起密封作用。同时活塞环上的润滑油不仅起减小磨擦，而且起密封压缩蒸气的作用。

2) 冷冻机油的使用注意事项

(1) 应严格使用制造厂规定牌号的冷冻油。系统即使参入很少量其他的冷冻油，也会影响整个系统的制冷效力。

(2) 与 R134a 制冷剂互容的冷冻油吸水性都很强，必须存放在密闭的容器中。使用完冷冻油的瓶盖要立刻拧紧，以减少空气的侵入。不要把油从一个容器倒到另一个容器，这样容易使油受到污染。

(3) 系统里放出的油，不管看上去多干净，都不能再使用，应把它处理掉。

(4) 更换新压缩机，不需要添加冷冻机油，因为新压缩机内的冷冻机油量已包含了整个系统所需的量。

16.2.5 电气控制装置

电气控制装置主要是对鼓风机、冷凝风扇、压缩机电磁离合器进行控制的装置。其中包括操作控制面板，制冷系统中的各类传感元件和执行机构，还有鼓风机、散热风扇及继电器、压缩机电磁离合器等。空调电气控制系统组成，如图 16－19 所示。

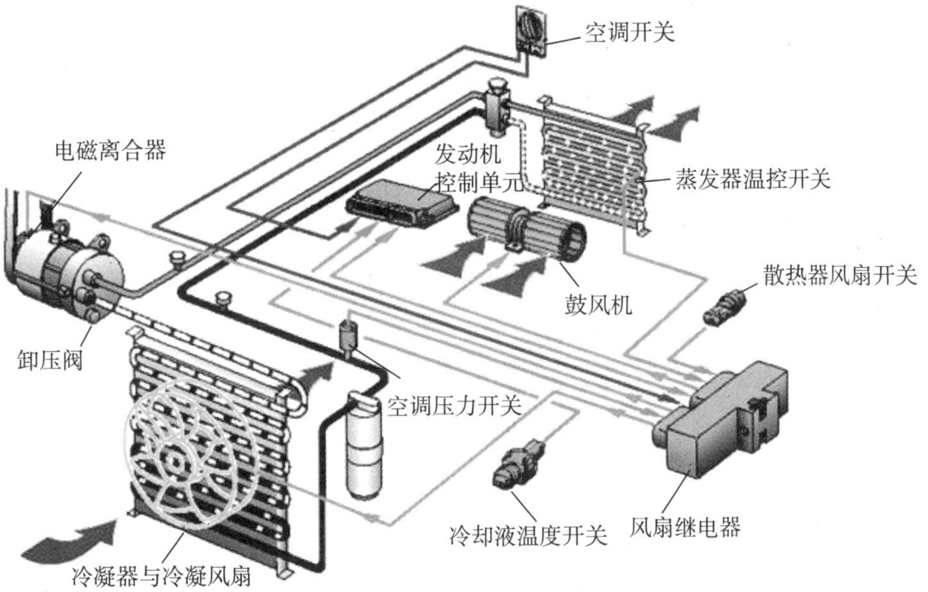

图 16－19 空调电气控制系统组成

1. 手动空调常见的电气控制装置

1) 空调开关

空调开关用于开启空调，即压缩机电磁离合器将空调系统与发动机之间建立连接。

2) 发动机控制单元

控制单元用于接收空调开关开启空调信号，经处理、分析、判断后提高发动机怠速，以补偿因压缩机所带来的负载。

3) 泄压阀

泄压阀直接安装在压缩机或液体容器上，它在约 3.8 MPa 的压力下开启并当压力下降到约 3.0～3.5 MPa 时关闭，如图 16－20 所示。

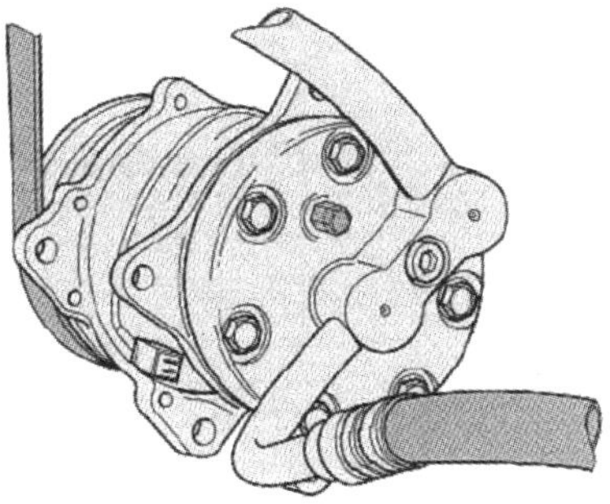

图 16－20 泄压阀

4）压力开关

压力开关属于保护元件，是一种随压力变化而断开或闭合触点的元件，又称压力继电器，如图16－21所示。它由压力引入装置、动力器件和触点等组成，在系统中感受着制冷剂压力的变化。

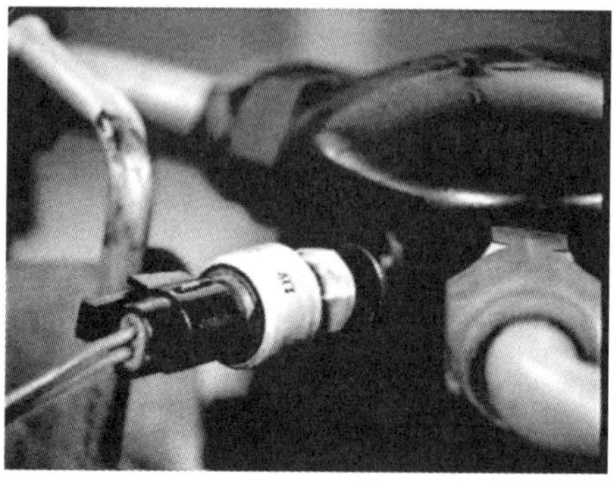

图16－21　高压开关安装位置图

当制冷系统工作压力异常（过高或过低）时，自动切断电磁离合器电路，使压缩机停止运转或使冷却风扇高速运转，从而保护制冷系统不致进一步损坏。

（1）高压开关

高压开关通常安装在制冷系统高压一侧的管路或部件上。

高压开关通常有两个作用：一是在系统工作时，系统高压上升到某一设定值时，高压开关内触点闭合，接通冷却风扇高速挡电路，使冷却风扇高速旋转而加快散热。此种用途的高压开关触点是常开触点。

另一个作用是极限高压保护，即系统高压由于某种原因而上升到系统允许的最大极限值时，高压开关内触点断开，切断压缩机电磁离合器电路，防止系统管路或压缩机损坏。此种用途的高压开关触点是常闭触点。

（2）低压开关

低压开关通常也安装在制冷系统高压一侧的管路或部件上。

低压开关的作用也有两种：一种是系统制冷剂严重泄漏时，如果仍开启空调运行将会引起压缩机润滑不良而遭受损坏。为此在系统管路中设有低压压力保护开关，它的压力控制值一般设为0.2 MPa，当系统管路内制冷剂的压力小于所设定的控制值时，使开关内触点断开，切断压缩机电磁离合器的电流通路，压缩机停转，得以保护。此类低压开关的触点在制冷系统正常工作时都为常闭型的。另一种低压开关仅装在系统的低压管路中。它的作用是代替温控开关，即利用制冷剂的温度与压力有一一对应的关系，设定好控制温度的上、下限所对应的压力值，来控制电磁离合器电流的通断，进而控制蒸发器表面温度。

（3）双重压力开关、三重压力开关

双重压力开关是由一个高压开关和一个低压开关复合而成，同时具有低压开关和高压开关的功用。

三重压力开关是由高、低压开关和一个中压开关组成。三位压力保护开关一般安装在储液干燥器上，感受制冷剂高压回路的压力信号。

5）温度开关

有一个带有指示灯的冷却液温度开关对冷却液温度进行监控。当发动机在大的负载下（如上坡行驶时），通过此开关监测冷却液温度是否过高，从而控制压缩机负载是否被切断（压缩机在119℃时被切断,在 112℃ 时被接通)。因车型不同,在车上使用了各种带有指示灯的开关,如大众汽车散热风扇热敏开关 F18、空调切断热敏开关 F163。

6) 风扇继电器/散热风扇控制单元

风扇继电器根据传感器或开关信号来控制风扇的运转。目前广泛使用的是散热风扇控制单元,如图 16-22 所示。

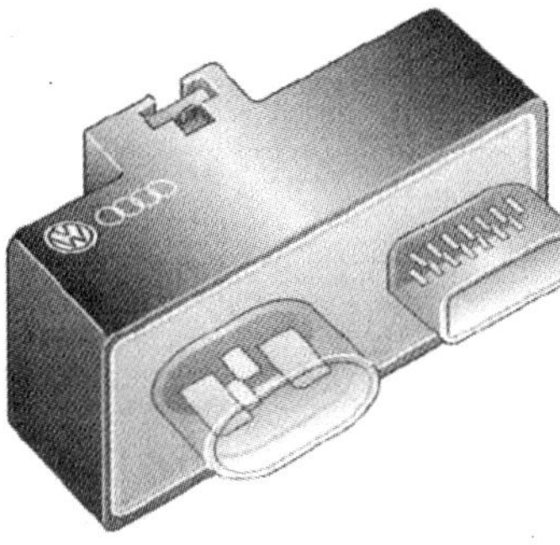

图 16-22 散热风扇控制单元

散热风扇控制单元集成于车辆控制系统中,与高压传感器安装在一起,并对来自高压传感器的脉冲宽度信号进行评价,从而不间断地监控制冷回路中制冷剂的总压力。

散热风扇控制单元不仅接收高压传感器信号,而且还接收热敏开关、压力开关、工作和显示单元(自动空调系统)信号,以实现以下功能:

(1) 控制散热风扇的速度以及空调系统电磁离合器的接通和断开;

(2) 与发动机和变速器控制单元进行信号的双向交换;

(3) 监控冷却液的温度;

(4) 控制冷却液起动泵的定时模块。

7) 蒸发器温度传感器/温控开关

蒸发器温度传感器用于测量在蒸发器冷却叶片之间的温度,如图 16-23 所示。该传感器的温度信号被传递给风扇继电器/散热风扇控制单元,当蒸发器的温度下降得太低时,风扇继电器/散热风扇控制单元关闭空调压缩机(压缩机在-1℃~0℃之间被切断,在+3℃时被接通),从而避免了因冷凝水结冰所导致的蒸发器结冰。

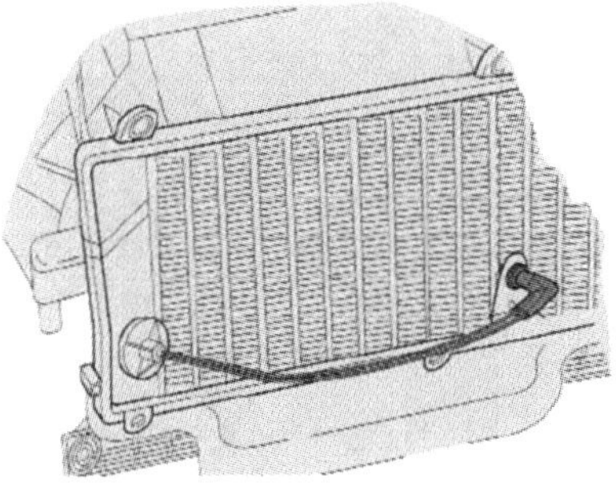

图 16-23 蒸发器温度传感器/温控开关

2. 自动空调常见的电气控制装置

自动空调能根据设定的温度自动调整、控制车厢内的温度。自动空调电气控制系统还包括带鼓风机的仪表板温度传感器、自动空调控制单元、车外温度传感器、新鲜空气进气通道温度传感器、日照光电传感器、车速传感器、发动机转速传感器、风门伺服电动机及电位计等部件，如图 16 - 24 所示。

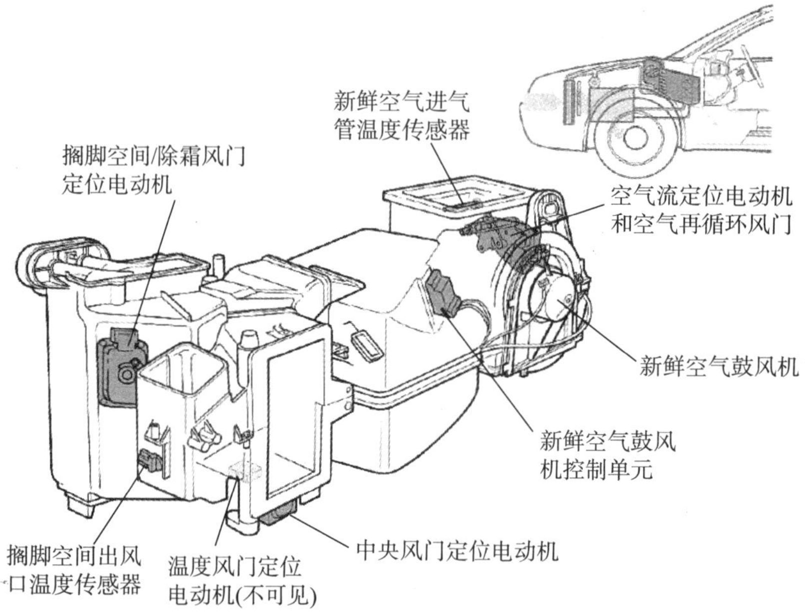

图 16 - 24　自动空调控制系统传感器及风门位置图

1）带鼓风机的仪表板温度传感器

带鼓风机的仪表板温度传感器通常直接集成在控制单元内实时检测实际的车厢内部温度，并将该测量值传递到控制单元与设定点进行比较，由控制单元对温度活门和新鲜空气鼓风机进行控制。温度传感器处于新鲜空气鼓风机的空气流中，如图 16 - 25 所示。

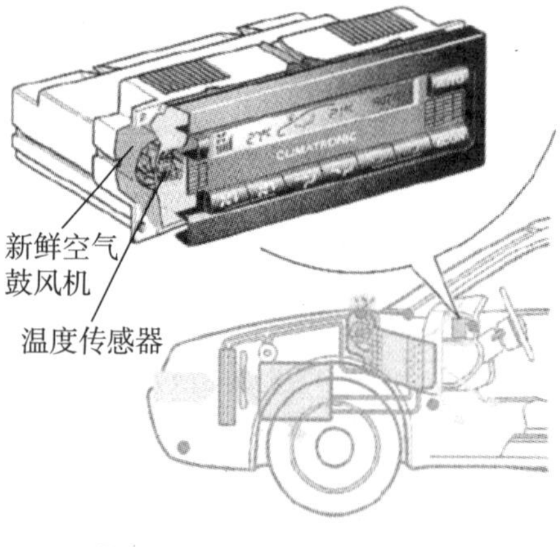

图 16 - 25　带温度传感器鼓风机的仪表板温度传感器

新鲜空气鼓风机用于排出车内空气，以避免温度传感器的测量错误。新鲜空气鼓风机是由操作和显示单元所控制的。

2）车外温度传感器

车外温度传感器位于车辆前部，用于测量实际的外界温度，如图 16 - 26 所示。控制单元根据此测量值感知温度变化来控制风门和新鲜空气鼓风机。

3）新鲜空气进气通道温度传感器

新鲜空气进气通道温度传感器位于新鲜空气进气管道内，用于测量实际外界温度，如图 16－27 所示。控制单元根据此测量值感知温度变化来控制风门和新鲜空气鼓风机。

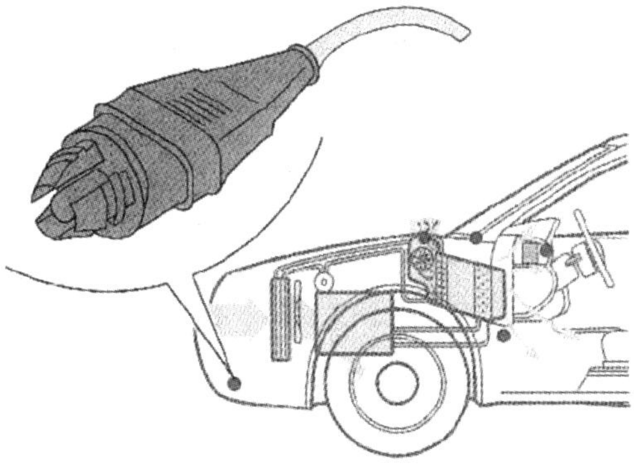

图 16－26　车外温度传感器

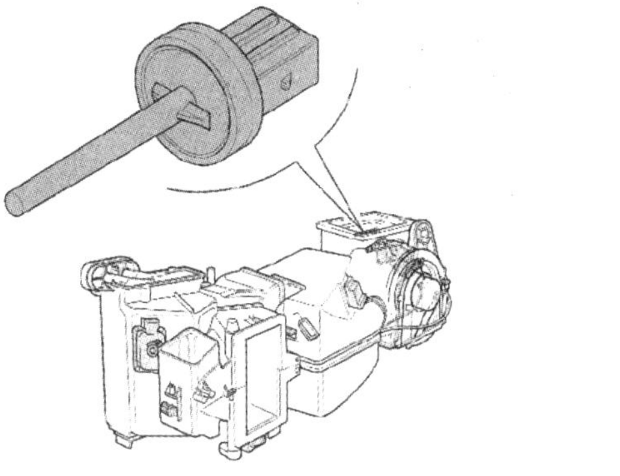

图 16－27　新鲜空气进气通道温度传感器

4）日照光电传感器

(1) 日照光电传感器的功能

日照光电传感器用于测量阳光照射车内强度，从而通过控制单元来控制空调温度。

根据空调类型的不同，空调系统可以通过一个或两个日照光电传感器测量阳光照射在车内左侧或右侧的强度。

(2) 日照光电传感器的原理

阳光穿过一个过滤器并照射在一个光电二极管的光学元件上，光电二极管是对光敏感的半导体元件。当没有入射光时，只有很小的电流流过二极管；当光电二极管暴露在阳光照射下时，流过的电流增大。阳光照射越猛烈，电流也越大。当电流增大时，空调系统控制单元便识别到阳光照射非常强烈并相应地调节车内的温度。如果装备了两个传感器，车辆中被阳光照射较强的一侧便会更快地冷却。

5）车速传感器

车速信号由车速传感器所产生并被发动机控制单元传送至空调控制单元，用来控制空气风门。在高的车速下，空气管道的截面积会缩小，以尽可能地保持吹入车厢内的风量的稳定。

6）发动机转速传感器

该信号是向空调控制单元提供发动机实际工作状态的信号，主要用于空调系统控制（如切断电磁离合器）。当没有发动机转速信号时，切断压缩机。

7）风门伺服电动机及电位计

在手动空调系统中，温度风门、中央风门以及搁脚空间/除霜风门由驾驶人通过拉索来分别控制的。

在自动控制的空调系统中，风门由空调系统控制单元控制定位电动机（电动机）作动的，如图 16－28 所示。每一个定位电动机（电动机）都有一个电位计，该电位计将风门的位置信号以反馈数值的形式传递给控制单元。

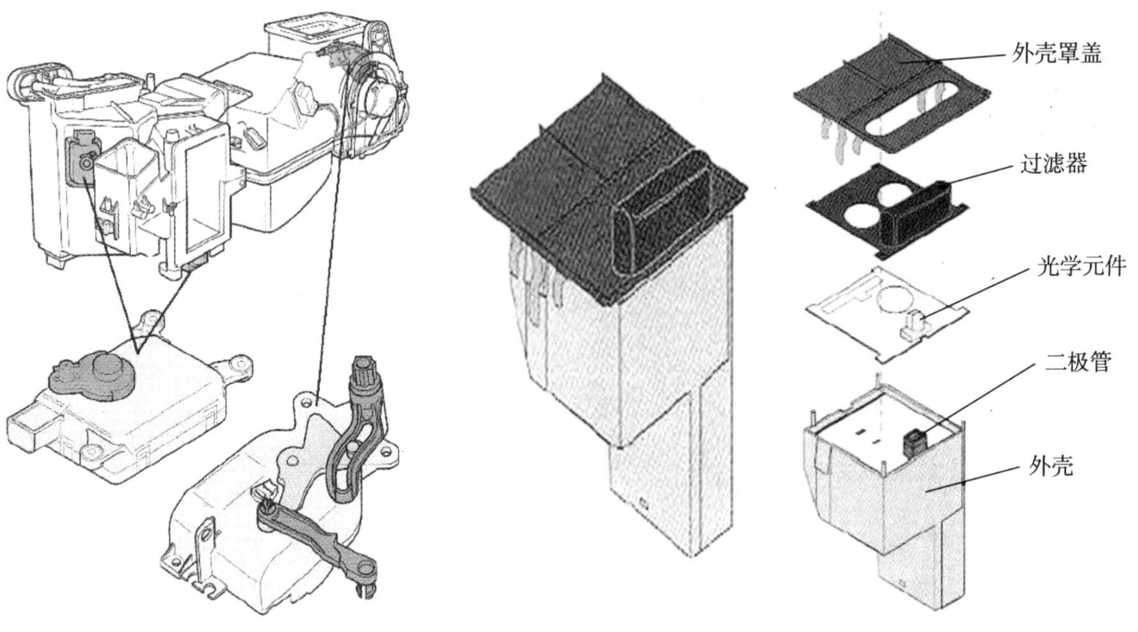

图 16－28　风门伺服电动机及电位计

16.3　汽车空调系统工作原理

16.3.1　取暖装置工作原理

1. 水暖式取暖装置工作原理

从发动机缸体流出的高温冷却水，分流一部分进入热交换器。利用鼓风机强迫冷空气通过热交换器，空气被加热后送入车厢，用来取暖或进行风窗除霜。热交换器中冷却水进行热交换后又被发动机冷却液泵抽回发动机，完成一次循环，如图 16－29 所示。

部分汽车(如大众桑塔纳 2000)在冷却水进入热交换器前的管路上设有暖水阀，并由空调面板上的调节旋钮通过钢丝绳进行控制。控制该暖水阀的开、闭或开度大小以调节水量，从而实现车内温度的调节，如图 16－30 所示。

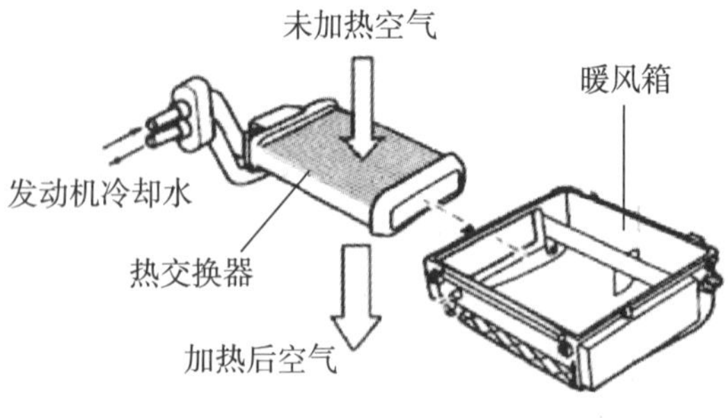

图 16－29　水暖式取暖装置工作原理图

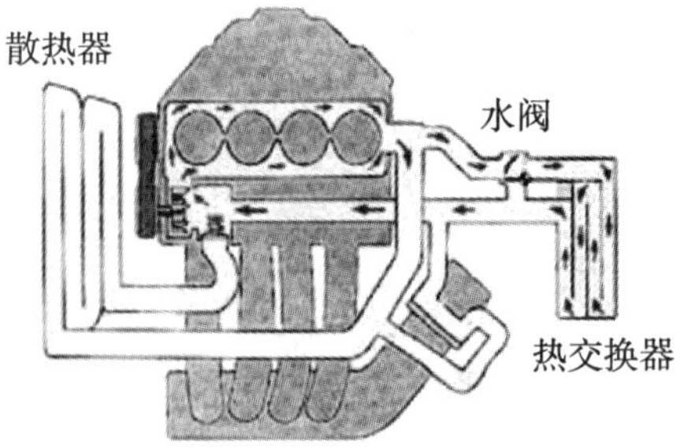

图 16－30　大众桑塔纳 2000 暖气冷却水循环示意图

2. 风暖式取暖装置工作原理

风暖式取暖装置是在发动机的排气管上安装热交换器用于加热空气。工作时，将通往消声器的阀门关闭，汽车尾气进入热交换器，加热热交换器外的空气。加热后的空气由鼓风机吹入车厢内用于取暖和除霜，如图 16－31 所示。

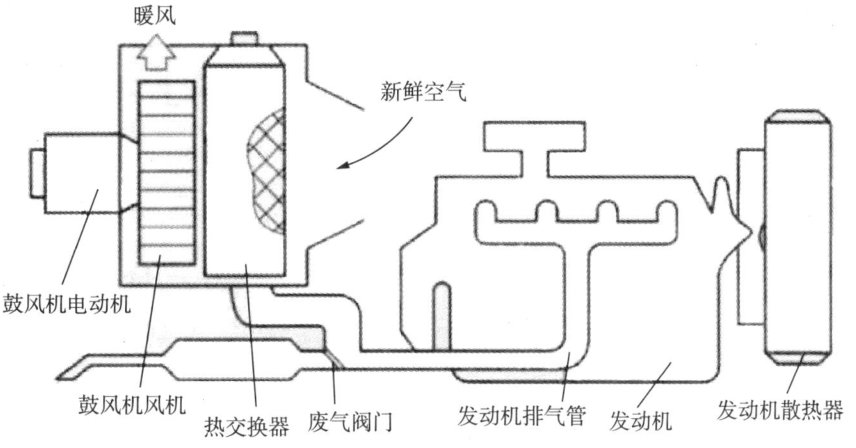

图 16－31　风暖式取暖装置示意图

16.3.2　通风净化装置工作原理

1. 自然通风

利用车身结构的自然通风，在车身内外壁面上开设进出风口，利用车辆行驶时产生的风压将外部空气引入车内循环后再排出，如图 16－32 所示。

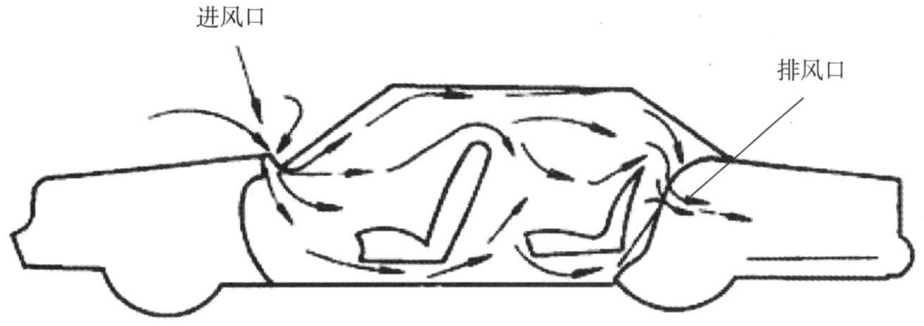

图 16－32　空气流动图

2. 强制通风

强制通风是利用风机强行引入外部的新鲜空气。

16.3.3　制冷装置工作原理

1. 制冷装置组成部件工作原理

1）压缩机工作原理

（1）回转斜盘式压缩机工作原理

回转斜盘式压缩机是一种轴向往复活塞式压缩机，其结构如图 16－33 所示。

当主轴带动斜盘转动时，斜盘便驱动活塞作轴向移动。由于活塞在前后布置的气缸中同时作轴向运动，相当于两个活塞在作双向运动。即前缸活塞向左移动时，排气阀板关闭，余隙容积的气体膨胀；当缸内压力略小于吸气腔压力时，进气阀板打开，低压蒸气进入气缸，开始吸气过程，直到活塞向左移动到终点为止。当后缸活塞向左移动时，开始压缩过程，蒸气不断压缩，压力和温度不断上升。当压缩蒸气的压力略大于排气腔压力时，排气阀板打开，转到排气过程，直到活塞移动到左边为止。如此斜盘每转

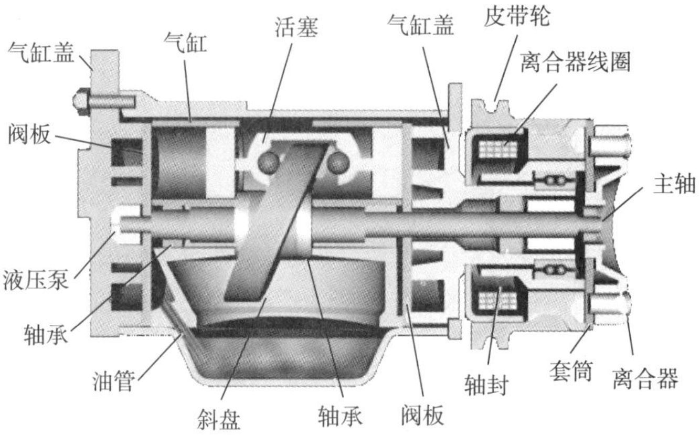

图 16-33　回转斜盘式压缩机结构图

动一周，前后两个活塞各自完成吸气、压缩、排气、膨胀过程，完成一个循环，相当于两个工作循环。当缸体截面均布五个气缸和五个双向活塞时，主轴旋转一周，相当于十个气缸工作。

(2) 摇板斜盘式压缩机工作原理

摇板斜盘式压缩机是往复式单向活塞结构，如图 16-34 所示，摇板斜盘式压缩机是将五个(或七个)气缸均匀分布在压缩机缸体内。摇板(又称行星盘)上均匀安装有五个或七个球窝，每个球窝连接座里的连杆都与一个活塞相连。主轴穿过摇板支承在缸体两端的径向轴承上。主轴上用销子固定斜盘，摇板(行星盘)紧靠着传动板的斜面(由弹簧压紧，压紧力可由调节螺钉调节)，中间有平面轴承隔开，靠防旋齿轮或导向销限制摇板，使之不能作圆周方向的位移，只能靠传动板的推动作轴向往复摆动(当主轴转动时)，从而带动活塞作轴向往复运动，吸入低压的制冷剂气体再压缩并排出高压制冷剂气体。气缸盖的中心腔室为排气腔，周围空腔为吸气腔，这样的布置有利于排气腔的密封。

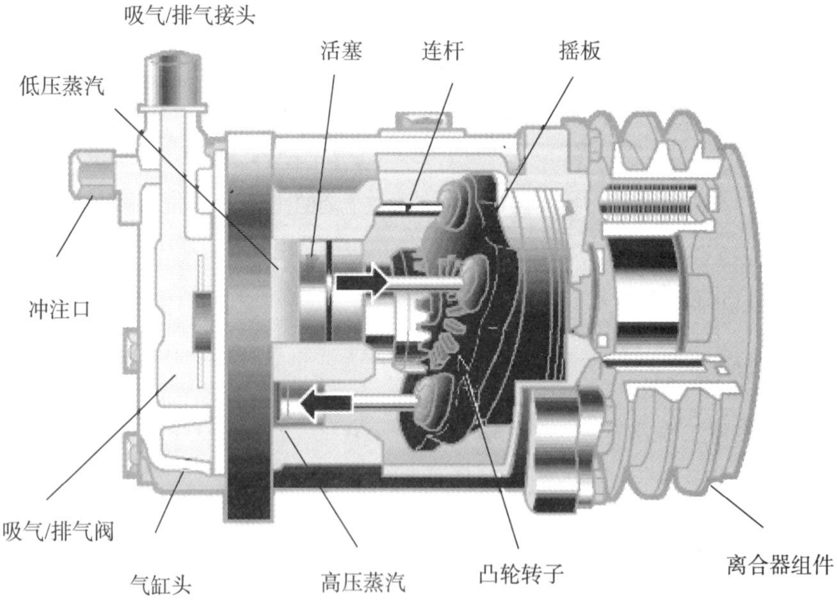

图 16-34　摇板斜盘式压缩机结构图

(3) 斜盘式变排量压缩机工作原理

变排量压缩机是根据制冷负荷的变化，连续平滑地改变活塞排量实现系统制冷量的调节，如图 16-35 所示。

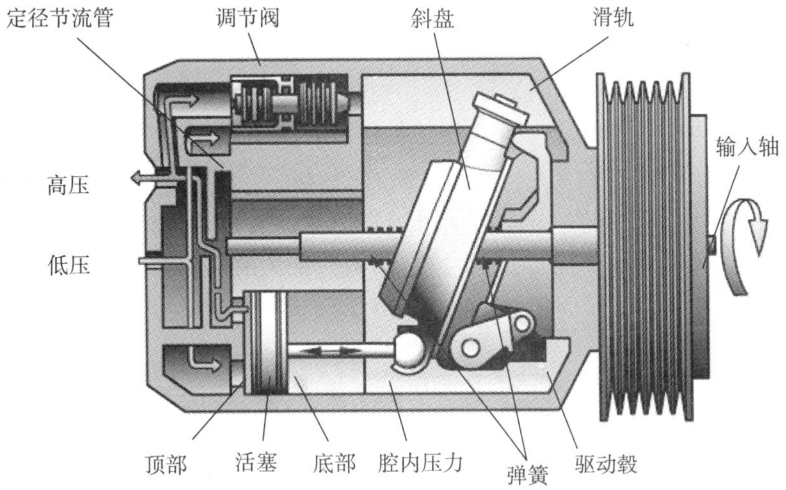

图 16－35　V－5 型可变排量压缩机结构图

V－5 型可变排量压缩机在别克汽车上广泛运用。V－5 型可变排量压缩机的斜盘与主轴间有一个可在主轴上滑动的轴套，主轴上装有驱动斜盘运动的驱动杆，驱动杆上开有弧形槽，斜盘与驱动杆通过长销轴构成活动连接。当主轴旋转时，驱动杆的弧形槽带动长销轴驱动摇板运动。摇扳的防旋转机构采用摇板导向销，这样既可起动防止摇板旋转，又可使摇板相对主轴摆动。该压缩机实现变排量的关键在于摇板和传动板与主轴的倾斜夹角可以在一定范围内改变，从而改变活塞的行程与压缩机的排量。

(4) 电磁离合器的工作原理

在汽车空调制冷系统中，压缩机通常是由汽车发动机驱动的。为了使空调的开、停不影响发动机的正常工作，压缩机的主轴不是直接与发动机曲轴进行连接，而是通过电磁离合器把发动机的动力传递给压缩机的。

电磁离合器是发动机和压缩机之间的一个动力传递机构，主要受空调 AC 开关、温控器、空调放大器、压力开关等控制，根据空调的工作状态接通或断开发动机与压缩机之间的动力传递。当压缩机过载时，通过控制电磁离合器的分离，可断开压缩机，从而保护压缩机。

电磁离合器一般安装在压缩机前端面，是压缩机总成的一部分。电磁离合器由带轮、电磁线圈、压力板等主要部件组成，如图 16－36 所示。当空调开关接通时，电流通过电磁离合器的电磁线圈，电磁线圈

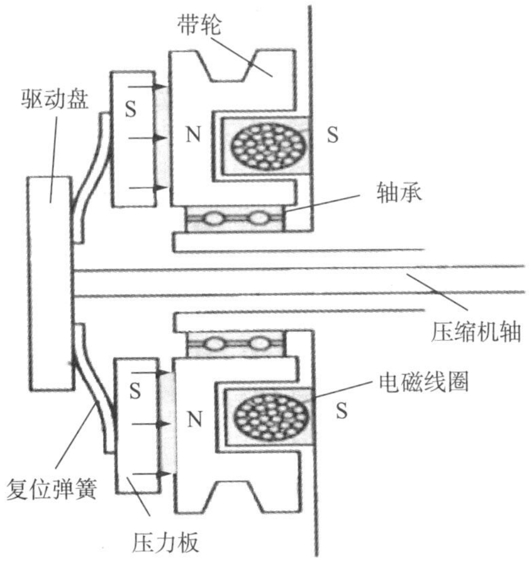

图 16－36　电磁离合器工作原理图

产生电磁吸力，使压缩机的压力板与带轮接合，将发动机的扭矩传递给压缩机主轴，使压缩机主轴旋转。当断开空调开关时，电磁线圈的吸力消失，在弹簧作用下压缩机的压力板与带轮脱离，压缩机停止工作。

2）冷凝器的工作过程

制冷剂蒸气在冷凝器中放热变成液体时的变化过程可分为降低过热、冷却凝结和过度冷却三个阶段。

汽车空调的冷凝器属于风冷式的，需要冷却风扇将冷凝器管片表面的热量带走。所以冷凝效果的好坏除与冷凝器本身结构、尺寸、材料和工艺所决定的散热能力有关以外，还与通风效果有关。即与风扇的通风能力、冷凝器的安装位置及周边导流措施有关。

3）蒸发器工作原理

制冷剂流入蒸发器内的蒸发吸热过程一般分为两个阶段，如图 16－37 所示。

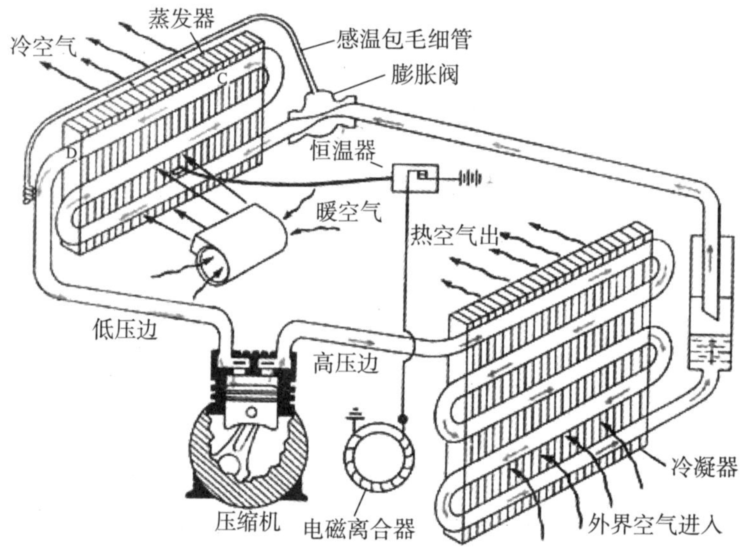

图 16－37　制冷剂蒸发及冷凝过程示意图

第一阶段，节流后的湿蒸气进入蒸发器内吸热而沸腾汽化，变成饱和气体。即蒸发器入口至管路中 C 点处位置，此阶段中制冷剂为定压定温蒸发阶段；

第二阶段，从 C 至 D 的管路段，制冷剂继续吸热，成为过热蒸气阶段。过热度一般为 3℃～8℃。

汽车空调制冷系统工作后，蒸发器表面温度会变得愈来愈低，如不加以控制，蒸发器表面会逐渐结霜，一方面会阻碍空气在蒸发器散热片中的流动，另一方面还会隔绝热空气向制冷剂的传热。所以循环离合器制冷系统都设置防霜开关，或称为温控开关。恒温器将感温包插入蒸发器散热片中，以充分感应蒸发器表面温度，当该温度低于 0℃～2℃时，恒温器中的触点断开，压缩机停止转动，待蒸发器表面温度又回升至 5℃～6℃时，恒温器触点又闭合，压缩机又工作，蒸发器表面温度又逐渐下降。恒温器根据蒸发器表面温度高低，周期的切断压缩机电磁离合器电流通路，来达到控制温度的目的。

4）膨胀装置工作原理

（1）F 型膨胀阀

F 型膨胀阀工作过程分为两个阶段，如图 16－38 所示。

① 节流降压：来自冷凝器的高温高压液态制冷剂，在通过膨胀阀节流孔后节流降压成为低温低压的雾状物进了蒸发器，仍为液态。

② 调节流量：从蒸发器入口 *A* 点处流入的制冷剂，在定压定温的状态，吸热并逐渐蒸发成气态制冷

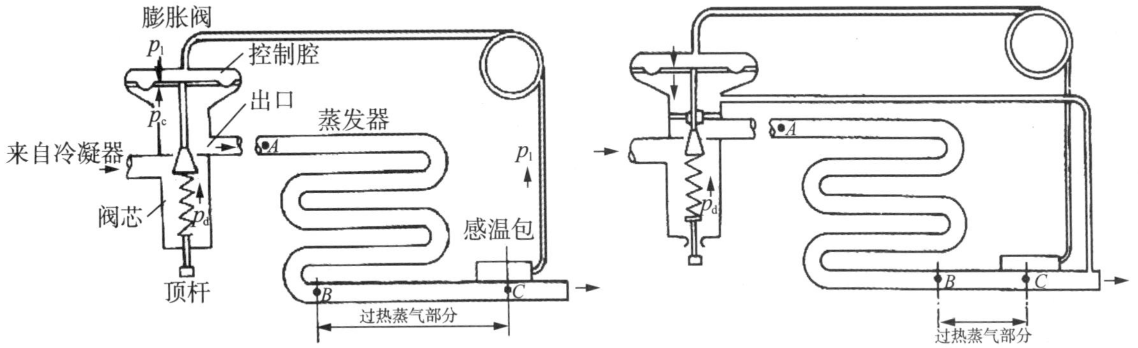

图 16－38　F 型膨胀阀工作过程示意图

剂。B 点为液态制冷剂完全蒸发成气态的位置。当流入的制冷剂量少而车厢内热负荷又较大时，制冷剂蒸发速度快，B 点位置向前移动，C 点处温度上升；反之，B 点位置后移，C 点处温度下降。位于 C 点处的热感应管感应蒸发器出口处的温度，并将温度变化转变成管内气体压力的变化。此气体压力通过毛细管传输至膨胀阀中膜片上方的控制腔。当车厢内热负荷较大时，蒸发器出口处温度的上升，通过热感应装置，提高了膨胀阀膜片上方控制腔内的气体压力。气体压力向下驱动膜片以增加膨胀阀的开度，从而使更多的制冷剂进入蒸发器，提高了制冷效率。

当压缩机转速发生变化时，流入蒸发器的制冷剂量也会发生变化，膨胀阀也会根据蒸发器 C 点的温度对流量进行调节，以维持 C 点的过热度。

(2) H 型膨胀阀

H 型膨胀阀是一种整体型膨胀阀，又称块阀，如图 16－39 所示。

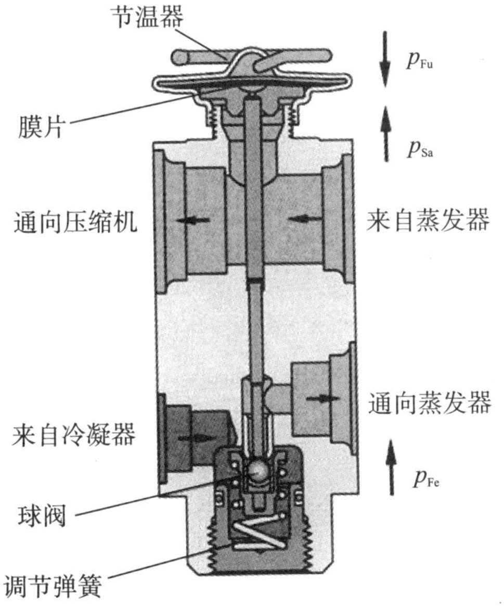

图 16－39　H 型膨胀阀结构示意图

从图 16－39 中可以看出，在高压液体进口和出口之间，有一个球阀控制的节流孔，节流孔的开度大小由弹簧和感温器控制。感温器内部的制冷剂直接感应从蒸发器出来的蒸气温度，以控制杆下球阀的上下运动，并与弹簧一起控制流量的大小。蒸发器的温度高时，感温器内制冷剂压力增大，克服弹簧压力，球阀开度增大，制冷剂流量增加，制冷量增大，反之亦然。

(3) 节流膨胀管(热力膨胀阀)

热力膨胀阀是一种自动调节阀,它根据空气热负荷的变化,通过加大或减少液态制冷剂的流量来适应变化。由于膜片的材料及固定的阀孔,使热力膨胀阀的自动调节的范围是有限的。

1974 年美国通用汽车公司首先在汽车制冷系统中使用新的制冷系统。即利用一根固定口径的节流管代替膨胀阀,来完成节流降压的目的。此种节流元件与电磁离合器的通断条件相配合的制冷系统称之为孔管(Cycling Clutch Orifice Tube,简称 CCOT)系统。

5) 储液干燥器与液气分离器工作原理

(1) 储液干燥器的工作过程(图 16-12、16-13)

从冷凝器来的高温高压液态制冷剂,流入储液罐后,经干燥、过滤从底部出液管口被吸出。而当压缩机转速较高时,系统制冷剂流动快,从储液罐中被抽吸出的制冷剂多,而流回的量少,储液罐中制冷剂储量减少,直至流入量与吸出量平衡时,液面保持在罐内较低水平位置;当压缩机转速较低时,系统制冷剂流动慢,从储液罐中被抽吸出的制冷剂少,而流回的量多,罐内液面将保持在较高水平位置。

(2) 液气分离器工作原理(图 16-14、16-15)

液气分离器罐内除有干燥剂、过滤器之外,它的出气管为 U 型。出气管的吸入口在容器的顶部,并被一个塑料杯盖在上面,以改善气液分离效果。U 型管的底部有一小孔,供冷冻油回流。液气分离器工作时,罐中大部分装的是气体,所以它的体积较储液罐大得多。由于孔管本身不能调节流量,在某些工况下,进入蒸发器内的制冷剂来不及蒸发而流向压缩机,为了防止"液击",孔管制冷系统在压缩机之前的管路上安装了液气分离器,同时也作为储存制冷剂变化流量的容器。

制冷剂从顶部进入容器后,撞击塑料杯,未蒸发的液态制冷剂将沉入容器底部,在顶部的气态制冷剂被引出管吸向压缩机。U 型管底部的小孔,允许少量冷冻油流回压缩机,以保证压缩机工作时润滑的需要。此小孔也会有少量的制冷剂流回压缩机,由于在到达压缩机之前的低压管路中少量制冷剂会汽化完毕,所以不会引起"液击"。

2. 制冷装置系统工作原理

蒸气压缩式制冷是利用液态制冷剂汽化吸热产生制冷效应的。从膨胀阀流出的低压低温液态制冷剂进入安装在车厢内的蒸发器。当制冷剂在蒸发器中流动时,不断吸收鼓风机吹来的车厢内空气中的热量,蒸发成低压低温的气态制冷剂。压缩机不断地抽吸这些带有更多热量的低压低温气态制冷剂,并将其压缩成高压高温的气态,进入安装在车厢外散热良好的冷凝器中。高压高温的气态制冷剂在冷凝器中经过冷却,逐渐凝结成高压高温的液态制冷剂,并储存于储液干燥器中。经干燥过滤后,高温高压液态制冷剂通过管路流向膨胀阀。通过膨胀阀的节流降压,制冷剂又恢复成低压低温的液态,重新进入蒸发器吸收热量,这样就完成了一个制冷循环。带有膨胀阀的制冷循环系统工作原理,如图 16-40 所示。带有节流管的制冷循环系统工作原理,如图 16-41 所示。

制冷剂在完成制冷循环的过程中从车厢内不断吸热,并经车厢外的冷凝器散发到车外的空气中。当这种散热大于从外界传入车厢内的热量时,车厢内的温度逐渐下降。这就是汽车空调的制冷原理。

16.3.4 车内温度控制工作原理

空调系统是通过调节车内出风温度来控制车内温度的。出风温度的调节采用冷暖风混合方式。在进气管道中,所有空气首先流经蒸发器。然后,通过温度调节风门(混气门)将部分空气送入热交换

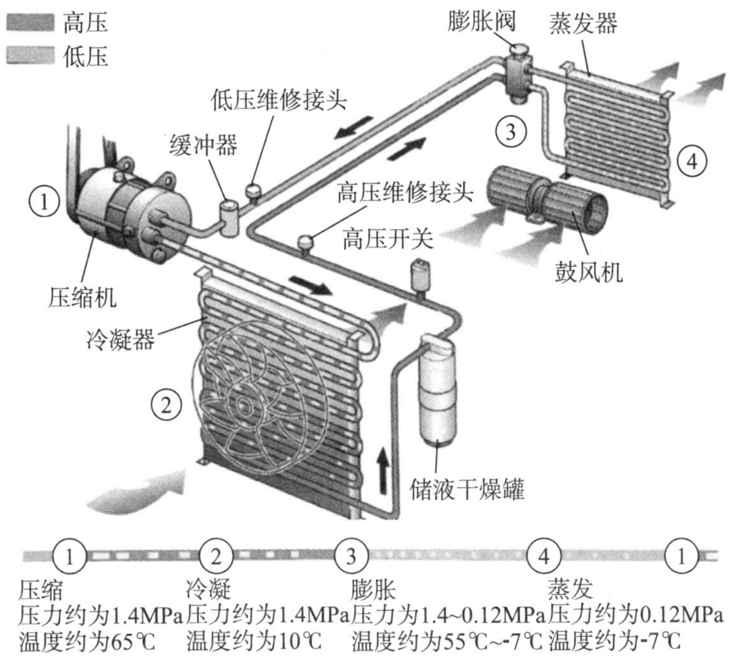

图 16-40　带有膨胀阀的制冷循环系统工作原理图

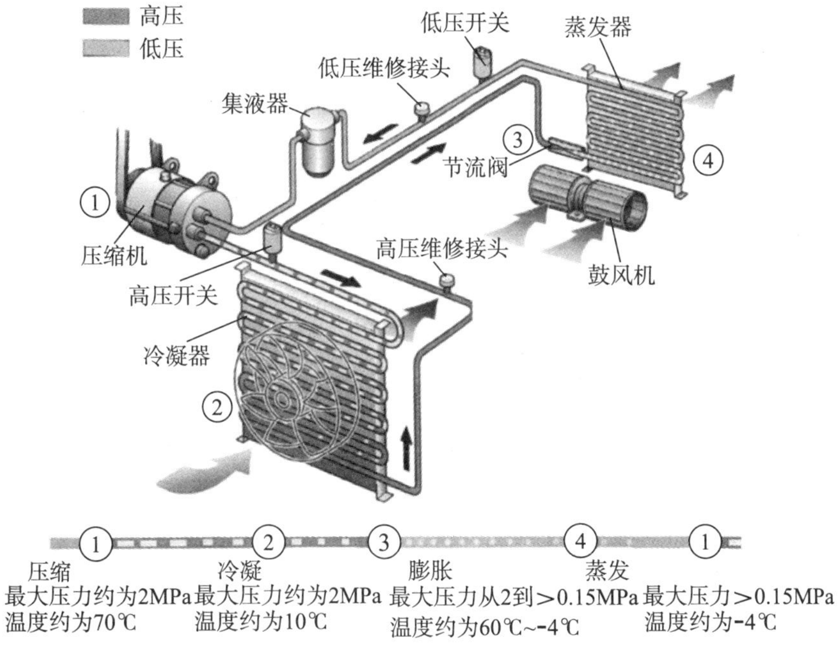

图 16-41　带有节流管的制冷循环系统工作原理图

器进行加热，而剩余部分则旁路通过。流经热交换器的部分空气和旁路空气再次混合，形成混合气，经空调出风口输出。温度调节风门通过控制冷(未经热交换器)热(经过热交换器)空气的混合比例实现对出风温度的控制。调节风门控制主要通过控制拉线(或者执行电动机)来完成的，如图 16-42 所示。

调节风门控制主要通过控制拉线(或者执行电动机)来完成温度控制，如图 16-43—图 16-45 所示。

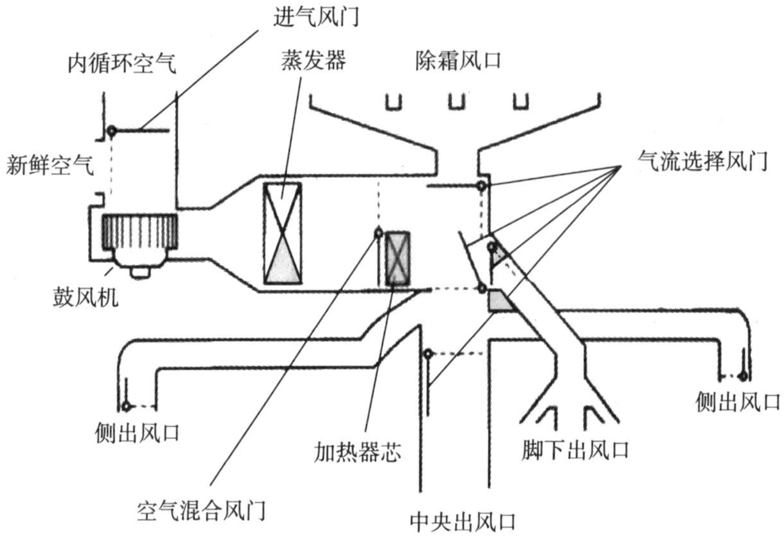

图 16－42　空调系统温度控制原理图

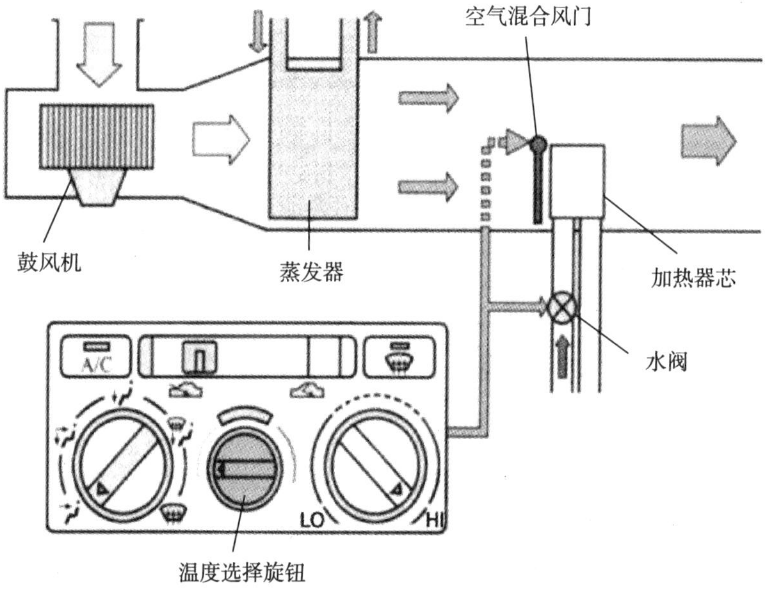

图 16－43　温度调节风门位于制冷挡的位置图

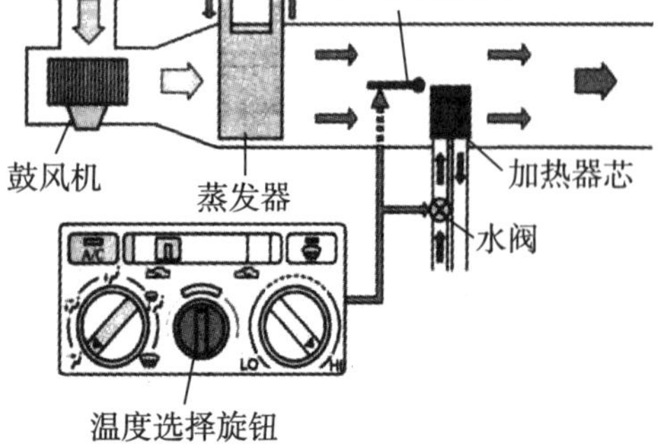

图 16－44　温度调节风门位于中间挡的位置图

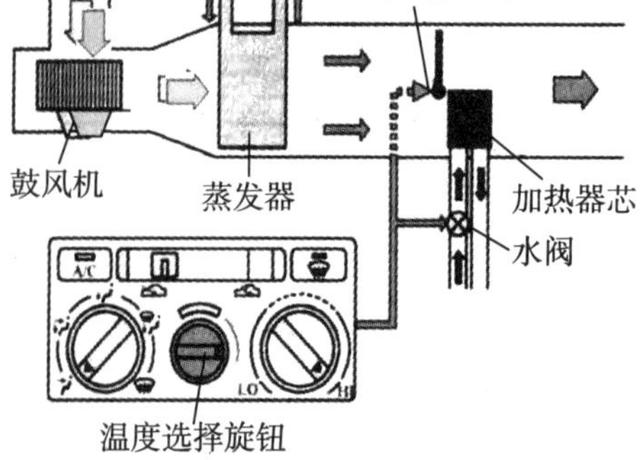

图 16－45　温度调节风门位于制热挡的位置图

在手动控制空调系统中，车内温度是通过手动调节温度及风门位置，实现对出风口输出空气的控制。而自动恒温空调则是通过控制电脑驱动执行电动机，自动调整温度，调节风门的位置和出风温度，实现对车内温度的自动控制。与单区恒温空调不同，双区独立恒温空调蒸发箱内部使用两套独立的温度调节风门，实现对驾驶座和副驾驶座出风的独立控制。

16.3.5 车内气流控制工作原理

汽车空调配气室的型式较多，而最常用的是空气混合式和全热式两种。空气混合型配气室主要由三部分组成：

1. 进气段

包括气源门和风机，其作用是决定被调空气是来自车外还是车厢内部，或者是两者的比例以及进风量的大小。

2. 混气段

由蒸发器、暖风芯与混气门组成，此阶段的作用调配输出空气中冷、暖空气的比例，混气门的两个极限位置，表明被冷却的空气，要么完全不经过加热器，要么全部经过加热器。

3. 配气段

由出风口、管道及中央出风门与除霜门组成。其作用是根据需要使气流从不同出风口吹出。在我国市场上的绝大部分汽车都采用此种形式。

汽车空调系统分别设置了中央出风口、脚下出风口、边出风口以及风窗玻璃出风口等，驾驶人和乘员可以根据需要通过控制面板上的气流选择调节拨杆、旋钮或者按钮选择不同的出风口进行出风，如图16-46—图16-50所示。

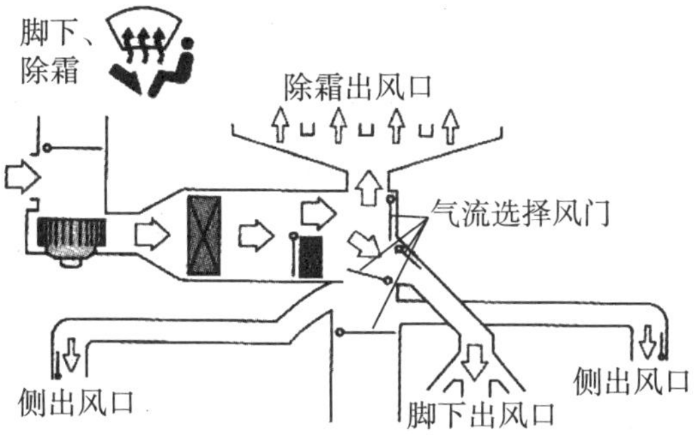

图 16-46 脚下、除霜位置

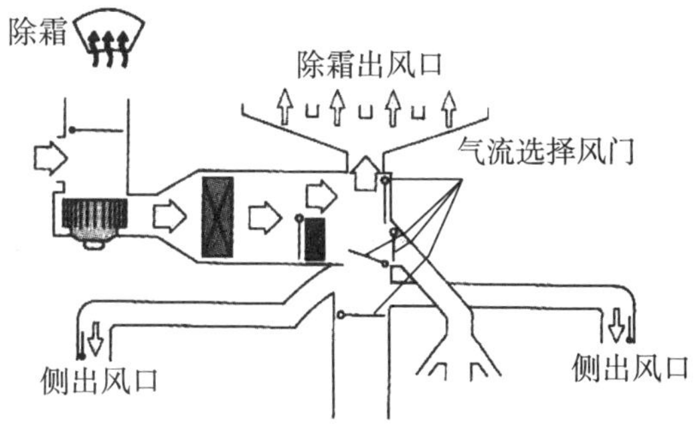

图 16-47 除霜位置

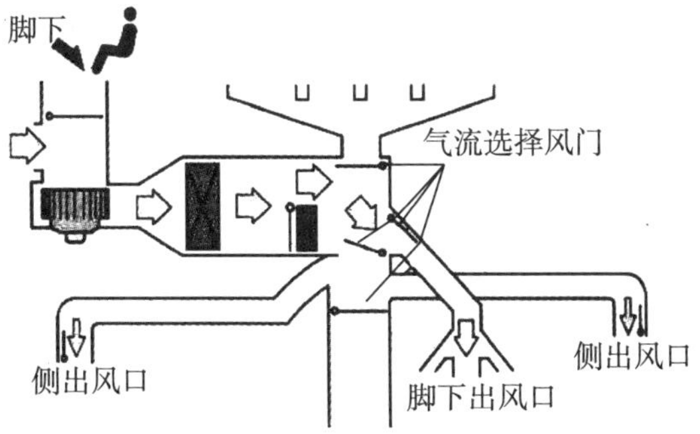

图 16-48 脚下位置

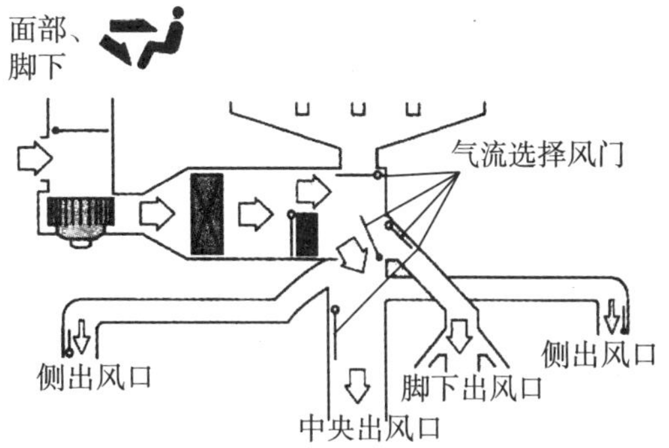

图 16-49 面部、脚下位置

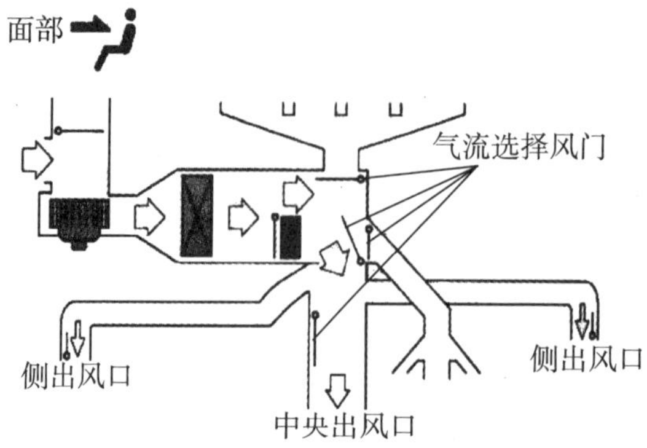

图 16－50　面部位置

16.4　汽车空调系统控制电路

16.4.1　手动空调系统控制电路

1. 大众帕萨特空调系统电路(图 16－51—图 16－56)

1) 鼓风机控制电路

空调系统中鼓风机的转速在四级内可调，并通过控制鼓风机电动机电流的大小实现鼓风机风速的控制。

(1) 鼓风机低速控制电路

当鼓风机风速选择旋钮旋置第 1 挡位时，来自 75X 线的电源电压经黑/黄 10.0 线、熔断丝 S225、黑/蓝 4.0 线、黑/蓝 2.5 线、新鲜空气鼓风机开关 E9(端子 T6 g/2、端子 T6 g/5)、黑/紫 1.5 线、带有熔断丝的新鲜空气鼓风机串联电阻 N24(端子 T 4cm/3、三个串联电阻、端子 T4 cm/1)、黑/绿 2.5 线至新鲜空气鼓风机 V2 后通过棕色线搭铁；由于三个串联电阻的分压，鼓风机低速运转。

(2) 鼓风机中速控制电路

当鼓风机风速选择旋钮旋置第 2 挡位时，来自 75X 线的电源电压经黑/黄 10.0 线、熔断丝 S225、黑/蓝 4.0 线、黑/蓝 2.5 线、新鲜空气鼓风机开关 E9(端子 T6 g/2、端子 T6 g/4)、黑/黄 1.5 线、带有熔断丝的新鲜空气鼓风机串联电阻 N24(端子 T4 cm/2、两个串联电阻、端子 T4 cm/1)、黑/绿 2.5 线至新鲜空气鼓风机 V2 后通过棕色线搭铁；由于两个串联电阻的分压，鼓风机中低速运转。

当鼓风机风速选择旋钮旋置第 3 挡位时，来自 75X 线的电源电压经黑/黄 10.0 线、熔断丝 S225、黑/蓝 4.0 线、黑/蓝 2.5 线、新鲜空气鼓风机开关 E9(端子 T6 g/4、端子 T6 g/3)、黑/白 2.5 线、带有熔断丝的新鲜空气鼓风机串联电阻 N24(端子 T4 cm/2、一个串联电阻、端子 T4 cm/1)、黑/绿 2.5 线至新鲜空气鼓风机 V2 后通过棕色线搭铁；由于一个串联电阻的分压，鼓风机中高速运转。

(3) 鼓风机高速控制电路

当鼓风机风速选择旋钮旋置第 4 挡位时，来自 75X 线的电源电压经黑/黄 10.0 线、熔断丝 S225、黑/蓝 4.0 线、黑/蓝 2.5 线、新鲜空气鼓风机开关 E9(端子 T6 g/2、端子 T6 g/1)、黑/黄 1.5 线、带有熔断丝的新鲜空气鼓风机串联电阻 N24(端子 T4 cm/1)、黑/绿 2.5 线至新鲜空气鼓风机 V2 后通过棕色线搭铁；由于没有串联电阻的分压，鼓风机高速运转。

2）压缩机控制电路

当鼓风机风速旋钮置于任一挡位（除关闭挡）、按压空调开关 E35 时，空调警告灯 K84 启亮，同时空调开关 E35 向发动机控制单元 J220 发送空调开启信号，其电流路径为：来自 75X 线的电源电压经黑/黄 10.0 线、熔断丝 S225、黑/蓝 4.0 线、黑/蓝 2.5 线、新鲜空气鼓风机开关 E9（或经带有熔断丝的新鲜空气鼓风机串联电阻 N24）、黑/紫 1.5 线、空调开关 E35、灰 1.5 线、外部温度开关 F18、黑/红 1.5 线、空调器/暖风截止二极管 J28、黑/黄 0.5 线、黑/黄 0.35 线至发动机控制单元 J220（端子 T121/40）。发动机控制单元 J220 根据发动机实际工作状况控制其转速（如在怠速状态下，先提高发动机转速），然后其端子 T121/41、黑/灰 0.35 线向空调器关闭控制单元 J314 发送开启空调确认信号。空调器关闭控制单元 J314 接收此信号后，使其内部继电器触点接通，压缩机电磁离合器通电，其电流路径为：来自 75X 线的电源电压经黑/黄 10.0 线、熔断丝 S225、黑/蓝 4.0 线、黑/蓝 1.5 线、空调器关闭控制单元 J314、绿/黄 2.5 线至空调电磁离合器 N25 后直接通过其内部搭铁，压缩机工作。

当压缩机开始工作后，空调器压力开关 F129 也开始检测空调系统制冷回路压力，其工作的电流路径为：来自 75X 线的电源电压经黑/黄 10.0 线、熔断丝 S225、黑/蓝 4.0 线、黑/蓝 2.5 线、新鲜空气鼓风机开关 E9（或经带有熔断丝的新鲜空气鼓风机串联电阻 N24）、黑/紫 1.5 线、空调开关 E35、灰 1.5 线、外部温度开关 F18、黑/红 0.5 线、棕/蓝 0.5 线、空调器压力开关 F129、黑/蓝 0.5 线至空调器关闭控制单元 J314；当压力超出 24～32 MPa（如冷凝器变脏会导致压力过高）或压力下降至最小数值 0.2 MPa（如制冷剂过少）时，空调器关闭控制单元 J314 切断电磁离合器电源，压缩机停止工作。

当外界温度低于 5℃时，外部温度开关 F38 断路，压缩机停止工作。

3）散热风扇控制电路

（1）未开启空调系统

当未开启空调系统时，散热风扇 V7 和 V35 由散热风扇热敏开关 F18 所监测的冷却液温度来进行控制的。

当冷却液的温度低于 91℃时，散热风扇热敏开关 F18 内的触点断开，散热风扇不运转。

当冷却液的温度达到 92℃～97℃时，散热风扇热敏开关 F18 内的 1 挡触点接通，散热风扇以 1 挡转速运转，其电流路径为：来自 30 线的电源电压经红 4.0 线、熔断丝 S105、红 0.5 线、散热风扇 V7 和 V35 继电器 J279-第 1 挡线圈、棕/黑 0.5 线至散热风扇热敏开关 F18（第 1 挡触点）后由棕色线搭铁，散热风扇 V7 和 V35 继电器 J279-第 1 挡开关触点接通，散热风扇 V7 和 V35 电流路径形成：来自 30 线的电源电压经红 4.0 线、熔断丝 S105、红/绿 4.0 线、散热风扇 V7 和 V35 继电器 J279-第 1 挡开关触点、红/白 6.0 线、红/白 2.5 线分别由串联电阻 N6 和冷却液风扇的串联电阻 N39 至散热风扇 V35 和 V7 后通过棕色线搭铁，实现风扇以 1 挡的转速运转。

当冷却液的温度达到 99℃～105℃时，散热风扇热敏开关 F18 内的 2 挡触点接通，散热风扇以 2 挡转速运转，其电流路径为：来自 75X 线的电源电压经黑/黄 0.5 线、熔断丝 S51、黑/红 0.5 线、散热风扇 V7 和 V35 继电器 J513-第 2 挡线圈、红/绿 0.5 线至散热风扇热敏开关 F18（第 2 挡触点）后由棕色线搭铁，散热风扇 V7 和 V35 继电器 J279-第 2 挡开关触点接通，散热风扇 V7 和 V35 电流路径形成：来自 30 线的电源电压经红 4.0 线、熔断丝 S42、红/蓝 4.0 线、散热风扇 V7 和 V35 继电器 J279-第 2 挡开关触点、红/黑 6.0 线、红/黑 4.0 线分别至散热风扇 V35 和 V7 后通过棕色线搭铁，实现风扇以 2 挡的转速运转。

(2) 开启空调系统

当开启空调系统时，散热风扇 V7 和 V35 由散热风扇热敏开关 F18 所监测的冷却液温度和空调压力开关 F129 监测的系统压力共同进行控制。

当开启空调系统时，冷却液风扇继电器 J26 工作，其电流路径为：来自 75X 线的电源电压经黑/黄 10.0 线、熔断丝 S225、黑/蓝 4.0 线、黑/蓝 2.5 线、新鲜空气鼓风机开关 E9(或经带有熔断丝的新鲜空气鼓风机串联电阻 N24)、黑/紫 1.5 线、空调开关 E35、灰 1.5 线、外部温度开关 F18、黑/红 0.5 线至冷却液风扇继电器 J26 线圈后由棕色线搭铁；冷却液风扇继电器 J26 触点接通，实现散热风扇以 1 挡转速运行，其工作电路为：来自 30 线的电源电压经红 4.0 线、熔断丝 S105、红 0.5 线、散热风扇 V7 和 V35 继电器 J279 -第 1 挡线圈、棕/黑 0.5 线至冷却液风扇继电器 J26 触点后由棕色线搭铁，散热风扇 V7 和 V35 继电器 J279 -第 1 挡触点接通，其电路与未开启空调系统时散热风扇以 1 挡转速运行时的电路相同。

当制冷系统压力高于 1.6MPa 时，散热风扇 V7 和 V35 继电器 J513 -第 2 挡线圈直接通过红/绿0.5 线、灰/红 0.5 线经空调压力开关 F129 内部开关触点由棕色线搭铁，实现风扇以 2 挡的转速运转，其工作电路与未开启空调系统时散热风扇以 2 挡转速运行时的电路相同。

当制冷系统压力大于 0.2MPa 而小于 1.6MPa 时，散热风扇以 1 挡转速运行。

4) 内外循环控制电路

当按下新鲜空气和循环空气开关 E184 时，由新鲜/循环空气板定位电动机 V154 实现空气内外循环模式的切换，其工作的电流路径为：来自 75X 线的电源电压经黑/黄 10.0 线、熔断丝 S225、黑/蓝 4.0 线、黑/蓝 1.0 线、新鲜空气和循环空气开关 E184(端子 T8bw/5、端子 T8bw/7 或端子 T8bw/8)、绿 0.5 线(或灰 0.5 线)至新鲜/循环空气板定位电动机 V154 后通过棕色线搭铁，新鲜/循环空气板定位电动机 V154 作动，从而控制空气内外循环模式的切换。

16.4.2 自动空调系统控制电路

1. 鼓风机控制电路(图 16 - 57)

空调系统鼓风机控制电路由鼓风机电动机控制模块、鼓风机、空调(HVAC)控制模块等组成。电源电压通过熔断丝 K1—K2 经电路 40 施加在鼓风机电动机控制模块端子 B 上，为控制单元提供电源。鼓风机电动机控制模块由 A 端子经电路 150 于 G200 处搭铁。鼓风机电动机控制模块通过控制鼓风机电动机电流的大小实现对鼓风机转速的控制。根据使用者手动设置的温度、外部空气温度、车内温度和阳光传感器等信号，空调控制模块通过端子 C11 向鼓风机电动机控制模块输出占空比控制信号，从而实现对鼓风机转速的控制。

2. 压缩机控制电路(图 16 - 58)

空调系统压缩机控制电路由空调(HVAC)控制模块、数据总线组合件(SP205)、动力总成控制模块及 A/C 压缩机离合器线圈等组成。

动力总成控制模块通过控制 A/C 离合器继电器线圈的搭铁回路来控制压缩机的工作状态。

当 A/C 开关接通后，空调(HVAC)控制模块通过数据总线组合件向动力总成控制模块发送空调开启信号。发动机动力控制模块接收信号后通过增加进气量来提高发动机转速。动力总成控制模块检测到发动机转速提高后，通过插头 C2 端子 39 使 A/C 离合器继电器线圈搭铁，接通继电器开关。来自 10A 空调离合器熔断丝的电源电压经过继电器开关，向 A/C 压缩机离合器线圈供电。电流经线线圈后经电路 1050 于 G117(或 G113)搭铁，压缩机开始工作。

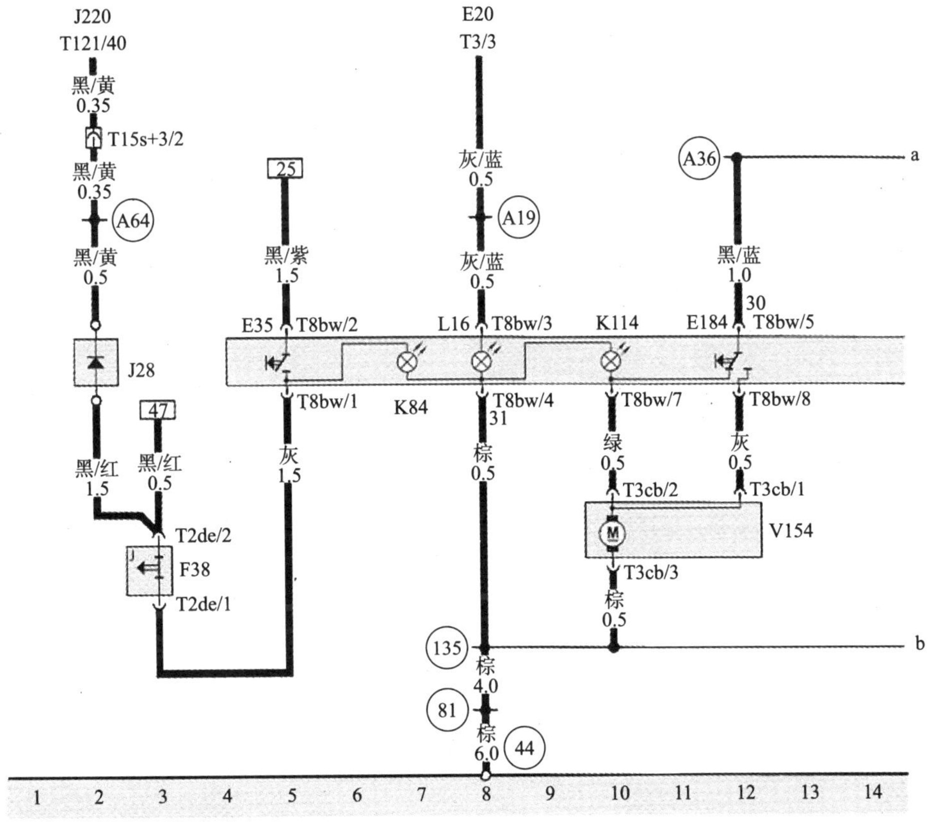

E20—开关和仪表照明控制
E35—空调开关,在空调控制面板后面
E184—新鲜空气和循环空气开关,在空调控制面板后面
F38—外部温度开关,在仪表板右侧进气风口通道上
J28—空调器/暖风截止二极管,在右 A 柱处
J220—发动机控制单元,在发动机控制单元防护罩内
K84—空调警告灯
K114—新鲜空气和循环空气开关警告灯
L16—新鲜空气控制照明灯
T2de—2 针插头,白色,在外部温度开关上
T3—3 针插头,黑色,在开关和仪表板照明控制上
T3cd—3 针插头,黑色,在新鲜/循环空气板定位电动机上
T8bw—8 针插头,黑色,在新鲜空气和循环空气开关上
T15s+3—18 针插头,橙/红色,在发动机控制单元防护罩内左侧(3 号位)
T121—121 针插头,黑色,在发动机控制单元上
V154—新鲜/循环空气板定位电动机,在仪表板右侧新鲜空气鼓风机前方
(44)—接地点,在左 A 柱处
(81)—接地连接线-1-,在仪表板线束内
(135)—接地连接线,在仪表板线束内
(A19)—连接线(58d),在仪表板线束内
(A36)—连接线(75a),在仪表板线束内
(A64)—连接线(转速信号),在仪表板线束内

图 16-51　大众帕萨特手动空调电路(一)

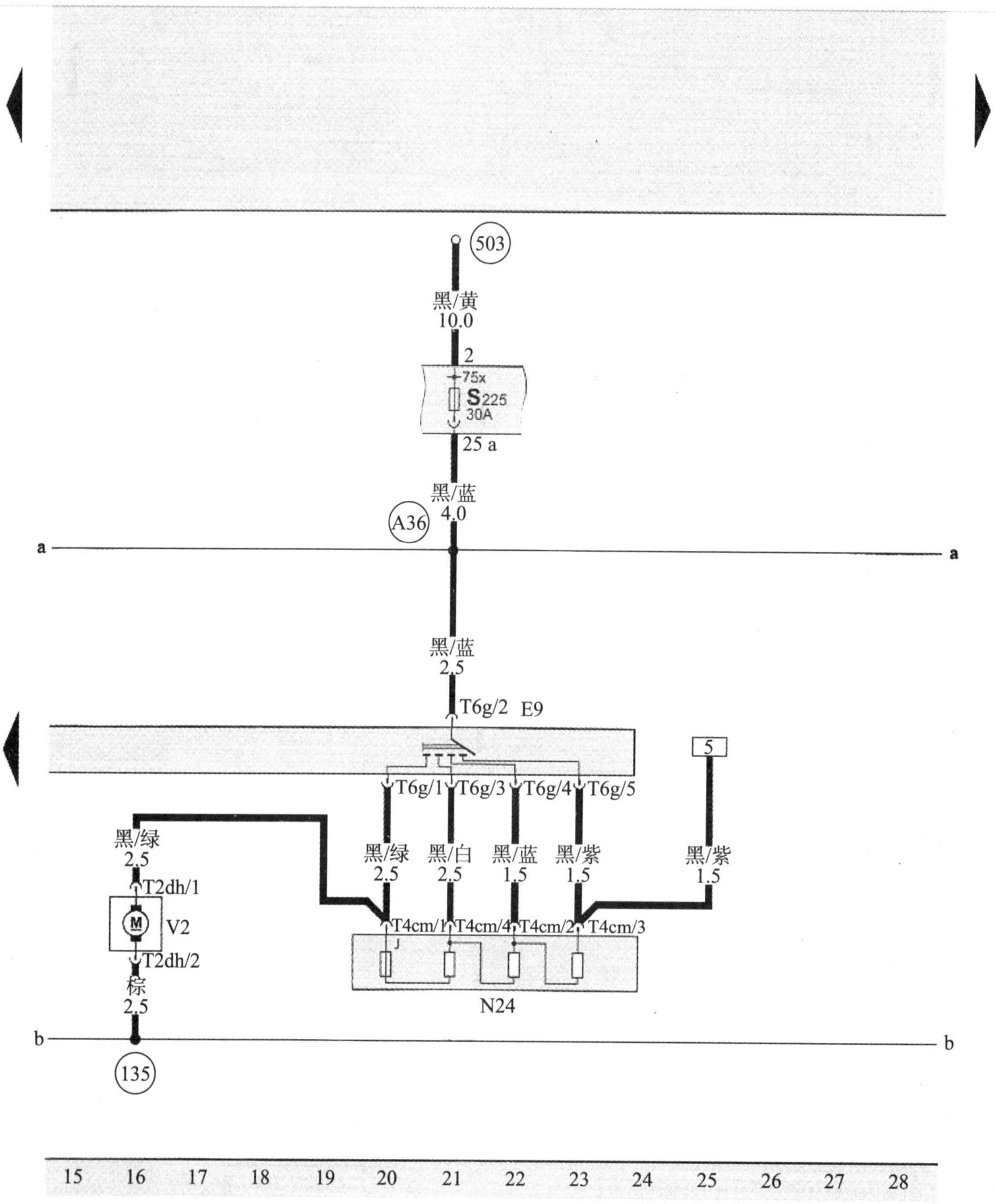

E9—新鲜空气鼓风机开关，在空调控制面板后面

N24—带熔断丝的新鲜空气鼓风机串联电阻，在新鲜空气鼓风机上方左侧

S225—熔断丝 25，30 A，新鲜/循环空气板定位电动机、空调器关闭控制单元、新鲜空气鼓风机熔断丝，在熔断丝架上

T2dh—2 针插头，黑色，在新鲜空气鼓风机上

T4cm—4 针插头，黑色，在带熔断丝的新鲜空气鼓风机串联电阻上

T6g—6 针插头，白色，在新鲜空气鼓风机开关上

V2—新鲜空气鼓风机，在仪表板右侧下方

(135)—接地连接线，在仪表板线束内

(503)—正极螺栓连接点(75x)，在中央电器板上

(A36)—连接线(75a)，在仪表板线束内

图 16－52　大众帕萨特手动空调电路(二)

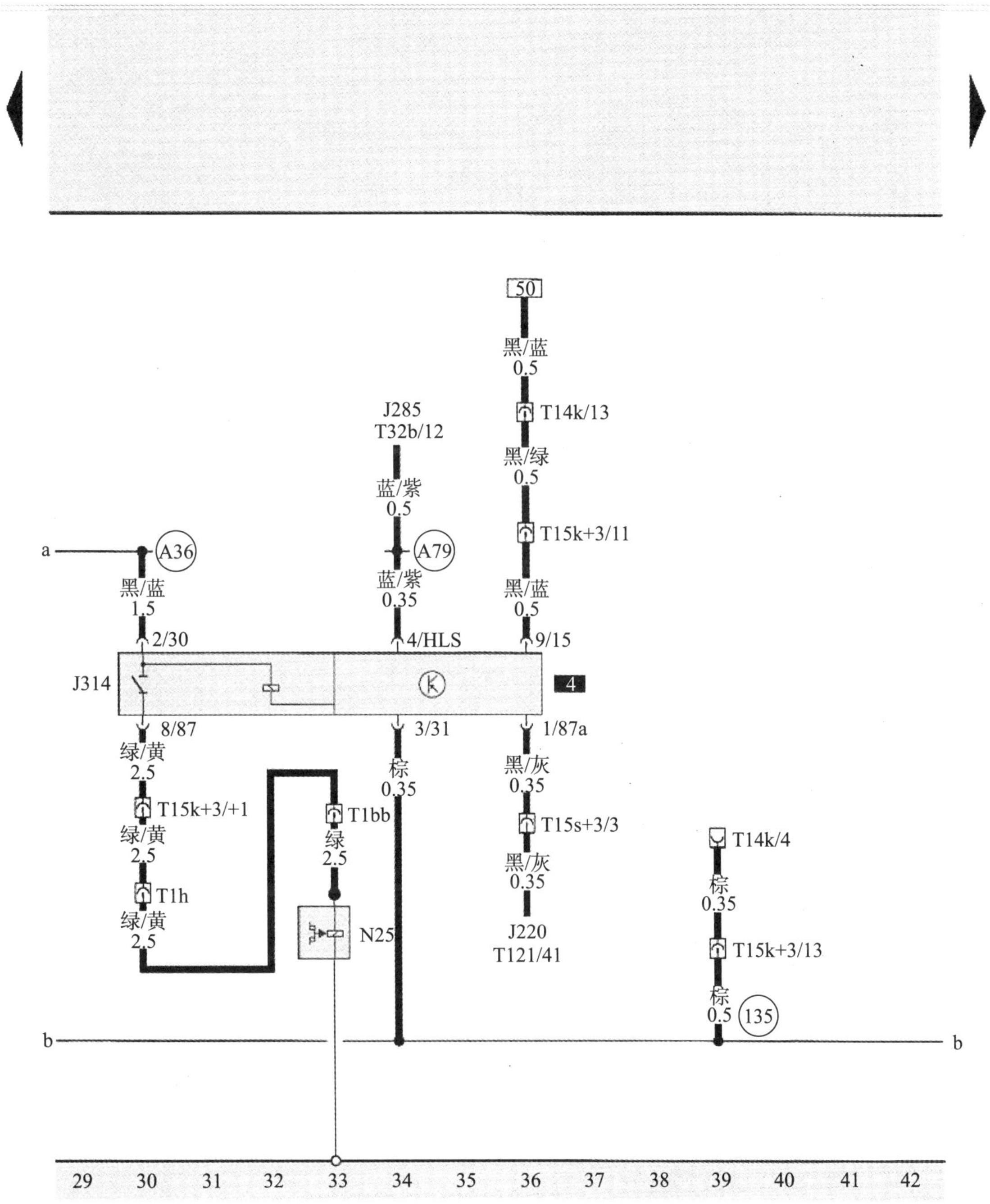

J220—发动机控制单元,在发动机控制单元防护罩内

J285—组合仪表控制单元,在仪表板左侧

J314—空调器关闭控制单元,绿色插座,在13位置继电器架上4号位(304继电器)

N25—空调电磁离合器,在发动机舱内右侧前部下方

T1h—1针插头,绿色,在发动机舱内左前侧

T1bb—1针插头,绿色,在压缩机前方

T14k—14针插头,黑色,在发动机舱内左前侧

T15k+3—18针插头,白色,在左A柱处(14号位)

T15s+3—18针插头,橙/红色,在发动机控制单元防护罩内左侧(3号位)

T32b—32针插头,绿色,在组合仪表控制单元上

T121—121针插头,黑色,在发动机控制单元上

(135)—接地连接线,在仪表板线束内

(A36)—连接线(75a),在仪表板线束内

(A79)—连接线,在仪表板线束内

图16-53 大众帕萨特手动空调电路(三)

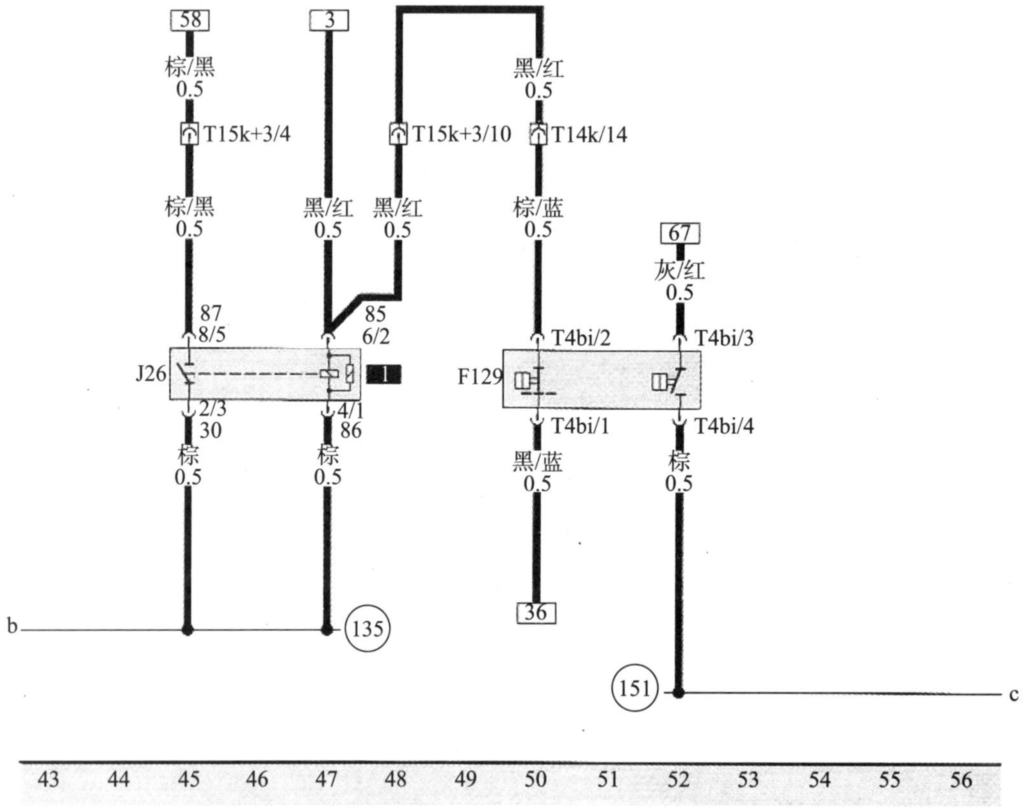

F129—空调器压力开关，在发动机舱右侧前方空调管上

J26—冷却液风扇继电器，红色插座，在 13 位置继电器板上 1 号位(373 继电器)

T4bi—4 针插头，黑色，在空调器压力开关上

T14k—14 针插头，黑色，在发动机舱内左前侧

T15k+3—18 针插头，白色，在左 A 柱处(14 号位)

(135)—接地连接线-2-，在仪表板线束内

(151)—接地连接线-1-，在前部线束内

图 16-54　大众帕萨特手动空调电路(四)

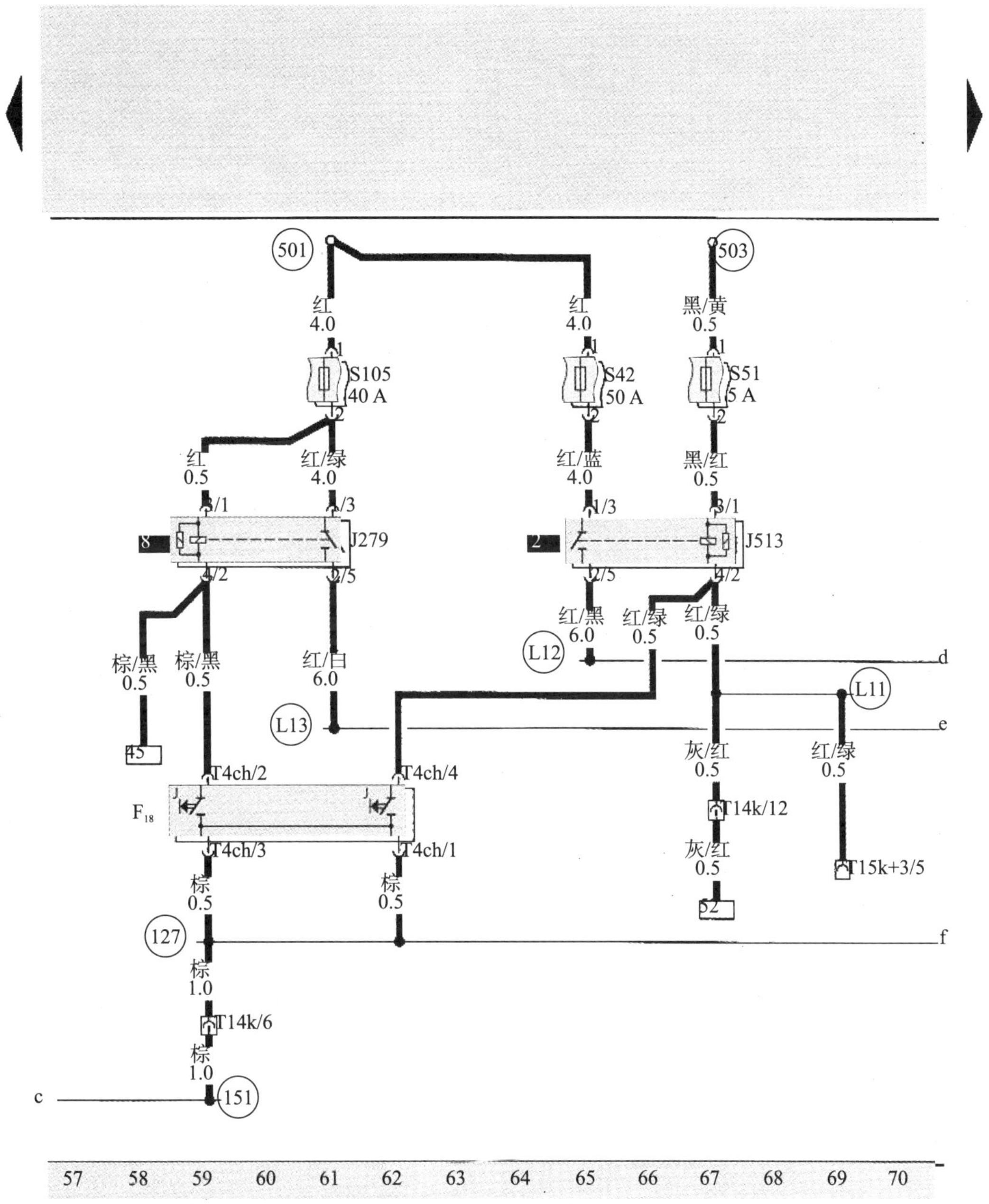

F18—散热风扇热敏开关，在水箱左侧下方出水管上

J279—散热风扇 V7 和 V35 继电器-第 1 挡，红色插座，在仪表板左侧 8 位置附加继电器架上 8 号位(100 继电器)

J513—散热器风扇 V7 和 V35 继电器-第 2 挡，棕色插座，在仪表板左侧 8 位置附加继电器架上 2 号位(100 继电器)

S42—冷却液风扇的熔断丝，50 A，红色插座，在仪表板左侧 8 位置附加继电器架上(C 号位)

S51—冷却风扇继电器的熔断丝，5 A，黄色插座，在仪表板左侧 8 位置附加继电器架上(B 号位)

S105—冷却液风扇熔断丝，第 1 挡，40 A，红色插座，在仪表板左侧 8 位置附加继电器架上(E 号位)

T4ch—4 针插头，黑色，在散热风扇热敏开关上

T14k—14 针插头，黑色，在发动机舱内左前侧

T15k+3—18 针插头，白色，在左 A 柱处(14 号位)

(127)—接地连接线-1-，在空调线束内

(151)—接地连接线-1-，在前部线束内

(501)—正极螺栓连接点(30)，在中央电器板上

(503)—正极螺栓连接点(75x)，在中央电器板上

(L11)—连接线，在空调线束内

(L12)—连接线，在空调线束内

(L13)—连接线，在空调线束内

图 16－55　大众帕萨特手动空调电路(五)

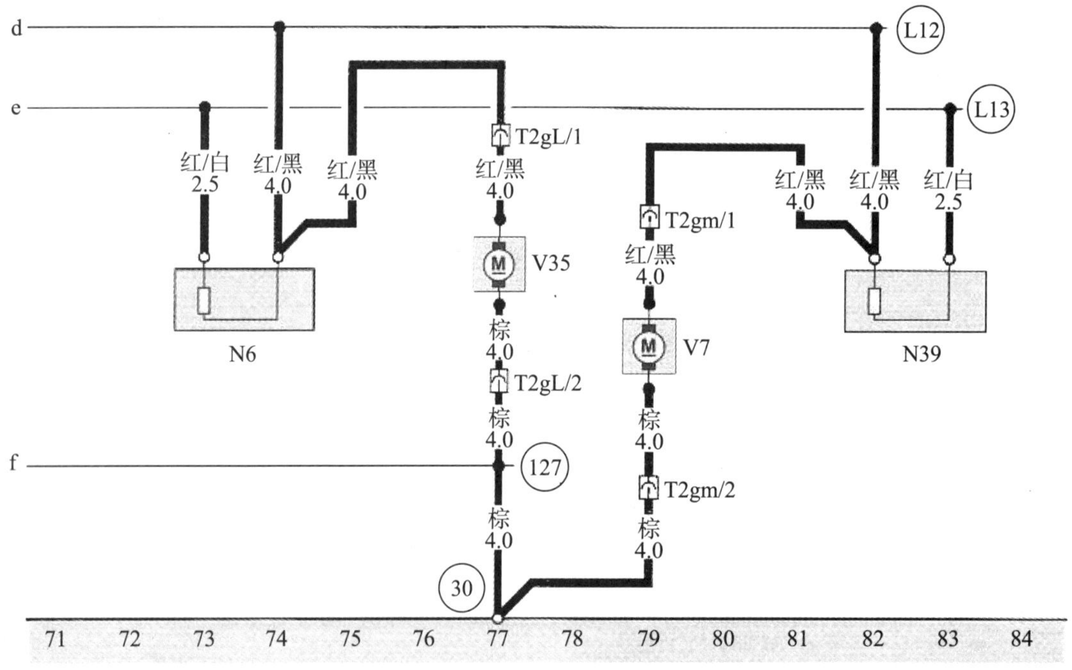

N6—串联电阻,在发动机舱左纵梁下方

N39—冷却液风扇的串联电阻,在发动机舱左纵梁下方

T2gL—2 针插头,黑色,在发动机舱左前侧

T2gm—2 针插头,棕色,在发动机舱左前侧

V7—散热风扇,在发动机前部左侧

V35—右散热风扇,在发动机前部右侧

(30)—接地点,在左 A 柱中部前方

(127)—接地连接线,在空调线束内

(L12)—连接线,在空调线束内

(L13)—连接线,在空调线束内

图 16－56　大众帕萨特手动空调电路(六)

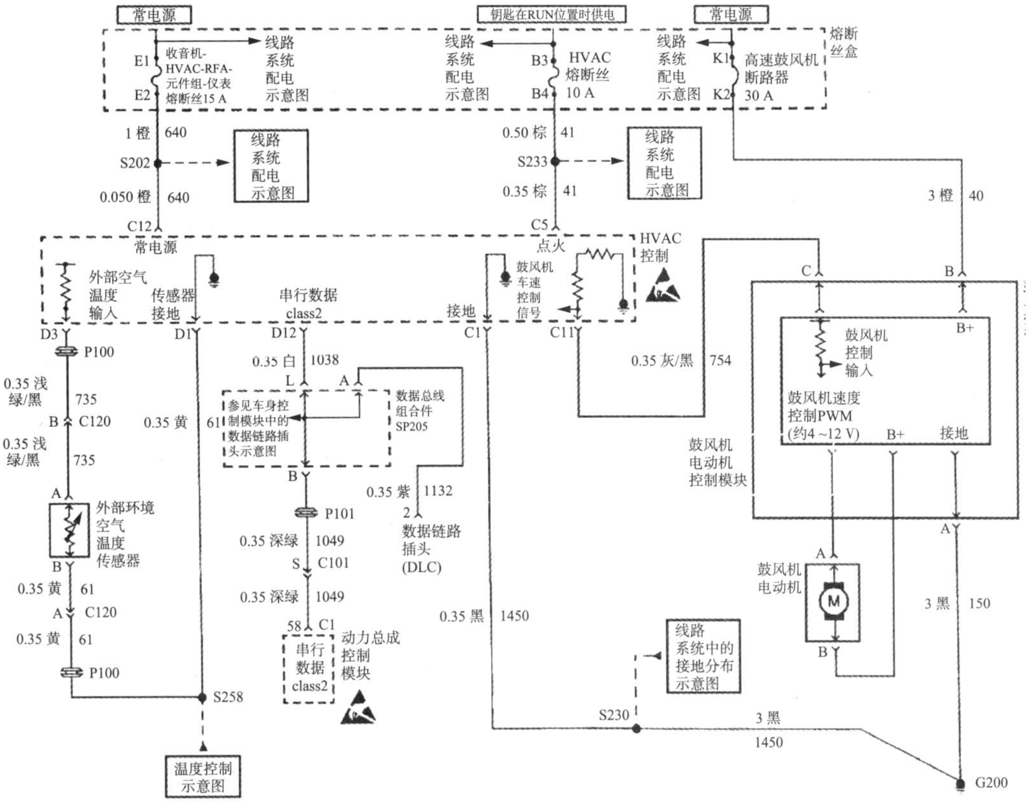

图 16-57 通用别克君威空调系统鼓风机控制电路图

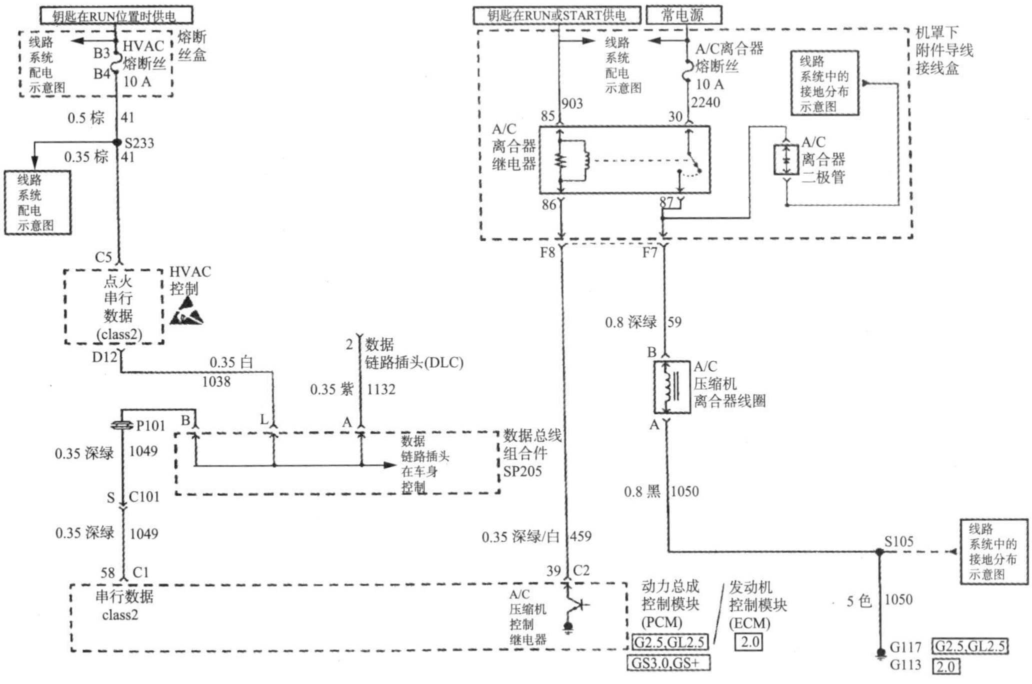

图 16-58 通用别克君威空调系统压缩机控制电路图

3. 车内温度控制(图 16-59)

空调(HVAC)控制模块分别通过端子 D2 接收内部空气温度传感器信号、端子 D3 接收外部环境空气温度传感器信号、端子 C2 接收阳光载荷传感器信号，经过计算分析确定空调出风温度。通过控制温度控制执行器（即图中的左侧电动执行器）实现车内温度控制。

电源电压通过熔断丝 B3—B4 经电路 41 施加在左侧电动执行器上，为电动执行器提供电源。左侧电动执行器由端子 7 经电路 61，与内外温度传感器共享搭铁。空调（HVAC）控制模块通过端子 C10 向左侧电动执行器反馈电路提供 5V 参考电压，由端子 C8 接收电动执行器做动反馈信号。控制模块通过端子 C7 向电动执行器输出控制信号。

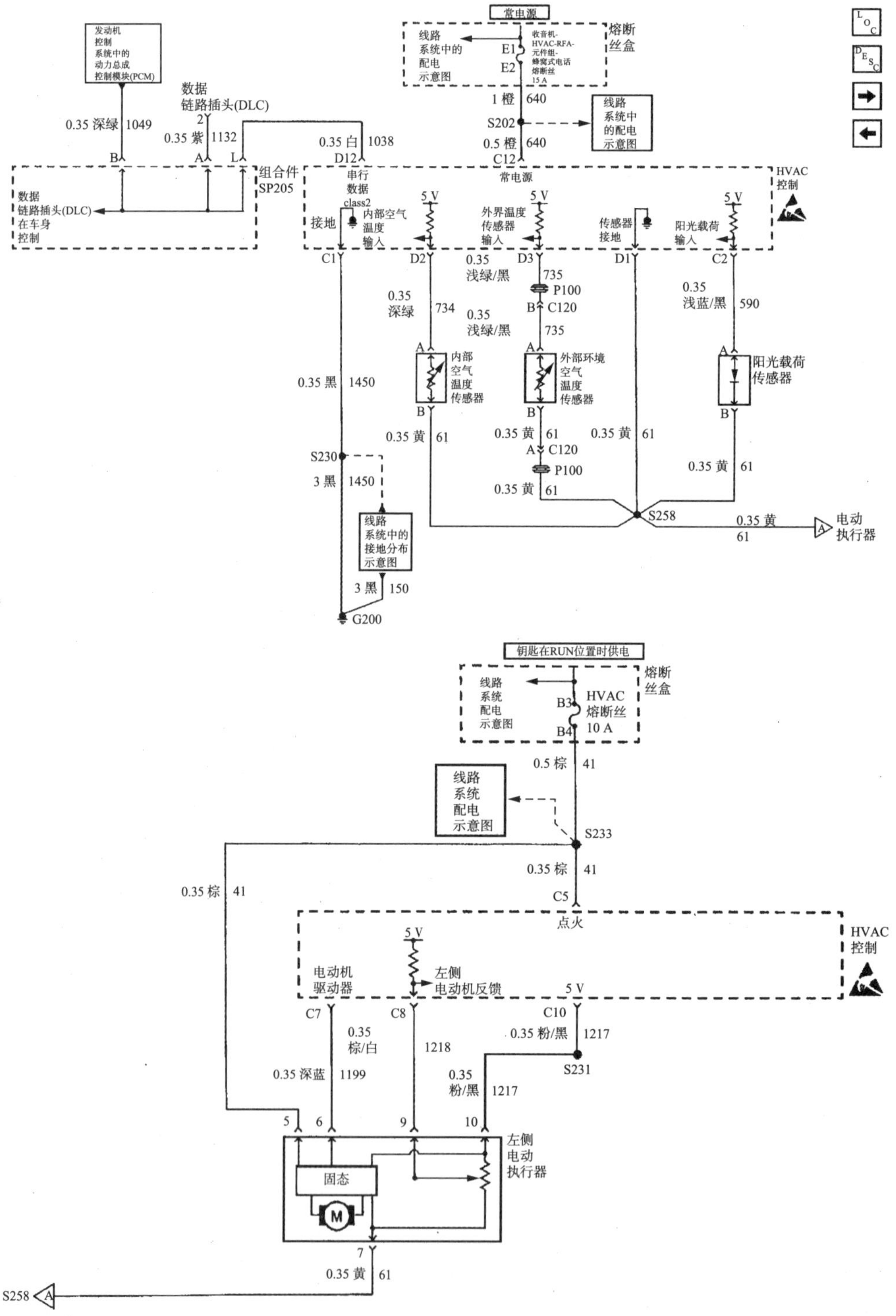

图 16－59　通用别克君威空调系统温度控制电路图

4. 车内气流控制

通用别克君威空调系统车内气流控制电路图，如图 16－60 所示。该系统电路主要由 HVAC 控制模块、真空电磁阀模块以及真空泵所组成。HVAC 控制模块通过分别控制真空电磁阀模块内 5 个电磁-控制阀相关的电磁线圈通电状态，来改变真空电磁阀模块中空气分配器阀门位置，使各真空执行器作动，从而实现各气流选择风门位置的变化。

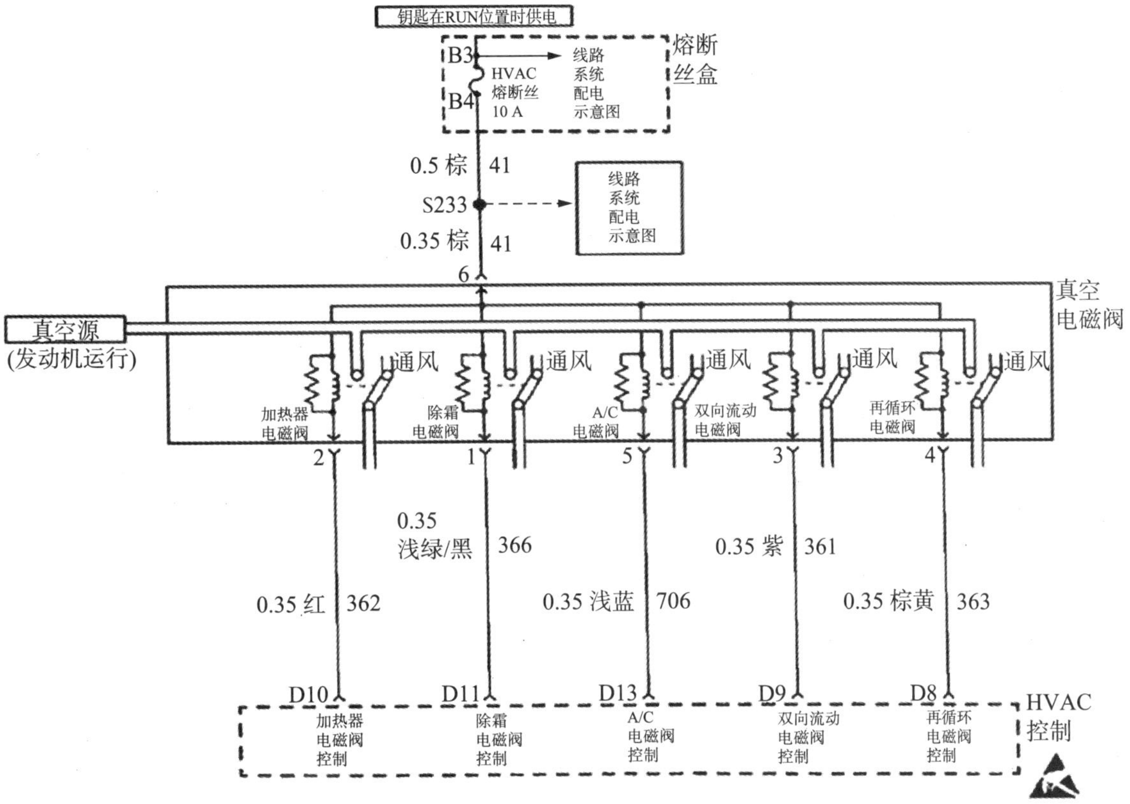

图 16－60 通用别克君威空调系统车内气流控制电路图

5. 冷凝风扇控制

通用别克君威空调系统冷却风扇控制电路如图 16－61 所示。该系统电路主要由动力系统控制模块(PCM)、发动机冷却液风扇电动机(发动机冷却液风扇电动机)组成。当发动机冷却液温度超过特定的值并且满足一定的条件时，发动机上的冷却液风扇由动力系统模块(PCM)控制冷却风扇运行。

1) 冷却风扇低速运行

动力系统控制模块(PCM)通过 C1 接插器的端子 6 将冷却风扇继电器 12 线圈(风扇低速控制)搭铁，继电器 12 常开触点接通，发动机冷却液风扇左、右侧电动机(发动机冷却液风扇电动机)串联于工作电路中，冷却风扇低速运行。

2) 冷却风扇高速运行

动力系统控制模块(PCM)通过 C1 接插器的端子 6 将冷却风扇继电器 2 线圈(风扇低速运行)搭铁，继电器 12 常开触点接通，同时动力系统控制模块(PCM)通过 C1 接插器的端子 5 将冷却风扇继电器 9 线圈、继电器 10 线圈(风扇低速运行)搭铁，继电器 9、继电器 10 常开触点接通。冷却液风扇左、右侧电动机(发动机冷却液风扇电动机)并联于工作电路中，冷却风扇高速运行。

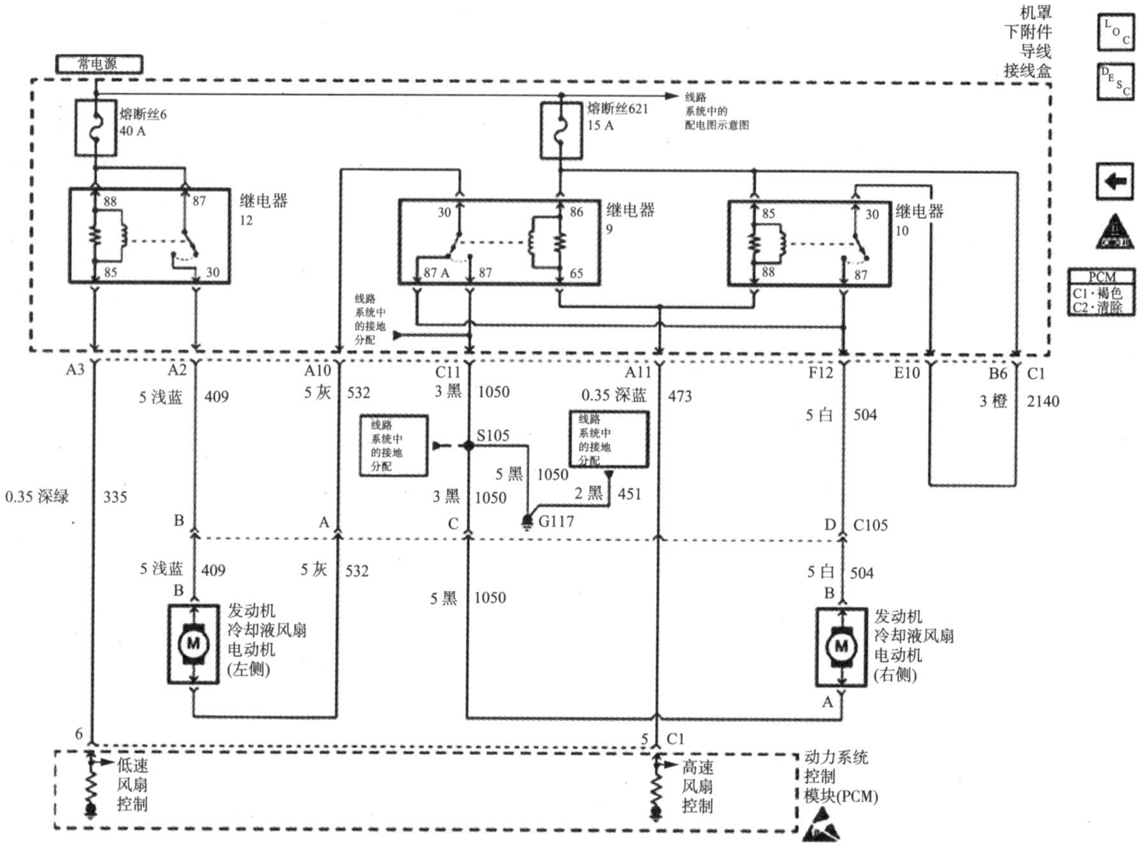

图 16－61　通用别克君威空调系统冷却风扇控制电路图

16.5　汽车空调系统常见故障分析

汽车空调系统常见故障如表 16－1 所示。

表 16－1　　**汽车空调系统故障诊断表**

序号	故障现象	故障原因
1	空调不制冷	(1) 电磁离合器线圈断路； (2) 压缩机损坏； (3) 控制线路中温控开关或压力开关损坏； (4) 系统内制冷剂全部漏光； (5) 储液干燥器或膨胀阀堵塞
2	空调制冷效果差	(1) 系统内制冷剂不足； (2) 储液干燥器或膨胀阀滤网堵塞； (3) 膨胀阀感温包失效； (4) 冷凝器或蒸发器堵塞、表面严重脏污，影响热交换； (5) 压缩机 V 带打滑或离合器打滑； (6) 压缩机工作不良； (7) 鼓风机开关接触电阻过大或鼓风机功率不足

（续表）

序号	故障现象	故障原因
3	空调噪声太大	(1) 压缩机V带松紧度调整不当； (2) 电磁离合器间隙调整不当或摩擦片不平、沾有油污； (3) 压缩机V带轮轴承损坏； (4) 压缩机内部部件磨损严重、配合松旷； (5) 制冷剂过量引起高压管振动，压缩机敲击
4	风量不足或无风	(1) 熔断器断路； (2) 空调继电器损坏； (3) 鼓风机开关接触不良或损坏； (4) 某一挡位电阻断路； (5) 鼓风机电动机损坏； (6) 连接线路断路或接触不良； (7) 通风管道不畅或风门不能打开
5	空调系统制冷时断时续且无规律	(1) 压缩机V带或电磁离合器打滑； (2) 压缩机损坏； (3) 蒸发器或膨胀阀发生冰堵； (4) 膨胀阀失灵； (5) 鼓风机电动机连接线路松动

本章小结

(1) 汽车空调系统一般由取暖装置、制冷装置、通风净化及电气控制装置等四部分组成。

(2) 制冷装置是将车内的热量通过制冷剂在循环系统中循环移到车外，实现车内降温的目的，主要有压缩机、冷凝器、蒸发器、节流膨胀装置和储液干燥器(或液气分离器)等组成。

(3) 压缩机是汽车空调制冷装置的心脏，其作用是将低压低温的气态制冷剂压缩成高压高温的气态制冷剂，并推动制冷剂在系统中循环流动。

(4) 冷凝器是冷气系统中唯一散热机件。它把来自压缩机的高温、高压气体制冷剂冷却凝结成液态制冷剂，一般安装于发动机散热器前。

(5) 蒸发器是整个冷气系统中唯一制冷的机件。作用是使由膨胀阀喷出的雾状制冷剂产生蒸发，吸收流过蒸发器周围空气中的热量，使其降温达到制冷的目的。一般安装于驾驶室仪表台的后面。

(6) 节流膨胀装置起节流降压的作用。节流膨胀装置一般安装于蒸发器的入口处。

(7) 目前汽车空调制冷系统中主要采用热力膨胀阀和节流短管作为节流装置。

(8) 储液干燥器用于膨胀阀式制冷系统中，用来暂时储存液态制冷剂。同时，其中的干燥器用于去除制冷剂中的水分和杂质，确保系统正常运行。

(9) 电气控制装置主要是对鼓风机、冷凝风扇、压缩机电磁离合器进行控制的装置。

(10) 压力开关属于保护元件，当制冷系统工作压力异常(过高或过低)时，自动切断电磁离合器电路，使压缩机停止运转或使冷却风扇高速运转，从而保护制冷系统不致进一步损坏。高、低压开关通常安装在制冷系统高压一侧的管路或部件上。

(11) 在自动空调电气控制系统还包括带鼓风机的仪表板温度传感器、自动空调控制单元、车外温度传感器、新鲜空气进气通道温度传感器、日照光电传感器、车速传感器、发动机转速传感器、风门伺服电动机及电位计等部件。

复习思考题

1. 填空题

(1) 代替R12并广泛使用的汽车空调制冷剂是________。

(2) 空调热交换器中,________是用来散热的,________是用来吸热的。

(3) 自动空调控制系统的传感器一般有________、________、________、太阳能传感器、水温传感器等。其中________ 位于发动机出水口。

(4) 汽车空调的取暖系统有两大类,分别是________和________。一般轿车取暖系统的热源来自________的热量。

(5) 空调系统一般由________、________、________和________四个系统组成。

2. 选择题

(1) 压缩机启动后,膨胀阀很快被堵塞,造成吸入压力迅速降低,如果对阀加热,阀又恢复供液,吸入压力升高,可断定(　　)。

A. 膨胀阀过滤器或阀孔被污物堵塞　　B. 感温包或毛细管道破损

C. 系统内有水分存在　　D. 冷凝器管路堵塞或变形

(2) 以下(　　)不是空调系统中储液干燥器的作用。

A. 储液　　B. 干燥　　C. 过滤　　D. 节流

(3) 空调系统中制冷剂加得过量,不会产生(　　)现象。

A. 蒸发器制冷不足　　B. 压缩机产生液击

C. 制冷剂罐堵塞　　D. 管路过热

(4) 若空调压缩机离合器接合后听到"哒哒"声,不可能是由于(　　)造成的。

A. 压缩机轴承故障　　B. 冷凝器堵塞

C. 张紧轮损坏　　D. 压缩机油太少

(5) 空调系统高压侧压力高于正常值,不可能是(　　)造成的。

A. 制冷剂加注过量　　B. 压缩机有故障

C. 冷却系统不良　　D. 冷凝器受阻

(6) 空调器运行后,储液干燥器外壳有一层白霜,说明(　　)。

A. 制冷剂过量　　B. 干燥器脏堵　　C. 制冷剂泄漏　　D. 干燥器老化

(7) 如果低压开关断开,导致压缩机电磁离合器断电,原因可能是(　　)。

A. 制冷剂过量　　B. 制冷剂严重不足　C. 鼓风机不转

(8) 开空调时经常有水流下,空调水来自(　　)。

A. 蒸发器　　B. 冷凝器　　C. 膨胀阀

(9) 汽车空调的冷凝器一般安装在(　　)。

A. 冷却水箱前面　B. 冷却水箱后面　　C. 车箱外

3. 判断题

(1) 现在生产的新车,已经不准使用R12作为汽车空调制冷剂。　　(　　)

(2) 由于节流短管流量调节能力小，所以节流短管系统只适用于车速变化不大、运行工况比较稳定的汽车空调系统，或与变排量压缩机配合使用，由变排量压缩机完成制冷量调节。（　）

(3) 如果储液干燥器的进出口有温差的话，可能是储液干燥器内的干燥剂失效了。（　）

(4) 如果制冷系统内有水分，将造成系统间歇制冷。（　）

(5) 高压开关位于高压管路上、储液干燥器上。低压开关位于制冷系统的低压端。（　）

4. 简答题

(1) 简述汽车空调制冷系统的工作原理。

(2) 汽车空调系统中电气控制装置有哪些?

(3) 简述大众帕萨特汽车手动空调系统的工作过程。

(4) 简述通用别克君威汽车自动空调系统的工作过程。

(5) 简述如何根据压力表的读数分析故障原因。

17 安全气囊系统

学习目标

知识目标

(1) 了解汽车安全气囊的功能和正确操作的方法；

(2) 熟悉汽车安全气囊的组成、各组成部分的结构和工作原理；

(3) 了解汽车安全气囊的工作原理；

(4) 了解汽车安全气囊常见故障分析方法。

能力目标

(1) 掌握维修手册的使用方法；

(2) 学会汽车安全气囊常见故障诊断和排除方法。

17.1 概述

1. 汽车安全与安全气囊

汽车的安全性分为两大类，一类叫做“主动安全性”，又称“积极安全性”。主动就是防患于未然，重点是将车轮悬架、制动和转向的性能达到最好的程度，尽量提高汽车行驶的稳定性、舒服性和安全性，减少行车时所产生的偏差。例如，安装防抱死制动装置 ABS 的目的是防止制动时发生车轮抱死而发生的方向失控和甩尾现象；安装驱动防滑装置 ASR 则是防止汽车产生侧滑，而采用转向动力辅助装置则可以减轻驾驶者的疲劳程度，等等。另一类叫做“被动安全性”，又称“消极安全性”。一旦事故发生时，被动安全装置用以保护内部乘员及外部人员的安全。

安全带和安全气囊属于汽车乘员“被动安全性保护装置”。其中安全带在被动保护过程中起主要作用，而安全气囊起辅助作用，属于“辅助约束系统”(Supplemental Restraint System，简称 SRS)。安全气囊的作用是弥补佩带安全带不能彻底保护汽车乘员头部、脸部和胸部的不足，如图 17－1 所示。

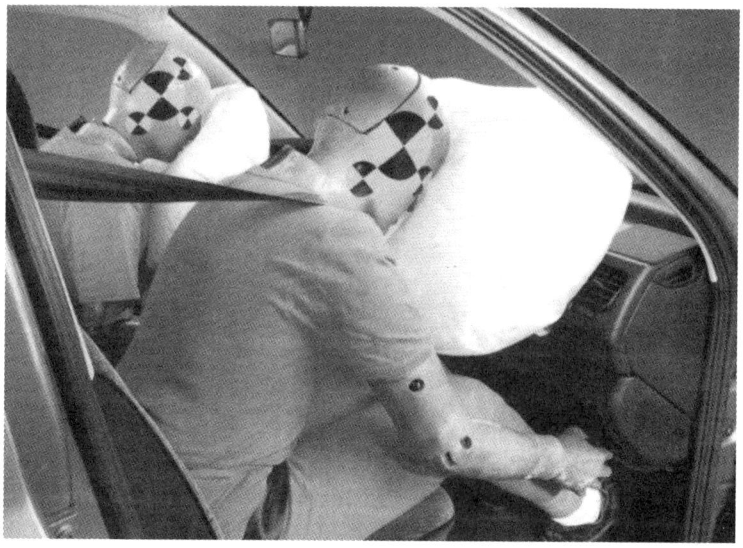

图 17－1 安全带、安全气囊系统

研究表明，驾驶室内未采用任何保护措施的汽车，在高速行驶撞击障碍物时，对乘员(特别是驾驶人)的伤害巨大。安装有安全气囊的汽车在撞击障碍物时，通过充气后展开的气囊，对驾驶人和乘员的头部、胸部及腰部起到保护作用，将大大地减轻驾驶人和乘员的受伤害程度。美国一研究所分析了 1985—1993 年美国 7 000 起汽车交通事故中发现，装有安全气囊的汽车遇到前部撞击时，驾驶人的死亡率中，大排量汽车降低了 30％，中、小排量汽车降低了 11％、14％。

2. 安全气囊简史

安全气囊的使用已有近 30 年的历史，它对减少撞车伤亡有不可替代的作用。

最早发展安全气囊系统的国家是美国。1953 年 8 月，John W. Hetrick 首次提出了“汽车用安全气囊防护装置”，并获得了题为“汽车缓冲安全装置(Safety Cushion Assembly For Automotive Vehicles)”的美国专利。但由于当时技术水平及人们观念的限制，未被广泛接受或认可，当时的美国人更倾向于安装安全带。

与此同时，航空公司着眼于保证飞机和宇宙飞船等碰撞事故中乘员的安全，对 SRS 气囊系统较为重视，并进行了一些试验。其中，在 DC－7 型客机上的试验结果十分令人振奋，当以接近 260 km/h 的速度进行碰撞试验时，装备 SRS 气囊系统的模拟人都完好无损，而未装 SRS 气囊系统的模拟人都被毁坏。随后，本田（HONDA）、福特（Ford）与通用（General）等汽车公司开始组织力量，改进研制和完善 SRS 气囊系统。

20 世纪 70 年代，通用、福特、奔驰、丰田等汽车公司以及美国 MONTON 公司、TRW 公司，德国 TEMIC 公司、ICT 研究院，日本 DAICEL 公司，瑞典 AUTOLIV 公司等均开始投入大量资金和人力研究与发展安全气囊。这些综合力量使安全气囊的研究与发展进入了一个全新的发展阶段。

1973 年，美国通用汽车公司开始出售可供顾客选配的汽车气囊系统。

1984 年，NHTSA 在著名的《联邦机动车安全标准》（Federal Motor Vehicle Safety Standard，简称 FMVSS）208 条《乘员碰撞保护》中增加了安装气囊的要求，这为安全气囊的发展和使用提供了一个明确的法则及指导方向。

1993 年前后，美国政府立法规定从 1995 年 9 月 1 日以后制造的汽车前排座前均应装备安全气囊。另外，还要求 1998 年以后的新汽车都装备驾驶人和乘客用的安全气囊。安全气囊发展史上的典型事件，如表 17－1 所示。

表 17－1　　安全气囊发展简史

年代	具体事件
1953	美国人 John W. Hetrick 发明世界上首套安全气囊系统
1973	美国通用汽车公司首先采用现代气囊系统
1981	梅赛德斯-奔驰公司首先采用烟火式锁紧卷收器，它为采用汽车安全气囊的使用，铺平了道路
1984	美国政府将汽车被动安全装置纳入法规，并要求从 1987 年开始到 1994 年，使轿车装配气囊率逐步达到 100％
1992	美国法律规定，1994 年以后出厂的新车必须装备驾驶座安全气囊系统和自动安全带
1993	在美国政府的提议下，通过了目前世界上最严格的汽车安全法规 FMVSS－208；欧洲也通过了 ECE R94 法规，只有安装汽车安全气囊系统，才能满足上述法规要求
1994	欧美各大汽车公司将汽车安全气囊系统作为标准配置，安装在轿车和轻卡上
1998	日本丰田公司首次提出智能型安全气囊系统概念
1998	美国福特公司研制成功世界首套智能型安全气囊系统

3. 安全气囊的作用

实验表明，安全带对乘员具有良好的约束力，可以防止乘员被惯性力甩离座位，并且在汽车发生碰撞时能够吸收由惯性力所产生的大部分能量。但在汽车碰撞实验分析中，发现安全带对乘员，特别对驾驶人的头部、胸部以及膝部所能提供的保护是很薄弱的。而安全气囊则对驾驶人头部、胸部以及膝部的保护效果特别明显，大大地减少了乘员的死亡率和减轻了乘员的损伤程度。因此，安全气囊只是辅助保护系统，只有与安全带配合使用才能起到预想的保护效果。交通事故统计数据表明，“三点式安全带＋安全气囊”的防护效果最好。

4. 安全气囊的种类

1）按结构形式的不同分

可分为机械式安全气囊和电子式安全气囊两种。目前大多数汽车采用电子式安全气囊。

2）按保护对象和方位的不同分

可以分为驾驶侧安全气囊、前乘客侧安全气囊和后排乘客侧安全气囊、防侧撞安全气囊，如图 17-2 所示。一些汽车还安装了下肢用安全气囊和行人安全气囊。

图 17-2 安全气囊位置示意图

（1）驾驶侧安全气囊。它是属于在汽车正面碰撞时对驾驶人起防护作用的防护气囊，如图 17-3(a) 所示。

（2）前排乘客安全气囊。前排座是汽车主要的乘客坐席，在发生碰撞事故时，前排座乘客可能会与仪表板、前风窗玻璃、窗框及门框等发生碰撞。因此，前排乘客安全气囊可以对前排乘客提供安全保护，如图 17-3(b)所示。

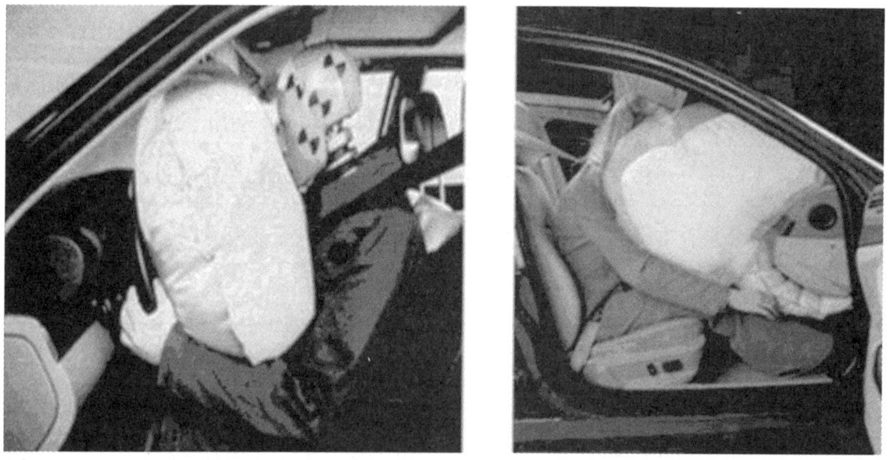

(a) 驾驶侧安全气囊　　(b) 前排乘客侧安全气囊

图 17-3 前排安全气囊效果图

（3）后排乘客安全气囊。通常后排座不设置安全保护装置，但近年来对后排座乘员的安全防护逐渐受到重视，有些汽车已在后排座上装置了安全气囊。

（4）防侧撞安全气囊。目前越来越多的汽车都在采用防侧撞安全气囊，主要包括座椅侧气囊、柱侧气囊、幕帘式安全气囊(气帘),如图 17-4 所示。

(a) 座椅侧气囊

(b) 柱侧气囊

(c) 幕帘式安全气囊

图 17-4　防侧撞安全气囊

(5) 下肢用安全气囊。它是一种新型的安全气囊,在汽车发生碰撞时可对驾驶人的下肢、小腿和膝部进行保护,如图 17-5 所示。

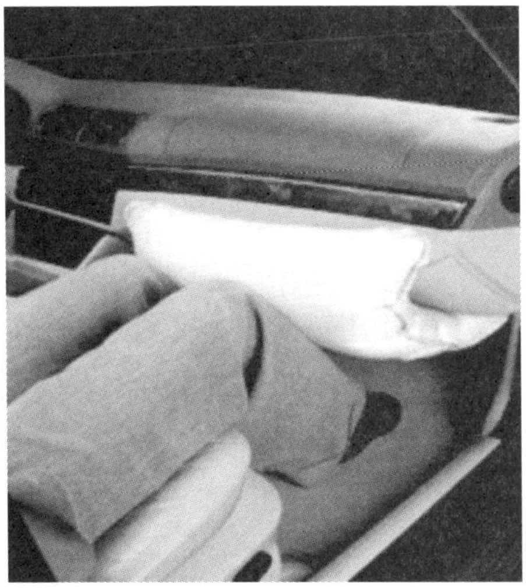

图 17-5　下肢用安全气囊

(6) 行人安全气囊。这是新型的专用保护行人的安全气囊系统，如图 17－6 所示。

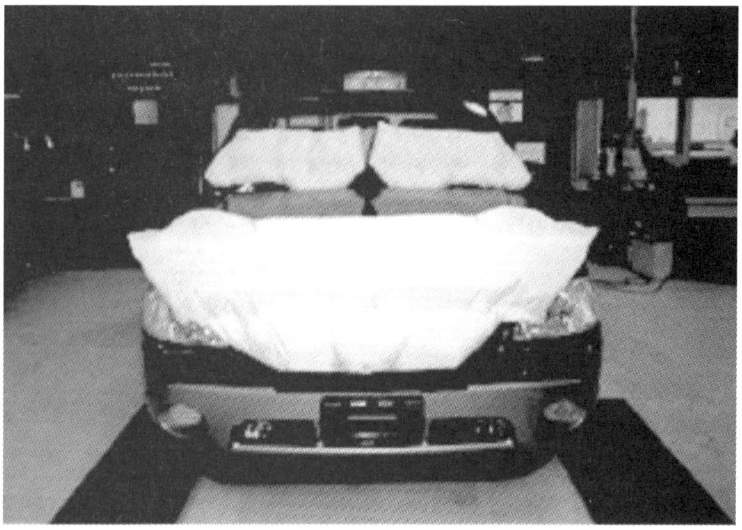

图 17－6　行人安全气囊

17.2　安全气囊系统的组成

安全气囊系统主要由驾驶人安全气囊模块(DAB)、前排乘员安全气囊模块(PAB)、安全气囊螺旋弹簧(SRS CS)、安全气囊电控单元(SRS ECU)、传感器、安全气囊线束及警示标签、安全气囊警告灯等组成。

1. 驾驶人安全气囊模块

驾驶人安全气囊模块安装在转向盘中央饰盖内，不可分解，在正常的使用状态下，当发生一定强度的碰撞时，气囊模块接收到 SRS ECU(安全气囊电控单元)发出的点火信号，触发气体发生器迅速产生大量气体使气袋展开，从而达到保护驾驶人的目的，如图 17－7 所示。

驾驶人安全气囊模块包括气体发生器(图 17－8)、气袋、饰盖以及支架等零部件。

图 17－7　驾驶人侧安全气囊模块安装位置

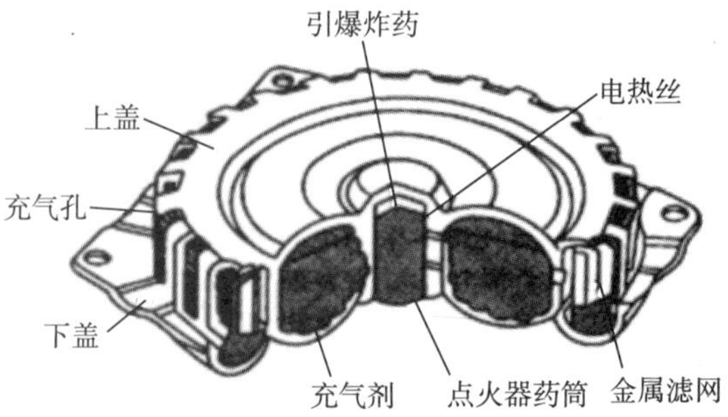

图 17－8　气体发生器结构图

2. 前排乘员安全气囊模块

前排乘员安全气囊模块(Passenger Airbag，简称 PAB)，安装在仪表板杂物盒上方。在正常的使用状态下，当发生一定强度的碰撞时，气囊模块接收到 SRS ECU(安全气囊电控单元)发出的点火信号，触发气体发生器迅速产生大量气体使气袋展开，从而达到保护前排乘员的目的。

除饰盖与仪表板制成一体，前排乘员安全气囊模块的组成与驾驶人安全气囊模块基本相似。

3. 安全气囊螺旋弹簧

驾驶人安全气囊模块安装在转向盘上，与转向盘一起转动，它与 ECU 之间的导线连接是通过安全气囊螺旋弹簧来实现的。安全气囊螺旋弹簧(SRS Clock Spring，简称 SRS CS)主要用于连接安全气囊线束与驾驶人安全气囊模块以及转向盘按键和整车相应功能模块的实时通讯，确保静止端(下端线束等)和活动端(转向盘)之间活动可靠连接。

螺旋弹簧安装在组合开关之上，主要由螺旋形电缆、转盘、壳体、线束及辅助结构件等组成，如图 17-9 所示。

图 17-9　安全气囊螺旋弹簧

4. 安全气囊电控单元

安全气囊电控单元(SRS ECU)的主要功能是实时监控汽车的状态，进行判断，对安全气囊气体发生器进行控制，必要时对其点火驱动。安全气囊电控单元一般安装在汽车中控面板下方的位置，如图17-10 所示。

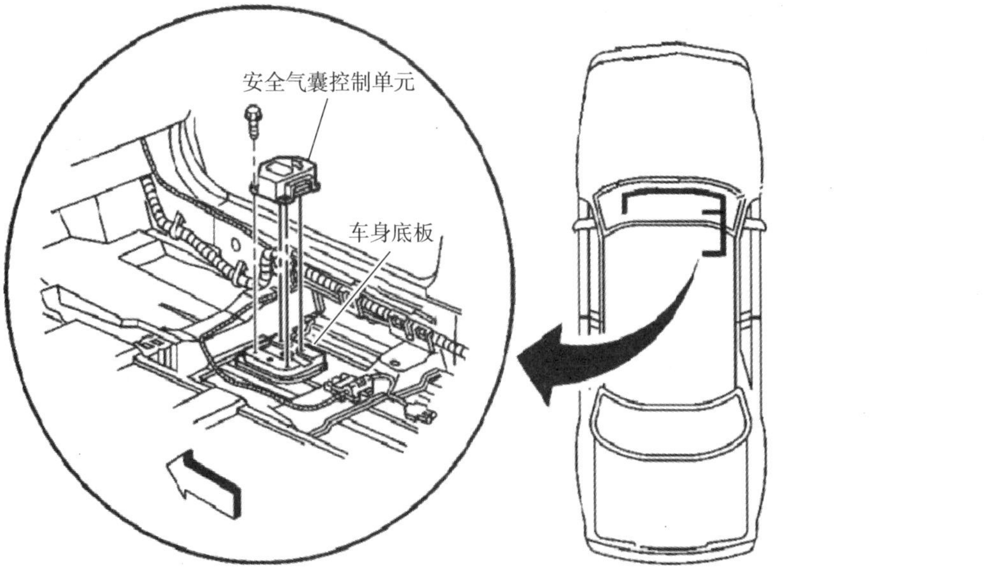

图 17-10　安全气囊电控单元安装位置

5. 传感器

汽车安全气囊用传感器按功能分为碰撞传感器和安全传感器两大类。碰撞传感器是安全气囊中用来检测碰撞强度的传感器，其安装位置依厂家设计而定，一般安装在汽车前方左右两侧，以分别检测前方左右两侧纵向 30°范围内的撞击；安全传感器的主要功能是用来防止气囊系统在非碰撞状况下引起气囊的误动作，如图 17－11 所示。

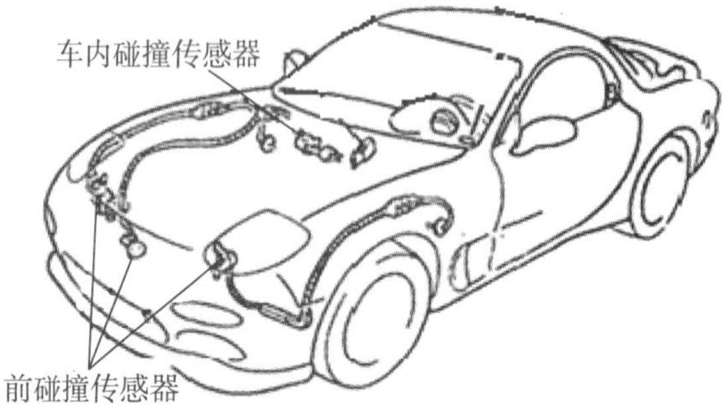

图 17－11　安全气囊传感器安装位置

6. SRS 警告灯

SRS 警告灯位于组合仪表上，当安全气囊 ECU 总成的自诊断电路发现故障时，SRS 警告灯便点亮，通知驾驶人安全气囊系统存在故障。在正常情况下，当点火开关转至 ON 位时，此警告灯先常亮约 5s，然后再熄灭。丰田车 SRS 警告灯如图 17－12 所示，大部分车采用“SRS”警告灯形式。

图 17－12　安全气囊警告灯位置示意图

17.3　安全气囊系统工作原理

17.3.1　安全气囊系统组成部件工作原理

1. 安全气囊螺旋弹簧(SRS CS)工作原理

本螺旋弹簧的安装壳体固定于转向管柱上，转盘的上部插入转向盘中，呈涡旋形卷绕的 FFC 排线(游丝)装入转盘与安装壳体之间。当转向盘左右转动时，转盘也随之一起转动，带动 FFC 排线的输出端一起转动，从而使涡旋形状的 FFC 排线张开或收紧。这样既避免线束卷绕于转向管柱上，又保证了线束的连续性，保证电信号随时联通。另外，螺旋弹簧也是车身给转向盘相关功能件供电的线束桥梁。

2. 传感器的工作原理

1）碰撞传感器

碰撞传感器有滚球式、滚轴式、偏心锤式、压电效应式四种类型，目前广泛应用的是压电式碰撞传感器，如图 17－13 所示。

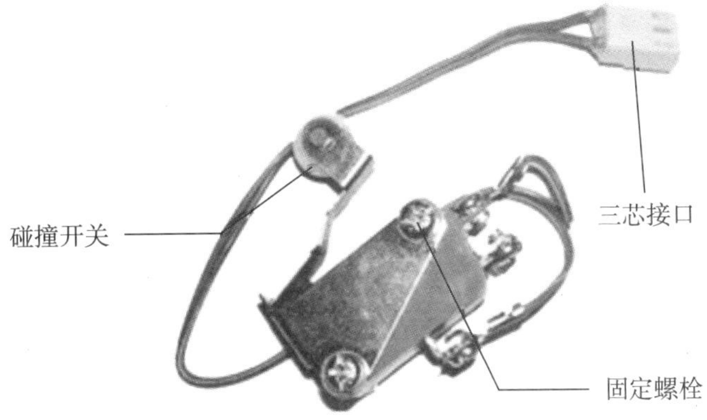

图 17－13　碰撞传感器的组成

压电效应式碰撞传感器是利用压电效应制成的传感器。压电效应是指压电晶体在压力作用下，晶体外形发生变化而使其输出电压发生变化的效应。压电晶体通常用石英或陶瓷制成。在压力作用下，压电晶体的外形和输出电压就会发生变化。

当汽车遭受碰撞时，传感器内的压电晶体在碰撞产生的压力作用下，输出电压产生变化。SRS 电脑根据电压信号强弱便可判断碰撞的强度。如果电压信号超过设定值，SRS 电脑就会立即向点火器发出点火指令，引爆点火剂使气体发生器给气囊充气，使气囊展开，达到保护驾驶人和乘员的目的。

2）安全传感器

气囊系统通常装设 2 个安全传感器，通常为水银开关式，用来防止系统在非碰撞状况引起气囊的误动作。它装在电子控制器内，实际是一个水银常开开关。当发生碰撞时，足够大的减速度力将水银抛上，使安全传感器两触头（触点）闭合，将电雷管电路接通。它只有在车辆前方发生冲撞时才对减速度作出响应。否则，即当冲撞以外的其他原因，即便碰撞传感器有信号输出，如果此安全传感器无输出，则应判定车辆无冲撞，以防止不必要情况下安全气囊的展开，如图 17－14 所示。

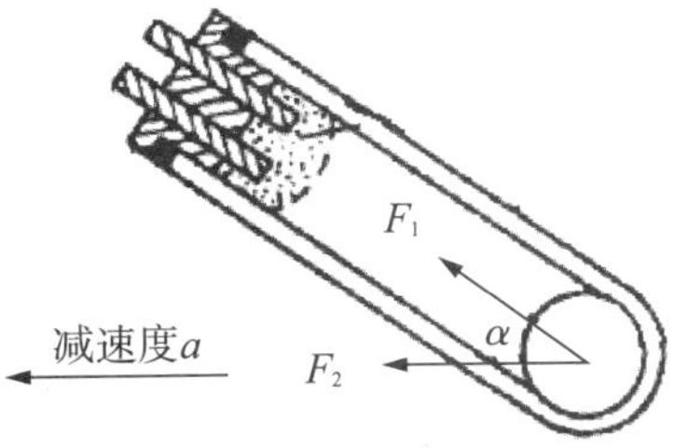

图 17－14　水银开关式安全传感器

3. 安全气囊电控单元（SRS ECU）工作原理

SRS ECU 一般是通过安全气囊系统的碰撞传感器和加速度传感器探测当前车况，根据其产生的数据，对当前汽车的状态进行判别，分析是否发生碰撞，以及碰撞的严重程度，并在合适的情况下驱动安全带及安全气囊气体点火器,收紧安全带并展开气囊,保护驾乘人员。

17.3.2 安全气囊系统工作原理

安全气囊控制原理如图 17-15 所示。

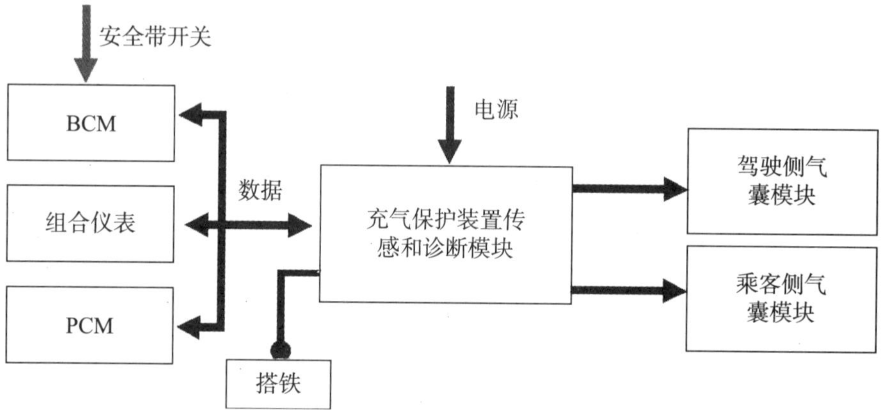

图 17-15 安全气囊工作原理图

当车辆发生正面碰撞事故时,碰撞传感器将产生碰撞信号,安全气囊 ECU 将检测到碰撞信号,并对其进行分析,判断是否达到点火要求。一旦达到要求,立即发出点火脉冲,由此引燃各安全气囊模块内的点火管,点火管再引燃各安全气囊模块内部的产气药,产生大量气体,在极短的时间内给气袋充气使其急剧膨胀,冲开饰盖,形成饱满的气袋,以缓冲碰撞事故对驾驶人及乘员的冲击,从而保护驾驶人及乘员免受或减少伤害。

当汽车发生碰撞事故且产生的减速度达到或超过预先设定的数值时,安全气囊立即被引爆、展开,从而对驾驶人或乘员起到安全保护作用,如图 17-16 所示。其作用过程为:碰撞→碰撞传感器→电子控制器→(电脉冲)→气体发生器→充气、气囊展开→保护乘员。

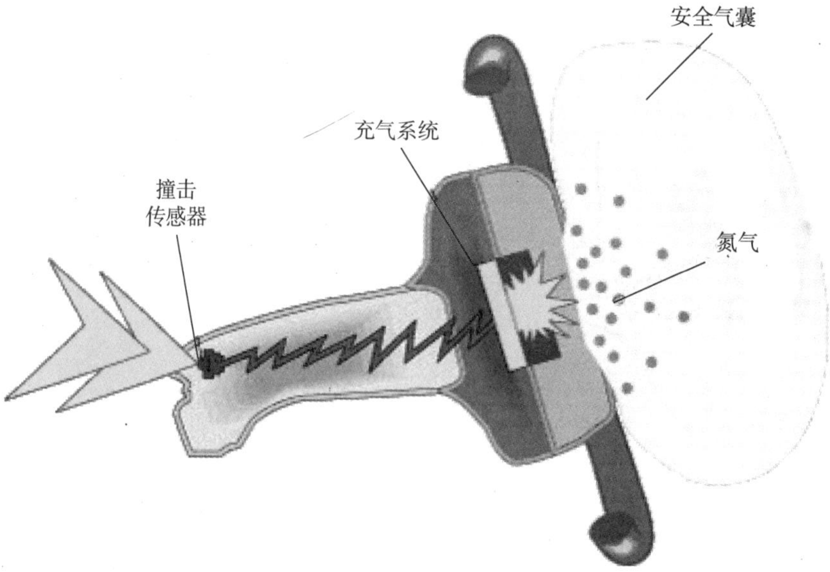

图 17-16 安全气囊引爆

汽车发生正面碰撞时驾驶人的安全气囊展开过程,如图 17-17 所示。

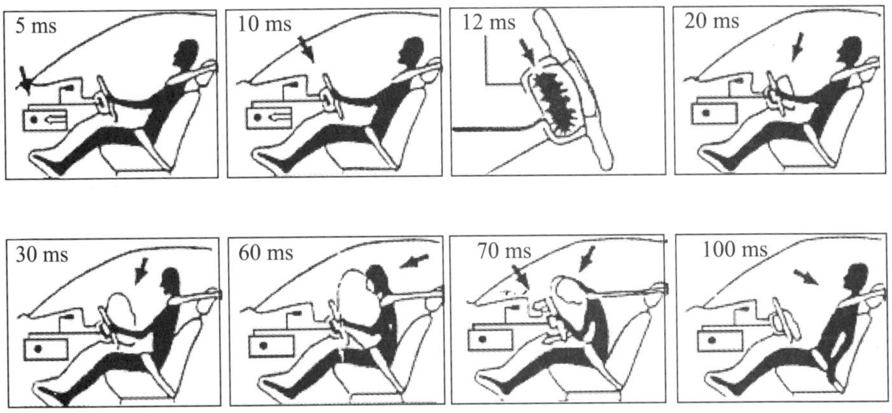

图 17-17　安全气囊碰撞过程图

注：其中具体时间与多种因素有关，仅供参考。

0～10 ms：在汽车特定的敏感部位处，装置碰撞传感器。碰撞传感器受到足够的碰撞冲量作用时，在 10 ms 的瞬间内，将触发信号输送到中央电子控制器。

10～20 ms：在中央电子控制器中，主要有对安全气囊系统进行监测和控制的微处理器，能够对传感器输入的触发信号立即进行计算、比较和判断。如果碰撞冲量超过预先的设定值，中央电子控制器立即释放一个电脉冲火花，使气体发生器中的雷管急速爆炸。

20～60 ms：雷管的爆炸击穿装气体发生器的燃料盒，将固定燃料点燃并产生高温、高压气体（氮气），快速地经过滤器过滤冷却后冲入安全气囊。气囊在 20～60 ms 内张开达到最大容积，在乘员与车内装备之间形成一个气垫。

60～100 ms：与此同时，装在气囊后面的排气孔打开，气囊泄气并收缩。由气体的阻尼作用，吸收了碰撞的能量，缓解了气囊对乘员头部和脸部的压力，使乘员陷入较柔软的气囊中。由于安全气囊将乘员与车内装备隔开，而使得乘员得到保护。最后气体全部从排气孔排出，气囊瘪下。

安全气囊从碰撞到展开，最后完全泄气整个过程大约 60～100 ms。安全气囊展开进行保护的过程是一种不可逆的过程，在完成上述过程后，必须更换气囊。

17.4　安全气囊应用注意事项

（1）安全气囊系统只是一种对于座椅安全带起辅助作用的安全系统，如果没有正确系好安全带，则气囊在充气过程中可能导致驾驶人和前方乘客的严重受伤甚至死亡。

（2）气囊充气时太靠近转向盘或仪表板的驾驶人，或前方乘客可能会严重受伤甚至死亡，因此在驾驶人能够对车辆保持控制的情况下，尽可能坐得离转向盘远一点。前方乘客应离仪表板远一点。

（3）不要擅自改装、拆卸、敲击或打开前座椅安全带预紧装置和气囊控制系统的接线，否则可能导致系统突然工作而发生伤亡事故或导致系统失灵。

17.5　安全气囊新技术

随着汽车安全气囊的普遍推广应用，安全气囊系统的各关键技术环节均成为汽车安全研究领域的重点。当前安全气囊新技术的开发研究可以概括为向着气囊的智能化、小型化、多样化、无污染的方向发展。

1. 安全气囊的智能化

传统的正面碰撞安全气囊系统是根据前座乘员的常规乘坐位置和气囊的理想点火时刻为原则设计的。但是在实际的汽车碰撞事故中，影响气囊保护性能的因素很多，例如，乘员的身高和体重、乘员相对于转向盘或仪表板的位置、碰撞的剧烈程度等等。不同的碰撞条件及乘员的位置的变化会导致乘员不是在最佳时刻与气囊接触，从而降低对乘员的保护效果。为了充分发挥安全气囊的保护效果，自适应式或称为智能型安全气囊的概念也就应运而生。

近年来，智能型安全气囊的研究致力于开发一种能够最大限度地保护乘员的安全气囊系统。这种气囊系统能够在汽车碰撞的一瞬间根据碰撞条件和乘员状况来调节气囊的工作性能。智能型气囊的关键技术之一是先进的传感系统和电子运算系统，它们在事故发生的短暂时刻内能够提供可靠的碰撞环境的信息。这些信息包括汽车碰撞的剧烈程度，碰撞的方位，乘员的身材、体重、位置，乘员是否系有安全带。智能气囊系统根据原有探测的信息作出判决怎样调节和控制气囊的工作性能，使气囊能充分发挥其保护效果。

2. 安全气囊的小型化

缩小安全气囊总成的体积是当前发展的趋势之一。新型发生器工作时，压缩气体从气罐中喷出充满气袋。这种发生器气体产生率高，因而尺寸小，便于安装布置。

3. 环境保护型安全气囊

采用压缩气体的气体发生器对人体无毒害，且易于回收处理，没有环境污染的问题。

4. 安全气囊的多样化

驾驶人和前座乘员安全气囊已成为汽车生产中的标准设备，作为正碰撞事故中的安全措施。侧面碰撞气囊正在迅速发展。不同设计形式的侧碰撞气囊可分别安装在坐椅靠背外侧、车门中部、车身中立柱、车身顶部与车门交界部位。这些安装在不同部位的侧碰撞气囊可分别起到保护乘员头部、胸部和臀部的作用。

新型保护气囊主要有以下 4 种：

(1) 安装在转向盘下方膝垫部位的安全气囊可保护下脚在正碰撞中免受伤害。

(2) 安装在制动踏板下的安全气囊以保护脚和踝关节在正碰撞中免受伤害。

(3) 安装在前座椅靠背上的安全气囊以保护后座乘员。

(4) 安装在汽车发动机罩下的安全气囊，保护行人。

17.6 安全气囊系统控制电路

大众帕萨特汽车安全气囊电路如图 17－18—图 17－20 所示。当点火开关置于 ON，安全气囊控制单元 J234(端子 T75/54)通过绿/棕 0.35 线、绿/白 0.35 线至组合仪表控制单元 J285，由组合仪表控制单元 J285 进行警告灯测试。若系统无故障，警告灯熄灭；若系统存在故障，警告灯始终启亮。

当驾驶人系上安全带后，驾驶人安全带接触开关 F140 断开，座椅安全带报警灯-报警系统 K19 熄灭。在行车过程中，若驾驶人未系安全带，则座椅安全带报警灯-报警系统 K19 始终启亮，并发出警报声。

当车辆发生正面碰撞事故时，安全气囊控制单元 J234 通过接收其内部的电子加速度传感器检测出实际产生的汽车行驶的加速度信号后，对其进行分析、判断汽车发生碰撞事故时是否在碰撞范围内且产生的加速度是否达到甚至超过预先设定的数值(即是否达到点火要求)。一旦达到要求，控制单元中的传感器激活气体发生器 N95 和 N131，使气体发生器中的固体膨胀剂爆炸燃烧产生出氮气并由金属过滤器进行净化和冷却后，在极短的时间内给气袋充气使其急剧膨胀，冲开饰盖，形成饱满的气袋，以缓冲碰撞事故对驾驶人及乘员的冲击，从而保护驾驶人及乘员免受或减少伤害。与此同时，碰撞发生时，后部安全带拉紧器引爆装置 N196 和 N197 迅速启动，通过缩短乘客与安全带的间隙，达到将乘客缚紧在车辆上的目的。

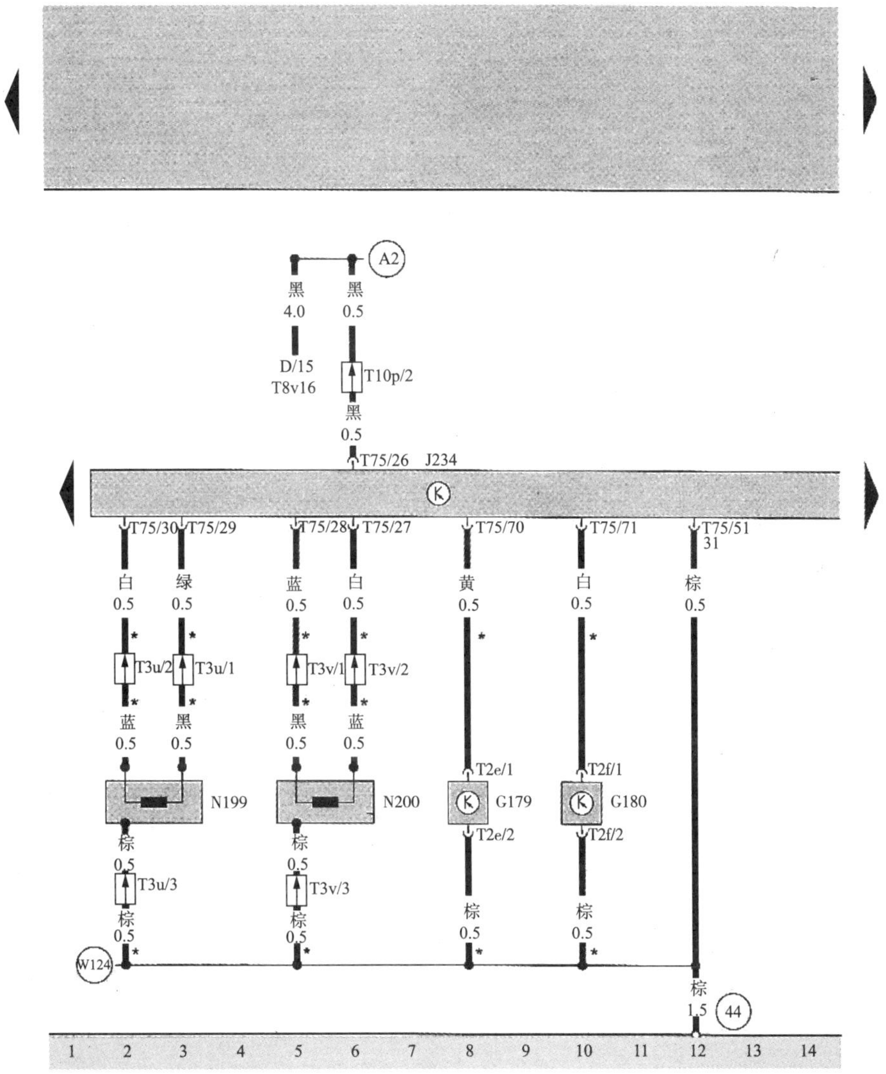

D—点火开关

G179—侧面安全气囊撞击传感器，驾驶侧，在驾驶人座椅地毯下左侧

G180—侧面安全气囊撞击传感器，乘客侧，在右前座椅地毯下右侧

J234—安全气囊控制单元，在中央控制台的前下方

N199—侧面安全气囊气体发生器，驾驶侧，在驾驶人座椅靠背左侧

N200—侧面安全气囊气体发生器，乘客侧，在右前座椅靠背右侧

T2e—2 针插头，黄色，在驾驶侧安全气囊撞击传感器上

T2f—2 针插头，黄色，在乘客侧安全气囊撞击传感器上

T3u—3 针插磁浮，黄色，在驾驶人座椅底部(5 号位)

T3v—3 针插头，黄色，在右前座椅底部(5 号位)

T8v—8 针插头，黑色，在点火开关上

T10p—10 针插头，黄色，在右 A 柱处(5 号位)

T75—75 针插头，黄色，在安全气囊控制单元上

(44)—接地点，在左 A 柱处

(A2)—正极连接线(15)，在仪表板线束内

(W124)—接地连接线，在后线束内

*—用于配有前座侧面安全气囊的轿车

图 17-18　大众帕萨特安全气囊控制单元、侧面安全气囊气体发生器、侧面安全气囊碰撞传感器

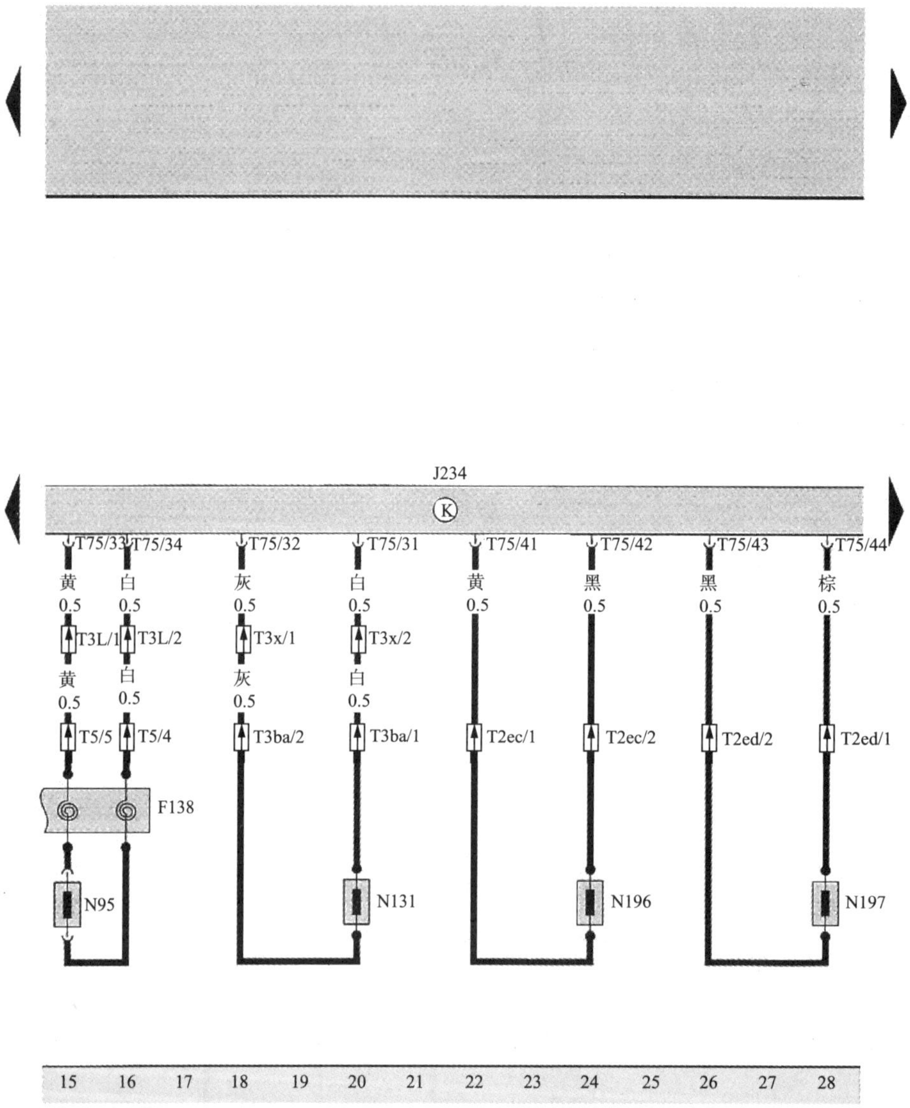

F138—安全气囊螺旋型电缆连接器，在转向盘下面

J234—安全气囊的控制单元，在中央控制台的前下方

N95—气囊气体发生器，驾驶侧，在转向盘中间

N131—气囊气体发生器，右前侧，在仪表板右侧

N196—后部安全带拉紧器引爆装置，驾驶侧，在后行李箱内左后轮罩上

N197—后部安全带拉紧器引爆装置，副驾驶侧，在后行李箱内右轮罩上

T2ec—2 针插头，在后部安全带拉紧器引爆装置上

T2ed—2 针插头，在后部安全带拉紧器引爆装置上

T3ba—3 针插头，黄色，在仪表板右侧

T3L—3 针插头，黄色，在左 A 柱插头支架左侧

T3x—3 针插头，黄色，在右 A 柱插头支架左侧(B 号位)

T5—5 针插头，黄色，在方向盘下方

T75—75 针插头，黄色，在安全气囊控制单元上

图 17－19　大众帕萨特安全气囊控制单元、安全气囊气体发生器、安全气囊螺旋型电缆连接器、后部安全带拉紧器引爆装置

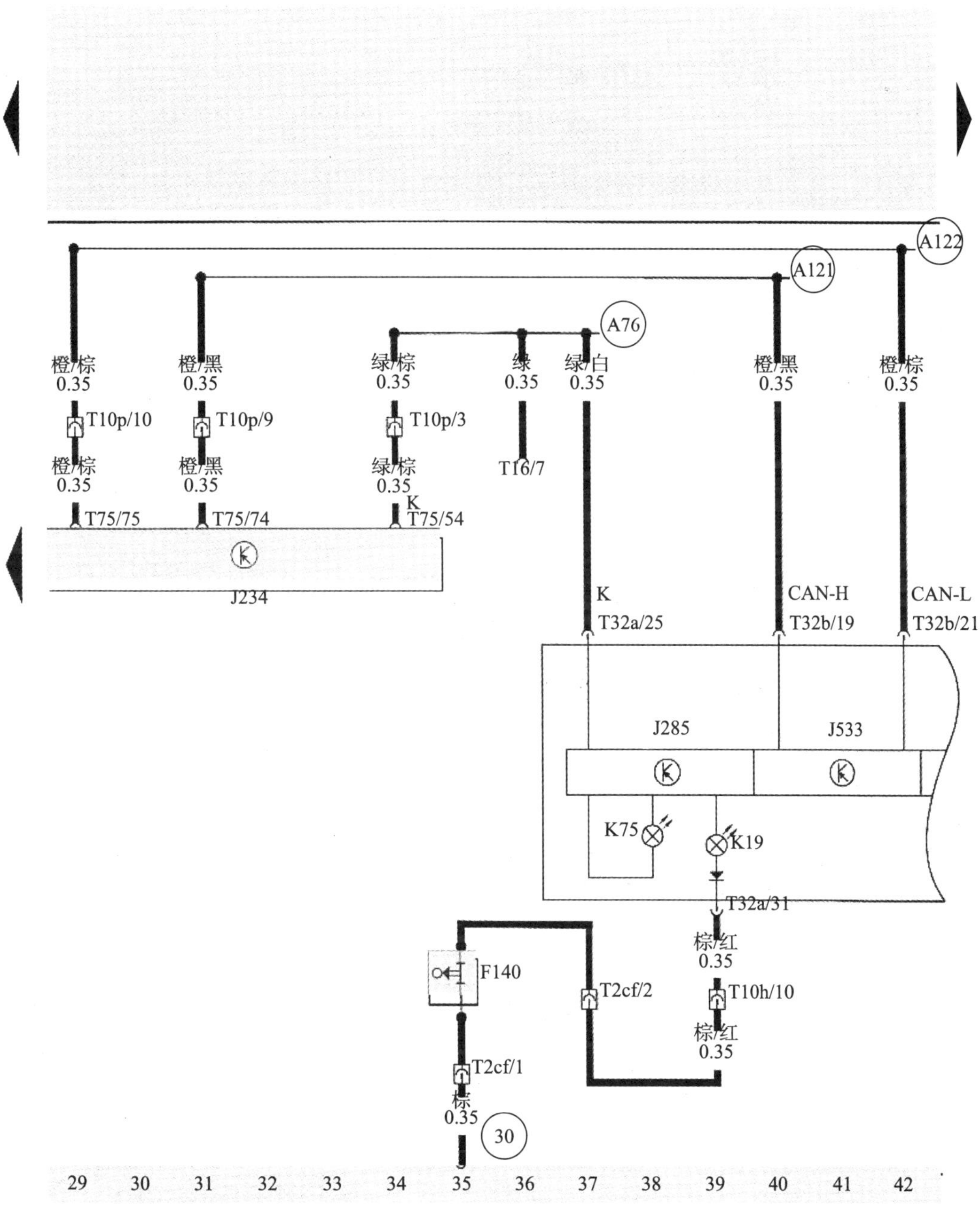

F140—驾驶人安全带接触开关,在驾驶侧安全带开关上
J234—安全气囊的控制单元,在中央控制台的前下方
J285—组合仪表的控制单元,在仪表板左侧
J533—数据总线的诊断接口
K19—座椅安全带报警灯-报警系统
K75—安全气囊报警灯
T2cf—2 针插头,黑色,在驾驶人座椅底部(1 号位)
T10h—10 针插头,棕色,在右 A 柱处(12 号位)
T10p—10 针插头,黄色,在右 A 柱处(5 号位)
T16—16 针插头,黑色,自诊断接口,在驾驶侧储物箱下方
T32a—32 针插头,蓝色,在组合仪表控制单元上
T32b—32 针插头,绿色,在组合仪表控制单元上
T75—75 针插头,黄色,在安全气囊控制单元上
(30)—接地点,左 A 柱中部前方
(A76)—连接线(自诊断 K 线),在仪表板线束内
(A121)—连接线(CAN BUS 系统的高位),在仪表板线束内
(A122)—连接线(CAN BUS 系统的低位),在仪表板线束内

图 17－20　大众帕萨特安全气囊控制单元、组合仪表控制单元、驾驶人安全带接触开关、数据总线的诊断接口、座椅安全带报警灯-报警系统、安全气囊报警灯

17.7 安全气囊系统常见故障分析

安全气囊具有自诊断功能，安全气囊一旦发生故障，自诊断电路就能诊断出来，并且控制仪表板的SRS指示灯闪烁，提示驾驶人安全气囊出现故障。在检查安全气囊时，通过调用故障码即可尽快查到故障部位。以通用别克汽车安全气囊系统为例，说明故障代码对应的故障原因，如表17-2所示。

表17-2 通用别克汽车安全气囊系统的故障代码及故障原因

故障代码	故障原因	故障代码	故障原因
B0016	乘员及前展开回路电阻过低	B1000	PCM故障
B0017	乘员前展开回路断路	B1001	选择件配置故障
B0018	乘员回路电压超出范围	U1016	在数据传输装置中与PCM失去联络
B0022	驾驶人前展开回路电阻过低	U1040	与EBCM/EBTCM失去联络
B0024	驾驶人前展开回路电压超范围	U1096	在数据传输装置中IPC失去联络
B0026	驾驶人前展开回路断路	U1255	数据传输装置中的串行数据线故障
B0051	已进行过展开控制	U1300	2级搭铁短路
B0053	展开控制回路故障	U1301	2级蓄电池短路

本 章 小 结

(1) 汽车的安全性分为两大类，一类叫做“主动安全性”，又称“积极安全性”，另类叫做“被动安全性”。

(2) 安全气囊只是辅助保护系统，只有与安全带配合使用才能起到预想的保护效果。

(3) 按保护对象和方位的不同，可以分为驾驶侧安全气囊、前乘客侧安全气囊和后排乘客侧安全气囊、防侧撞安全气囊，一些汽车还安装了下肢用安全气囊和行人安全气囊。

(4) 安全气囊系统主要由驾驶人安全气囊模块(DAB)、前排乘员安全气囊模块(PAB)、安全气囊螺旋弹簧(SRS CS)、安全气囊电控单元(SRS ECU)、传感器、安全气囊线束及警示标签、安全气囊警告灯等组成。

(5) 当汽车发生碰撞事故且产生的减速度达到或超过预先设定的数值时，安全气囊立即被引爆、展开，从而对驾驶人或乘员起到安全保护作用。其作用过程如下：碰撞→碰撞传感器→电子控制器→(电脉冲)→气体发生器→充气、气囊展开→保护乘员。

(6) 安全气囊从碰撞到展开，最后完全泄气整个过程大约60～100 ms。安全气囊展开进行保护的过程是一种不可逆的过程。

复习思考题

1. 填空题

(1) 汽车的安全性分为两大类,一类叫做"________",另一类叫做"________"。

(2) 安全气囊只是辅助保护系统,只有与________配合使用才能起到预想的保护效果。

(3) 按结构形式的不同,汽车安全气囊可分为________和________两种。

(4) 碰撞传感器有滚球式、滚轴式、________、压电效应式四种类型,目前广泛应用的是________碰撞传感器。

(5) 气囊系统通常装设 2 个安全传感器,通常为________,用来防止系统在非碰撞状况引起气囊的误动作。

2. 选择题

(1) 气囊系统引爆时产生的气体,一般是无毒无味的(　　)。

A. N_2　　B. O_2　　C. CO_2

(2) 汽车安全气囊系统的英文缩写为(　　)。

A. SRS　　B. CSR　　C. SRC

(3) 报废车辆上未膨开的 SRS,如何处置:(　　)。

A. 引爆　　B. 回收再用　　C. 丢弃

(4) 安全气囊从碰撞到展开,最后完全泄气整个过程大约(　　)ms。

A. 70～120　　B. 80～150　　C. 60～100

(5) 安全气囊展开进行保护的过程是一种(　　)的过程。

A. 可逆　　B. 不可逆　　C. 两者均可

3. 判断题

(1) 所谓"被动安全性"可理解为防患于未然,重点是将车轮悬架、制动和转向的性能达到最好的程度,尽量提高汽车行驶的稳定性、舒服性和安全性,减少行车时所产生的偏差。(　　)

(2) 安全带和安全气囊就属于汽车乘员"主动安全性保护装置"。(　　)

(3) 碰撞传感器的主要功能是防止气囊系统在非碰撞状况下引起气囊的误动作。(　　)

(4) SRS ECU 一般是通过安全气囊系统的碰撞传感器和加速度传感器探测当前车况,根据其产生的数据,对当前汽车的状态进行判别,分析是否发生碰撞,以及碰撞的严重程度,并在合适的情况下驱动安全带及安全气囊气体点火器,收紧安全带并展开气囊,保护驾乘人员。(　　)

(5) 安全气囊从碰撞到展开,最后完全泄气整个过程大约 60～100 ms。安全气囊展开进行保护的过程是一种不可逆的过程。(　　)

4. 简答题

(1) 简述汽车安全气囊系统的作用。

(2) 汽车安全气囊系统由哪几部分组成?

(3) 简述汽车安全气囊系统的工作过程。

(4) 分析大众帕萨特汽车安全气囊系统的电路图,并写出相关的电路。

(5) 汽车安全气囊系统常见的故障有哪些?

18 汽车总线系统

学习目标

知识目标

(1) 了解汽车总线系统的类型、作用、组成；
(2) 熟悉汽车总线系统的结构和工作原理；
(3) 掌握汽车总线系统的电路分析方法；
(4) 掌握典型车系总线系统故障分析方法。

能力目标

(1) 熟悉维修手册的使用方法；
(2) 学会使用示波器对总线系统的检测方法；
(3) 学会典型车系总线系统故障检测与诊断方法。

18.1 概述

随着汽车技术的不断发展，人们对汽车各方面的性能要求越来越高，不仅在追求车辆动力性和操控性能的同时还对舒适性和安全性能也提出了更高的要求。

20 世纪 90 年代以来，随着集成电路在汽车上的广泛应用，汽车上的电子控制系统越来越多，例如，电子燃油喷射装置、防抱死制动装置(ABS)、安全气囊装置、电动门窗装置、主动悬架装置等。各种电子控制系统的导入和应用使汽车的各项功能更加完善，控制更加精确和灵活，智能化程度也不断提升。然而，功能的日益增加和完善使车载电子控制模块的数量以惊人的速度增加。

与此同时，各电子控制模块之间的数据交换也随之增加。传统的数据交换形式只是通过模块间专设的导线完成点对点的通信。数据量的增加必然导致车身线束的增加。庞大的车身线束不仅增加了制造成本，而且还占用空间，增加了整车重量。线束的增加还会使因线束老化而引起电气故障的可能性大大提高，降低了系统的可靠性。解决这个问题的关键就是利用计算机网络技术，将车载控制模块通过车载网络连接起来，实现数据信息的高效传输。采用了 CAN BUS 系统、LIN 总线(单线总线)、MOST 总线(光学总线)以及无线蓝牙总线后车载网络控制系统可以处理大量来自控制单元的信息和执行其各种功能以及不断增加的数据交换，如图 18－1 所示。

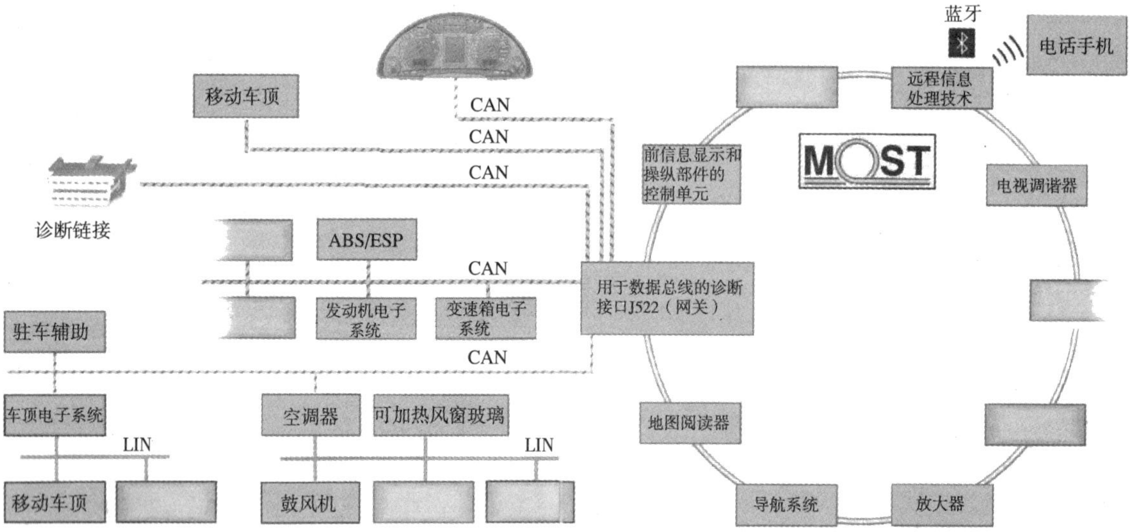

图 18－1　车载网络控制系统拓扑图

在现代汽车中，采用总线的意义已远远超出节省电线的范围，它已成为车内各零部件实施信息交互的标准接口。整车的总线网络成为整车的电器平台，也就是说只要有总线存在，就可以在这个总线平台上不断增加汽车的智能化零部件。总线技术促进了汽车智能化的发展。

车载网络形式多种多样，目前应用最为广泛的是控制器局域网络(Controller Area Network)，即 CAN BUS 系统。CAN BUS 系统是德国 Robert bosch 公司在 20 世纪 80 年代初为汽车业开发的一种具有很高保密性，有效支持分布式控制或实时控制的串行数据通信总线。汽车上各个控制系统对网络信息的传输延迟比较敏感，如发动机控制、变速器控制、安全气囊控制、ASR/ABS/ESP 控制、牵引力控制等对网络信息传输的实时性要求较高，需要采用高速 CAN BUS 系统，其传输速率高达 500 kbit/s～

1 Mbit/s。

局部互联网络(Local Interconnect Network,简称 LIN)是一种低成本的串行通讯网络,用于实现汽车中的分布式电子系统控制。局部互连指的是所有控制单元被安装在一个有限的结构空间(如车顶)内,它也被称为“局部子系统”,如图 18-2 所示。

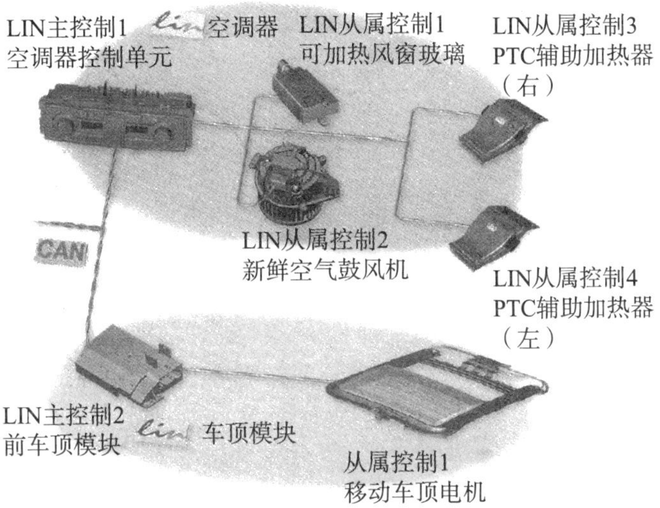

图 18-2　LIN 局部互联网

LIN 总线是 CAN BUS 系统在低端应用的延伸,是价格相对便宜且速度较慢的子网。空调控制、仪表控制、刮水器控制、照明控制、门窗控制等需要采用低速 LIN 总线,其传输速率为 1~20 kbit/s。低速 LIN 总线对信息传输的实时性要求不高,但子系统数量较多,将这些低速子系统与高速子系统分开,有利于保证高速子系统的实时性,同时还可以降低成本。

在 LIN 总线系统中,LIN 总线是一根单线总线,其导线以基本颜色(紫色)作为识别颜色。一辆汽车中各个 LIN 总线系统之间的数据交换是通过 CAN 数据总线进行的,而且每一次只交换一个控制单元的数据。LIN 总线系统允许一个 LIN 主控制单元和最多 16 个 LIN 从属控制单元之间进行数据交换。

光学总线(Media Oriented Systems Transport,简称 MOST)是一种光纤数据总线系统,该数据总线系统起源于“面向媒体的系统传送合作组织”。这是一个由许多汽车制造厂、零部件供应商及软件开发商组成的协会,其目的是要开发出一个标准的高速数据传送系统。

“面向媒体的系统传送”代表一个以地址为本的信息被传送到特定接收机的数据传送网络,这一技术被用在大众奥迪汽车中来传递多媒体互动的系统数据,如图 18-3 所示。

如图 18-4 所示,多媒体互动系统传送视频和音频信息需要很多 Mbit/s 的传送率,如传送立体声的数字式电视信号需要约为 6 Mbit/s 的传送率,但当前使用的 CAN 数据总线发送数据的速度不够快(最快 1 Mbit/s),不能满足大量数据传送的要求,如图 18-4 所示。然而,MOST 总线允许的传送率可达 21.2 Mbit/s,因此,光学数据传送是传播复杂的多媒体系统的适当手段。

MOST 总线除了使用较少导线和重量较轻之外,光波传送具有极高的数据传送率,它可以在相关的部件之间以数字的形式交换数据。与无线电波相比,光波的波长很短,而且既不产生电磁干扰波,对电磁干扰波也不敏感。因此,MOST 总线还具有高级别的抗干扰性能。

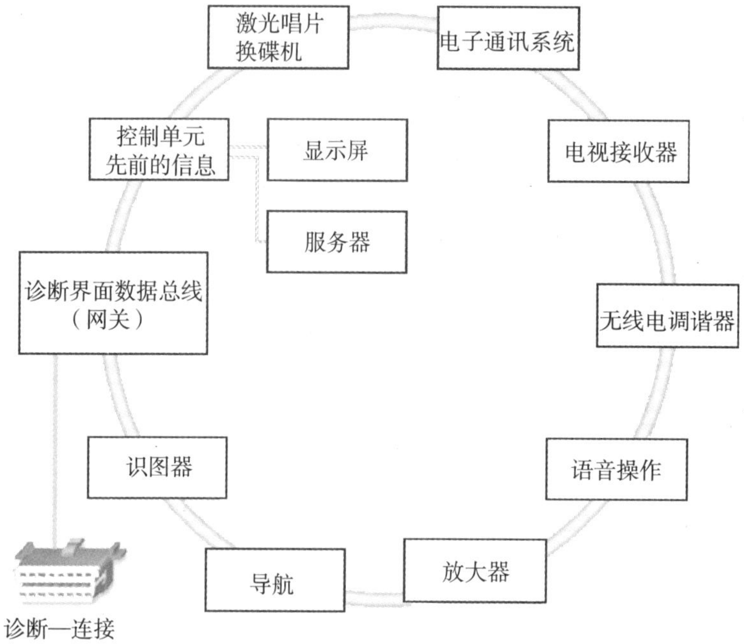

图 18－3　奥迪多媒体互动系统

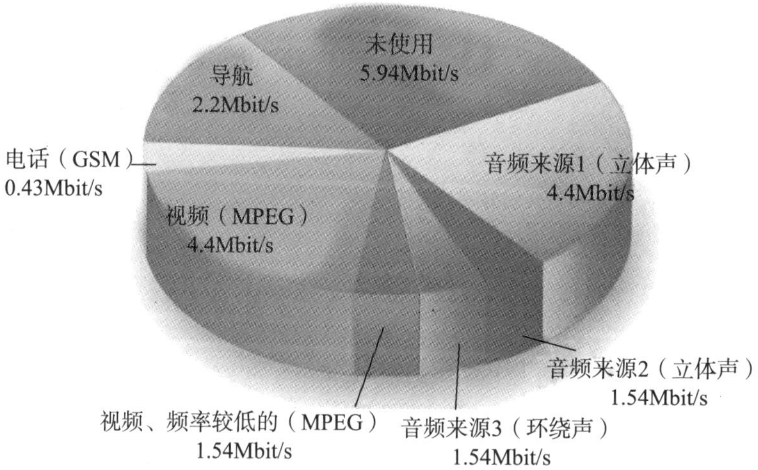

图 18－4　多媒体互动系统传送率要求

18.2　汽车总线系统的组成

18.2.1　CAN BUS 系统系统的组成

CAN BUS 系统系统主要由控制器、收发器、终端电阻和传输线等组成，如图 18－5 所示。除数据传输线外，其他元件都置于控制单元内部。

控制器的作用是用于接收控制单元中微处理器发出的数据、处理数据并传给 CAN 收发器；同时

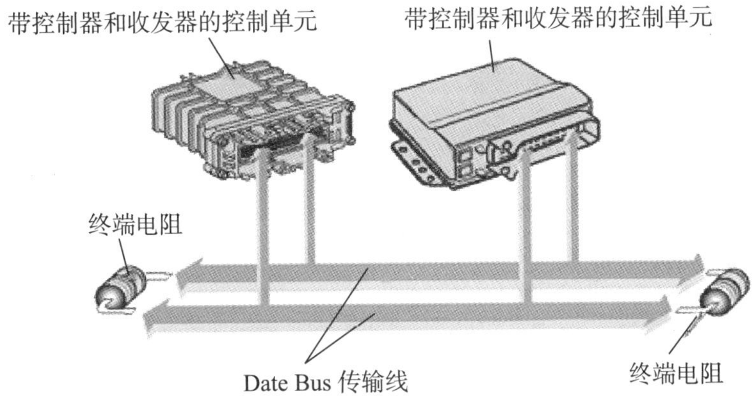

图 18－5 CAN BUS 系统示意图

CAN 控制器也接收收发器收到的数据、处理数据并传给微处理器。

收发器是由一个发射器和一个接收器组合而成，其作用是将从控制器接收的数据转换成能够通过 CAN BUS 系统传递的电信号，并能双向传递。

终端电阻是一个电阻器，每个电阻值为 120Ω，其作用是防止信号在传输过程中因回波反射造成对信号的叠加，从而使信号产生失真，影响数据的正常传输。

传输线又称为通信介质或媒体，常用通信传输介质有电话线、同轴电缆、双绞线、光导纤维电缆、无线与卫星通信信道等。传输线通常是被 CAN BUS 系统用以传输数据的双向数据线，分为 CAN 高位(CAN－high)和低位(CAN－low)数据线，如图 18－6 所示。CAN BUS 系统数据没有指定接收器，数据通过数据总线同时发送给各控制单元，各控制单元接收后进行对数据的分析、判断和计算。为了防止外界电磁波干扰和向外辐射，CAN BUS 系统采用两条线缠绕在一起的双绞线；两条线上的电位是相反的，如果一条线的电压是 5 V，另一条线就是 0 V，两条线的电压总和等于常值。因此，CAN BUS 系统得到保护而免受外界电磁场干扰，同时 CAN BUS 系统向外辐射也保持中性，即无辐射。

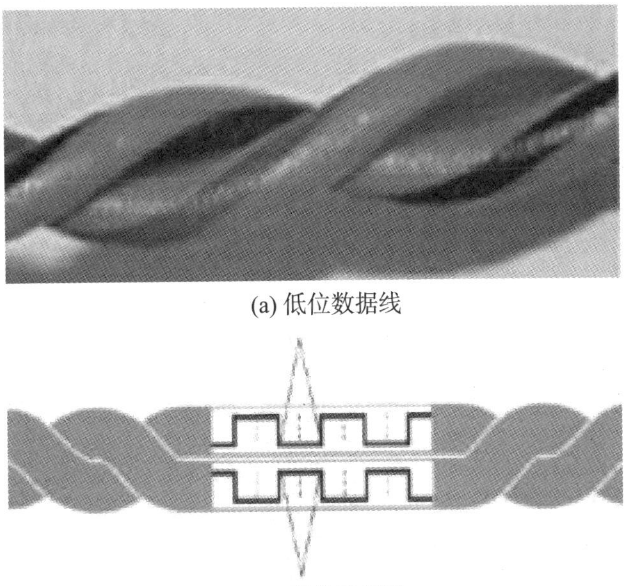

(a) 低位数据线

(b) 高位数据线

图 18－6 数据传输线

由于汽车上通常采用多种总线将控制单元连接成网络，而不同总线之间无法直接相互传递数据，而是通过网关将不同总线互联。网关是汽车内部网络通信的核心，通过它可以实现各种总线上模块之间信息的共享以及汽车内部的网络管理和故障诊断功能。

18.2.2 LIN 总线系统的组成

LIN 总线系统主要由 LIN 主控制单元、LIN 从属控制单元以及 CAN 数据线所组成，如图 18-7 所示。

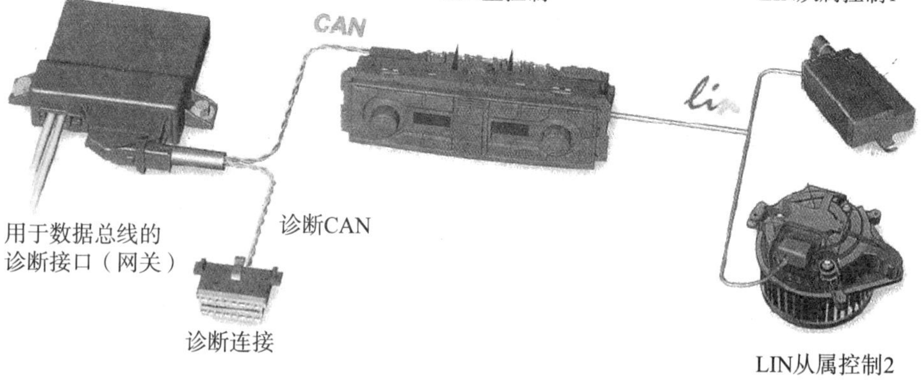

图 18-7　LIN 总线系统组成

1. LIN 主控制单元

与 CAN BUS 系统连接的 LIN 主控制单元具有以下功能：

(1) 监控数据传送和数据传送率；

(2) 它的软件中包含有一个传送周期，传送周期规定了何时和以何种频度把信息传送到 LIN 数据总线；

(3) 执行本地 LIN 总线系统中 LIN 控制单元和 CAN BUS 系统之间的换算功能。因此，它是 LIN 总线系统中唯一与 CAN BUS 系统连接的控制单元；

(4) 对已连接的 LIN 从属控制单元进行诊断。

2. LIN 从属控制单元(图 18-8)

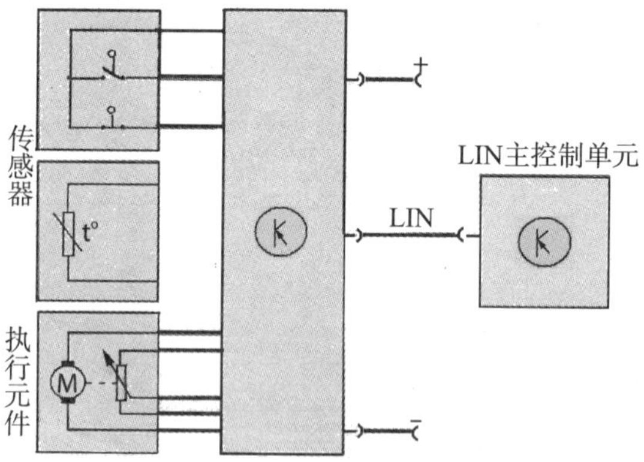

图 18-8　LIN 从属控制单元

在 LIN 数据总线系统中，可以把单个控制单元作为 LIN 从属控制单元使用，如新鲜空气鼓风机、传感器或者执行元件。由此，LIN 主控制单元可以通过接收由 LIN 总线用数字信号的形式传送 LIN 从属控制单元(传感器元件)的测量值来查询 LIN 从属控制单元(执行元件)的实际状态,而 LIN 从属控制单元(执行元件)能够接收 LIN 主控制单元以数字信号的形式传送的任务指令。

18.2.3 MOST 总线系统的组成

MOST 总线控制单元主要由光导纤维、光导插头、内部供电装置、电气插头、专用部件、标准微型控制器、MOST 发射接收机、发射接收机-光导纤维发射机等部件构成,如图 18-9 所示。

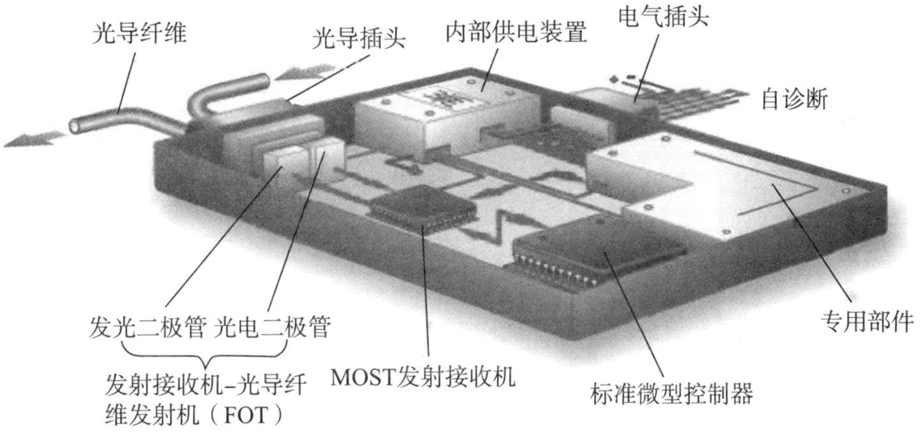

图 18-9 MOST 总线控制单元结构

1. 光导纤维

1) 光导纤维的功用

光导纤维的功用是将在某一控制单元发射器内产生的光波传送到另一控制单元的接收器,如图18-10 所示。

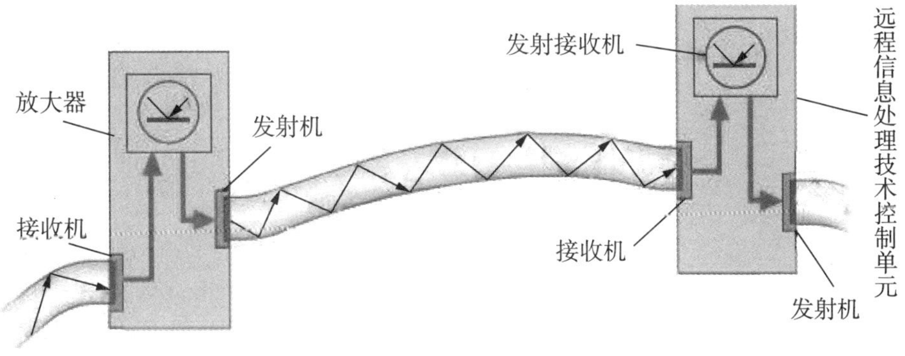

图 18-10 光导纤维功用

2) 光导纤维的结构

光导纤维由彩色覆盖层、黑色覆盖层、反射覆盖层及内芯线组成,如图 18-11 所示。内芯线是光导纤维的核心部分,它由聚甲基丙烯酸甲酯组成,是真正的光导体,光穿过内芯线时,几乎没有任何损耗。

2. 光导插头

使用专门的光学插头来连接光导纤维与控制单元,如图 18-12 所示。通过这个插头,光信号进入控制单元或产生的光信号被传入下一个使用方。

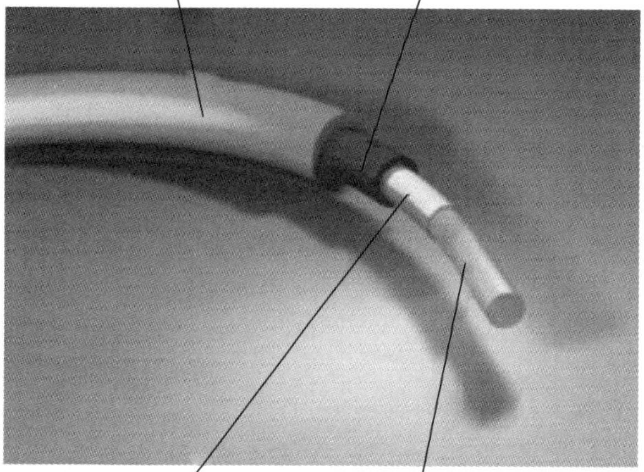

图 18-11　光导纤维的结构

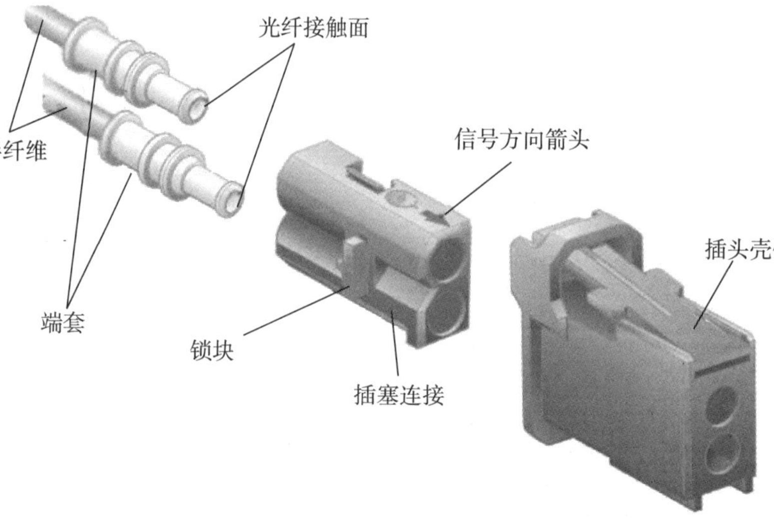

图 18-12　光导插头的结构

3. 电气插头

该插头用于供电、环断裂自诊断以及输入/输出信号。

4. 内部电源

内部电源系统把通过电气插头供给控制单元的电源分配给各个部件。这种方式可以临时断开供给控制单元中个别部件的电源，从而减小闭路电流。

5. 专用部件

这些专用部件执行特定控制单元的功能，如 CD 驱动器、无线电调谐器。

6. 标准微型控制器

标准微型控制器是控制单元的中央处理器，它包括一个能控制控制单元主要功能的微处理器。

7. MOST 发射接收机

MOST 发射接收机由发射机和接收机两个部件组成。

发射机将要发送的信息作为电压信号传至光导纤维发射机。接收机接收来自光导纤维发射机的电压信号并将所需的数据传至控制单元内的标准微型控制器。其他控制单元不需要的信息由发射接收机来传送，而不是将数据传到 CPU 上，这些信息原封不动发至下一个控制单元。

8. 发射接收机-光导纤维发射机(FOT)

发射接收机-光导纤维发射机(FOT)由一个光电二极管和一个发光二极管构成。到达的光信号由光电二极管转换成电压信号后传至 MOST 发射接收机。发光二极管的作用是把 MOST 发射接收机的电压信号再转换成光信号。

数据通过光波调制后传送，调制后的光经由光导纤维传到下一个控制单元。

18.3 汽车总线系统工作原理

18.3.1 CAN BUS 系统的工作原理

传统布线及信息传递方式，如图 18-13(a)所示。发动机控制单元与自动变速器控制单元以独立的数据专线传递各种信息，如发动机转速、节气门位置、变速箱干预、升降挡信息等。

采用 CAN BUS 系统数据总线进行信息传递，所有信息都通过两根数据线进行传递，如图 18-13(b)所示。各控制单元之间的所有信息都通过两根数据线进行交换，相同的数据只需在数据系统中传递一次。通过该种数据传递形式，所有的信息，不受控制单元的多少和信息容量的大小限制，都可以通过这两条数据线进行传递。类似于公共汽车可以运输大量乘客，CAN 数据总线可以以高效率实现大量的数据信息传输。

(a) 传统布线及信息传递方式　　(b) CAN BUS系统及信息传递方式

图 18-13　传统数据传输系统与 CAN BUS 系统对比图

1. CAN BUS 系统的网络原理

CAN BUS 系统网络连接的形式一般有五种，如图 18-14 所示，分别为网状连接、星型连接、环形连接、总线连接以及串行连接；而总线连接形式在汽车上应用较为广泛。

车载网络系统采用了 CAN BUS 系统形式和总线型网络连接形式，从而构成了 CAN BUS 系统网络通信系统。CAN BUS 系统系统中包含多个控制单元，这些控制单元通过内部收发器(发射/接受放大器)并联在总线导线上，因此各控制单元的地位均相同，没有任何控制单元享有特权，在这个意义上称之为多主机结构。

2. CAN BUS 系统的信息交换

各个控制单元之间进行交换的数据称为信息，每个控制单元均可发送和接收信息。信息交换是按照顺序来连续完成的。

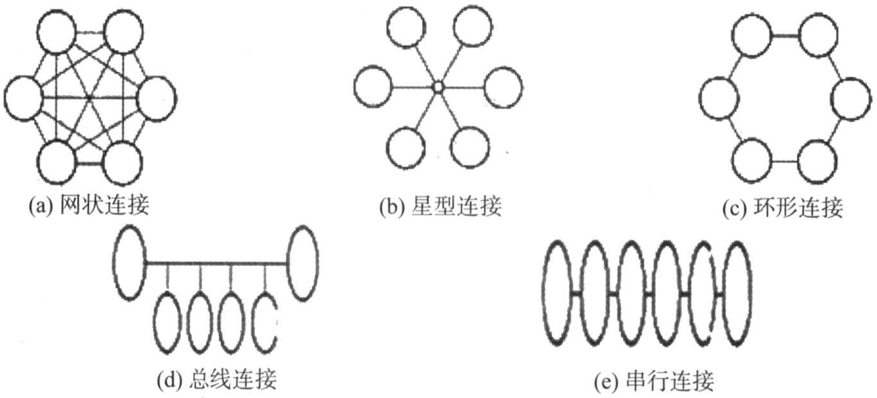

图 18 - 14　网络连接形式

1）信息的表示方法

信息包含在控制单元之间传递的各种物理量中，如发动机转速，并以二进制数（一系列 0 和 1）来表示。

CAN BUS 系统传递的每个信息都是通过二进制编码来表示的。信息越简单，信息结构越短；信息越复杂，信息结构越长。信息结构越长，表达的信息量越大，信息结构长度每增加一位（1 bit），其表达的信息量便可增加 1 倍，信息结构最大长度 108 bit。例如，表示压缩机的状态，只有接通和断开两种状态，可以用信息结构为 1 位（或 1 bit）的方式表达。当描述中控锁状态时，中控锁状态可分为开锁、锁车、安全锁和非安全锁共四种状态，用信息结构为 1 位（或 1 bit）的方式就不能全部表达，必须用信息结构为 2 位（或 2 bit）的方式表达。而表示发动机温度值 0℃～127.5℃，则必须用信息结构为 8 位（或 8 bit）的方式表达。

2）信息交换的基本原理

为了易于说明信息交换过程，下面以发动机转速信息为例并以一条 CAN 导线来讲述信息交换的基本原理。信息交换原理如图 18 - 15 所示。

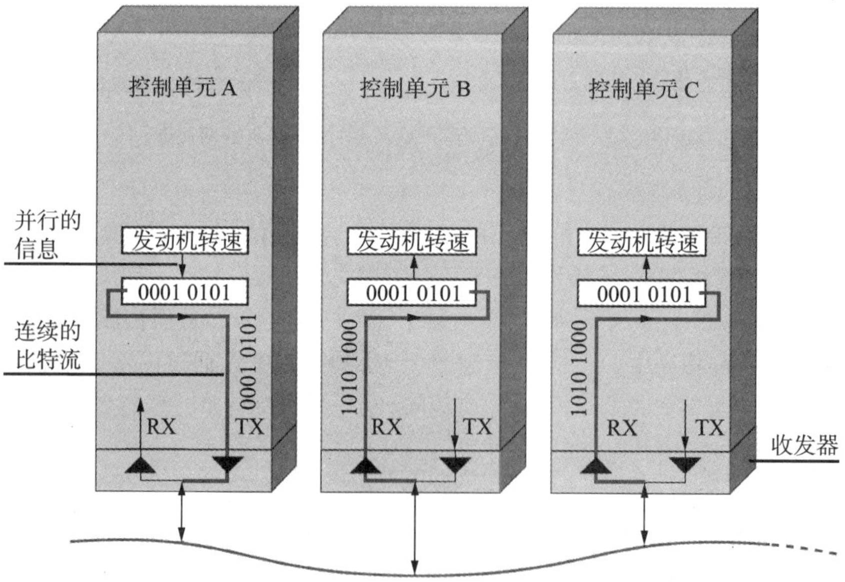

图 18 - 15　信息交换原理图

发动机转速为 1 800 r/min 时可表示成二进制数 00010101。

在发送过程中，二进制值先被转换成连续的比特流，该比特流通过 TX 线(发送线)到达收发器(放大器)，收发器将比特流转换成相应的电压值，然后按时间顺序依次被传送到 CAN BUS 系统的导线上。在接收过程中，这些电压值经收发器又转换成比特流，再经 RX 线(接收线)传至控制单元，控制单元将这些二进制连续值转换成信息。二进制数 00010101 这个值又被转换成发动机转速信息 1 800 r/min。

每个控制单元均可接收发送出的信息。通常把上述信息交换的原理称为广播，类似于一个广播电台发送某一节目一样，每个连接的用户均可接收。这种广播形式使系统中所有控制单元都处于相同的信息状态，如图 18 - 16 所示。

图 18 - 16　广播原理图

3. CAN BUS 系统的节点功能

CAN BUS 系统节点功能如图 18 - 17 所示。

1) K 线

K 线用于在 CAN BUS 系统系统自诊断时连接检测仪。

2) 控制单元

控制单元接收来自传感器的信号，将其处理后再发送到执行元件上。

控制单元中包含两个重要构件：一个微控制器和 CAN 存储区。微控制器带有输入输出存储器和程序存储器。控制单元接收到的传感器值(如发动机温度或转速)会被定期查询并按顺序存入输入存储器。微控制器按事先规定好的程序来处理输入值，处理后的结果存入相应的输出存储器内，然后到达各个执行元件。而 CAN 存储区主要用于容纳接收到的和要发送的信息。

3) CAN 构件

CAN 构件用于数据交换，分为两个区：一个是接收区，一个是发送区。通过接收邮箱或发送邮箱与控制单元相连，该构件一般集成在控制单元的微控制器芯片内。

4) 收发器

收发器内部如图 18 - 18 所示。收发器是一个发送-收放大器，它把 CAN 构件连续的比特流(逻辑电平)转换成电压值(线路传输电平)，或者通过收发器把电压值转换成比特流。这个电压值适合铜导线上的数据传输。收发器通过 TX 线(发送导线)或 RX 线(接收导线)与 CAN 构件相连。RX 线通过一个放大器直接与 CAN BUS 系统相连，总在监听总线信号。

收发器一个特点就是 TX 线与总线的耦合，这个耦合过程是通过一个断路式集流器电路来实现的，如图 18 - 19 所示。所以，总线导线上就会出现两种状态：一种状态(状态 1)，晶体管截止状态(开关未接合)，总线电平等于 1，无源；另一种状态(状态 0)，晶体管导通状态(开关已接合)，总线电平等于 0，有源。由此，将无源的总线电平称为隐性电平，有源的总线电平称为显性电平。

如果某一开关已接合，电阻上就有电流流过，于是总线导线上的电压就为 0V。如果所有开关均未

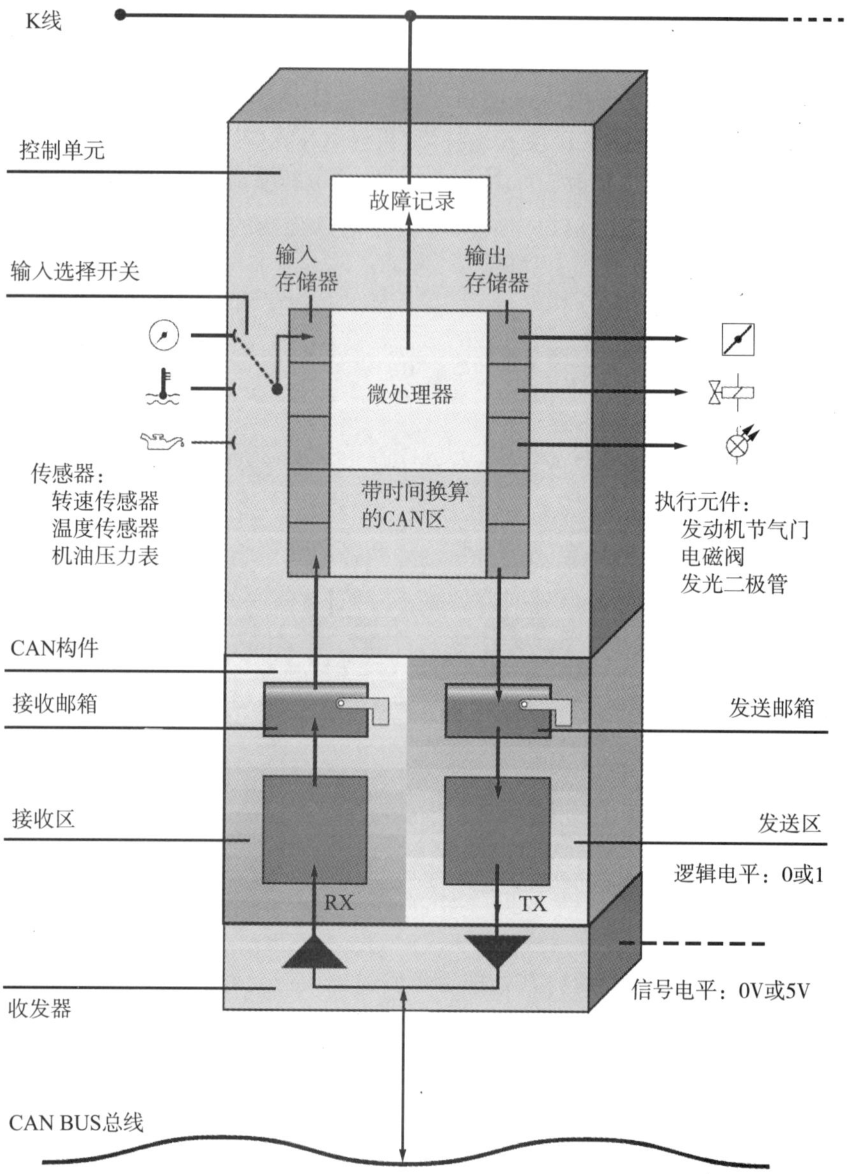

图 18－17　CAN BUS 系统节点功能图

接合，那么就没有电流流过，电阻上就没有压降，于是总线导线上的电压就为 5V。

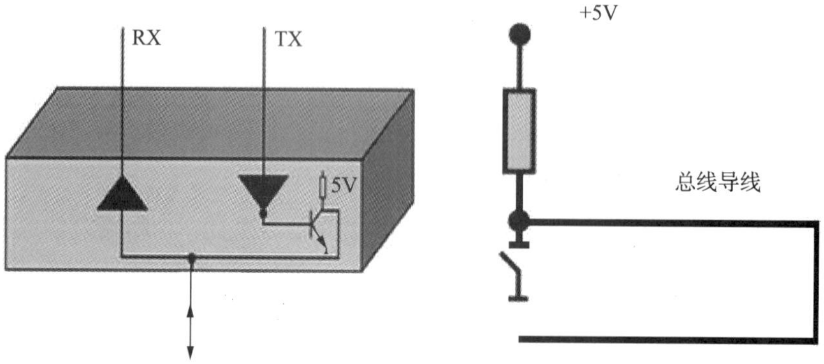

图 18－18　收发器内部示意图

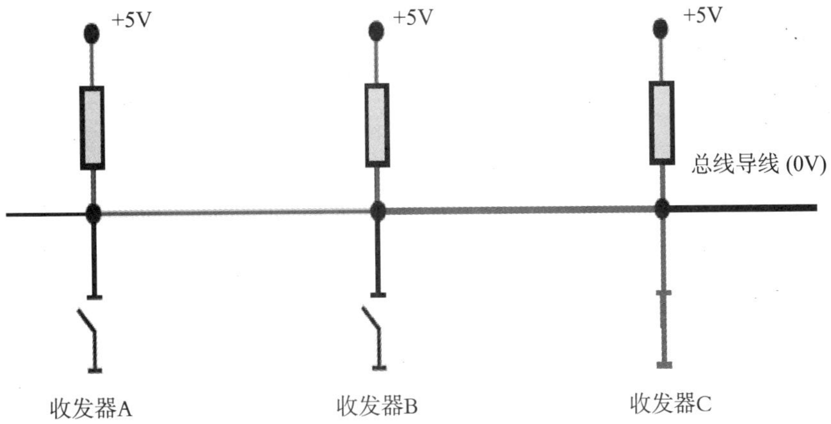

图 18－19　三个收发器耦合在一根总线导线上

因此，若总线处于状态 1(无源)，那么此状态可以由某一个控制单元使用状态 0(有源)来改写。

5) 网关

由于不同区域 CAN BUS 系统的速率和识别代号不同，因此某一信号要从一个总线进入到另一个总线区域，必须把此信号的速率和识别代号进行改变，能够让另一个系统接受，这个任务由网关(Gateway)来完成，如图 18－20 所示。

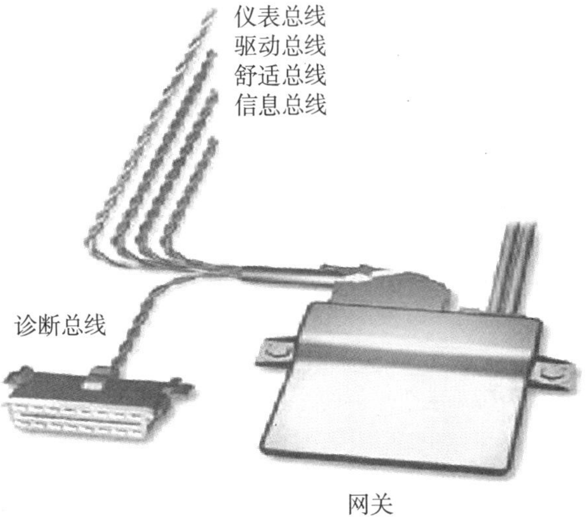

图 18－20　网关

4. CAN BUS 系统的信息结构、原理及协议、标准

1) CAN 信息的结构原理

CAN BUS 系统所传递的每个完整信息分别由开始域、状态域、控制域、数据域、安全域、检验域和结束域所构成，如图 18－21 所示。

开始域：标志数据开始。带有大约 5V 电压(由系统决定)的 1 位，被送入高位 CAN 线；带有大约 0V 电压的 1 位被送入低位 CAN 线。此外，还用于确定与其他节点硬件的同步。

状态域：该区包括 11 位，用于标识数据的内容，判定数据中的优先权，低值标识符代表数据的较高级优先顺序。如果两个控制单元都要同时发送各自的数据，那么，具有较高优先权的控制单元优先发送。例如，包括发动机冷却液温度信息的数据和车辆打滑信息的数据相比，后者通常具有更低值的标识

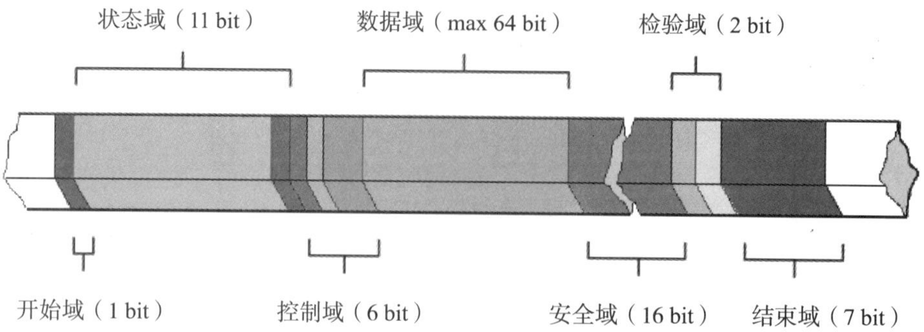

图 18-21　信息结构图

符，具有优先发送的权利。

控制域：该区共包括 6 位。前两位为显性，以备将来应用。后 4 位包括随后的数据域中字节的数量，其值为 0～8，在本部分允许任何接收器检查是否已经接收到所传递过来的所有信息。

数据域：表示传递的信息所对应的数据，最多可达 64 位(8 字节)。在数据域中，信息被传递到其他控制单元。

安全域：包括一个用于错误检测的 15 位数列和一个定界符位。发送数据和接收信息的控制单元用于检查和比较传递信息所发生的变化(检测传递数据中的错误)。

检验域：包括隐性传输的空格位及通常为隐性的定界符位。在此，接收器信号通知发送器，接收器已经正确收到数据。若检查到错误，接收器立即通知发送器，发送器然后再发送一次数据。

结束域：该区表示数据完成，它通常包括七位隐性位。表示该信息数据传递结束，这里是显示错误并重新发送数据的最后一次机会。

2) CAN 总线的标准、协议

(1) 网络协议

网络由使用的电子语言来识别。控制模块必须“使用和解读”相同的电子语言，这种电子语言称为协议。

① J1850 标准企业协议

J1850 是美国汽车的车内联网标准，包含了两个不兼容的规程。通用汽车公司(GM)和克莱斯勒汽车公司(Chrysler)采用 10.4 kbps 可变规程的类似版本，在单根线的总线上进行通信；福特汽车公司(FORD)采用 46.1 kbps 的脉冲宽度调制(Pulse Width Modulation，简称 PWM)，在双线的差分总线上进行通信。

② J1939 协议

J1939 是以 CAN2.0 为网络核心、支持闭环控制的在多个 ECU 之间高速通信的网络协议。

(2) 网络标准

目前存在多种汽车网络标准，其侧重的功能有所不同。为方便研究和设计应用，SAE 车辆网络委员会将汽车数据传输网划分为 A、B、C 三类。A 类是面向传感器/执行器控制的低速网络，数据传输位速率通常小于 10 kb/s，主要用于电动后视镜、电动窗、灯光照明等控制；B 类是面向独立模块间数据共享的中速网络，位速率在 10～125 kb/s，主要应用于车身电子舒适性模块、仪表显示等系统；C 类是面向高速、实时闭环控制的多路传输网，位速率在 125 kb/s～1 Mb/s 之间，主要用于牵引力控制、发动机控制、ABS 等系统。

① A 类总线标准、协议

A 类的网络通信大部分采用通用异步接收/发送装置（Universal Asynchronous Receiver/

Transmitter，简称 UART）标准。UART 使用起来既简单又经济，但随着技术的发展，预计在今后几年中将会逐步在汽车通信系统中被停止使用。

目前，A 类首选的标准是 LIN。LIN 是用于汽车分布式电控系统的一种新型低成本串行通信系统。它是一种基于 UART 的数据格式、主从结构的单线 12V 的总线通信系统，主要用于智能传感器和执行器的串行通信，而这正是 CAN BUS 系统的带宽和功能所不要求的部分。由于目前尚未建立低端多路通信的汽车标准，因此 LIN 正试图发展成为低成本的串行通信的行业标准。

② B 类总线标准、协议

B 类的网络通信采用的是 ISO11898 标准，传输速率在 100 kb/s 左右的 CAN BUS 系统。CAN BUS 系统是德国 BOSCH 公司从 20 世纪 80 年代初为解决现代汽车中众多控制与测试仪器之间的数据交换而开发的一种串行数据通信协议，它是一种多主总线，通信速率可达 1 Mb/s。

CAN BUS 系统通信接口中集成了 CAN 协议的物理层和数据链路层功能，可完成对通信数据的成帧处理，包括位填充、数据块编码、循环冗余检验、优先级判别等项工作。

CAN 协议的最大特点是废除传统的站地址编码，实行对通信数据块进行编码，最多可标识 2048（2.0A）个或 5 亿（2.0B）多个数据块。采用这种方法可使网络内的节点个数在理论上不受限制。数据段长度最多为 8 个字节，不会占用总线时间过长，从而保证了通信的实时性。CAN 协议采用 CRC 检验并可提供相应的错误处理功能，保证了数据通信的可靠性。以往广泛适用于美国车型的 J1850 正逐步被基于 CAN BUS 系统的标准和协议所取代。

③ 高速总线系统标准、协议

由于高速总线系统主要用于与汽车安全相关，以及实时性要求比较高的地方（如动力系统），所以其传输速率比较高。根据传统的 SAE 的分类，该部分属于 C 类总线标准，通常在 125 kb/s～1 Mb/s 之间，必须支持实时的周期性的参数传输。

目前，随着汽车网络技术的发展，未来将会使用到具有高速实时传输特性的一些总线标准和协议，包括采用时间触发通讯的 X by Wire 系统总线标准和用于安全气囊控制和通讯的总线标准、协议。

a. C 类总线标准、协议。在 C 类标准中，欧洲的汽车制造商基本上采用的都是高速通信的 CAN BUS 系统标准 ISO11898。而 J1939 供货车及其拖车、大客车、建筑设备以及农业设备使用，是用来支持分布在车辆各个不同位置的电控单元之间实现实时闭环控制功能的高速通信标准，其数据传输速率为 250 kb/s。在美国，GM 公司已开始在所有的车型上使用其专属的所谓 GMLAN 总线标准，它是一种基于 CAN 的传输速率在 500 kb/s 的通信标准。

b. 安全总线和标准。安全总线主要是用于安全气囊系统，以连接加速度计、安全传感器等装置，为被动安全提供保障。目前已有一些公司研制出了相关的总线和协议，包括 Delphi 公司的 Safety Bus 和 BMW 公司的 Byteflight 等。

c. X by Wire 总线标准、协议。X by Wire 最初是用在飞机控制系统中，称为电传控制，现在已经在飞机控制中得到广泛应用。由于目前对汽车容错能力和通信系统的高可靠性的需求日益增长，X by Wire 开始应用于汽车电子控制领域。在未来的 5～10 年里，X by Wire 技术将使传统的汽车机械系统（如制动和驾驶系统）变成通过高速容错通信总线与高性能 CPU 相连的电气系统。目前，这一类总线标准主要有 TTP、Byteflight 和 Flex Ray。

18.3.2 LIN 总线系统的工作原理

LIN 网络由一个主节点和一个或多个从节点组成。所有节点都有一个从通信任务，该通信任务分为发送任务和接收任务。主节点则有一个主发送任务。LIN 网络上的通信总是由主发送任务所发起的，主控制器发送一个起始报文，该起始报文由同步断点(同步暂停)、同步字节(同步定界符、同步区域)、消息标识符所组成，如图 18－21、18－22 所示。

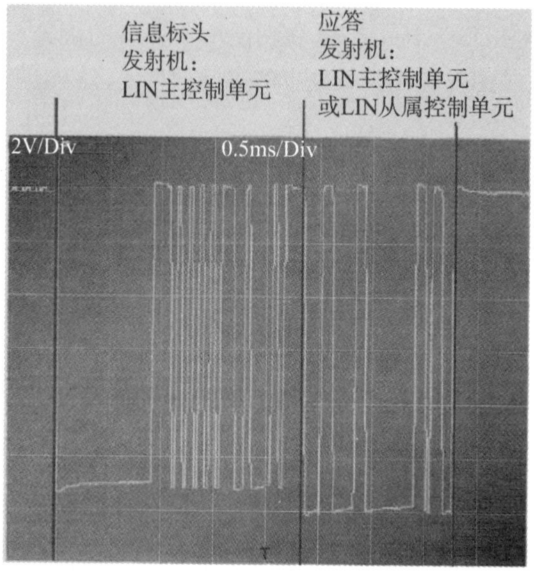

图 18－21　LIN 报文发送

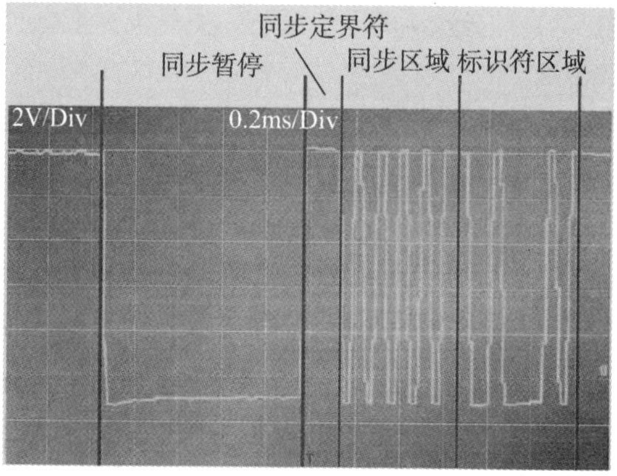

图 18－22　LIN 起始报文组成

相应的在接受并且滤除消息标识符后，一个从任务被激活并且开始本消息的应答传输，如图 18－23 所示。该应答由 2(或 4 或 8) 个数据字节和一个校验码所组成。起始报文和应答部分构成一个完整的报文帧。

由于 LIN 报文帧由报文标识符指示其组成，所以该种通信规则可以采用多种方式进行数据交换：

(1) 由主节点到一个或多个从节点；

(2) 由一个从节点到主节点或其他的从节点；

(3) 通信信号可以在从节点之间传播而不经过主节点或者主节点广播消息到网络中的所有节点报文帧的时序由主控制器控制，而报文帧的时序由 LIN 主控制单元控制。

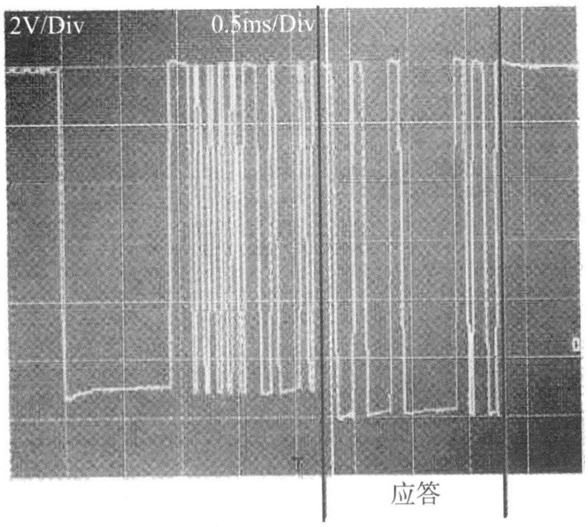

图 18－23　应答传输

18.3.3　MOST 总线系统的工作原理

光导纤维是 MOST 系统的传输媒介，由几层材料组合而成。由于光信号在光导纤维内进行的是全反射，要求光纤走向尽量接近直线。但在实际结构中，光纤与车辆线束一起布置，不弯曲是不可能的。所以，光导纤维的特殊结构能保证光信号在一定弯曲度内的全反射，但光纤弯曲部位的弯曲半径必须大于 25 mm，否则无法实现信息的正常传递，如图 18－24 所示。

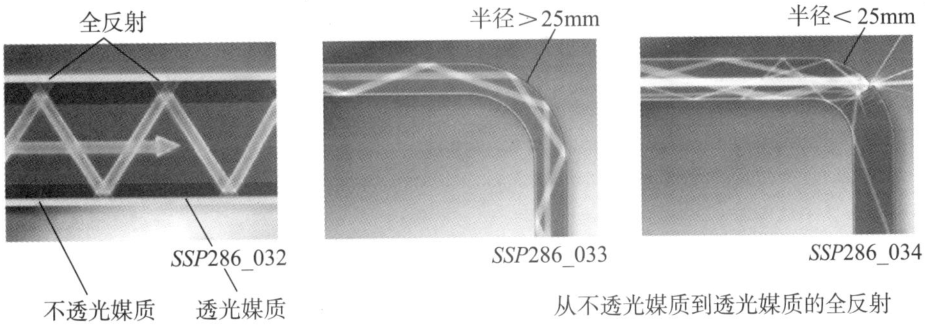

图 18－24　光信号传输示意图

18.4　汽车总线系统控制电路

18.4.1　大众帕萨特汽车总线系统的控制电路

CAN BUS 驱动系统电路（组合仪表控制单元、数据总线诊断接口），如图 18－25 所示。CAN BUS 驱动系统电路（ABS、自动变速器、发动机、安全气囊控制单元），如图 18－26 所示。

各个控制单元利用双绞线分别连接在 CAN BUS 系统的舒适总线、驱动总线上，通过数据总线的诊断接口 J533（网关）“翻译”，将舒适总线与驱动总线之间的信息传输速率和识别代号进行转换，从而实现信息的可靠、迅速和实时传输，完成控制单元对相应模块功能的控制。

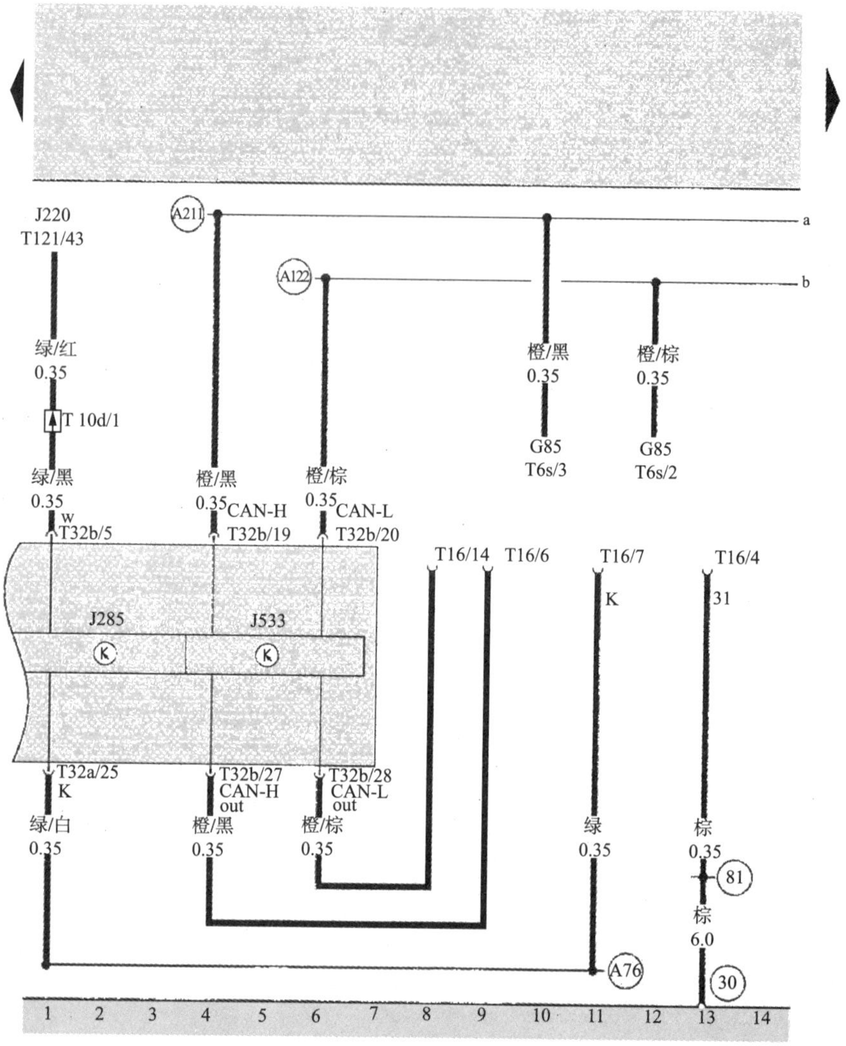

G85—转向角度传感器，在转向柱上部
J220—发动机控制单元，在发动机控制单元防护罩内
J285—组合仪表控制单元，在仪表板左侧
J533—数据总线的诊断接口
T6s—6 针插头，黑色，在转向角度传感器上
T10d—10 针插头，棕色，在发动机控制单元防护罩内左侧(2 号位)
T16—16 针插头，黑色，自诊断接口，在驾驶侧储物箱下方
T32a—32 针插头，蓝色，在组合仪表控制单元上
T32b—32 针插头，绿色，在组合仪表控制单元上
T121—121 针插头，黑色，在发动机控制单元上

(30)—接地点，在左 A 柱中部前方
(81)—接地连接线，在仪表板线束内
(A76)—连接线(自诊断 K 线)，在仪表板线束内
(A121)—连接线(CAN BUS 系统的高位)，在仪表板线束内
(A122)—连接线(CAN BUS 系统的低位)，在仪表板线束内

图 18 - 25　CAN BUS 驱动系统电路—组合仪表控制单元、数据总线诊断接口

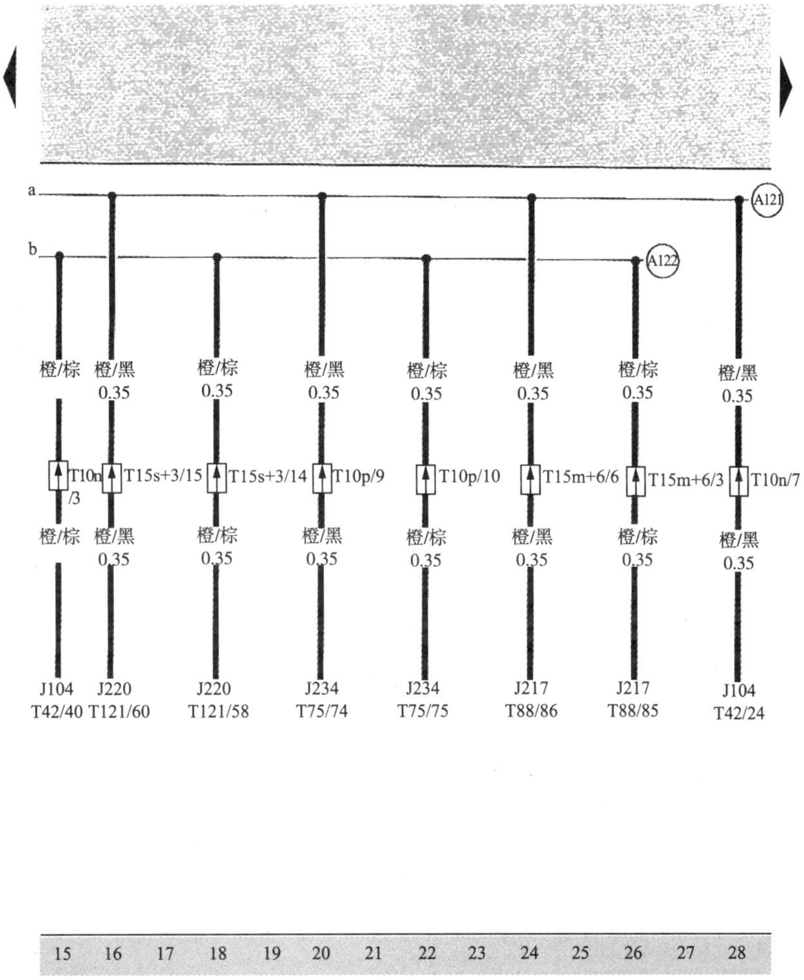

J104—ABS 控制单元，在发动机舱左侧

J217—自动变速器控制单元，在右前搁脚处

J220—发动机控制单元，在发动机控制单元防护罩内

J234—安全气囊的控制单元，在中央通道上

T10p—10 针插头，黄色，在右 A 柱处(5 号位)

T10n—10 针插头，橙色，在左 A 柱处(15 号位)

T15s+3—18 针插头，橙/红色，在发动机控制单元防护罩内左侧(3 号位)

T15m+6—21 针插头，棕色，在右 A 柱处(14 号位)

T42—42 针插头，黑色，在 ABS 控制单元上

T75—75 针插头，黄色，安全气囊的控制单元上

T88—88 针插头，黑色，自动变速器控制单元上

T121—121 针插头，黑色，在发动机控制单元上

(A121)—连接线(CAN BUS 系统的高位)，在仪表板线束内

(A122)—连接线(CAN BUS 系统的低位)，在仪表板线束内

图 18-26　CAN BUS 驱动系统电路—ABS、自动变速器、发动机、安全气囊控制单元

18.4.2　别克君威汽车总线系统的控制电路

电源电压通过电路 640 施加在数据链路插头端子 16 上，由端子 4 和端子 5 分别通过电路 1450 和电路 1550 经 G200 搭铁。因此，数据链路插头可以为故障诊断仪提供电源。

数据链路插头包含了 Class 2 协议和娱乐系统和舒适性协议串行数据协议。通过组合件 SP205 将车身控制模块、电子制动控制模块、暖风通风与空调系统控制模块、充气式保护装置传感和诊断模块、组合仪表、动力总成控制模块以及钥匙确认系统Ⅲ型模块以星形结构连接，实现相互之间的数据通信。

通用别克君威数据链路电路如图 18-27 所示。

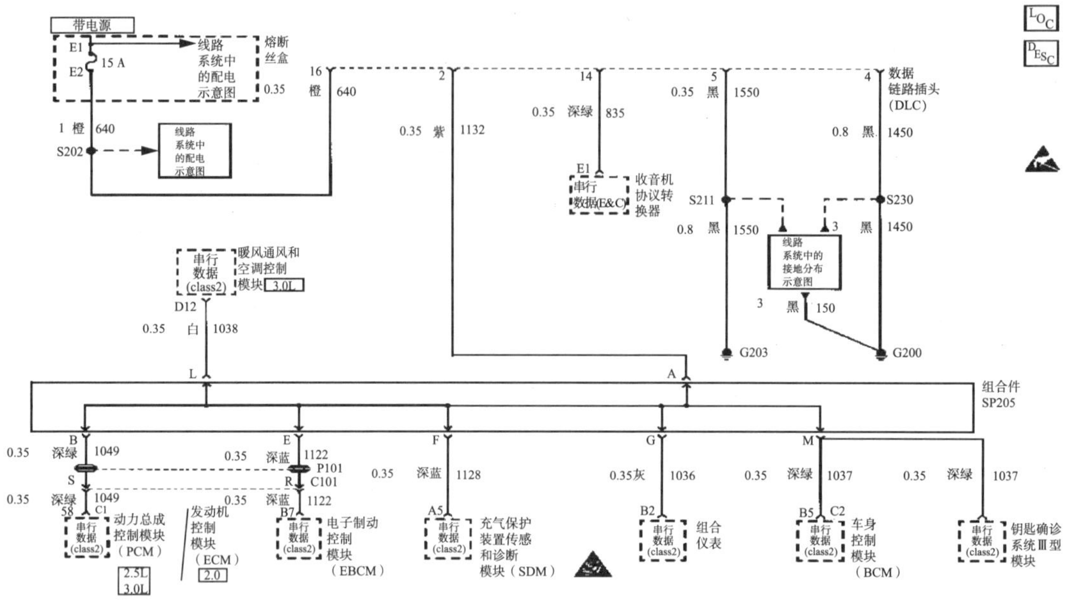

图 18－27　通用别克君威数据链路电路图

18.5　汽车总线系统常见故障分析

一般说来，引起汽车多路信息传输系统故障的原因有三种：一是汽车电源系统引起的故障；二是汽车多路信息传输系统的链路故障；三是汽车多路信息传输系统的节点故障。

1. 汽车电源系统引起的 CAN 故障

故障成因：汽车多路信息传输系统的核心部分是含有通信 IC 芯片的电控单元，电控单元的正常工作电压在 10.5～15.0 V 的范围内。如果汽车电源系统提供的工作电压低于该值，就会造成一些对工作电压的电控出现短暂的停止工作，从而使整个汽车多路信息传输系统无法通信。

2. 节点故障

故障成因：节点是汽车多路信息传输系统中的电控单元，因此节点故障就是电控单元的故障。它包括软件故障即传输协议或软件程序有缺陷冲突，从而使汽车多路信息传输系统通信出现混乱或无法工作，这种故障一般成批出现，且无法维修。硬件故障一般由于通信芯片或集成电路故障，造成汽车多路信息传输系统无法正常工作。对于采用低版本信息传输协议，即点到点信息传输协议的汽车多路信息传输系统，如果有节点故障，将出现整个汽车多路信息传输系统无法工作。

3. 链路故障

故障成因：当汽车多路信息传输系统的链路(或通信线路)出现故障时，如通信线路的短路、断路以及线路物理性质引起的通信信号衰减或失真，都会引起多个电控单元无法工作或电控系统错误动作使多路信息传输系统无法工作。

本 章 小 结

(1) CAN BUS 系统应用于发动机控制、变速箱控制、安全气囊控制、ASR/ABS/ESP 控制、牵引力控制等对网络信息传输的实时性要求较高的系统，其传输速率高达 500 kbit/s～1 Mbit/s。

(2) LIN 总线应用于空调控制、仪表控制、雨刷控制、照明控制、门窗控制等系统，其传输速率为 1～20 kbit/s。低速 LIN 总线对信息传输的实时性要求不高，但子系统数量较多，将这些低速子系统与高速子系统分开，有利于保证高速子系统的实时性，同时还可以降低成本。

(3) MOST 总线应用于多媒体互动系统，传送视频和音频信息，MOST 总线允许的传送率可达21.2 Mbit/s。

(4) CAN BUS 系统主要由控制器、收发器、终端电阻和传输线等组成。

(5) LIN 总线系统主要由 LIN 主控制单元、LIN 从属控制单元以及 CAN 数据线所组成。

(6) MOST 总线系统主要由光导纤维、光导插头、内部供电装置、电气插头、专用部件、标准微型控制器、MOST 发射接收机、发射接收机-光导纤维发射机等部件构成。

复习思考题

1. 填空题

(1) CAN BUS 系统应用于________、________、________、ASR/ABS/ESP 控制、牵引力控制等对网络信息传输的实时性要求较高的系统，其传输速率高达________。

(2) LIN 总线应用于________、________、雨刷控制、________、门窗控制等系统，其传输速率为________。

(3) MOST 总线应用于多媒体互动系统，传送________和________信息，MOST 总线允许的传送率可达________。

(4) CAN BUS 系统主要由________、________、________和传输线等组成。

(5) LIN 总线系统主要由________、________、________所组成。

2. 选择题

(1) CAN 数据传递系统中是根据(　　)判断数据传递优先权的。

A. 开始域　　B. 状态域　　C. 检查域

(2) 光信号在光导纤维内进行的是全反射，车辆上采用光纤弯曲部位的弯曲半径必须大于(　　)，否则无法实现信息的正常传递。

A. 5 mm　　B. 25 mm　　C. 50 mm

(3) 信号要从一个总线进入到另一个总线区域，必须把此信号的速率和识别代号进行改变，能够让另一个系统接受，这个任务由(　　)来完成。

A. 终端电阻　　B. 网关　　C. 控制单元

(4) 终端电阻每个电阻值为(　　)Ω。

A. 120　　B. 60　　C. 240

(5) 下列总线中具有高级别的抗干扰性能的是(　　)。

A. LIN 总线　　B. CAN BUS 系统　　C. MOST 总线

3. 判断题

(1) 电控单元的正常工作电压在 10.5～15.0 V 的范围内。　　(　　)

(2) 终端电阻的作用是防止信号在传输过程中因回波反射造成对信号的叠加，从而使信号产生失真，影响数据的正常传输。 (　　)

(3) CAN BUS 系统采用双绞线，两条线上的电位是相反的，如果一条线的电压是 5 V，另一条线就是0 V，两条线的电压总和等于常值。 (　　)

(4) CAN BUS 系统所传递的每个完整信息分别由开始域、控制域、状态域、安全域、检验域、数据域和结束域所构成。 (　　)

(5) CAN BUS 系统网络连接的形式一般有网状连接、星型连接、环形连接、总线连接以及串行连接五种，而网状连接形式在汽车上应用较为广泛。 (　　)

4. 简答题

(1) 简述 CAN BUS 系统系统的组成、作用和工作原理。

(2) 简述 LIN 总线系统的组成、作用和工作原理。

(3) 简述 MOST 总线系统的组成、作用和工作原理。

(4) CAN BUS 系统为什么采用双绞线？

(5) CAN BUS 系统的常见故障有哪些？怎样进行检测？

参 考 文 献

[1] 郭远辉.汽车车身电气及附属电气设备检修[M].北京：人民交通出版社，2005.
[2] 姜京华.汽车电气设备构造与维修[M].北京：人民交通出版社，2005.
[3] 周建平.汽车电气设备构造与维修[M].北京：人民交通出版社，2005.
[4] 张茂国.汽车电气设备构造与维修[M].北京：人民交通出版社，2004.